葉名琛檔案

清代兩廣總督衙門殘牘

第二册（FO931/0074－0338）

劉志偉　陳玉環　主編

廣東省出版集團
廣東人民出版社
·廣州·

圖書在版編目（CIP）數據

葉名琛檔案：清代兩廣總督衙門殘牘 / 劉志偉，陳玉環主編.
—廣州：廣東人民出版社，2012.12
ISBN 978-7-218-06658-5

Ⅰ.①葉… ②清… Ⅱ.①劉… ②陳… Ⅲ.①檔案資料—中國—清後期 Ⅳ.①K252.06

中國版本圖書館 CIP 數據核字（2010）第 025853 號

YeMingchenDang'an：Qingdai LiangguangZongduYamen Candu
葉名琛檔案：清代兩廣總督衙門殘牘
劉志偉 陳玉環 主編

出 版 人：曾 瑩

選題策劃：戴 和
責任編輯：柏 峰 張賢明 陳其偉
裝幀設計：張力平
責任技編：周 傑 黎碧霞

出版發行：廣東人民出版社
地 址：廣州市大沙頭四馬路 10 號（郵政編碼：510102）
電 話：（020）83798714（總編室）
傳 真：（020）83780199
網 址：http: //www.gdpph.com
印 刷：東莞市本色印刷有限公司
書 號：ISBN 978-7-218-06658-5
開 本：787mm × 1092mm 1/16
印 張：316.25 插頁：9 字數：6450 千
版 次：2012 年 12 月第 1 版 2012 年 12 月第 1 次印刷
定 價：4800.00 元 (全套定價)

如果發現印裝質量問題，影響閱讀，請與出版社(020-83795749)聯繫調換。
售書熱綫：（020）83790604 83791487 83797157

第二冊　目錄

FO 931/0074-0338 ………… 一

立大賣田地山塲樹木庄基塘堰文契人徐耀亭若資有水田弍処共弍十石零柒斗十一里落漢陽七里廟前計田壹拾肆石伍斗每年額租壹佰肆拾伍石東田所
隐田租每石田弍斗七升零在內外随田小租七石五斗地稞銀叁両八錢三分○麦壹石四斗八升新米七斗七升雞弍拾四隻節礼叁錢水脚每石谷五升計七
石零四升零叁水塘弍口公塘壹大口庄屋叁処共計　間楊啟新所賣基地庄屋壹処在內田地東以脊嶺為界西以田边為界南以脊嶺為界北以大行
大路為界並與其姓共積一里落觀音庵前計田陸石弍斗每年額租陸拾弍石隐租在內新米四斗八升醬麦叁斗雞拾弍隻節礼叁錢地稞敵銀玖
錢東以　為界西以　為界南以　為界北以　為界內只与孫姓共同水塘四口照分取水田地各有界限坵畝本田荳分庄基　処計屋　間外麥地
荒地園屋竹林椅塲石滾俱全册載民米壹粮一在徐春田户弍石七斗八升七合九勺一在徐雨田户壹石弍斗七升壹合五勺一春田户錢糧捌両弍錢零九厘五毫
両四分內叁両弍錢捌分壹厘陸毫俱在湘四里又三甲户內完納今因移業就業請託中　高廣開翁說合出賣与　葉容亮翁名下為業当日三面議定稞
價壹千捌伯叁拾両整外拾貲表劝折席脫業在內產砝足兑係徐收訖今欲有憑立此大賣文契一紙付葉姓永远為據

代筆徐南州　押

日立賣田地山塲樹木庄基塘堰文契人徐耀亭若資　押

憑中　宋履吉　高廣開　杜西有　宋天吉

乾隆三十年六月　十八

契

湖廣湖北武昌府[illegible]

旨議奏事奉[illegible]

戶部[illegible]

今[illegible]

開[illegible]

旨依議欽此到

計開業戶[illegible]

[illegible]兩[illegible]

字　號　[illegible]

業戶　準此

乾隆　年　月　日

[illegible]戶[illegible]買[illegible]價[illegible]兩[illegible]

乾隆四十二年禮節服色

大學士臣于　等謹
奏酌改王公大臣官員服色清單
王公文武大臣官員二十七日內俱服縞素二十
七日外至百日用素服帽綴纓緯夏季戴雨纓
帽自百日外至二十七月俱用常服不掛朝珠遇
朔望日掛朝珠
一百日內遇祭
天壇
地壇
太廟
社稷
日壇遣官恭代所遣之官先期省牲視牲咸素服照常齋戒

祭日承祭執事各官咸朝服作樂百日外二十七月爲
若恭遇
皇上親詣行禮齋戒日用常服掛朝珠
閱視
祝版及先期省牲視牲宿
壇俱用補褂冬穿貂褂掛朝珠不服蟒袍祭日咸朝服作樂
一百日外祭
堂子執事隨
駕各官俱用蟒袍補褂朝珠
一百日內祭
奉先殿隨
駕執事各大臣官員俱用青色袍褂戴有纓帽一百日外用
補褂朝珠
一百日內祭
月壇
歷代帝王
先師孔子
先農等壇廟遣官致祭承祭執事各官素服行禮樂設不作

百日外仍常服齋戒祭日朝服作樂一二十七月內遇
元旦隨
駕祭
堂子王公大臣官員俱穿蟒袍補褂朝珠是日百官俱穿
蟒袍補褂朝珠其前後三日俱常服朝珠
一
萬壽正日百官俱穿蟒袍補褂朝珠前後三日俱常服朝珠
一百日外遇
御門聽政用常服朝珠
一二十七日外百日內引
見人員俱用青袍褂百日外引
見人員仍用常服不掛朝珠遇朔望掛朝珠
一百日外二十七月內遇
陞殿常朝坐班俱用朝服
一百日後

皇上恭謁
山陵隨從人員在途仍照常用短襟袍馬褂應服黃褂者
仍用黃褂謁
陵之日用青長袍褂帽綴纓緯
一百日內雨衣雨帽不論品級俱用青色百日外各按
品級照舊服用
以上各條
皇子與王公大臣等同
一外省在京官員赴
天安門謝
恩用朝服如遇鄉試會試之年停止筵宴內外簾各員用
常服謝
恩仍用朝服
一百日後大臣官員官銜封條仍舊粘貼遇
元旦對聯門神亦照舊張掛
乾隆四十二年四月二十八日奉
旨知道了欽此

F.O. 682/327/3 (59)

乾隆四十三年奏擬服色

乾隆四十三年正月二十四日內閣抄出大學士于　等謹
奏臣等恭查會典則例康熙二年
孝康章皇后大事王以下文武官員不作樂不嫁娶凡二十七日
二十六年
孝莊文皇后大事五十六年
孝惠章皇后大事俱同等語是從前原循以日易月之制
去歲恭逢
聖母孝聖憲皇后大事
皇上諭于百日釋服後仍素服二十七月寔為盡孝盡誠
至王公大臣官員服色前經遵
旨酌議百日以後俱穿常服奏准在案臣等伏思禮貴
得中亦宜有節大小臣工持服期年較之會典以日
易月之制已為加重茲正月二十三日
孝聖憲皇后已屆
初週
大內皇子以下期年之服已滿一切悉應如常所有近支
遠派之宗室王公及大臣官員等一應服色朝珠及穿
用補褂蟒袍日期並嫁娶宴會作樂之處似亦俱應
仍舊是否伏候
訓示遵行謹
奏乾隆四十三年正月二十二日奉
旨本月二十三日
聖母孝聖憲皇后大事業屆
初週諸皇子及王公大臣等已滿期年今既經查明舊例一切自
應如舊其掛朝珠及穿補褂蟒袍之處以言朝廷禮有常經
萬年體制所關宜從此議朕亦不能矯為過禮至因尊敬
朕躬而設則朕于二十七月內尚係素服而臣工服飾如常
朕心寔有所不忍對之所有王公大臣等如遇朕在宮內及
諸臣有事進朝服色俱著照舊如朕駐蹕圓明園非正朝
可比隨往及奏事引見之大臣官員仍照上年所議行
統俟過二十七月後再行復舊庶為心安理得餘依議欽此

立大賣基地約人黄光德同子長正今有自置房屋四大棟廂房前後五間右齊江宅墻脚為界左齊柏宅為界前後墻垣俱柢柏為界四界明白其屋內门扇窓槅板壁街簷條石俱全今因移業就業先儘親族人等無人承買請中說合出賣與柏心載名下為業當得九六平元絲價銀壹仟四十柒兩正係黄姓父子収訖自賣之後聽憑柏移造管業一切起神下遍雜貨表劵俱在其內此係已賣已業并無重復典賣等情今欲有憑立此文約付柏人承造管業為據

憑中
汪茂林 干
王佩翁 十
彤劉山

府

乾隆六十年六月廿日

代筆王步瀛

立賣約人黃光德同子良玉十

植心載買黃光德居價壹仟肆拾柒兩收稅叁兩肆錢叁分

拾壹

乙肆一處

嘉慶十年三月初三日准
禮部咨姜晟等奏清江浦呂祖廟請 錫加封號
爲移咨事祠祭司案呈先經大學士會同本部議覆姜晟等奏江南惠濟祠[illegible]
天后暨清江浦呂純陽廟均請
錫加封號一摺于嘉慶九年十二月初七日奏本日奉
旨依議欽此隨經本部行文內閣撰擬呂純陽封號字樣去後今於十二月十八日內閣抄出大
學士保 等具奏內閣准禮部文稱議覆姜晟等奏請呂純陽封號由內閣撰擬字樣
等因前來臣 等敬謹撰擬恭繕清单伏祈
欽定四字加于舊有封號之上如蒙
俞允應令該督等即遵
旨於清江浦廟繕寫牌位崇祀至各省原有廟宇應令該地方士民自行供奉俟
命下之日由臣部行文各省一體遵照辦理謹
奏奉
硃筆圈出燮元贊運欽此到部相應將大學士議加封號與會同本部議准清江浦廟列

入該處祀典原奏一并移咨各督撫一體遵照可也

計粘單一紙

嘉慶九年十一月二十五日內閣抄出姜晟等具奏清江浦呂祖廟請

錫加封號一摺內開呂祖于元特封純陽演正警化孚佑帝君今據准

郡紳耆等籲懇奏請

封號崇祀等因具奏奉

硃批大學士會同禮部議奏欽此隨經議得

國家祀典原所以崇德報功其功德及于天下則當通祀於天下其功德著于一方亦應專

祀于一方今純陽應禱示靈應准其以清江浦廟列入祀典并請

勅賜封號所有封號字樣由內閣撰擬進

呈等因具奏奉

旨依議欽此

立當田地山塲樹木庄基塘堰文契人葉雲素仝子葉東卿今因急用將先代所置水田二處共弍拾石零七斗一坐落漢陽七里廟前計田乙拾四石五斗每年額租乙百四十五石外隨田小租七石五斗地課銀叁兩捌錢三分小麥一石四斗八升新米七斗七升雞廿四隻節禮叁錢水脚每石穀五升計七石零四升四合水塘弍口公塘乙大口庄屋三所楊啓新所賣基地庄屋一并在內其田地東以脊嶺為界西以田邊為界南以脊嶺為界北以行人大路為界並無異姓夾雜一坐落觀音庵前計田陸石弍斗每年額租陸拾弍石新米四斗八升醬麥三斗雞拾弍隻節禮叁錢地課文銀九錢內只與孫姓地相間亦無他姓夾雜水塘四口照分取水本田受分庄屋并仝外麥地花地園屋窠林楢塲石滚俱全冊載民米錢粮仍係葉姓完納不與受業人相涉時因急需請託中人說合暫時出當與胡友恭堂汪承啓堂名下為業三面言定得受下爐九九色紋銀五兑貳仟兩整平係曹砝九七三其銀當日如數收足自當之後聽憑胡汪喚佃收租作利此係自當自業不與親族人等相干倘有異說俱是當契之家躭承不與受業人相涉期約庚辰年備原價平色收取不另計利其原買徐耀徐萬資紅契一紙並付胡汪收存今恐無憑立此當契為據

憑中 汪溶翁 湯占翁 沈西翁 徐文翁 汪浩翁 程月翁

嘉慶二十一年三月　日

立當契人葉雲素

仝子葉東卿

1

P.1.　F.O. 682/253A/7(5)

奏為查出粵東通省各州縣歷年墊解民欠銀米無從征補酌定分限攤賠以完
帑項援案恭摺密陳仰祈
聖鑒事竊照州縣官征收地丁銀米固不容以完作欠侵欺入己亦不容以欠作完規避
處分乃粵東銀米多有累年寔欠在民官為墊解未經報欠者是即以欠作
完之弊所由積也推原其故緣粵省額征米石供給本省滿營綠營兵糧
民間完納稍遲兵丁不能枵腹以待且屯田五千三百餘項額征米九萬二千九百
餘石自改衛所歸州縣之後召丁佃種之戶糧久不清墾田畝亦多沖壓是以歷
年征收不能足額而兵丁計口授食糧難短斗合勢不能設法墊解以應支放
之需前督臣蔣　前撫臣葉　于清丈南雄仁化等州縣田畝案內曾經
將墊解情形
奏明在案該州縣等每遇奏銷之時業經墊解祇得將墊數作為完數造
冊呈報年復一年民不清完官多挪墊凡州縣新舊交代其年分較遠
之墊項原已全數賠補至年分甚近亦係寔欠在民尚可征收歸還即入
于交代項下以作抵款積習相沿由來已久臣等正在檄飭查辦適恭逢
恩旨普免積欠錢糧當即查明二十二年以前民欠銀米寔數列單具
奏荷蒙

F.O.682/253A/7(5)

P.2

2

聖恩豁免而此項節年墊解民欠之數既因冊報已完未便奏請一概

恩免又以奉

旨全數不能再向民間征收是從前實欠在民之項今反成虛懸無著之款若不及早清釐籌補何以歸庫款而杜虧挪臣等督飭藩臬兩司並督糧道及各該管道府嚴切確查某項墊解若干年齊實征底冊逐細核對不任絲毫捏飾影射實查明通省各屬已報完解仍實欠在民者計米折銀共四十八萬九千六百八十三兩有零此外各該州縣等催征不力挪解報完即將在任經手各員查明挪動何款逐一嚴參追賠治罪實屬咎所應得第念

官經一任事閱多年且墊解究屬急公並非侵蝕入已若必就原墊之員按名按款分晰追賠其尚在本任者固可勒限補完而因事故離省者恐往返咨追徒滋延宕於

帑項仍屬虛懸臣等與在省司道等再四籌維與其參辦而帑歸無著莫若攤補而致可徐收現在通盤籌畫合共墊款銀四十八萬九千六百八十三兩零分限六年攤繳歸完計每年應繳銀八萬一千六百一十三兩零即在于各州縣任內分數按交如缺分較優著令本缺歸還無論現任後任均須按年按數完繳如缺分稍次未能如數繳出即于通省州縣中通融搭辦總以缺分之大小

室攤銀之多寡酌量濟急持平挹注俾藩司不致拮据而庫項歸於清完
其各州縣意繳銀兩均按季提解司庫分別歸款仍于每年奏銷時將提解
銀數核實密
奏一次總不得逾六年補完定限如有推諉遲欠之員即行據實參辦自
此次墊項歸清之後各州縣征解銀米責令該管知府于上下兩忙自開征
以及奏銷隨時吊查實征紅簿務令隨收隨解核實開報如再有捏報全
完亦即嚴行參究其有急須支放不得不先期措墊之項亦責令隨征接征之
員趕緊征收還款斷不準輾轉流交致滋虧缺之漸如此立定章程不特
帑項不致虛懸征收亦可剋期核實而各州縣感激
皇仁自必競奮急公按期繳補催科益當實力矣據司道等合詳請
奏前來臣等為慎重
帑項起見不揣冒昧謹合詞恭摺密
奏云云　嘉慶二十四年閏四月二十四日奏　五月二十日奉
上諭阮　等奏粵東通省各州縣歷年墊解民欠銀米無從征補請於各州縣任
內分數按計限六年攤繳歸完等語粵東額征銀米歷年征收不足該州
縣等迴護處分設法挪墊現已將銀糧全行報完不能再向民間征收該州縣

等催征不力以欠報完本有應得處分第念官犯一經事閱多年且墊解完出
究與侵蝕入己者不同着加恩免其參處所有該省墊款銀四十萬九千六百八十
三兩零准其分限六年攤徵歸款每年應徵銀八萬一千六百一十三兩零即在
各州縣經徵分數內按數提解司庫不得逾六年之限每年奏銷時仍將提解
數目據實密奏交軍機處查核該督等務飭各府州縣嗣後於所屬州縣
總令隨收隨解核實稽考照例開參不得仍前虛報流弊留抵以杜弊端
將此諭令知之欽此

嘉慶二十四年

前兩廣督部堂咨覆湖廣督部堂慶　楚桂各埠相距淮界四至道理案文

F.O. 682/324/1　1

2

嘉慶二十四年七月初三日
為詳請等事嘉慶二十四年七月初三日據署兩廣鹽運使陳廷
杰詳稱奉
憲牌開嘉慶二十四年四月初十日准
湖廣督部堂慶　咨開嘉慶二十四年三月初九日准
戶部咨開山東司案呈嘉慶二十四年正月十三日准湖廣總督
慶、咨稱據署湖南布政使覺羅海齡鹽法道胡鏻會詳稱奉部咨前
准湖廣總督咨冊內稱粵商孔文光管理兩省鹽埠或藉煎熬粵
鹽為名任意添設炉口多煎鹽觔以圖充作淮鹽難保無越境售
賣之事是以疊經本部行令兩廣總督酌定鍋灶額數令據該督
將不能定額情形分晰聲覆應仍咨湖廣總督將十一埠若不定
額便致透漏淮綱之處詳悉查明聲叙專案報部以凴核辦等因
查湖南邊界地接兩粵桂陽郴州及衡州府屬之酃縣又例食粵
鹽淮鹽價貴粵鹽價賤梟匪貪利販賣以致淮引滯銷前憲馬
審擬永興縣民黃芳論遣子黃榮潑赴步軍統領衙門控告李文
煌販賣私鹽案內聲請轉飭廣東樂昌埠商孔文光將所管各埠
子店熬鹽爐灶定以額數便于稽查係為杜漸防微起見乃孔文
光屢次具稟總以有滷則煎無滷則止並非通年煎熬寔難定以

3

額數為詞查樂昌各埠煎熬縱無定數行銷總有定額本年六月以來衡州府屬各州縣等獲私鹽十餘起皆係粵私透漏若非設法防範何以固守籓籬且小民無知趨利若鶩與其既犯繩以刑章何如防于未萌使安生業現在欽奉

上諭嚴飭接壤各處認真查禁外官引之外不許私販出境自應嚴密周防寔力遵行近來湖南郴桂等八埠以及例食仁化埠之桂陽桂東酃縣各處子店甚多以永興縣屬杉樹下地方熬戶羣集距安仁不上十里又近接茶陵耒陽清泉衡山等州縣在在可以透漏其餘近接淮綱地面更有囤戶窩藏大夥販賣浸灌下游若不嚴定章程稽查仍難得力應請轉飭孔文光所管南省地面桂陽嘉禾藍山臨武郴州宜章興寧永興等八埠及粵省地面仁化埠行銷郴屬之桂東桂陽二縣衡屬之酃縣食鹽查明分銷引數循照定例于淮界三十里外酌設子店定以額數由地方官取具子店姓名年籍查係何商所管何埠補充按名取具連環保結粘加印結造冊賫道立案仍由道設立循環印結飭令該店將所發某地鹽數挨次登填呈繳各地方官按月賫道循環考核並按半年委廉幹可信之員密查一次遇冊內無名別店有大宗粵鹽發販者即以囤私論嗣後毋許子店煎熬籍官行私若淮地卡所再有

拏獲私鹽除本犯按擬究辦外必跟究買從何店查係何商保舉
提同併案嚴究以期端本澄源再據該埠商禀稱生鹽熬熟零賣
實係虧本疏銷等語查嘉慶十四年粤省奏咨成本册載各埠條
下登明如將生鹽熬熟發賣亦攤入賣價核收奉部議覆准行在
案現禀情詞似相矛盾再孔文光所管鹽埠實係八埠在湖南地
面惟南省郴州屬之桂陽桂東二縣衡屬之酃縣例食仁化埠鹽
其埠在粤東地面合之共係九埠北省審擬黄芳論控案原咨内
未將仁化埠分別聲明致與粤省咨報互異合併聲明等情為此
合咨等因前來查粤東埠商孔文光所管在湖南省。地面各埠開

設子店設立炉口煎熬鹽觔據該督咨稱近來拏獲私鹽皆係粤
私透漏應請嗣後該商所管湖南省地面桂陽等埠查明分銷引
數循照定例于准界三十里外酌設子店定以額數毋許子店煎
熬藉官行私該督所稱自係為杜絶私源肅清鹺務起見但與粤
省所咨情形互異本部碍難核覆應仍咨該督會同兩廣總督酌
籌妥善報部到日再行核辦可也等因到本部堂准此相應咨會
查照希即轉飭酌籌妥善迅速移會本部堂咨覆核辦幸勿延緩
竚切望切等因准此備牌仰司立即轉飭查明酌籌妥善由司核
議迅速詳請移咨查照毋稍稽延等因奉此當經轉飭廣糧通判

5

等督同辦事運商立即查明酌籌妥善核議詳覆以憑詳請咨覆
去後茲據廣糧通判何玉池代理經歷司嘉麟廣盈庫大使嘉會
批驗所大使應烺會詳據辦事運商孫德安李念德沈德慎周宏
緒湯玉成蘇高華稟稱遵查仁化所屬之桂陽桂東衡屬之酃縣
不由孔文光（所管除另查覆稟洪外全歸商孔文光）承辦廣東之樂昌曲江乳源湖南之桂陽嘉禾藍山
臨武郴州宜章興寧永興共十一埠皆例食粵鹽該商逓年應銷正
匀各引鹽一十六萬四千三百九十五包〇二十二觔一兩應完
餉價雜息等銀數十餘萬兩引繁餉重甲于通綱該埠疲難素著
前商辦理竭蹶拖欠庫項二十七萬餘兩埠革帑懸乾隆五十四

年改綱五十五年始據該埠商陳建業梁萃和等承充認完前商
庫欠嘉慶十年陳建業梁萃和等又復無力先後頂與該商孔文
光併辦該埠承辦三十年以來歷屆　奏銷俱係遵照改綱章程
年清年款但餉雖全完引實積壓現查通綱完餉未銷積引三百
餘萬包內該商孔文光未銷積引六十餘萬包計預墊完餉銀四
十餘萬兩又代完前商庫欠二十七萬餘兩是以該商孔文光資
本早經告乏近年俱係召募水客分肩辦理至現准楚省來咨係
循照定例于淮界三十里外酌定子店分銷額數併核議淮境堵
緝章程以防充賺淮引但該埠引地遼濶自應查明各圍子店距

6

淮界三十里內外者共有若干確查妥議以昭核實現據該商孔
文光查開清摺除曲江乳源二埠距淮界甚遠毋庸查議外其該
埠向以樂昌為總埠茲查樂昌園各店設在廣東樂昌縣境內距
淮界五百餘里田頭園各店設在廣東樂昌縣境內距淮界四百
餘里至湖南桂陽嘉禾藍山臨武一州三縣其桂陽藍山嘉禾三
州縣不通運道向未設埠並無園店祇在臨武縣境內設有水東
牛市園店二處該二園子店各距淮界一百九十里又湖南郴州
宜章興寧永興一州三縣內興寧一縣不通運道向未設埠並無
園店其郴州園各店設在湖南宜章縣境內距界二百里白石園
各店設在湖南宜章縣境內距淮界二百三十里泗溪園各店設
在湖南宜章縣境內距淮界二百四十里永興園各店設在湖南
永興縣境內距淮界耒陽縣一百二十里距淮界安仁縣一百五
十里以上該埠各鹽園子店距淮界遠者四五百里至二三百里
不等即至近之永興園店距淮界安仁縣亦有一百五十里距淮
界耒陽縣亦有一百二十里均不在三十里內應行咨查之例商
等伏查嘉慶二十三年五月奉
湖廣督憲慶　奏請將行銷淮引之永州寶慶等四府就近改食
鄰鹽一案欽奉

上諭私鹽充斥之區全賴自固藩籬并飭遵守原定界址不得輕改舊
章致滋流弊等因欽此又嘉慶二十三年六月奉
兩江督憲孫　奏議堵緝鄰私鹽條款一案欽奉
上諭淮界三十里內照雍正年間舊制每處酌留鄰商一二店以備本地
民食等因欽此欽遵各在案是淮粵交界在淮界三十里內者係
應留之列其在三十里外百數十里至數百里者係粵引內地與
淮境毫無交涉自應遵奉
諭旨各守界址自固藩籬不得輕改舊章致滋流弊今樂桂埠各鹽園
子店遠者距淮界數百里近者亦距淮界百餘里自與酌留應留之例
迥不相符且淮界祇應于界內設法堵緝未便越境直入粵引內
地輕議更張又委員直入粵引內地稽查況樂桂等埠遞年應銷
正匀各引一十六萬餘包今該埠積存完餉未銷之引至六十餘
萬包之多檔冊可查其非暢銷充淮已可概見該埠引繁餉重疲難
素著正在設法堵截鄰私疏銷官引何堪鄰省越境滋擾格外苛
求致悞
奏銷而礙民食至楚省来咨擬將樂桂子店按名取具連環保結申
繳湖南鹽道又由鹽道設立循環簿按月查考一節查該埠之曲
江乳源樂昌三縣去湖南鹽道衙門二千餘里即桂嘉臨藍郴宜

興永八州縣去鹽道衙門亦千餘里欒桂子店數百餘間若照未
咨按起登填計每日需一簿合埠日需數百簿一月數千萬簿遍
給則事太紛繁摘給又多遺漏況道署距埠一二千里之遥印簿繳
給賫送往來有稽時日倘前簿已繳後簿未發停待則淡食悞餉
不特又違背章程且欒桂園店設在粵引內地距淮界自百餘里
至數百里該商有引餉之責地方官有督銷之責該商遴用子店
不慎貽悞引餉自有查抄監追之罪地方官督銷不力自有本省
督憲考核題參似均無庸淮境過問又該商所稟熬熟虧本一節
查粵鹽每被鄰境梟私夾充為害故各埠成本雖經
奏咨定案但每遇課餉緊急不得不虧本售賣若將生熬熟工本愈
重虧折更多該商所稟係屬實在情形通綱皆然並無浮揑令該
商各園子店查明實距淮界百餘里至數百里並不在三十里咨查之
列自應遵照上年
恩旨各守疆界自固藩籬毋庸輕改舊章致悞引餉民食緣奉飭查合
將各查妥議緣由稟候會詳咨覆等情并據稟繳開列欒桂等埠
各鹽園子店距淮界里數清摺一扣到職等據此卑職等查核該
商所稟是屬實情理合会詳等情前來據此本署司伏查奉部咨
查粵商孔文光所管在湖南地面各埠開設子店設立炉口煎熬

9

鹽觔據湖廣總督咨請嗣後查明分銷引數循照定例于淮界三
十里外酌設子店定以額數毋許子店煎熬藉官行私並取具子
店姓名年貫飭具連環保結造冊賫繳湖南鹽道立案挨次考核
該督所稱係為杜絕私源肅清鹺務起見但與粵省情形互異應
咨明会同酌籌妥善等因飭據廣糧通判等稟稱樂桂等埠各鹽
園子店距淮界遠者四五百里至二三百里不等即至近亦有一
百五十里一百二十里均不在三十里內外應行咨查之列至擬將
樂昌子店按名取具連環保結繳道由道設簿按月查考等因查
湖南鹽道衙門離該埠一二千里之遥樂桂子店數百餘間若按
起登填則事太紛繁印簿繳給賫送往来有稽時日且樂桂園店
設在粵引內地距淮界均有數百餘里商人事關引餉自當設法
堵私疏銷官引一經貽悮身家莫保即地方官亦有督銷之責考
成所關斷無坐視取咎均毋庸鄰省查緝又該商所稟熬熟虧本
一節查粵鹽每被鄰私梟私夾充各埠成本雖經
奏定但遇課餉緊急每月虧本售賣若將生熬熟工本愈重虧折更
多亦屬實情並無浮揑查樂桂等埠鹽園子店相距淮界甚遠且
各子店設立熬鹽炉灶接濟民食係屬因地制宜百餘年来相安
無事其與淮綱向無侵害可知似應俯如所請遵照

10
END

恩旨各守疆界自固藩籬毋庸輕改舊章致滋流弊理合據由詳請咨
貴湖廣督憲查照核辦等由到本部堂據此查樂桂等埠鹽園子
店相距淮界甚遠歷久办理百餘年来相安無事向無與淮界侵
害應遵照
恩旨各守疆界自固藩籬勿紊舊章轉滋他弊據詳前由相應咨會為
此合咨
貴部堂請煩查照核辦施行
一咨　湖廣督院

粵省行銷廣東廣西及湖南郴桂福建汀州一府江西之南贛寧都貴州之黎平古州共一百八十八埠內

省河一百五十九埠廣東七十五埠 廣西六十六埠 湖南八埠 江西九埠 貴州一埠

潮橋二十九埠廣東十四埠 福建八埠 江西九埠

遞年額銷引八十一萬四千五百一十道內

省河六十萬零九千一百五十二道

潮橋二十萬零五千三百五十八道

兩廣 福建 湖南 貴州五省每引一道計鹽二百三十五斤小引

江西南安府屬引一道計鹽三百二十二斤大引

江西贛州府屬引一道計鹽二百六十四斤中引

以上統計以一百五十斤成一包

省河按照斤數以二百五十道為一程每大程配鹽六萬六千斤小程配鹽五萬八千七百五十斤

各埠共額征餉銀六十二萬四千七百一十三兩九錢六分九厘內

省河四十九萬八千二百九十九兩一錢一分五厘

潮橋一十二萬六千四百一十四兩八錢五分四厘

各埠餉則輕重不一省河各埠在運庫按包完庫每包正餉自一錢七分至六錢八分二厘不等潮橋各埠在運同按程完納解赴運庫彙解藩庫充餉

每程餉銀自一百四十九兩五錢零至二百一十八兩三錢四分零不等

省河潮橋共二十二場共額征課銀一萬四千五百五十兩零五錢一分一厘內

省河十五場一萬一千八百四十七兩九錢六分四厘

潮屬七場二千七百零二兩五錢四分七厘

各場課銀按丁畝征收輕重不一省河由場員解省每丁自三錢零至一兩四錢一分不等每畝自二厘一毫二絲至六厘七毫七絲不等潮屬由場員解繳運同彙解赴省每丁自四錢六分至四錢六分零六絲不等每畝二厘一毫一絲

FO 931/0082

以上潮橋餉引壓年征收定例十二月奏銷一次道光四年因商疲乏詳
奉奏准引餉展限三個月奏銷逓年趲早一月三年後仍照原限年底奏
銷潮橋各埠每因新舊引程同時並折力有不逮又奉道光三年奏准將
道光二年分引餉展限十個月至道光四年奏銷逓年趕早一月至道光
十三年復歸原限奏銷

省河應征各款

各埠額餉四十九萬八千二百九十九兩一錢一分五厘奏銷入冊報撥充餉
各場課一萬一千八百四十七兩九錢六分四厘奏銷入冊報撥充餉
埠場隨餉部飯銀七千六百五十一兩九錢九分九厘報撥充餉列入奏銷款內
加平銀一萬六千七百一十七兩八錢七分二厘備撥提鎮鹽規銅斤水脚西關大使等處養廉列入公費報部
充公銀四百四十八兩一錢九分四厘備解督房辛工列入外銷經費報部
硃引奏銀七千三百九十五兩一錢零七厘除解部紙硃殘引路費奏銷飯食等項餘銀列入外銷經費報部
罰贖零星平頭銀九百三十八兩零四分一厘除撥餉及三年清出一次平頭歸入公費外餘列入外銷經費報部
飯食鹽規銀九百七十一兩三錢二分九厘備支督房及西鹽書飯食等項列入外銷經費報部
嬰堂鹽羨銀一萬四千四百二十五兩一錢三分八厘備支口粮報部
京餉添平銀七千三百八十五兩四錢九分一厘備撥解京餉添平奏銷部費每年不撥外省部費二千兩
秤頭鹽銀二萬七千一百六十三兩一錢六分五厘解西鹽道及撥京餉用由西省報部
西稅坐平船頭鹽規銀六萬一千三百五十四兩二分四厘解西鹽道由西省奏銷
爐商鉄規及餘平共銀二千零二十五兩報撥充餉列入奏銷款內
鉄規銀三千餘兩入冊報部撥餉
正鹽價銀三十六萬五千餘兩備撥場羨溢羨京羨及各場廠工並船戶朋溢晒駁轉輸之用
鹽價加平銀二千九百一十餘兩備支西關大使等官養廉列入公費報部
耗鹽價銀四萬八千六百餘兩照前項正價支用
脩倉銀三萬餘兩每包三分備修六柜倉廒及鹽務候補各官薪水並充督院公費不報部
部稿規銀二千餘兩除解送部飯之外餘銀列入外銷經費報部
鉄規小禮銀六百餘兩解內閣飯食之外餘銀列入外銷經費報部
此外尚有白鹽加價運耙經費均隨價款上庫
又有修造米艇每包三分亦隨價款所以價款一欠各項俱懸

計開

三廳均田總條

均屯田土一十五萬五千餘畝 内

分授屯丁屯長老幼残廢等丁田土五萬餘畝 不納租

鹽糧經費田土十萬一千餘畝 佃納上租

原額征租穀十萬零五千餘石

嘉慶十九年清查減租五千餘石

道光元年清查減租二萬餘石

現在年額征租穀七萬九千餘石

鳳凰該征租穀二萬五千餘石

乾州該征租穀七千七百餘石

永綏該征租穀二萬九千餘石

古丈坪該征租穀五百餘石

保靖該征租穀四千餘石

瀘溪該征租穀四千餘石

麻陽該征租穀七千餘石

一納租看田肥瘠每畝自一石或六七斗零不等

設立屯丁七千名

一鳳凰分駐屯丁四千名 内百總四十名每名授田七畝五分總旗八十名每名授田六畝五分小旗四百名每名授田五畝五分散丁每名四畝五分

一乾州分駐屯丁六百名

一永綏分駐屯丁二千名

一古丈坪分駐屯丁一百名

一保靖分駐屯丁三百名
設立老幼丁二千名
鳳凰設立一千二百名每名授田一畝五分
永綏設立八百名
外立殘廢丁三百名每名授田土一畝或五六分不等
設立苗兵五千名
一鳳凰苗兵二千名
一乾州苗兵八百名
一永綏苗兵一千八百名
一古丈坪苗兵一百名
一保靖苗兵三百名
共計戰兵一千名每名每年口糧穀七石二斗守兵四千名每名每年口粮三石六斗
設立苗弁四百八十六名
鳳凰苗弁一百五十一名

乾州苗弁四十八名
永綏苗弁二百一十二名
古丈坪苗弁十九名
保靖苗弁五十六名內
守備三十二名每年工食銀十六兩千總六十四名每年工食銀十二兩
把總一百二十名每年工食銀八兩外委二百七十名每年工食銀六兩
修設碉卡汛堡一千一百七十二座除一座
鳳凰碉堡八百三十二座
乾州碉堡一百二十八座
永綏碉堡一百二十六座
古丈坪碉堡一十八座
保靖碉堡六十七座
設立屯長二百零五名
鳳凰屯長七十五名

乾州分設屯長二十五名
永綏分設屯長四十五名
古丈坪分設屯長五名
保靖分設屯長十五名內
設總屯長四十名每名授田十五畝散屯長授田七畝五分
設立屯苗義館一百二十館每館穀十六石屯館五十館苗館七十館
設立書院六所
鳳凰書院一所束修穀二百四十石
乾州書院一所束修穀一百六十石
永綏書院一所束修穀二百二十石
保靖書院一所束修穀一百六十石
麻陽書院一所束修穀一百六十石
瀘溪書院一所束修穀一百六十石
設立屯官五十六員內
守備六員　千總六員　把總十員　外員十七員

額外十七名
鳳凰分設三十一員
乾州分設六員
永綏分設十三員
古丈坪分設二員
保靖分設四員
設立練勇一千名內
馬勇三十名　戰勇二百七十名　守勇七百名
鳳乾永古保共住苗寨二千零二十九寨所環一千一百二十六里
鳳凰管轄苗寨六百七十九寨所環四百七十里
乾州管轄苗寨三百六十三寨所環一百五十里
永綏管轄苗寨七百二十五寨所環二百零六里
古丈坪管轄苗寨九十五寨所環五十五里
保靖管轄苗寨一百六十七寨所環二百四十五里

FO.682/327/6

盤查年總

卅二款即臨金所會化之西税也每年奏銷
應籌墊六萬兩

1

水月菴間壁房屋基地契

立杜賣基地房屋約人徐廷瑞今有自造土庫樓房
壹所計三大進坐落崇信坊堤角上首前至官街後
至湖邊左至本屋墻脚為界右至葉府地基為界四
至明白茲因家務帽集正用不敷與子秋門商議先
儘親族人等無人承買情愿請憑中証說合出賣與
葉嘉會堂名下為業當得價銀曹紋平足紋詎兌叁
伯叁拾五兩正徐姓眼同中証親手收訖自賣之後
聽憑改造自住招租如有親族人等異說俱是賣主
一身承當不與買主相干其有屋內樓板地板站板
樓上窗槅格扇一應俱全樓下廳屋欄杆俱全大
門格籠在內一杜一絕永無異說今恐無憑立此大
賣基地房屋字據付與買主永遠執照為據

又批代筆秋門

憑中 陳光照 葉名通 吳觀宸 徐任西 炳文 陶開順 蕭冬翰

道光二十二年十一月十三日立大賣基地約人徐廷瑞 仝子秋門親筆

2

大軍山花地契

立大賣花地約人陳抑齋余又欣有公分花地弍大溝
坐落大軍山青陂塘小隴之南其有界址東抵王姓花
地西抵葉官界石南至人行大路北至田邊四界明白
係劉學太佃種此業陳人有三股之二余人有三股之一
冊載正銀二分在山一里一甲陳禹生户內完納又冊載
正銀壹分在山一里一甲余輝章户內完納今因移就先儘
親族人等俱不承受二姓好作商議憑中說合情愿出大
賣與 葉嘉會堂名下為業當日議定價九九青錢叁
拾串文正比時眼同中証係陳余二姓照分親手收訖其
有折席等項一並在內此係已賣已業不與族衆相干
自賣之後聽買主管業以及修造培補任其自便陳余
二姓不得生端異說今欲有憑立此大賣文契一紙付買
主子孫永遠為據

憑中 王德沛 陳照普 陳理純 馮大玉 湯大倫 陳百川 陳理松

代筆陳卬軒

道光二十二年二月十二日 陳抑齋 余又欣 仝立

3

大軍山基地契

立大賣基地約人陳元宗同姪德周今將自置庄房基地一段坐落大軍山下青皮塘南至嶺路為界北至塘坡為界東至古墓墳脚直上為界西至圍墻竹林為界四界栽石戀林樹木俱在其內四界明白毫無存留今因拆屋移就憑中說合叔姪好作商良情愿出大賣與
葉嘉會堂名下為業當日三面言定時值價銀叁佰壹拾兩整紋銀九兑比時眼同中約交賣人親手收訖進山表禮一並在內價足契明彼時情愿並無抬算圖謀及重復典賣各情弊自賣之後所有冊載山一里一甲陳千祥正銀弍分陳德周正銀壹分共計叁分完納執約管業擇吉起工開穴作整百為無阻倘有生端異說俱係賣人一身承管今欲有憑立此大賣文契一紙付買主久遠為據

憑中 陳廷升 陳照普 王大榮 王德沛 劉昆山 趙中義 陳賓周 陳伯川 張十千 陳心德 陳心悅 王大華 安光中 李榮華 嚴勝 陳賢

依口代筆陳賓周

道光四年八月十一日立大賣基地約人陳元宗同姪德周

4

大軍山花地契

立大賣花地約人王恒泰弟兄等今有受分花地大小五裏坐落大軍山下青陂塘之南其有界址東至陳姓山場栽石為界西至葉宦所置隙地為界南至嶺路坡下栽石為界北至田坡栽石為界四界明白今因移就先儘親族人等俱不承受請中說合情愿出大賣與
葉嘉會堂名下為業當日議定時價九九大錢伍拾串文整比時眼同中証係賣主弟兄照分親手收訖其有折席表禮亦併在內冊載正銀三分在山一里一甲王惟棟戶內完納又正銀壹分五厘在山一里四甲王見兆戶內完納又正銀壹分五厘在山一里五甲王福昌戶內完納此係已賣已業不與親族人等相干自賣之後所買主修造培補陰陽兩便百為無阻賣主弟兄人等不得生端異說今欲有憑立此大賣文契一紙付買主子孫永遠為據

計批老契有業連批不便繳出

憑中 王德沛 王揚 湯大倫 馮大玉 熊大松 王新 陳光照 王松

依口代筆王東鈞

道光二十三年三月初一日王恒泰兄弟等親筆

5

龍口山地契

立大賣契蕭椿元今有柴山祖遺下壹㲖坐落龍
口山計長五丈寬三丈東至買主來龍為界西至買
主業為界南至買主業為界北至賣劉宅業為界四
界明白冊載乍屯錢糧二分在程正魁戶下完納今
因年歲荒歉情愿出大賣先儘親族人等無人承買請
憑中証說合情愿出大賣與
葉嘉會名下永作來龍護塚為業當日得受契價
奴青錢拾弍千文其錢係賣主眼同中証親手收訖
其有雜項一併在内自賣之後聽買主興樹護塚永
作來龍此係賣主自賣自業不與親族人等相干日
後倘有外人生端異說俱係賣主一身承當今欲有
憑立此大賣文約一紙付與買主子孫永遠管業為據

憑中　王德沛　吳萬臣

依口代筆蕭天順

道光十二年十一月廿八日立大賣柴山約人蕭椿元親筆立

6

鳳凰山契

立大賣基地約人程正珩仝子安華明今有自置已分基
地一㲖坐落朱山下程家嶺鳳凰山東至程姓田坡為界
西至山嶺為界南至姚姓界至上直下為界北至本宅至
上直下為界四界明白先儘親族人等無人承買父子好
作商議情愿請憑中証說合出大賣與
葉嘉會堂名下為業當日三面言定時值價紋銀
捌拾兩整彼時眼同中証係正珩親手收訖進山表禮
一並在内價足契明彼此情愿並無抬箕圖謀及重復
典賣各情弊自賣之彼後聽憑買主執約管業擇吉起
土開穴作塋百為無阻倘有親族人等生端異說俱係
賣主人一身承躭不與買主相涉今欲有憑立此大賣
文契一紙付買主子孫永遠為據

計批老約連田不便繳出此批為據

又批乍屯正銀弍分在程永生戶内完納此批為據

憑中　王德沛　程光華　王大榮　程正昌　程正泰　陳光照　胡灶發

依口代筆蕭聖書

道光十二年三月二十六日立大賣基地人程正珩親筆

7

龍口山屋基契

立大賣契人蕭椿元今有祖遺屋基壹段計長
拾丈計寬三丈坐落龍口山東至稻塲路為界
西至楊溝上為界南至葉本為界北至吳宅為界
四至分明冊載乍屯錢糧三分在程正魁戶內
完納今因年歲荒歉情愿出大賣先儘親族人等
無人承買請憑中証説合情愿出大賣與
葉嘉會堂名下為業當日得受契價紋青錢叄
拾千文其錢係賣主眼同中証親手收訖其有
折席衣禮雜項一併在内自賣之後听憑買主
造屋興樹永遠管業此係賣主自賣自業不與
親族人等相干日後倘有外人生端異説俱係賣
主一身承當今欲有憑立此大賣文契一紙付與
買主永遠子孫管業為據

憑中 張大榮 王德沛 吳萬臣 王大榮

依口代筆曾佐周

道光十三年三月二十日立大賣契蕭椿元親筆立

8

龍口山吉地契

立大賣屋基地約人吳萬臣選弟兄今有祖遺屋基
壹段坐落龍口山東至稻塲邊路為界西至楊溝
坡上為界南至劉宅屋基為界北至蕭宅屋基為
界四界明白冊載乍屯錢糧五分在曹崇先戶内
完納今因移就先儘親族人等無人承買弟兄好
作商議情愿請憑中証説合出大賣與
葉嘉會堂名下為業當日三面言定實值價紋
銀錢平九兑弍伯肆拾兩正彼時眼同中証係賣
主親手收訖進山衣禮一并在内價足契明彼此
情愿並無掯算圖謀反復重典賣各情與自賣之
後聽憑買主執約管業擇吉起土開穴作塹百為
無阻倘有親族人等生端異説俱係賣主一身承躭
不與買主相涉今欲有憑立此大賣文契一紙付買
主子孫永遠為據

計彼老契不便繳出
計長東至西拾丈寬南至北四丈三尺

憑中 胡灶發 陳光照 王得沛 邱大本 劉世輝 王大榮 劉成相 蕭春元

依口代筆吳姪永梅

道光十二年八月二十五日立大賣基約人吳人弟兄仝立

9

櫧山隙地契

立大賣墳塹外隙地約人胡文沛今因移就叔姪
兄弟好作商議將墳外隙地出賣比至栽石為界
東至田坡為界西南二處俱至葉界四界明白冊
載乍屯正銀九厘在劉勲臣戶內完納先儘親族人
等俱不承買請中說合情愿出大賣與
葉嘉會堂名下護塚為業當日得受尫青錢肆拾串文
正係賣主親手收訖其有雜項一並在內自賣之後听
憑買主興樹蓄柴柴聽自行砍劄自賣自業不與親族
相干日後若有外人生端異說賣主一身承當今欲有
憑立此大賣文契一紙付嘉會堂永遠為據

計批有老約一紙不便繳出

憑中 張十千 胡文奐 王德安 榮沛

道光四年十月初六日 文沛親筆立

10

黃金山花地契

立大賣山塲花地約人黃克修濟賢咸吉有祖遺受分柴山
花地大段共計壹拾五相每年載花課銀式錢四分坐落
大山脚南首北至大山脚下為界下至田坡為界左至杜宅
花地平坡為界右至陳姓花地硬為界四界明白冊載
山系正銀壹分正在山三里又五甲黃良生戶內完納毫
無夾雜茲因移就先儘親族俱不承受今憑中証等說
合情愿出大賣與
葉嘉會堂名下為業當日登山踹明界址三面言定
時值價疋大錢叁拾四串正比時眼同中証交賣主
親手收訖進山表禮俱在其內價足契明彼此情愿
並無抬篔圖謀及重復典賣自賣之後聽買主执約
管受過戶完納陰陽兩便百為無阻此係已賣已業
不與族人相干如有阻攔異說為賣主等是問今欲
有憑立此大賣文約付買主永遠為據

憑中 黃九千 黃正道 鄧崙

道光四年十二月二十一日立大賣山約人黃克修濟賢咸吉親筆立

11

黄金山庄房基址田地契

立大賣庄房基址田地約人黄克修濟賢咸吉弟兄等有
祖遺庄房弍所共計八間基地大段坐落黄金山土名
姚湾東至黄宗揚壁脚為界西至大路為界北至墻垣
外水溝為界南至塘邊為界四界明白内無存留亦無
夾雜又壹處花地三相栽種壹斗五升又地田壹坵壹
斗五升每年額粮銀叁錢冊載正銀壹分五厘在山
三里又五甲黄良生户内完納今因移就先儘親族人
等俱不承受憑中説合弟兄人等情愿出大賣與
葉嘉會堂名下為業當日言定迊净錢弍伯串文整比
時眼同約中係賣主親手收訖其有進山表禮雜費
俱在價内彼時契明價足並無抬莫圖謀亦無重復典
賣等情此係已賣已分不與伯叔弟兄相干賣後聽買
主擇吉安塋起土圍整興樹栽界立碑完糧過户百
維無阻今欲有憑立此文契一紙付買主子孫久遠執照

計批姚湾後黄姓古墳前以水溝為界
古墳前黄姓不得再葬所批是實
界外日後黄姓不得添塚騎龍亦不得另售他人所批是實

憑中　郭崙　楊宗貴　解大克
　　　王德沛　黄正道　胡士華

依口代筆黄普濟

道光四年十月十一日　立大賣庄房基地田地約人黄克修咸吉濟賢弟兄等

12

櫧山房屋基地契

立大賣房屋基地文契約人李國材今有祖遺自己受
分基地一段坐落土名河湖小山下　葉府祖墳前東
至李宅栽石為界西至李姓田坡上栽石為界南至李
姓栽石為界北至李姓栽石為界四界明白冊載蘆稞
錢糧八分弍厘在劉文選户内完納又乍屯錢糧一分三
厘在君德程户内完納今因年老衰邁孤獨無倚請中
説合情出大賣與
葉府嘉會堂名下護塚為業當日憑中言定得受實
價奴净青錢柒拾串整係賣主眼同約中親手收訖
此係已賣已分不與親族人等相涉自賣之後李人
拆屋退基不得異説倘有藉隙生端異説有中証一身
承耽今欲有憑立此大賣基地文契一紙付
葉府永遠為據

憑中　李光漢華　王德沛志　李光貴明
　　　胡天倫　傅天祥　陳賢　吴正棠

依口代筆李光彩

大清道光廿二年　月　日　立大賣基地約人　親立

13

櫧山禾場契

立大賣禾場約人戴玉琳嫂王氏姪必榮茂今因移
就一家好作商議將先年所置禾場一塊毛數三
升坐落小山凹東至葉界北至山脚西南俱至湖
界册載仓屯錢糧戴發生正銀壹分先儘原業親
族人等俱不承買請中說合出賣于
葉嘉會堂護塚為業當日言定時價青錢拾串
文係賣主親手收訖自賣之後禾場聽買主蓄
柴興樹粮聽過户當差今欲有憑立約存証此據

憑中 王德沛 張十千

道光四年七月二十六日 戴玉琳親筆

14

長山田契

立大賣地田約人馮永和富今有祖遺已受分地田壹坵
坐落華家壠新屋東邊東至田坡西至葉宅北至蔡
宅栽石為界南至塘坡為界四界明白册在正銀五分
在懷二里三甲蕭正芳户内完納今因移就今儘親族
人等俱無承受情愿請憑中証說合出大賣
葉嘉會堂名下為業陰陽兩便時值作價秖大錢九串
文整彼時眼同中証親手收訖其有折席表禮壹並
俱在價内並無抬算勒逼等情自賣之後听從葉主
自行耕種過户完納賣主不得身端異說倘有生端
係賣主中証一身承躭已賣已分不與親族相干自
此一杜一絕永無異說今欲有憑立此大賣文契一
紙付與葉主子孫永遠耕種為據

計批外有連界花地一段在此栽石為界此計

憑中 馮大本 裕 蔡鳴亮 永欽

依口代筆馮永昇

道光二十一年三月二十六日 馮人親筆

15 END

長山地契

立大賣柴山基地約人馮昆山今有自置隨庄房
基地壹叚坐落長山普應堂後華家嶺上至山脊
為界計寬伍丈下至田坡為界計寬六丈左至裁
石為界計長壹拾弍丈右至裁石為界計長拾丈
五尺巒林樹木俱在其內四界明白毫無存留今
因拆屋移就憑中說合情愿出大賣與
葉嘉會堂名下為業當日三面言定時價礼青錢
弍伯弍拾千整比時眼仝中約交賣人親手收訖進
山表禮一並在內價足契明彼此情愿並無抬算圖
謀及重復典賣各情弊自賣之後聽買者執約管業
擇吉起土開穴作塹百為無阻倘有生端異說俱係
賣人一身承管所有本山柴薪仍付賣人刈割以帮
馮昆山名下每年完納山糸之費今欲有憑立此大
賣文契一紙付買主久遠為據

憑中　宗志貴　王德沛　馮大章
　　　何萬青　孫寅　李萬運
　　　李楚萬　馮士宏
　　　李元馨　陞傳龍

依口代筆劉庶咸

道光元年十二月　日　立大賣柴山基地約人馮昆山

[redacted]

道光七年起至十三年止

前刪減共銀一千一百五十二兩零七分一厘

道光十四年起至十七年止

前次覆造刪減共銀五十一兩四錢八分四厘

現在覆造刪減共銀八十二兩一錢五分六厘八毫

道光十八年起至二十二年止

現在覆造刪減共銀一百零三兩八錢五分五厘五毫八絲八忽

以上前次刪減總共銀一千二百零三兩五錢五分五厘

現在刪減總共銀一百八十六兩零一分二厘三毫八絲八忽

二共刪減銀一千三百八十九兩五錢六分七厘三毫八絲八忽

共計請銷銀十四萬五千七百八十八兩七錢二分八厘九毫

①

FO.682/68/1(13)

十一年起各欵去銀列

川陝軍需銀〦〇〇〇〇兩 末限（共〤〦〇〇〇〇兩 分五年）

川陝凱旋賞賚銀〤〤〤〇兩 初限（共廿萬兩 分六年）

續俻凱旋賞賚銀〧〢〇〇兩 初限（共〤〦〇〇〇〇兩 分六年）

御河工用銀〢〤〇〇兩 二限（共卌萬兩 分四年）

捕盗米艇銀〦〇〇〇兩 末限（共〢〦〇〇〇兩 分二年）

又續俻米艇銀〢〤〇〇兩 初限（共〦〤〇〇〇兩 分三年）

續俻捕盗銀〦〇〇〇兩 初限（共〦〤〇〇〇兩 分四年）

又共計銀〤〤〤〇兩〡〢〇〇

俱在行用估價均攤

貢價銀〧〡〢〇兩 出在餉項攤

分頭銀〦〇〇〇兩 出在下俻估價

壽礼銀〤〤〤〇兩〡〢〇〇 多年出在各人

報効銀〦〤〢〇〇兩

每年之敬銀〢〇〇〇兩

免催銀〡〇〇〇兩

各色呢大呢〤〢〇〇疋 每疋〦兩〢〇 約銀〤〤〤〇兩

各色羽紗〢〦〇〇疋或〦〇〇疋 每疋〡〤兩 約銀〢〡〤〇〇兩

紅嗶嘰〢〢〇疋 每疋〤〤兩 約銀〤〤〤〇兩

各色花嗶嘰〦〇〇疋 每疋〤〤兩 約銀〤〤〤〇兩

西洋布〡〢〇〇〇疋 每疋〡兩〢 約銀〡〢〤〇〇兩

花露水〦〇〇罐 每罐約銀〤〡〤兩 約銀〤〤〤〇兩

印工銀〡〇〇〇兩

揀積三板三處銀〡〢〇〇兩

濠墪伙食銀〤〡〢〇〇兩

文庫官飯食銀〦〡〇〇兩

武庫官飯食銀〦〦〇〇兩

八班頭役[illegible]俻銀〡〇〇〇兩

丁香油〡〇〇斤 每斤約〡〢兩 約銀〦〢〇〇兩

薄荷油〡〇〇斤 每斤約〡兩 約銀〦〢〇〇兩

檀香油〡〇〇斤 每斤約〡兩 約銀〤〢〇〇兩

洋手巾〤〦〇〇疋 每疋約〢兩 約銀〤〤〤〇兩

吹光片〡〇〇塊 每塊約〤兩 約銀〤〤〤〇兩

鼻烟罐大小〦〇〇個 每個約〤兩 約銀〤〤〤〇兩

十二共銀〤〤〤〇兩〡〢〇〇

鐘標銀〢〦〇〇〇兩

貢房自办各物銀三四萬兩

南海縣奏銷銀〤〤〤〇兩

南海縣左堂幫項銀〤〤〤〇兩

南海縣捕廳幫項銀〤〤〤〇兩

各數俱是均派

鐘匠銀〦〇〇兩

十六共計銀[illegible]

三大共用去銀〤〤〤〇〇〇兩〡〢〇〇

另珠玉價〤〇〇〇〇兩

2

十二年各款去銀列

川陝凱旋賞賚銀〤〇〤〥万两 二限

續撥凱旋賞賚銀〩〨〢〡〩万两 二限

衡河工用銀〨〥万两 三限

又續撥米艇銀〤〥万两 二限

續撥捕盗銀〡〸〥万两 二限

五共銀〤〇〤〥万两

十六共銀〩〨〤〢〩〡〦万两

十二共銀〡〤〤〢〥万两

三大共用去銀〤〨〩〢〢〦万两

3

十三年各款去銀列

川陝凱旋賞賚銀〤〇〤〥万两 三限

續撥凱旋賞賚銀〩〨〢〡〩万两 三限

衡河工用銀〨〥万两 末限

又續撥米艇銀〤〥万两 末限

南河工用銀〥〤〥万两 初限

續撥捕盗銀〡〸〥万两 三限

共卅萬两
分二年

六共銀〡〤〤〥万两

十六共銀〩〨〤〢〩〡〦万两

十二共銀〡〤〤〢〥万两

三大共用去銀〤〨〩〢〢〦万两

④ 4

F.O. 682/68/1(13)

十四年各款去銀列

川徒凱旋賞賚銀[illegible]両 四限

續捐凱旋賞賚銀[illegible]両 四限

續捐捕盜公費銀[illegible]両 初限

南河工用銀[illegible]両 末限

慶典銀[illegible]両

續捐捕盜銀[illegible]両 末限

萬成行美欠銀[illegible]両 初限

共[illegible]両 合四年

共[illegible]両 合三年

七共銀[illegible]両

十八共銀[illegible]両

十二共銀[illegible]両

三大共用去銀[illegible]両

5

END

F.O. 682/68/1(13)

十五年各款去銀列

川徒凱旋賞賚銀[illegible]両 五限

續捐凱旋賞賚銀[illegible]両 五限

續捐捕盜公費銀[illegible]両 二限

澳门前山寨軍需銀[illegible]両 初限

萬成行美欠銀[illegible]両 二限

共廿萬両 合三年

五共銀[illegible]両

十八共計銀[illegible]両

十二共銀[illegible]両

三大共用去銀[illegible]両

出合

	餉民	估價	行用
十一年	[illegible]百万两	[illegible]十万两	[illegible]十万两
十二年	[illegible]百万两	[illegible]百万两	[illegible]十万两
十三年	[illegible]百万两	[illegible]十万两	[illegible]十万两
十四年	[illegible]十万	[illegible]百万两	[illegible]十万两
十五年	[illegible]十万	[illegible]百万两	[illegible]十万两
十六年	[illegible]十万	[illegible]百万两	[illegible]十万两
十七年	[illegible]百万两	[illegible]百万两	[illegible]十万两

1

F.O.682/327/3(42)

奏稿

2

奏稿

廣東巡撫臣祁　跪

奏為續獲普寧縣匪犯多名臣親赴潮州府審辦

以示懲儆恭摺奏祈

聖鑒事竊照潮州府普寧縣横山鄉陳姓與大壩等

鄉各小姓挾嫌互鬨寨河鄉陳啟良因堂姪陳

阿嚮被大壩鄉張姓毆斃追至該代理縣施毓

周轎後求驗又被張姓糾匪將陳啟良擄回殺

死支解埋藏屍身一案先據惠潮嘉道李本榆

潮州府知府覺羅成善轉據該縣稟報并由該

道會同潮州鎮總兵臣李廷鈺就近撥兵五百

名親身帶赴該縣督率署縣倪澧嚴行查拿當

經臣一面移咨鎮臣並飭該道嚴督密速查拿

3

一面由省籌備捕費飭委新陞綏猺同知姚東
之觧往接濟隨同辦理嗣據該道府及委員姚
東之並該縣先後稟報于十一月二十及二十
三四日拿獲人犯七十餘名內程阿嬌張阿柳
林造化均訊係下手兇犯其餘各犯或認帮同
抬屍或認在場助鬧或認素習鳥鎗手葉經 臣
將辦理情形附片奏
聞在案并聲明主謀首禍及在場滋事之人尚多未
獲仍飭督率兵勇追踪嚴拿務獲究辦等因 臣
又因該縣之塗洋鄉民情尤為兇頑曾有拒捕
殺差之案查明該鄉民方阿厚方阿重方阿蕣
等係屬著名巨匪該委員姚東之出省時 臣 密

4

飭俟查辦大壩等鄉事竣即密行稟商鎮道督
率弁兵順道赴塗洋鄉查拿嗣據該鎮道及委
員先後函稟陳啟良被殺案內之主謀張文才
經該縣購線在潮陽縣河西寮地方會同縣營
拿獲觧訊其陳啟良首級屍身亦經委員吳思
樹等先後起獲該文武員弁隨帶兵至塗洋鄉
查拿方姓各匪經鎮道密商以塗洋鄉民情尤
為強悍動輒拒捕又添派兵勇飭令該署縣倪
澧暨委員姚東之等會同遊擊應卓然烏林馬
全都司阮世貴署守備趙如勝等督率兵勇先
期分扼要路于十二月十六日黎明會集圍捕該
鄉匪徒嬰寨固守並有多人上立寨墻胆敢施

放鳥鎗抗拒鎗斃兵勇二人又另傷七人各文武員弁帶領兵勇攻開寨門直入搜拿該匪等抵死拒敵各員弁當時格殺匪犯三十餘人燒斃十餘人該匪等勢窮力竭或乘間逃竄或緊閉巷門各員弁乘勢搜捕追拿共獲方阿重方阿荍及方日洸方阿恨方斌秀等人犯三百數

奏稿

十名查問方阿厚一犯已經格斃并獲鎗銃器械多件現在一面将犯解省由道督同訊供一面陸續撤兵回營未獲餘犯仍飭該地方文武官嚴拿務獲解弁審究等情前來臣查此案先後獲犯四百餘名潮州離省千有餘里若按名解省審辦不特長途押解恐有疎虞且各該鄉

之愍不畏法已非一日必須将應行正法各犯即在潮州府辦理庶各鄉民皆可觸目警心臣與督臣商酌擬于正月初八日輕騎減從親赴潮州府督同道府審辦其決不待時之犯即在該處正法俾知儆懼並可于審辦後傳到各鄉老剴切曉諭俾令轉告各家子弟族隣人等此後

奏稿

須知安分守法勿再逞兇滋事以冀稍挽頹風所有臣署中日行事件暫委藩司代拆代行緊要事件仍包封寄臣核辦其未回署以前應行題本及咨移各部公文循照向例盖用督臣關防合併聲明除俟審辦後另行會同督臣恭摺具奏外謹将臣出省前赴潮州府緣由先行繕摺奏

7 END

聞伏乞

皇上聖鑒訓示謹

奏

奏稿

今將十三年被水案內官紳行戶捐賑買米平糶收支數目開
列呈
閱
計開
收数
一收官捐銀二萬七千兩
一收紳富捐銀五萬五千三百九十四兩
一收洋行捐銀一十一萬四千五百兩
一收盐務捐銀四萬三千兩
一收茶客捐銀一萬四千二百八十五兩七錢四分七厘
一收當押戶捐銀六萬四千六百一十兩
一收行戶捐銀一萬五千零四十五兩二錢
一收城廂內外各鋪戶捐租銀三萬六千一百六十七兩四錢
以上共收銀三十七萬零二兩三錢四分七厘內
支数
一支給洋行伍怡和等買米一十五萬七千八百七十五石二斗
六升四合五勺除收回米價外實支銷銀二十四萬五千一百
零九兩四錢八分五厘五毫
一支番禺縣賑米折價銀一萬二千八百二十一兩八錢三分二厘
一支七廠紳士自行由廠支發正廠各鄉分廠紳士薪水運米運銀
船價人工等項共銀七千四百三十八兩五錢六分四厘
一支古州埠供商周榮記等西運穀價銀四千零八十一兩五錢
一支南番二縣城廂內外倒屋修費及貧戶口粮共銀四千五百
六十九兩五錢（大丁每月給口粮銀一錢三分五厘小丁減半倒屋一間給銀五錢倒半間減銀一半）
一支肇慶府賑卹銀三萬三千兩

一支三水急賑銀七千八百六十二兩三錢三分三厘

又支賑卹銀三萬兩

一支清遠縣賑卹銀二千七百一十七兩五錢

一支大埔縣急賑銀三千一百四十兩

一支南海委員張錫蕃赴鄉賑銀一千兩

以上十三年水災案内共支銀三十五萬一千七百四十兩零七錢一分四厘五毫

除支外尚存銀一萬八千二百六十一兩六錢三分二厘五毫

又十四年五月水災後支用十三年糶賑餘剩銀兩

計開

一支三水縣圍基銀五百兩

一支南海縣賑卹銀二千兩内鄭糧道親帶銀一千兩委員劉瑞祥帶銀一千兩往被水處所撫卹

一支三水縣賑卹銀三千兩全給委員梁元等帶往被水處所撫卹

一支清遠縣賑卹銀二千兩給委員彭作楨等帶往被水處所撫卹

通共支銀三十五萬九千二百四十兩零七錢一分四厘五毫

除支尚存銀一萬零七百六十一兩六錢三分二厘五毫另南海縣繳存用剩歸還銀二百六十兩零五錢三分七厘

實共存銀一萬一千零二十二兩一錢六分九厘五毫内除 奏明支給廣州府修築南海三水清遠等三縣烏茶等處圍基經費無着尾數銀二千五百七十三兩九錢四分八厘内

尚實支剩銀八千四百四十八兩二錢二分一厘五毫内支給委員李用中領解赴雲南辛亥年辦銅工本銀八千兩

又支借給九龍城寨銀四百四十八兩二錢二分一厘

實存銀五毫詢據庫房稱說洗欵無存訖

FO.682/138/5(3)

[redacted]

今將道光十四年被水沖決圍基奉
督憲盧　札飭在司庫關款籌銀委員帶往被水
各村庄撫䘏開列呈
閱
計開
督糧道鄭　親帶銀一千兩往南海縣被水各村庄
撫䘏

3

委員劉瑞亭　羅江　周如淵　張式玲　何穀　秦乾源
王增　沈保元　陳明慎　王煦　沈承祺　帶銀一千兩
往南海縣被水各村庄撫䘏
委員梁元　潘培仁　鄧城　裴炌　丁旭初　帶銀三千
兩往三水縣被水各村庄撫䘏
委員彭作檀　張裕　帶銀二千兩往清遠縣被水各村
庄撫䘏
以上共銀七千兩係在道光十三年糶賑餘剩銀兩內動
支合併聲明

謹將前司伍長華於道光十四年六月內連陽埠船户轄用小秤詳奉

前憲盧　委員費捧

令箭同往彈壓拿辦批詳抄摺呈

鑒

為詳請委員赴埠查辦以預餉課事據連陽埠公堂商人鄒怡德梁泗廷等禀稱竊

連陽埠因原商散櫃奉諭設立公堂招商等租辦府餉合櫃合銷商等赴埠接

辦所有運館總埠各秤俱照原商交下舊秤發收自省河至清遠運館收鹽過駁

各船户循照舊章起鹽領運俱無異言嗣清遠船户領運駁至州城總埠司事仍

照原商交下舊秤收鹽轉駁赴星東二埠應銷詎各船户不用埠存舊秤將

伊私設小秤轄令照用司事比較舊秤每包約少鹽十餘觔不肯照此秤收鹽
星東小河駁船亦不肯照此秤領鹽轉運各船户遂蜂擁逞兇將司事肆行毆
辱司事各畏兇横恐釀巨禍又見鹽包二萬餘悉泊河干沉溺盜賣在在堪虞不
得不啞忍照其私秤起收暫行貯倉各船得勢愈肆鴟張百般抑勒以致各司
事紛紛告退伏思連陽全埠通年額銷正融引鹽二十四萬包每包少鹽十餘觔每
年約缺鹽萬餘包計虧餉本不下四五萬兩且星東兩處銷售居全埠十之七
八星東小河駁船因見秤小鹽虧不肯轉駁未便勒其領運星東無鹽行銷
不但餉課立見貽悮而短銷悮融關係
奏銷實非鮮淺商等現在將舊秤較合秤鎯勢得禀懇俯念埠銷要際伏乞
據情詳請飭委幹員赴埠查辦將其私秤撤毀並懇將較合秤鎯飭發應用賞
示遵行俾各船户知所遵循再查清遠第六運駁船户蕭捷魁裝運引鹽一百
包于五月三十日在連州河面盜賣官鹽五十三包李德馨堂船户蘇亞保又盜
賣鹽二十包若不禀請拿究無以示儆并懇檄行綏猺同知會同連州彈壓并分
别嚴拿究辦以儆刁風而顧引餉寔為公便等情計呈繳秤鎯壹個到司據此

本司查連陽埠設立公堂開辦之初一切均須整飭乃清遠船户輒敢私設小秤
轄令照用司事不肯秤收遂逞兇將其毆辱似此目無法紀深為埠務之害至船户
蕭捷魁等中途盜賣引鹽亦屬不法相應據情詳請
憲臺俯賜遴委幹員馳赴連州會同綏猺同知并連州將各船户所設私秤起出
觧省銷燬另將較合秤鎚飭發應用出示遵行俾各船户知所遵守仍分別嚴
拿船户蕭捷魁等到案究辦以儆刁風而安埠業是否有當理合據情詳請
憲臺察核批示祇遵緣由奉
批船户私設小秤並盜賣引鹽均屬不法已據詳札委鹽知事紀樹馥前往查辦並
派武弁把總梁大猷賫捧
令箭同往彈壓并行清遠縣等拿究矣仰即查照另札將發去告示於發張掛
此繳

查道光十四年六月内連陽埠船户轄用小秤恃衆滋事該埠運商禀經伍
前司詳奉
前憲盧　飭委候補知事紀樹馥武弁梁大猷賫捧
令箭會同清遠縣前往連州查辦拏獲鄭開斗等經廣州府訊將鄭開斗擬以
棍徒生事行兇例減等杖一百徒三年折責四十板謝添恩范亞潤聽從滋事
照為從減等杖九十徒二年半折責三十五板張德成蘇北養李中作係隨
行附和照不應重律杖八十枷號兩個月遞州枷號河干示衆滿日折責保束
逸犯羅亞恩等緝獲另結錄供詳奉飭遵等由在案

典約

立典自置民房文契柏蒼筠茲因弟姪官跡分途攜眷遠仕自欲遊幕外鄉今將郡城西門內建中坊自置民房住宅一所計截朝南大門一座內朝北左右門房四間二門內朝南朝北書屋廊房東軒水井花樹湖石三進朝南廳房樓上下十間朝北對樓三間並屋內所有裝修等件隨房憑中議定截典與

張名下居住當收得正價錢平捌五兑九九色蘇宅紋銀陸百兩整期典五年銀不起利房不起租俟期限滿日仍以原平色銀取贖言明不得托詞短少分毫成交以後恐有親族瓜葛不清以及議典期內弟姪輩回里不得預為取贖致生滋擾倘有異言俱係出典人一面承認均與典屋人無涉此乃兩相情愿非有別項銀錢蒂欠准折等事恐後無憑立此截典民房筆據存執

孟鶴峯甥（押）　汪紹鴻兄　十
程雲甫翁（押）　鮑春卿兄（押）
黄芳谷兄（押）　勤齋姪（押）
江蓉卿兄（押）

憑中

代筆　孟鶴峯甥（押）

道光二十年四月初四日所有隨房傢伙什物等件繞汪紹兄出售與
張小山兄自用，備贖取之日聽其搬出，柏姪不得異說。此批

道光十六年六月初三日立典約　柏蒼（押）　十

外隨房傢伙等件另簿開存，言明隨房存用，俟贖房之日，張處照簿交還。

又批　再栽典此屋并本和修理銀兩，贖屋之日亦不得以爛木為詞。親筆批（押）

此屋紅契因牽連後屋，未交典主收執。親筆批（押）

道光拾□□陸月貳拾壹日

督憲鄧出□省往拜會撫憲祁畢回衙發收文署鹽

運憲鄭要□州協郭俱聽候補鹽庫大使蔣光裕

合浦縣丞陳德貞具值回上衙門咨補清遠迴岐司鄧

庭杰壽銘差藩司委往部州府屬催出丁銀兩委查番

禺老城□□衙道試用州吏目董霖稟知本日到段

急邦發□□文督憲鄧到拜會羊城監院吳蘭修稟

署羅□判衙萬年稟辭赴任委查番禺老城內街

道試吏目董霖稟知本日到段

奏

署兩江總督江蘇巡撫臣林則徐跪

奏為遵
旨審明定擬恭摺奏祈
聖鑒事竊江蘇吳縣人曹咸霑捏稱廩貢生就職訓導在安徽撫臣衙門稟控安徽幕友史寶善等植黨盤踞勒薦分修等情經安徽撫臣色卜星額
奏奉
諭旨著交署兩江總督林則徐親提案證秉公審訊確情按律定擬具奏等因欽此並准撫臣色卜星額將案內應訊原被人證卷宗先後咨送到臣即經札委江寧藩司楊簧督同署江寧府王用賓先行訊供詳辦兹據該藩司等審擬解勘前來臣親提原被逐加確審緣曹咸霑籍隸吳縣幼曾讀書並未入學捐職曾在閩粵等省游幕一向假借頂帶冒稱由廩貢就職訓導以圖光榮與史寶善等均不認識道光十五年五月間曹咸霑因年老不能遠游就近赴皖省圖館閒住多時無人延請嗣知史寶善就幕安撫署中

意欲託令薦館又以素無來往不便啟齒憶及
江西南安府同知史麟善係其表親史寶善與
史麟善為異籍同族遂稱與史寶善分屬親戚
作函託薦史寶善因素不相識且院署關防嚴
密不能往見託友魯姓往晤曹咸霑告以不能
引薦資助盤費錢六千文勸其回籍另圖從此
不相聞問曹咸霑在皖逗遛年餘仍未得館心
疑史寶善另薦他人分得修金將伊回覆不薦
當與同寓浙紹人王姓談及王姓以若要託薦
自須分修之言回答曹咸霑即信以為實又因
蕪湖道幕友宋楷遠係前任雲南武定州休致
人員其子宋流熙宋流烱曽在藩署及池州府
就幕均係同籍蘇州絕無照應心懷不甘起意
稟控挾制隨稱史寶善與宋楷遠結黨盤踞囑
託長官勒薦分修並將素未識面之臬署幕友
劉渭及先在藩署早已回籍之幕友唐頌賢牽
為一黨又誤聞東流縣幕童作梅貴池縣幕孟
湘蘋均係宋楷遠勒薦一併敘入詞內並指宋
楷遠素行卑鄙其子目不識丁孟湘蘋等不諳
例案各情自作稟詞冐稱由稟貢就職訓導控
經安徽撫臣奏奉
諭旨咨解來江經臣飭委江寧司府先行查訊一面
咨行江蘇學政及司府各學教官遍查司冊學
冊曹咸霑不但未曾就職訓導並入學補廩出

員亦全無其事實係平空假捏隨飭詰訊曹咸霑據認捏冒屬實復據貴池等縣稟覆幕友童作梅孟湘蘋均係自行訂延與史寶善宋楷遠素未謀面唐頌賢于未經被稟之先早已回籍無可質訊臣以史寶善宋楷遠等在皖遊幕有年難保無彼此聯絡聲援互相汲引或實有勒薦分修情事必須澈底根究而曹咸霑既敢冒稱職銜以無據之詞妄控更恐此外尚有求為挾詐均應切實究明分別懲辦當復親提原被逐加研詰據史寶善劉渭僉稱伊等自來皖省就幕彼此謹飭自守素無往來交接均未引薦一人至宋楷遠就館蕪湖離省甚遠更無聯絡交往實無薦友分修之事又據宋楷遠供稱伊曾任知州自休致回籍之後游幕皖省從不干預外事亦未推薦一人其長子流熙係前任安徽藩司佟景文舊友三子流烱于十年五月間就館池州府在伊未到安省以前並非自薦至童作梅等或偶經謀面或素昧平生更無勒薦之事質之曹咸霑惟稱誤聽傳言實無憑據自認誣告其冒稱職官委因自慚卑陋於遊幕之初即已假借頂帶以圖光榮實無挾詐求為情事反覆究詰矢口不移並據當堂書寫誣控假冒供詞案無遁飾查例載假冒頂帶自稱職官止圖鄉里光榮無所求為者杖六十徒一年又

幕賓鑽營引薦盤踞屬員衙門者照書役年滿
不退例杖一百又律載誣告人杖罪加所誣罪
三等各等語此案曹咸霑冒稱訓導訊因一向
游幕假借頂帶以圖光榮並非有所求為按例
罪止杖六十徒一年惟控告史寶善等盤踞勒
薦各情如果得實史寶善等應擬滿杖今訊係
子虛自應照例加等問擬曹咸霑合於杖一百
罪上加三等杖八十徒二年到配折責安置史
寶善劉渭訊無結黨盤踞勒薦分修各情均毋
庸議宋楷遠亦無盤踞勒薦情弊惟以休致人
員在外游幕究屬非宜應即勒令回籍以免物
議至曹咸霑所供傳言史寶善薦館分修之淅

紹人王姓詰已忘其名字請免查提以省拖累
除錄供招咨部外合將審明定擬緣由恭摺具
奏伏乞
皇上聖鑒勅部議覆施行謹
奏
刑部議奏
道光十六年十一月　廿　日

P.1

①

十六年名欵去銀列

鈐十年 [illegible]

川侯凱旋賞賚艮 [illegible] 未限

續捐凱旋賞賚艮 [illegible] 未限

續捐捕盜公費艮 [illegible]両 三限

灃门前山寨軍需艮 [illegible] 二限

塡達成 會隆 美欠艮 [illegible] 限

萬成行美欠艮 [illegible] 未限

共艮 [illegible]

十六共計艮 [illegible]

十二共計艮 [illegible]

三大共用去銀 [illegible]

P.2

2

十七年名欵去銀列

鈐十年 共上萬 [illegible]

續捐捕盜公費艮 [illegible]両 未限

灃门前山寨軍需艮 [illegible] 未限

新捐南河工用艮 [illegible]両 初限

塡達成 會隆 行美欠艮 [illegible] 二限

四共 [illegible]

十八共計艮 [illegible]

十二共計艮 [illegible]

三大共用去銀 [illegible]

F.O. 682/68/1(11)

38ND

P.3 end

十八年各款去銀列

新涌南河二角銀[illegible]万[illegible]两 二限

填達成會隆行美欠銀八[illegible]七万[illegible]两 三限

珠玉價銀[illegible]万[illegible]两

新涌[illegible]河二角銀 未定

三款計銀[illegible]万

共[illegible]万两 今八年

十八共銀[illegible]万

十二共[illegible]万

三大共用去銀[illegible]万

奏

湖廣總督臣林則徐跪

奏為遵

旨審明定擬恭摺奏祈

聖鑒事竊照湖北隨州民婦吳殷氏以朱榮宸謀殺伊夫吳得敏斃命前次京控解回委審酷刑勒結等情赴都察院衙門具控奏奉

諭旨此案著交林則徐親提人證卷宗秉公嚴審按律定擬具奏原告吳殷氏該部照例解往備質欽此並准將原告吳殷氏遞解到楚當經行司委提人卷至省飭委武昌府知府崇善武昌府同知陳天澤究出江夏縣民吳以珏唆使捏情翻控稟經臣批飭確審去後茲據訊明由司詳解前來臣隨親提研鞫緣吳以珏籍隸江夏縣與隨州民婦吳殷氏同姓不宗吳殷氏之夫吳得敏素不安分因有山地兩塊與朱榮宸田地毗連道光十一年曾與朱榮宸之佃戶爭水口角經鄰人勸散吳得敏因此挾忿於十二年三月間藉稱荒歉邀同不知姓名乞丐在朱榮宸家

強索米穀錢文二次繼又屢往訛索朱榮宸因疊被擾害欲送官究治經其姪朱大綱喊同鄰人王士升張克正何應椿幫拏王士升張克正各用棍毆傷吳得敏偏左何應椿用棍毆傷其左肩甲朱大綱用刀戳傷其左眼胞右眼睛倒地投知地保張和將吳得敏捆住送州前任隨州知州繼善驗明吳得敏傷痕交差吳朋醫調並飭拘各犯質審此係四月初四日之事有驗傷供單在卷嗣吳得敏所受各傷俱經平復惟右眼睛被戳已瞎該州查拏戳傷之犯未獲致稽詳辦是年閏九月內吳得敏忽患傷寒病症醫調無效於是月二十七日身故亦經接署知州阮克峻驗明在案十五年九月內吳殷氏來榮宸兩家幼孩頑耍斥罵吳殷氏不依曾至朱榮宸家吵鬧控經該前州馬宏圖訊取吳殷氏再不滋事甘結完案十六年正月內有吳殷氏之族母舅涂啟運知朱榮宸家道殷實起意訛詐即藉朱大綱戳傷吳得敏之案主令吳殷氏捏告朱榮宸謀佔田地未遂誣賴吳得敏為匪喝令朱大綱將吳得敏捆獲剜眼釘掌因傷身死等情許俟訛得錢文俵分吳殷氏應允控經德安府批州究報三月內涂啟運又令吳殷氏以前情赴京呈控並羅織朱榮宸子弟多人指為幫毆欲使畏累賄和復捏州差勒詐錢文並

令其戚秦世瓏及素識之余大山即余世瓏同為見證亦許事後酬謝涂啟運代作呈詞即將已名填為抱告同吳殷氏進京赴提督衙門投遞於供結內揑稱曾在本省督撫衙門呈告有案送交刑部咨解撫臣周之琦飭委漢陽府知府楊炳堃等審辦究出唆訟情由將涂啟運照教唆告重罪不實例擬軍吳殷氏照為從滿徒因揑寫甘結加等擬流收贖朱大綱照瞎人一目擬以滿徒余大山等分別擬杖咨結將吳殷氏交給官媒王太和看管聽候部覆亦在案先是吳殷氏與準提菴尼僧蔡氏熟識該菴常租客寓吳以玨因有親友寓居菴內時往探望亦與蔡氏認識是年十一月十四日吳殷氏乘王太和外出逃至蔡氏菴內述及控案審虛情由適吳以玨至菴聞知起意唆使翻告圖得酬謝吳殷氏允給錢十千文俟官事審贏付給吳以玨隨代作詞狀將原案改作謀殺並揑寫賄和銀六百兩及委員酷刑勒結重情又將前詞列作見證並未到案隨後病故之秦世瓏揑作該州濫刑斃命等情以圖聳聽作成詞稿倩令寄寓菴內不知揑情妄告之田福代為謄寫吳以玨看後又更改三字隨將底稿燒燬各散吳殷氏即攜帶呈詞進京控經都察院

奏奉

諭旨交臣審辦究出前情臣以朱榮辰與吳得敏本
有夙嫌難保無羣毆致斃那改月日希圖消弭
情事復經反覆推究據全案人證僉供道光十
二年四月初四日吳得敏被朱大綱等毆傷係
前州繼善所驗至閏九月二十七日因病身故
又係署州阮克峻所驗時逾半年官經兩任安
能那改且吳得敏果被釘穿兩掌其傷甚重自
必速斃何能延活多時而吳殷氏又何以於事
隔四載之後始聽涂啟運等唆令京控況前呈
指朱榮辰為喝令此次又控為謀殺前後情詞
兩歧既云濫刑勒結又云賄給銀兩尤屬自相
矛盾若果許給銀兩該氏贓未入手何以前次

委員審訊即肯具結認罪迨經院司提訊又何
不據實供明再三究詰吳殷氏總以婦女無知
聽從妄告前次京控係涂啟運作詞此次又係
吳以珏作詞所以不能一樣只有俯首認罪等
供質之吳以珏亦無可狡賴將作詞揑聳情形
逐一供吐如繪案無遁飾查例載代人揑寫本
狀教唆扛幫赴京奏告人命重事不實並全誣
十人以上問發近邊充軍又婦女翻控訊明實
因聽從主使出名誣控到官後供出主使之人
俱准其收贖一次又律載知人犯罪事發而藏
匿在家減罪人罪一等各等語此案吳以珏因
聞吳殷氏控案審虛治罪圖得錢文起意代作

詞狀捏砌謀殺賄和重情主使赴京翻控所誣已在十人以上自應按例問擬吳以玨合依代人捏寫本狀教唆扛幫赴京奏告人命重事不實並全誣十人以上問發近邊充軍例發近邊充軍據供年逾七十係教唆訟棍且捏誣情節較重應不准收贖解配折責安置吳殷氏聽從翻告照為從減一等罪止滿徒惟該氏原擬流二千里尚未論決負罪潛逃仍應從重於原擬流罪上加逃罪二等杖一百流三千里訊係聽從誣控到官後即將主使之人供明獲案仍照例准其收贖尼僧蔡氏明知吳殷氏犯罪容留在菴致被訟棍主唆翻告應照知人犯罪事發

而藏匿在家減罪人罪一等律於吳殷氏流罪上減一等杖一百徒三年係婦人照律收贖勒令還俗給親屬具領管束官媒王太和失於防範以致吳殷氏脫逃應比照徒罪人犯取保疎脫者保人減罪二等例於吳殷氏原擬流罪上減二等杖九十徒二年半係因人連累致罪吳殷氏既已收贖應亦准其收贖田福謄寫詞狀雖不知誣捏情由但不查明輒為代寫應照不應重律杖八十折責發落吳殷氏前次控案已於上年四月內接准部覆現審並無枉縱所有擬軍之涂啟運擬徒之朱大綱擬枷杖之余大山即余世瓏吳林均照原擬分別辦理秦世瓏

先未到案後已病故毋庸置議除全案供招送
部外所有審明定擬緣由理合繕摺具
奏伏乞
皇上聖鑒敕部議覆施行謹
奏
刑部議奏
道光十八年正月　初十　日

河南布政使臣朱樹跪
奏為籲懇
天恩俯准
陛見仰祈
聖鑒事竊臣黔南下士由湖北臬司於道光十五年
五月蒙
恩擢授河南藩司當即趨赴
闕廷渥承
訓示於是年七月抵任舉凡勾稽出納察吏安民隨
同撫臣悉心經理不敢少存怠忽惟才識庸愚
毫無報稱撫衷循省時切悚惶現計在任已屆
三年瞻就私忱不能自已惟有仰懇

恩施准臣來京
陛見俾得面聆
訓誨於用人行政事事有所祇遵如蒙
俞允恭俟奉到
硃批即稟請撫臣委員接署藩篆交卸啟程泥首
宮門跪求
聖訓有所微臣瞻戀籲懇下忱理合繕摺具
奏伏祈
皇上聖鑒謹
奏
道光十八年七月二十四日奉
硃批下屆再行奏請欽此

[redacted]

敬密稟者佛山有一劣衿招恩榮即招棣槐原係黃沙鄉人寄寓佛山集賢里素不安分恃勢欺凌無論親疎多受其害聞道光二十一年伊庶祖母招沈氏以逆孫棣槐誘局詐害乞拘究辦伊親叔招瑞藻又以逆姪棣槐誘局圖索串詐捏陷粘保投乞察誣究辦伊庶祖母招沈氏又以逆孫棣槐假冒職官乞拘繳劄察究以重名器各等詞赴縣具控有案其餘向外人訛詐者不勝枚舉道光二十八年伊向親叔多方索詐被控不敢投質潛逃福建今復回佛自稱福建委員上年膽恃職官覇佔逆匪林松芳餘屋抗封在佛招謠撞騙稍不遂意飛殃架禍如上年十月假冒官差親到區光邦家捏以窩匪查封房屋多方嚇詐又於上年捏稱王達孚王光錫等庇匪訛詐不遂赴縣誣控幸蒙李令明察批斥不准株累又於本年遣人送信到泥水德家嚇詐不遂砌詞上控有此劣衿實為地方蠹害非按律懲治何以儆棍惡而安良善密求

中堂作為風聞飭查招恩榮是否係福建委員因公稽留本籍抑有假冒別情分別辦理實為

德便

[redacted]
遵查上川司鹽巡檢一缺原設係烶崗海晏兩場所産之鹽
向歸恩開新寧兩埠坐配後將烶崗裁汰歸併海晏更名
海烶場嘉慶年間又奉
前督憲蔣　咨改爲上川司鹽巡檢當日濵海遼濶鹽潮極
旺每年額徵丁課二千一百餘兩嗣因沙水淤積鹽田壅塞
灶丁失業賠累漸多逃亡且地勢淤塞漸寛潮難浸灌出
鹽已屬無幾然尚間有船隻前來配運道光十二年後海
中時有砂垠横起艚船往來多阻淺不能進口近年以
來遂無船往配灶丁等將拋荒鹽坦養沒種茵以輸課項
道光十八年奉　憲委員辦理屯務又將荒坦三百餘頃改
屯開墾令屯戶承納缺課六百餘兩由縣徵觧道庫轉撥
運庫歸欵此外應完丁課銀一千五百餘兩由上川鹽巡檢
徵收遞年觧繳無悮現在各坦變荒成熟田連阡陌産穀
甚多沿海一帶均早修築基圍以遏潮水雖零畸汊角
不成片段之處間有附近居民刨挖溝泊引灌鹹潮者
然泥底多沙必熱煎成熟始得淨鹽工本費重無力窮
民往往時煎時停收鹽既無帆期積鹽又無官堆即其
煎熬所出亦僅足供肩挑背負及地方居民買食並過
往魚船行銷而已雖坐配之恩開新寧埠亦徒有其名
並不來場請配所有煎熬之灶均隨時查點座數收納
丁觔一併歸入正欵每逢旬月報内開列收鹽數目係
遵照舊章相沿循例之件至每年配運缺額處分具
奏報　部均歸統計向於各大場查有配足溢額者
酌撥一二成作爲該場配額以符定制總之此缺管
轄洋面地方有巡緝彈壓之責因其丁課較多甲
於各場故欲欵項無缺必仍存鹽務之名方能兼顧
而兩全也謹將今昔情形繕具清摺伏乞
鈞鑒

札

陝西按察使司梁　札興安府為
密查事竊照本司恭膺
簡命陳臬此邦察吏安民懲奸除暴以及清理庶獄整頓郵傳均關緊要陜西為
各省交衝漢回雜處南北山深林密箐宵小易藏本司莅任伊始亟須盡
得其情所慮訪聞未到惟一邑之利弊關乎州縣各屬之賢否關之府州蓋州
縣為親民之官為政以得人為要近思各牧令中有品行端方實心為民者有才具
優長勤於聽斷者有限于才力辦事謹慎尚不致貽悞地方者即有怠忽將事一
切付之丁役置民事於不問者不必著名貪酷擾累閭閻地方深受其害即
高坐衙齋終日飲酒清談于詞訟命盜案件不能速審速結致刁徒訟棍乘隙
架唆釀成上控官民即交受其累又安望其興利除害為斯民之賢父母耶顧
其居官勤惰為政治忽惟府中知之較切旌別之權考成所在本司固與府
中共之者也為此密札查訊務於文到半月內將所屬現任各牧令居官政績
出具切實考語不憚詳細親筆密封送司備察慎毋以四字八字浮泛之套言了
事也至佐雜教職有實在惡劣不職擅受詞訟者指名開列其餘可以從緩此
外更須查明各屬有無窩家訟棍盤踞日久為害閭閻地方官長難不辦者
各處監獄圍墻是否完固禁卒是否足額刑具口糧有無鬆放剋扣並現
禁人犯有無淹禁濫禁如西鄉白南氏一案之日久未經查出者各處驛站馬匹
是否膘壯足額遞送公文有無壓前等後近聞各屬鋪遞積壓怠緩尤不

成事有無廢弛日甚亟須指名嚴參者以上各項務須確實查考一遍飭令
出具切結限一月内由府加轉送司備查慎毋以現無前項各獘容再查考
等語視若具文率轉也本司於州縣府道無不身歷其難斷不刻以繩人
而刑名總滙責任匪輕亦不肯受人欺隱所望切實言之有以應本司將
伯之呼即以覘
賢太守之留心有素也均毋稍延諄諄特札

道光十八年十一月二十五日

2　1

F.O.682/137/5(7)

安徽布政使臣程楙采跪
奏為奉職已届三年循例恭叩
天恩俯准
陛見仰祈
聖鑒事竊臣西江下士知識疎庸叠蒙
高厚生成于道光十六年秋初由山東臬司擢畀皖
藩重任當即星馳詣
闕瞻覲
天顏仰蒙
訓諭優重頒勉施矢寔心寔力計莅任已周三載未能圖
報涓埃惶悚滋深瞻依倍切本年江淮叠漲籌
辦賑撫事宜均經次第詳請

4 END　3

F.O.682/137/5(7)

奏明督飭所屬認真經理現在並無未完事件合
無仰懇
聖慈准臣述職赴都跪聆
天諭庶事事勿替欽承而積久依戀之忱亦得稍申
萬一所有微臣請
覲緣由理合繕摺具
奏伏乞
皇上聖鑒謹
奏
道光十九年十一月十七日奏
硃批俟旨行欽此

欽命署奉宸苑卿督理粵海[illegible]稅務隨帶加二級豫　為

呈明事道光十九年五月十三日據浙江寧波

府商船户馮萬裕等赴轅稟稱切民等于上年十

月間由原籍寧波裝載藥材紹酒航海來粵貿

易遠天津金廣興船隻夹私被獲奉

督憲籌議新章因與民等行船不便當經瀝情

具稟在案奉批粘抄嗣于本年四月二十二日

民等又赴

欽憲行轅具呈奉批抄電本應遵批俟
廷議到粵聽候諭照辦理惟民等各船歷年
俱在五月上旬交值夏至節氣趁有南風
即行揚帆駛回誠以海運全仗風𩙪稍涉遷延
性命堪虞民等各船回貨均于上年到粵後陸
續辦齊守候至今各貨霉爛固不待言而每船
水手人等食指浩繁典質已盡萬難再候茲正
交值夏至節氣赶緊裝偹非一旬半月不能出
口若俟奉有諭知始行裝貨是日遲一日必致
愆期一交秋令則又不能回寧為此情極再赴
憲轅據寔呈明伏乞俯察海運艱難恩開一線

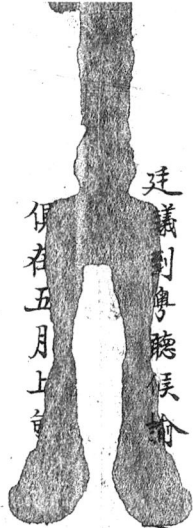

恩賜批示准[illegible]先行裝俩趁此風汛駛回
原籍以解倒懸[illegible]民命計粘抄批一紙等情
到本監督據此除批前經
督部堂飭司核議寧波上海等船照天津船例
一律辦理業已諭飭遵行在案今該船户等以
欽差大臣批侯
廷議到粵聽候諭知等因恐守候日久風汛愆期
有誤歸帆是係海運商船寔在情形該船户等
既遵照新定章程請先行裝載回籍與
奏案尚無違碍准即下貨出口以免留滯仍候據

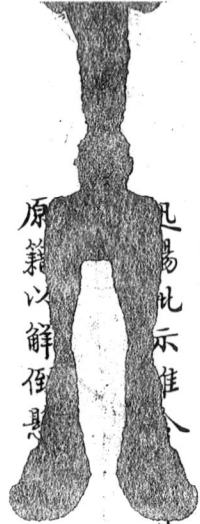

請咨明

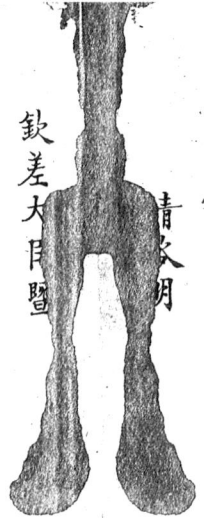

欽差大臣暨

督部堂查照等因揭示並咨會

兩廣總督部堂查照及諭飭福潮行遵照外相

應呈明為此咨呈

欽差大人貴部堂仰請察照施行須至咨呈者

右　咨　呈

欽差大臣兵部尚書兩江總督部堂林

咨

十二月初八

提督廣東水師等處地方總兵官關　為
稟報押送赴津商船弁兵回營日期事道光拾玖年
拾壹月初肆日據署大鵬營叅將賴恩爵稟稱案照
本年柒月內奉押赴津之金豐泰等陸船前赴平海
營交替案內因各商船遇風飄卸或回省城停泊或
續向大洋駛去所有管押之各弁兵均經先後回營
差防當經次第稟明在案惟記委羅瑞陞帶兵張得
陞壹名押送黃瑞利壹船因風飄卸久查無踪各緣
由亦經稟請飛咨津閩稽查下落亦在案茲本年拾
月叁拾日據記委羅瑞陞帶兵張得陞回營稟稱竊
記委奉押黃瑞利商船於柒月合

謹將肇府庫内各縣寄存交代銀兩開列清摺呈

電

計開

一存卸海陽縣倪令寄存交代銀一百三十八兩七錢八分

一存卸信宜縣宮令寄存交代銀一千一百七十六兩二錢一分九厘

一存卸臨高縣趙令寄存交代紋銀一千七百兩

一存卸化州王定珏寄存交代銀一千兩

一存卸歸善縣沈令寄存交代銀四千一百三十五兩二錢四分五厘

一存卸三水縣殷令寄存交代銀四百一十三兩九錢八分四厘

一存翁源縣陳令寄存惠來交代銀九百零三兩九錢五分

以上七起共存銀九千四百六十八兩一錢七分八厘已稟請

藩司札飭各州縣備具文批赴府領出批解司庫

[redacted]

謹將積案冊內應從緩辦之案共十一起理合開列案由
繕具清摺恭呈
憲覽須至摺者
計開
一咨道光四年各屬征收歸公溢租銀兩撥充捕盜經費
一咨道光五六七等年奏留充公銀兩支存各數及各年
未完田畝租銀飭解造報
一咨道光八年分通省充公銀兩支存各數及各年未完
租銀飭解造報
一咨道光八年分奏留充公銀兩收支存剩各數查款造
報
以上充公租銀四案奉部查取銀數清冊 前憲任
內已將嘉慶二十年及二十一年兩案詳咨應俟前
案部覆到日再將現案查照辦理

一咨查仁化縣知縣張德鳳等交代完解銀兩遲延職名
開送
一咨取清遠縣知縣文晟金天澤各任交代完解銀兩遲
延職名
一咨取前署新寧縣知縣孟繼亨交代完解銀兩遲延及
提解不力各職名
一咨取前任香山縣知縣田溥交代完解銀兩遲延及提
解不力各職名
一咨取前署新寧縣知縣孟繼亨交代案內交存各款銀
兩批解遲延及提解不力各職名
以上五案各州縣完解稅羨及耗米遲延職名已於
各款報銷案內開報在案所有交代案內請免重開
前經詳咨有案能否邀免應俟前案部覆到日再將
現案查照辦理
一前任西寧縣夜護司巡檢阮猷丁母憂飭取起程遲延
應議職名
此案該員尚未回省應請緩辦
一候補從九品孫日烈獲盜奉部調取引 見
此案該員現有参案應請緩辦

硃批 奏摺清單 恭繳

原任兩廣總督林 恭繳

硃批 奏摺

計開

江蘇巡撫任內道光十二年分

硃批 正摺六十五 夾片三十六 件

又 道光十三年分

硃批 正摺七十九 夾片三十三 件

又 道光十四年分

硃批 正摺七十八 夾片三十八 件

又 道光十五年分

硃批 正摺七十 夾片三十四 件

又 道光十六年分

硃批 正摺四十一 夾片十九 件

兩次署兩江總督任內

硃批 正摺五十 夾片十七 件

湖廣總督任內道光十七年分

硃批 正摺四十四 夾片二十三 件

又 道光十八年分

硃批 正摺五十五 夾片十四 件

欽差廣東查辦事件

硃批 正 夾片清 摺三十五 摺十七 件

兩廣總督任內

硃批 正摺五十一 夾片三十 件

以上統共 正摺五百六十八 夾片二百六十一 件 計十封

札

江西盐道

兵部侍郎署理两江总督部堂江苏巡抚部院裕 为
密札谘询事照得两江总督统辖三省地方广阔
属员众多若欲安民必先察吏本署部堂由苏
州臬藩洊历巡抚阅年已久凡属江苏通省大小各
官固已知其梗概即安西两省官员虽未能尽行
稔悉然某处整顿某处废弛某某声名平常
某某士民感畏平素亦颇有所闻兹署督篆履任
之初即赴上海宝山一带督办防堵事宜每于三省州
县赍到公牍随时察看其办事之精粗居心之诚
伪业已略见一斑但未接见其人未敢遽为深信除行
江苏安徽江西三省各府州外所有各府州之贤否凡
隶该道所辖者平日闻见较近自必深知合亟颁
册密询札到该道即便遵照将所属府州照
依册式据实登填限文到十日内封固密呈其册

務須如來式寬長每官一頁如有政績較多者兩三
頁亦可總要眉目清楚以便彙釘成本置諸案頭
朝夕翻閱至丞倅州縣除循分供職者勿庸開送
外如有為守兼優才堪造就及庸劣昭著不堪任
使者另冊並送此冊本署部堂至大簽房亦斷不
泄此冊率行舉劾勿庸瞻顧勿避嫌疑勿憑愛憎
勿浮泛籠統勿含糊支吾總須言道其實就此一官
何者是其所長何者是其所短不妨互見倘有到任未
久未能深悉或跡涉可疑不敢深信者亦不妨聲明即
此時業已填考將來查實仍許隨時稟請改正
不可預存迴護之見尤不可稍有諱飾之心本署部
堂以此考府州之優劣即以此覘該道之公明與否
切宜詳慎勉之望之特劄

計發冊式一頁

道光二十年九月十二日

道光二十二年盤查所存銀錢貨物於左

一存估值貨實元銀七千壹百〇拾〤両〥〇〇
一存現元銀六百拾〤両〢
一存老店現存錢作元銀弍百拾両〇〤〢〡
一存棧內外櫃現存錢作元銀壹百卅〤両〇〢〡
一存內櫃各鄉舖家所欠元銀弍千七百八拾〤両〥〢〡
一存預付各行元銀七百拾〤
一存各行賣貨元銀七拾〤両〥〢
一存鉋会元銀七百五拾〤両〥〇
一存老店本街各欠元銀叁百廿〤両〥〢
一存新店本街各欠元銀壹百卅〤両〢
一存諸夥透支元銀七百両正 係歷年透支
以上共存元銀壹萬叁千五百七拾〤両〦〧〤

於左

一該各行元銀弍千九百八拾〤両〥〢
一該鉋会元銀弍百〤両〦〇
一該喻丙齋先生元銀叁百廿〤両〡〤〡〢
一該祥亨銀號元銀伍百五拾〤両〥〨
一該洪昇銀號元銀壹千九百八拾〤両〨
一該慶泰銀號元銀壹千弍百廿〤両〤〡〢
一該陶恒春元銀伍百五拾〤両〥〨
一該三姑太太元銀叁百弍拾両正
以上共該元銀捌千壹百七拾〤両〥〢〨

盤總

Book 2

F.O.682/327/7

(2)

道光二十六年正月 吉立

道光二十六年歲次丙午盤查乙巳年所存銀錢貨物於左

一存估值貨物元銀壹萬〇六百五兩四不
[illegible]元銀八千七百廿二兩五不川
一存現存紋銀弍千〇四拾兩〇二錢
神元銀弍千弍百久拾七兩
一存老店現存錢壹百五十七千八百廿文
[illegible]和元銀八拾五兩二錢
一存內外櫃現存錢壹百八拾七千七百七十九文
[illegible]和元銀壹百〇二兩五不川

2

一存内櫃各鄉舖家該元銀五千〤〤〇两〢〣分

煋元銀弍千〦〤两九分

一存預扣各行元銀壹千〇拾兩正

一存各行賣貨元銀九拾两〤〢〡

一存保泰行借項元銀四百〇拾两〤〣〡

一存祥盛行借項元銀四百兩正

一存館會元銀六百五拾两

一存洪昇銀號元銀弍百八十两〡〢〩〡

一存慶泰銀號元銀七拾兩〇〢〡

一存恒生銀號元銀壹百卅两〥〡

一存老店本街各欠壬寅年至乙巳年止元銀壹百八拾两

一存新店本街各欠壬寅年至乙巳年止元銀八拾两

一存徐任西兄遂支元銀五百〇〤〥〡〇

一存諸夥遂支元銀三百又拾〦两

共存元銀壹萬七千三百七拾〥分〢〣〤

於左

一該各行元銀弍千五百卅两〥〇〡〇

一該恒生銀號元銀弍百八十两〤〦〡

一該鐵會元銀七拾兩〇〡〣〢

1

共該元銀弍千〇百九拾兩〇〇〢〡〇

Book 3　　F.O. 682/327/7　1

店棧收支紋月總　計十冬臘

十月共收紋弍百〤十兩二分

收上月存紋七百廿兩〇〤分九

本月共支紋五百九拾兩〇〦錢〤

係支仍存紋四百〇五兩〤錢八分

十一月共收紋壹千一百〤十〥兩〦錢〤分

收上月存紋四百〇五兩〤錢八分

本月共支紋六百〤十兩〇二錢〤

係支仍存紋九百〇五兩〤錢

十二月共收紋三千七百〤十一兩〦錢

收上月存紋九百〇五兩〤錢

本月共支紋二千六百〤十二兩九錢〤

係支仍存紋二千〇〤拾兩〇三錢〤分

2

老店收支錢月總　計十冬臘

十月共收錢壹千一百九十四千文

收上月存錢壹百〇五千一百五十九文

本月共支錢壹千一百七十四千〤百廿七文

係支仍存錢壹百廿四千〤百廿二文

十一月共收錢八百九十九千文

收上月存錢壹百廿四千〤百廿二文

本月共支錢八百九十一千九百九十〤文

係支仍存錢壹百卅一千〤百廿〤文

十二月共收錢弍千一百五十九千文

收上月存錢壹百卅一千〤百廿〤文

本月共支錢弍千一百卅千八百〇〤文

係支仍存錢壹百五十八千八百廿文

3 END

新店内外櫃收支錢月總　計十弍號

十月共收錢六百五十九千乂百〇七文

收上月存錢壹千九百七十〇千八百五十〇文

本月共支錢七百五十九千〇十二文

除支仍存錢壹千八百七十五千乂百〇十九文

十一月共收錢四百五十五千六百六十九文

收上月存錢壹千八百七十五千乂百〇十九文

本月共支錢四百五十九千一百〇二文

除支仍存錢壹千八百七十二千〇十八文

十二月共收錢壹千一百廿九千九百〇十二文

收上月存錢壹千八百七十二千〇十八文

本月共支錢九百卅八千乂百〇十八文

除支仍存錢弍千〇六十三千四百十二文

Book 4

F.O.682/327/7

盤查年總

道光二十七年春王月　吉立

道光二十七年盤查丙午年所存銀錢貨物於左

一存估值元銀壹萬弍千七百八拾三兩正
洮元銀壹萬〇弍百廿兩〇
一存現存紋壹千八百九拾兩〇三九
神元銀弍千〇百〇兩三
一存老店現存錢壹百六拾六千七百八十五文
弘和元銀九拾兩〇二
一存新店現存錢壹百五拾七千七百廿文
弘和元銀八十兩〇三

2

一存内櫃批發各鄉鋪家該元銀五千四百〇兩三
喱元銀壹千百六拾兩〇九
一存各行賣貨元銀廿兩
一存發和各行元銀壹千弍百拾兩四三
一存保泰行借項元銀五百兩正
一存祥盛行借項元銀五百兩正
一存館会元銀八百〇七兩
一存洪昇銀號元銀九拾兩〇
一存恒生銀號元銀壹百廿四兩
一存慶泰銀號元銀壹百六拾兩
一存老店本街各欠癸卯年至丙午年止元銀弍百九拾兩
一存新店本街各欠癸卯年至丙午年止元銀壹百六拾兩
一存條任西兄遠文元銀五百〇四兩
一存諸夥遠文元銀三百七拾兩
共存元銀壹萬八千九百拾四兩
於左
一該各行元銀弍千百六拾兩
一該洪昇銀號元銀壹百五拾兩
一該恒生銀號元銀弍百七拾三兩
一該慶泰銀號元銀五百五拾兩

3

一該餓会元銀三百五拾両

共該元銀三千八百〇二两〇八分〇〢

於左

本年老店共收日生紋弍千〇拾〇两〇〇

扗申元銀弍千〇八百〇两〇〇〢

又收日生錢壹萬五千〇〇八千文

結扣元銀捌千七百〇〇両〇

本年共收日生元銀壹萬壹千壹百八十〇两〇七〢

於左

本年新店共收日生紋九百〇〇二両

扗申元銀壹千〇〇拾〇两〇七

又收日生錢六千八百廿千文

結扣元銀三千九百五拾〇两〇八

本年共收日生元銀五千〇〇二両〇九〢

本年老新店捴共收日生元銀壹萬六千壹百八十〇两〇七〢

内櫃批發未載尚在備用不敷

於左

店棧本年各項支用賬具此

一支伙食本元銀九千〇〇〇两〇七〇

4

一支諸夥俸俸元銀壹千〇叁拾両〇〇

一支米項元銀壹百八十〇両

一支油項元銀九拾〇両

一支煤炭項元銀壹百八十〇両

一支烘糕並烘花菓𤇆板炭項元銀七拾両正

一支熬膠並煑料柴項元銀壹百廿〇両

一支伙足等項元銀五百八拾両正

一支门差應酬約計元銀壹百八拾両正

一支店棧房租元銀壹千弍百両正

本年捴共支用元銀壹萬弍千七百八十〇两九〇

本年收老新店共收日生元銀壹萬六千〇八十〇两〇七〢

捴共除支結淨仍存元銀三千〇八拾〇两〇七〢

一收上年實存本銀壹萬壹千弍百両正

每月壹分六厘行息應得息元銀弍千〇五拾両正

通捴共除淨仍存實元銀壹千弍百卅〇两〇七〢

5

道光二十六年京寓支用賬錄

一支紋二兩〇〡 係買眼鏡一副

一支元銀〤〥〤〡 買建燕三斤〥帶京

一支元銀拾〤〥〡七 洋參〡三斤帶京

一支紋銀貳千兩正 〩〢〤 係贖七里廟庄田

一支紋壹〣兩 起程帶路備辦賞犒

一支紋壹千兩正 帶京交恒生兑票

一支元銀十〤〤 京做零星菜賬

一支紋〥〨〢 綢緞

封收來橋紋〧〥〇〦

又收京寓寄來參丁紋銀壹〣兩正

又收來參須紋銀叁拾兩正

一支紋〥 大日晷一座

一支紋〤〧〡〨 買大烏寄京

一支紋弍百兩正 兑付蔚豐昱厚寄京

一支紋拾〥 報升廣東藩台賞犒

一支紋叁拾兩〇〨 鑄小課寄京

一支紋卅〥正 付帶書箱水脚

一支紋〥 託友定做大日晷一座

一支紋廿〥〨 買綢緞寄京

6

一支紋〥 係代孫府本家濩藩署筆盛請旌費

一支元銀七兩 白蔻仁〡斤帶京

一支元銀拾〥正 寸香〥帶京

一支元銀七兩 冰片〥帶京

本年共支紋叁千四百卅〥〨〇〨 神元銀三千〤百十〥〨

又支元銀壹〣五拾〥〤〢九

二共支元銀三千九〣〤拾〥〤〢九

一收過參丁紋神元銀壹〣五十〥〢〡

總共係收仍支元銀三千〤〣拾〥〨〢九

道光二十六年京寓支用錢賬

一支錢弍百卅九千〤〇十七文　係崑臣先生零星文

一支錢五拾五千七百五十文　係修整漢陽城內之屋

一支錢廿千廿文　修整水月菴間壁之屋

一支錢四百五拾千文　起造樓房二進　座落戲班街

揔共收過京寓寄來貨和錢六拾二千〇〤五十文

一支錢廿二千文　係代孫府請權費

一支錢九千〇〇十文　係打書架

本年共支錢八百〇二千三百卅七文

揔共係收仍支錢七百卅八千〤百八十七文

盤查清總

F.O. 682/327/7

Book 5 end

道光二十八年歲次戊申春王月

吉立

道光二十八年盤查丁未年所存銀錢貨物於左

一存佑值元銀壹萬四千〇九拾兩正
計元銀壹萬壹千弍百七拾二両
一存現存紋五千七百卅两
神元銀六千三百七拾両
一存老店現存錢弍百拾二千七百廿文
?和元銀壹百廿両
一存新店現存錢弍百七拾二千〇〇七文
?和元銀壹百五拾七両

一存內櫃批發各鄉鋪家該元銀五千弍百八拾分
惟元銀壹千五百八拾両
一存孫和各行元銀弍千〇五拾両
一存祥盛行借項元銀五百兩正
一存源豐行借項元銀弍百兩正
一存飽會元銀八百八拾両
一存恒生銀號元銀八拾両
一存慶泰銀號元銀壹百八拾両
一存老店本街各欠甲辰年至丁未年止元銀四百五拾兩正
一存新店本街各欠甲辰年至丁未年止元銀壹百卅両
一存徐任西元遠文元銀五百〇両
一存諸夥透支元銀三百七拾両
共存元銀弍萬四千七百八拾両
於左
一該各行元銀弍千〇〇拾両
一該恒生銀號元銀六百九拾兩
一該慶泰銀號元銀四百九拾三両
一該饑會元銀四百八拾三両
共該元銀三千七百拾両

4

道光二十八年盤查丁未年清總於左

本年老店共收日生紋弍千壹百九拾五兩〇〤　以市元銀弍千五百五拾〤〡〥

本年老店共收日生錢壹萬五千〇五拾五千文　該扣元銀八千〢百卅〤九〥

二共收日生元銀壹萬壹千弍百八拾〤〡〥

本年新店共收日生紋壹千三百五拾〤〇〤　以市元銀壹千五百〢拾〤〦〢

本年新店共收日生錢七千〇拾八千文　該扣元銀四千〇〢拾兩〇〤〦

二共收日生元銀五千六百〇拾〤〇〥

本年老新店總共收日生元銀壹萬六千九百卅〤〥

於左

5

店棧本年各項支用賬等

一支店棧租金元銀壹千三百卅三〤三〥二

一支伙食本元銀八千五百卅〤〤〣

一支諸般修俸元銀壹千〇〢拾兩〇〥〦

一支米項元銀弍百拾兩正

一支煤項元銀壹百〥拾〤正

一支油項元銀九拾兩正

一支烘煤丸藥板炭項元銀〢拾兩正

一支藥膠煑藥料紫項元銀壹百弍拾兩正

一支伙足等項元銀五百八拾兩正

一支存銀櫃之銀息元銀約計三百兩正

一支門差應酬約計元銀壹百〥拾兩正

本年共支元銀壹萬弍千〥百〤〥〣〤

總共除支仍存元銀四千三百〇〢〦〣〡

一收上年實存獲利本元銀壹萬壹千六百兩正

每月壹分〥厘行息應得息元銀弍千弍百廿〤〦

以上總共除支仍存實元銀弍千〇〢拾〤〥〣〡

清總

6

芷年盤查乙巳年銀錢貨物孩和並會票逐支等共存元銀壹萬七千三百七拾兩〤〢〧

一係該各行並往來銀號並餓会共元銀弍千八百九拾兩正

一係各鄉舖家並逐支飽会共元銀三千弍百九拾兩正

揔共係淨實存獲利本元銀壹萬壹千弍百兩正

芷年盤查丙午年銀錢貨物孩和並會票逐支共存元銀壹萬八千九百拾兩〤〡

一係該各行並往來銀號並餓会共元銀三千〇〇二兩〤〢〡

一係各鄉舖家並逐支飽会共元銀三千七百七拾兩正

END 7

揔共係淨實存獲利本元銀壹萬壹千六百兩正

廿年盤查丁未年銀錢貨物孩和並會票逐支等項共元銀弍萬四千八百八拾兩〤〧

一係該各行並往來銀號並餓会共元銀三千八百拾兩〤〢

一係各鄉舖家並逐支飽会本街各欠共元銀三千九百卅兩〤〡

揔共係淨實存獲利本元銀壹萬七千弍百兩正

新授湖南布政使臣葉名琛跪

奏為恭謝
天恩事竊臣接准督臣會同撫臣行知道光二十二
年十月初十日内閣奉
上諭湖南布政使員缺著葉名琛補授即赴新任毋
庸來京請訓等因欽此當即恭設香案望
闕叩頭謝
恩竊臣樗櫟庸材毫無知識仰蒙
皇上特恩不數年間由翰林院編脩超擢府道旋即
簡任臬司本年四月馳詣
闕廷
召見四次疊蒙
訓誨周詳無微不至方以涓埃未效凛惕彌深乃荷
恩綸復畀以藩司重任感
隆施之極渥實夢想所難期伏念楚南地居衝劇藩
司綜理度支以及察吏安民在在均關緊要自
維檮昧倍切悚惶現奉
諭旨即赴新任臣惟有敬繹前奉
恩訓勉求實效力戒因循以冀仰酬
高厚鴻慈於萬一臣臬司任内應辦公事皆隨時清
理尚無經手未完之件一俟督臣會同撫臣委
員接署臣即交卸束裝遵
旨即赴新任除抵湖南接印另行
奏報外所有微臣感激下忱理合繕摺叩謝
天恩伏乞
皇上聖鑒謹
奏

1

P.1　F.O.682/391/4(34)

一件奏報交卸起程日期叩謝 天恩

奏稿

咸豐　年　月　日具

奏

摺弁　賫

咸豐　年　月　日奉到

硃批

奏稿

廣東巡撫調任山東巡撫臣梁　跪

奏為恭報微臣交卸起程日期叩謝

天恩仰祈

聖鑒事本年正月十九日接准部咨欽奉

上諭梁　著調補山東巡撫程　著調補廣東

巡撫俱著馳驛速赴新任毋庸來京請訓程

2

P.2

未到任以前廣東巡撫著祁　兼署欽此臣聞

命之下感激悚惶莫可言喻當即恭設香案望

闕叩頭恭謝

天恩竊臣析津下士才識庸愚仰蒙

皇上殊恩由山東州縣不次超擢游陞廣東藩司復

於上年正月

奏稿

簡任廣東巡撫一載以來毫無報稱撫躬循省悚惕

方深茲復渥荷

恩綸調任山東巡撫伏念山東地方政務殷繁巡撫

有綜理全省軍務之責況沿海一帶現值查辦

善後事宜籌畫防範以及河務鹺政在在均關

緊要臣膺茲鉅任深以不克稱職為虞惟有勉

3

竭丹忱益加鍚勵以冀仰酧
高厚鴻慈于萬一至臣自道光二十年八月出京赴
廣東藩司任計今幾及三年犬馬戀
主之忱亟思籲請入
覲叩求
慈訓惟現奉

奏稿

上諭著即馳驛前赴新任毋庸來京臣當即清理經
手事件欽遵
諭旨於本月二十五日將巡撫關防及太平關印務
委員賫送督臣祁　兼署臣即於是日交卸自
廣東起程馳赴新任除俟到任接印任事再行
奏報外所有暨交卸起程日期及感悚下忱理

4 END

合繕摺具
奏叩謝
天恩伏乞
皇上聖鑒謹
奏

奏稿

P.1

F.O. 682/327/3(35)

布政使司封

判頒關防詐偽告示

一件

值堂房

月日到司
月日發房
月日書
月日送簽
月日判
月日送

六一

為關防詐偽事照得本司欽奉
恩命甸宣此邦凡我屬吏皆指臂之相需凡我士民悉胞與之在抱
當視閭旮為一體開誠布公豈肯逆億其有他矯枉過正返躬
素存坦白接物務泯畦畛自問何嫌何疑諒可毋虞毋詐惟念
信義行於君子姦偽萌於小人顧倫類之不齊應關防之預飭
本司籍隸漢渚世受
國恩釋褐即躋木天簪毫幸依
朵殿侍從三載出領一麾熊軾驅分陝之郊雁門擢觀察之任繼
復視鹺江右防風鶴於鄣封陳臬滇南集戟烏於邊徼茲承

鳳綍新涖熊湘荷
知遇之彌隆矢公忠而愈切勵精圖治措置務秉實心察吏安民事
權別無假手幕友惟司核稿衙官盡屏胥緣僕從約束綦嚴吏
役奉法惟謹此固恪遵令甲永杜弊源誠恐肇衅憸壬忽蹈法
網合先示諭閑防為此示仰闔省所屬官吏士民諸色人等一
體知悉如有不法棍徒冒充本司衙門親友丁胥在外招搖撞
騙者立拿赴轅禀報以憑究辦決不姑容倘聽信誆騙甘受欺
朦或畏葸隱忍意圖消弭察出併究本司平日正己以正人言
無虛發爾等勿自暴而自棄妄欲身嘗凜遵毋違特示

道光二十三年二月初二

值堂房周愛棠承

刊頒關防詐偽告示　稿

布政使司葉

F.O. 682/327/5(33)

遵將各屆伴送暹羅國貢使送京委員銜名開列

計開

道光二十三年屆

萬壽貢及例貢補進二十一年例貢係委惠州府知府楊希銓、南澳同知張熙宇，武員奉委增城營參將拴住

道光十七年屆例貢係委高州府知府王貽桂、署惠防同知胡燦廷，武員奉委督標中軍副將達里保

道光十四年屆例貢係委肇羅道王雲錦、綏猺同知李雲棟，武員奉委南韶連鎮中軍遊擊拴住

[redacted]

職員鄒之瑶敬禀者竊溥記茶行向係職同母次兄之璜手開璜故後
職五弟之瓚接理於道光二十年溥記歇業約計溥記自欠債項銀
六七萬兩另經手代各辦茶字號客人借欠約計共二十餘萬兩二共約
三十九萬餘兩債主梁順祥等共四十餘家是時集議因與溥記交易
年久沾光利息者不少因各茶客往来無定實難追問公議將溥記
存銀四萬四千餘兩又之璜等房屋產業大小共五所約值銀二萬兩擬
每千兩勻攤一百五十兩作一成半歸結惟念之璜同母兄弟四人代人
肩債盡產勻攤四十餘家之内有廣興裕梁順祥等三十六家公議
將所攤名下債銀三萬餘兩公舉懂事之人改為允合成字號入山辦
茶立議並另充新本每年羨餘勻派三十六家債主作之璜攤還債

項兩鄒之璜不得收用分厘只收賣茶行用其餘不愿合辦之三十餘
家各收成數兩訖此係道光二十年溥記勻攤各債之實在情形也是
年允合成入山辦茶回粵之璜於是年病故職始接理是年茶葉獲
羨二萬有零因其未充新本以老本三萬餘兩核算每兩得利八分
之間生意頗稱順遂不料始辦一年於道光二十一年梁順祥貞德興
倡議歇業謠云夷擾斯時職不肯依責以背約奪產絕食等語
本應預為呈明存案但職非健訟之家凭據騙去被友勸止
誰料梁順祥貞德興二人起意私商牽累職兄之玉由之璜未
故之時將一切允字単據及辦茶章程部據騙去旋於道光二十二
年冬梁順祥貞德興等多人扭職赴縣當時不由分剖書辦錄供

職隻字未見不料梁升縣以同鄉先入耳之言為主並不繳驗借單
將職發押捕署一月之久其時茫無頭緒尚以為未交住屋緣故只
得具結交屋因病保釋之後詳查底蘊始知溥記自欠實數萬金
其餘均係經手皆因職弟之瓚年輕被其愚弄設立允合成辦茶
字號甜騙瑪擄肩承經手各債初尚不知梁順祥貞德興之
立心故陷也溥記先後事務職兄之玉均不知情並無半點筆據
攤又未在場至興訟之後職查悉詳達職兄之玉於是時始知
詳細旋要入稟揭縣偏袒聽情又為友人勸阻適知前升縣梁憲
伊細察西帮各人語言閃爍借票抵死不呈迫得梁憲無法反
託友與職兄之玉說和情愿斷結債案是有傳集親族具結摘

釋詳銷之原委也此案必得 秉公平心和氣問官細訊一切則水
落石出古云背議者不昌控控者不利正此案之謂也伏乞
明察使職白數載沉冤沾 恩垂世再 職不敢隻字虛誣審則立見
現因遊棍在外謡言奪理聲稱不善涉訟搖聳朦疑買抱頂替等
等無一不詭而盡抹從前勻攤債項借票不符京呈架大跟數立
心故陷查核歷稟陰險惡毒全露且一切故陷燎如指掌尚欲以不
善訟三字掩飾初無實語刻臨審呈明卻罪此亦不善於訟者耶
前議明允合成獲羨再攤不料始辨一載將允合成老本三萬餘兩
另利息銀二萬餘兩分收之後背議盡抹勻攤一切議約章程復
行反控捏陷不休統告三十餘萬所有借票影射欺瞞如勒令
馬順祥貞德興等到案繳出允合成辦茶部據所有章程
詳列一核立白矣

[redacted]

一蒲包價每配盐一包例給商人蒲包銀一分二厘後改提三厘歸入盐羨其餘准給九分由商具領乾隆年間各商具領後即繳為運司衙門公費視每年配兑正盐多少以定盈絀如上年配正盐二十七萬餘包祇銀二千餘两本年配正盐五十萬包已六千餘两其額不定惟商人須俟報完價款方能上庫

一白盐加價并水脚羨等項三款每年如配盐一百萬包約有二萬亦隨價款上庫為公所津貼各項之用如每年應支各款約需萬两其餘為粤省盐務支送把式人員程儀運署向不支用自道光二十三年韋運司任內每月提銀一千两以為運庫辦公經費其有開發支送程儀由運署支發遂以為例此項銀两俱屬實支每年配盐一百萬包方有二萬如配不足數及價款懸欠收不副支須在别款支用今欠約在一十餘萬两

一價款凡折正盐一包應完正價三錢六分五厘耗價　　隨同上庫者如白盐加價各柜多少不等修倉經費每包三分緝私經費每包三分八厘修造米艇每包三分運柩息每包一厘皆商捐之款其完價時有應領晒駁期溢即行撥抵以免一支一領之煩內分三等其所捐之款謂之找尾須完現銀運盐船户所墊在場晒價駁價两項准撥而無費惟水程期溢盐價两款每百两商人提送二两三錢以為運司辦公之用謂之撥抵亦視配盐多少為定如配盐一百包約計五六十萬不等統計撥抵約十分之三總以十五萬為率可收撥費三萬左右如上年配盐二十餘萬包祇收一萬餘两矣其懸欠價款此款亦懸多少不定

一月費每月由公所工伙內提銀四百三十三两三錢三分為運署零星日用

一公伙向來每折盐一包提工伙一錢五分以一半為公所零用節省一半以為懸宕各埠撥抵無着餉銀如三節各項應用數十款皆出于此而臨全支應西盐道所以不提工伙此款甚煩即如盤庫過節各款均歸此内署中支用不過日用柴米零星幕友索修捐輸報効帮人等項其餘向不支用别項也

一節壽各埠大小不齊大約每節二千員左右

高州府知府馬麗文
樸誠穩練辦事安詳
廣糧通判沈保頤
氣局開展渾厚精明
東莞縣知縣郭超凡
品端守潔辦事認真
香山縣知縣陸孫鼎
果斷精能盡心民事
乳源縣知縣李及辰
敏樸勤明克稱厥職
海豐縣知縣朱慶棠
為守兼備悃愊無華
高要縣知縣趙亨衢
老成幹練才識通明
石城縣知縣劉丙慶
廉奮有為實心任事
陽江縣縣丞徐守和
勤慎奉公克循職守
韶州府司獄張護
勤謹安詳深知自愛
黃鼎司巡檢朱維垣

奮發有為不避艱險
澄海縣訓導廖敦行
年富學優克勤訓課
綏猺直隸同知劉湜
精力漸頹難勝繁要
潮橋運同余源
老邁昏庸不知聽斷
鶴山縣知縣謝萬齡
情殷嗜好諸事廢弛
茂名縣知縣王慶章
遇事張皇輿情不洽
慕德里司巡檢蔡履泰
年逾七旬步履蹇澀

迴岐司巡檢鄧廷杰
居心鄙吝精力就衰
甲子司巡檢吳元杰
聲名狼籍深拂民情
百順司巡檢莊晉裴
擅作威福巧於欺飾
龍川縣典史江雲
身抱沉痾捕務懈弛
肇慶府教授劉璋
年屆八旬有誤訓課
高明縣教諭蔡侍慶
年屆八旬難膺師表
羅定州訓導鄧高震
年屆八旬艱於訓迪

咨摺

署廣西鬱林直隸州爲札飭遵照事遵將卑州所屬教職佐雜各官年歲履歷考語
開列簡明清摺恭呈
憲覽
計開
現任鬱林州州判涂元琪現年六十一歲係江西新城縣人由副榜捐直隸州
州判闕道光二十一年選授今職赴
部引
見奉
旨依議用在
部領憑請假回籍修墓於二十二年五月初六日到任供職理合註明
操守廉
才具明
年力健
政事謹
填註考語明白細緻老成樸實
現任鬱林州學正白照現年五十四歲係桂林府臨桂縣人由廩貢捐訓導即
用歷署北流縣融縣教諭嘉慶二十四年選授潯州府訓導道光十年丁
繼母憂回籍起復十四年選富川縣訓導十七年俸滿調驗二十一年推陞
鬱林州學正於是年十二月二十日抵任二十二年俸滿免驗理合註明
操守潔
才具敏
年力强
政事勤
填註考語留心吏治課士有方
現任鬱林州訓導廖鴻珍現年六十八歲係慶遠府東蘭州人由廩生應嘉慶
七年歲貢十二年驗看咨

部侯選以訓導銓用道光十四年正月內奉文選授今職於六月初二日
到任至二十年六月初二日初次六年俸滿奉調驗看飭回本任九月二
十三日回任供職理合註明

操守潔
才具明
年力健
政事慎

填註考語年力尚健尤堪訓廸

現任鬱林州吏目馮烒現年三十三歲係浙江桐鄉縣人由監生捐吏目分發
廣西道光十五年到省歷署平南縣大烏墟巡檢賓州吏目十七年奉文
丁繼母憂回籍服闋起復仍赴原省委用二十年到省二十一年咨署今
職於二十二年六月初七日到任供職理合註明

操守廉
才具敏
年力壯
政事勤

填註考語年力正壯監獄小心

兼理鬱林州撫康司博白周羅巡檢薛大鏞現年四十六歲係陝西同州府韓
城縣人由監生捐從九品分發廣西道光十五年到省十七年奉文丁父
憂是年又聞訃接丁母憂回籍起復領咨於二十年到省委署岑溪縣平
河鄉巡檢二十一年奉文咨署博白縣周羅寨巡檢於六月十七日到任
二十四年奉本州札委兼理撫康寨巡檢於四月二十六日到任兼理理
合註明

操守潔
才具明
年力強
政事謹

填註考語年富力強尚堪緝捕

現任博白縣教諭朱明倫現年六十歲係柳州府羅城縣人由廩生應道光元年
恩貢遵例報捐教諭雙單月選用並捐過班歷奉委署全州陸川縣各訓導道
光十二年二月內奉文選授今職于九月十四日到任十八年六月初次
俸滿調驗回任至二十四年二次俸滿驗看仍飭回任供職理合註明

操守潔
才具明
年力健
政事謹
填註考語樸實老成恪供職守
現署博白縣訓導陳第現年六十一歲係潯州府平南縣人由廩貢生捐訓導
分發試用道光十七年委署修仁縣教諭二十三年委署藤縣訓導二十
四年委署今職於二月十二日到任供職理合註明

操守潔
才具明
年力健
政事謹
填註考語年力尚健才堪訓廸
現任博白縣沙河寨巡檢陳鯤現年四十三歲係福建汀州府連城縣人由監
生捐從九品分發廣西道光十五年到省十八年丁父憂回籍服闋起復
仍赴原省二十二年到省委署南寧府橫州大灘司巡檢二十三年奉文
咨署今職於十一月十六日到任供職理合註明

操守潔
才具明
年力強
政事謹
填註考語年力正強緝捕亦勉
現任博白縣典史施兆樾現年五十一歲係浙江會稽縣人由監生捐未入流
分發截掣廣西道光四年到省歷署北流縣貴縣典史象州吏目嗣丁母
憂起復十一年到省續丁父憂起復加捐過班分發十五年到省歷署藤
縣白石寨巡檢全州吏目十七年奉文咨署博白縣典史於十月十一日
到任後因經管斬絞監犯多名並無疎失奉准議敘加二級二十三年俸
滿調驗仍回本任供職理合註明

操守潔
才具敏

年力健
政事勤
填註考語監獄留心人亦穩重
現任北流縣教諭蔣文焕現年五十二歲係桂林府靈川縣人由舉人應道光
乙未科會試後大挑二等以教職用是年丁母憂服闋起復委署富川縣
教諭隨奉文選授今職於十九年正月二十八日到任扣至二十四年俸
滿請驗理合註明
操守潔
才具明
年力强
政事慎
填註考語年力强健堪以司鐸
現任北流縣訓導梁懸高現年七十九歲係思恩府武緣縣人由歲貢應道光
八年北闈鄉試後赴
部呈請就教回籍候選十五年選授今職因緣事未結申請展限十六年

四月二十七日到任十八年奉調驗看回任二十二年俸滿請驗是年六
月二十六日仍飭回任理合註明
操守潔
才具明
年力邁
政事謹
填註考語年力未衰尚堪訓廸
現任北流縣雙威寨巡檢文徵猷現年三十七歲係甘肅涼州府武威縣人由
新疆辦事大臣衙門當差道光十八年拔補印房二十年修城出力保奏
着作已滿吏以從九品給照歸於雙月遇缺先選二十三年咨
部回籍候選於是年奉文選授今職於二十四年三月二十七日到任供
職理合註明
操守潔
才具明

FO 931/0117

年力强
政事慎
填註考語年富力强緝捕[illegible]
現任北流縣典史吳錫[illegible]現年六十一歲係順天府大興縣人祖籍浙江山陰
縣由監生捐未入流分發廣西嘉慶十五年到省委署岑溪縣平河村巡
檢十七年聞訃丁父憂回籍服闋起復仍赴廣西試用二十四年聞訃丁
母憂回籍服闋起復仍復來粵道光五年到省歷署隆安縣典史鬱林州
吏目崇善縣馱盧墟巡檢太平府土思州州同宣化縣典史二十三年奉
文咨署北流縣典史於十月初八日到任供職理合註明
操守潔
才具敏
年力健
政事勤
填註考語老成穩當監獄留心
現任陸川縣教諭許繼[illegible]現年四十三歲係桂林府臨桂縣人由舉人於道光

十五年會試後大挑二等以教職用十九年選授今職於二十年四月二
十五日到任供職理合註明
操守廉
才具明
年力强
政事慎
填註考語年壯才明尤堪造就
現任陸川縣訓導陽蓀長現年四十八歲係桂林府靈川縣人由廩生應嘉慶
二十三年
恩科鄉試中式舉人道光六年大挑二等以教職用呈請自効歷署柳城縣鬱
林州各訓導十年丁父憂回籍服闋起復十四年奉文選授今職於是年
六月内到任供職理合註明
操守潔
才具明
年力强
政事慎

填註考語年力強健勤於訓課
現任陸川縣溫水寨巡檢錢順現年五十一歲係甘肅蘭州府河州人由兵書
奉派新疆換防道光廿年逆回滋事守城出力蒙
揚威將軍長 賞給六品軍功頂戴咨
部十一年蒙
總理回疆大臣璧 考拔英吉沙爾書吏扣至十六年期滿奉
部掣發從九品執照二十年回籍候選二十二年選授今職於二十三年
六月初六日到任供職理合註明
操守潔
才具敏
年力強
政事慎
填註考語年力正健緝捕留心
現任陸川縣典史丁以森現年五十二歲係順天府大興縣人由
禮部堂書於嘉慶二十五年充補通禮館供事道光元年頂補滿檔房儒
士四年通禮書成經

前尚書汪穆 夾片保奏以本班到班時儘先選用奉
旨依議欽此二十二年選授今職於二十三年六月二十七日到任供職理合
註明
操守潔
才具明
年力盛
政事謹
填註考語年力強盛監獄小心
現任興業縣教諭馬滌世現年四十八歲係桂林府全州人由壬辰科舉人會
試四次道光十五年大挑二等以教職用十九年選授今職二十年六月
初八日到任供職理合註明
操守潔
才具優
年力富
政事勤

填註考語年健學優堪以司鐸

現任興業縣訓導韋廷颺現年七十二歲係慶遠府宜山縣人由廩生嘉慶十九年歲貢道光二十六年本文選授今職於九月二十五日到任供職理合註明

操守潔

才具平

年力衰

政事敏

填註考語年力就衰難期振作

現任興業縣典史李熙淳現年四十九歲係直隸宣化府蔚州人由吏員考職未入流捐分發廣西因親老告近改掣山西道光五年到省奉委代理大同縣廣靈縣典史渾源州吏目豐鎮廳張臯兜巡檢任內聞訃丁母憂回籍服闋起復仍赴原省廣西試用十四年到省委署貴縣五山司巡檢龍勝司巡檢賀縣典史二十一年署今職於三月二十七日到任供職理合註明

操守潔

才具明

年力强

政事慎

填註考語留心監獄緝捕亦强

道光二十四年　月　日署知州鄧雲祥

[redacted]

謹將前故縣倪令任內被賊陷城刦去常平倉貯穀石確查存缺數目摘開簡

明清揭呈

電

計開

舊管

常平倉原額及奉撥貯府倉共穀一萬零七十一石四斗八升八合

又存貯額外未奉勻撥穀三十石零七斗六升

又存貯奉行採買備用穀四十二石五斗四升

又存貯官租溢額穀二石二斗二升六合七勺

又存貯扣存營員養廉米倍穀四百九十九石四斗四升一合

通共存貯穀二萬零六百四十六石四斗五升五合七勺內呂應樞任內

盤缺數一千三百七十五石三斗五升八合一勺已由呂令

照依

部價自行稟繳藩庫外寔貯穀一萬九千二百七十一

石零九升七合六勺

另附貯乾隆十八年奉頒新斛該年觧省米用舊斛征收

新斛支觧斛面多餘一石三斗五升

以上倉貯穀石并附貯斛面餘米均被逆匪開廒刦掠淨

盡業經倪令會同營員暨卑職先後稟報在案容俟

遵照文行確查原貯各項細數取具切結另行造冊詳覆

合併聲明

P.1

F.O.682/391/4(45)

1

粵東藩庫奏銷款目卷次

2

P.2

奉准部咨前経奏明各省减平支放等款行令傚以直隸省款式
分别裁停及应减平不应减平按以部发清单及部单未及開
列另行查出各款分别造具清册送部通飭
为通行事現准
藩司咨道光二十四年七月十三日奉
廣东巡抚部院程　案验道光二十四年七月初六日准户部咨派办
查核處案呈道光二十四年四月初八日准
廣东巡抚程　咨称布政使黄恩彤会同按察使孔継尹塩運使章
德成督粮道萬保详称奉准部咨前経奏明各省减平支放等款行
令傚以直隸省款式分别裁停及应减平不应减平按以部发清单
及部单未及開列另行查出各款分别造具清册送部俾免两
岐等因查粤东省藩運二庫支放一切銀両分别造具应减半不应
减半可否裁停各册送部此外造报後另有續行查出動垻之款随时
酌议应否扣平專案详请核办至存减平銀両奉行按季造报每年
以六月为定分作两次委員解部等因应请將運庫扣存平銀移解藩庫
彙同解部以归簡便详请咨部查以拠此相应咨達等因前来查廣东
省冊造所议减平支放之各營買馬價及鼓鑄鉛斤價銀犒賞旂兵演放
火炮猪羊暹羅国貢使抵省京回筵宴酒席並犒賞酒席各房支銷囚
衣工料摇目工食抽運廣州城火炮夫脚運演八旂大炮夫脚篷廠揺
同知練勇経費硝斤請領硝價並加銷斤工本採買硫磺價銀等十五

438

款均毋庸议减仍以库平给发又议以支放之候补人员署任差
并责本盘费佐杂微员回籍路费周恤知县以上知府以下官员路费等
四款应减平支给又盐羡项下所议减平之书院师生膏火育婴堂饭
食二款应毋庸议减又解送督院衙门吏役纸劄饭食座工等三款据称
系解两省耗羡之内扣留之项所有平银移解西盐道造报等语查
部查前项平银既由运库核扣应毋庸移解即造入运库减平册
内报查以归简易所有运库扣存减平银两既请移解藩库汇解
应令该督即饬该司遵照将已扣平银扫数解支交藩库汇款解部
毋任稽延其应解耗羡银两并饬西卝道分别造报不得遗漏又另
册所造免裁各款除已入减平各册及解司免纳之渔课壶米均毋
庸议外其支给将军都统衙门各役工食臬司衙门公费等二款自
应一律议减以昭画一馀如所咨办理并将应减各款平银仍按季造
册报部查核至议裁之修理学宫迎春土牛群房地租粜内支销皂役
吹手各项工食江浦神安等司巡丁工食四款共可裁停银三千八百余两应
令该督即将裁停银两按年之数划出汇同减平各款银两遵以东字
章程迅委妥员赍批解部毋庸迟逾可也等因到本部院准此合就檄
行备案司吏即便会同按运二司督粮道移行查照办理造缴并将
裁停银两按年之数划出汇同减平各款银两每年以二八月为定限分
作两次详请委员解部交纳毋稍迟逾切切等因到司奉此合就转移
希为移行查照办理并将减平银两按季移解藩库以便依限详请委

4

員解部交納施行等因計粘原咨各款冊一本到道准此合就札飭
札到該府即便遵照並移行查照辦理將減平銀兩按季批解藩庫
以便依限詳請委員解部交納毋違此札
計抄原咨各款冊一本

P.4

廣東等處承宣布政使司為造報事案照奉准
戶部咨開前經奏明各省減平支放各款行令倣照直隸省款
式分別裁停各項及應減平不應減平按照部發清單及部單未
及開列另行查出各款冊分別造具清冊送部查核等因今將粵
東省藩庫支銷款項遵照奏明章程減平免放各款造具清
冊送核施行須至冊者
計開
遵照
奏明章程減平免放各款
地丁項內

5

P.5

一支高廉道各衙门伙食约银五百五十两零三钱约扣平银三十三
两零一分八厘
一支各府所州县伙食约银九萬二千馀两约減扣平银五千五百二
十馀两
一支新設潮州分司等衙门伙食约银八百二十馀两约扣平银四十九
两二钱
一支揭阳县丞伙食约银七十八两四钱约扣平银四两七钱零四厘
一支院司道各衙门伙食约银二千五百馀两约扣平银一百五十两
一支给東防同知各衙门伙食约银四百八十馀两约扣平银二十八两八钱
一支佛山同知各衙门伙食约银九百五十馀两约扣平银五十七两
一支加应州州同各衙门伙食约银九百馀两约扣平银五十四两
一支南海神安等司巡檢民壮伙工约银七百九十二两约扣平银四十七
两五钱二分
一支八旂綠营武职大小各官伙薪经费约银五萬七千馀两约扣平银三
千四百馀两
查以上十款逐年支銷多寡有定理合注明
一支各營公費银二萬五千八百九十四两零一分一厘约扣平银一千五百五
十三两六钱四分一厘
一支各属中式文武举人進士旂匾及会试添席约银三千两零约扣平
银一百八十两零

查此款每科支銷多寡靡定理合註明

一支八旗寡婦坊價約銀一百五十兩約扣平銀九兩

一支各屬壽民壽婦貞節烈婦女坊價約銀一千二百餘兩約扣平銀七十餘兩

查以上二款遞年支銷多寡靡定理合註明

一支扣留加銅價腳銀二萬二千兩內除應造滇省墊支銅價腳費銀一萬零五百零九兩一錢二分七釐造入季冊報撥毋庸扣平尚銀一萬一千四百九十兩零八錢七分三釐約扣平銀六百八十九兩四錢五分二釐

查此款遞年支銷須俟加運到竣方能核實理合註明

一支南番二縣加運高錫正價及不敷價銀一千八百兩約扣平銀一百零八兩

一支南番二縣加買白蠟正價及不敷銀三千兩約扣平銀一百八十兩

一支南番二縣加買廣膠價銀一百兩扣平銀六兩

一支南番二縣發給鹽商採買降香價銀二百六十六兩六錢六分七釐扣平銀一十六兩

一支委員領解高錫正價小腳不敷銀五十四兩扣平銀三兩二錢四分

一支委員領解白蠟正價及不敷小腳銀九十兩扣平銀五兩四錢

一支委員領解廣膠正價小腳及不敷小腳銀三兩扣平銀一錢

一支委員解送小腳銀一十四兩四錢扣平銀八錢六分四釐

九分各官養廉項內

P.7

一支通省文武各官養廉約銀一十三萬七千一百餘兩約和平銀八千二
百二十餘兩
查此款銀兩如各官養廉不敷支銷則在落地稅羨米耗等
款遞支逐年支銷多寡靡定理合註明
四分公用火耗項內
一支督院衙門東房吏書工食銀二千三百零七兩五錢和平銀一百三十
八兩四錢五分
一支督院衙門西房吏書工食銀一千六百兩和平銀九十六兩
一支撫院衙門吏書工食銀二千八百四十四兩和平銀一百七十兩零六錢
四分
一支撫院衙門紙劄銀一千四百四十兩和平銀八十六兩四錢
一支臬司轉給四監醫學藥餌飯食銀一百五十兩和平銀五十九兩
一支學院衙門吏書工食紙劄銀八百八十兩和平銀五十二兩二錢
一支本司衙門各房吏書工食薪水紙張等項銀二千八百兩和平銀
一百六十八兩
一支本司衙門各房吏書轉造奏銷各冊紙張筆墨銀四百零六
兩八錢六分四釐和平銀二十四兩四錢一分一釐
一支京省兩塘塘餉銀五千六百三十九兩七錢五分和平銀三百三十八兩
三錢八分五釐
一支查造朋馬奏銷冊籍紙張飯食燈油等項銀三十三兩七錢二分三釐

8

p.8

和平銀二兩零二分三厘
一支南海縣添設鋪兵工食銀七十一兩和平銀四兩二錢六分
一支南番二縣加買白蠟正價及不敷價銀九百兩和平銀五十四兩
一支委員領解高錫正價水腳及不敷水腳銀三百二十兩和平銀一十九
兩二錢
一支委員領解白蠟正價水腳及不敷水腳銀九百零八兩三錢二分和
平銀五十四兩四錢九分九厘
一支委員領解廣膠正價水腳及不敷水腳銀一百八十一兩六錢五分
和平銀一十兩零八錢九分九厘
一支委員解司不敷盤費銀六百二十七兩八錢一分九厘和平銀三
十七兩六錢六分九厘
三分院司養廉項內
一支院司各官養廉約銀一萬七千七百餘兩約和平銀一千零六十餘兩
查此項銀兩逐年支銷多寡靡定理合註明
一支本司衙門庫稿吏知印各房及廣盈庫攢典各役工食銀一
千二百九十七兩九錢六分六厘和平銀七十七兩八錢七分九厘
一支本司衙門廣盈庫大使薪水紙張等銀七百七十一兩六錢八分四
厘和平銀四十六兩三錢零一厘
九厘部費項內
一支臬司給發四監囚犯棉衣工料銀一百七十兩和平銀一十兩零

9

P.9

二錢

查因衣係臬司轄發地方官買製其不敷銀兩由官捐辦應扣平支發理合註明

一支臬司給發辦理秋審小書工食及賞給各項銀八百七十兩扣平銀五十二兩二錢

一支送臬司移取吏書添給薪水銀四百兩扣平銀二十四兩

一支發解刑部飯食委員盤費銀六十兩扣平銀三兩六錢

建曠項內

一支年未及歲世職人員半俸約銀一千二百餘兩扣平銀七十餘兩

一支候補人員署任俸薪約銀二百餘兩約扣平銀一十餘兩

查以上二款通年支銷多寡靡定理合註明

奉撥餉款項內

一支武職候補人員俸薪約銀七千餘兩約扣平銀四百兩

查此款通年支銷多寡靡定理合註明

朋扣項內

一支各營買馬約銀五千四百餘兩約扣平銀三百二十餘兩

查此款通年支銷靡定理合註明

武職養廉項內

一支通省各營武職各官養廉約銀一十二萬八千六百五十四兩約扣平銀七千七百一十九兩二錢四分

10

查此款逐年支銷靡定理合註明

武職空缺養廉項內

一支候補人員署任養廉約銀三百餘兩約扣平銀十八兩

查此款逐年支銷多寡靡定理合註明

一支各屬缺不敷辦公米折價約銀五千兩約扣平銀三百兩

一支經歷領給判刷章程條例及繕書紙張筆墨工食銀一百四十兩約扣平銀八兩四錢

以上二款查逐年支銷多寡靡定理合註明

田房稅羨項內

一支南番二縣加買解京沉檀速香魚價銀四千五百二十五兩扣平銀二百七十一兩五錢

一支委員解魚水腳銀一百三十五兩七錢五分扣平銀八兩一錢四分五厘

一支各營修造師船工料及燂洗篷索等項約銀三萬餘兩約扣平銀一千八百餘兩

一支各廠請領修造入額額設外海內河巡緝等船工料約銀二千餘兩約扣平銀一百二十餘兩

查以上二款逐年支銷多寡靡定合併註明

播羨項內

一支各營修造師船工料約銀八千餘兩約扣平銀四百八十餘兩

查此款逐年支銷多寡靡定理合註明

關鹽盈餘項內
一支督撫兩院藩臬二司各衙門小書工食銀二千五百三十二兩和平銀
一百五十一兩九錢二分
一支臬司糧道衙門小書工食銀二百兩和平銀十二兩
一支糧道衙門查辦大計小書工食銀一十二兩五錢和平銀七錢五分三厘
一次
一支本司衙門查辦大計小書飯食紙張銀四十兩和平銀二兩四錢三年
一次
一支本司衙門查造額外孤貧口糧並均平祭祀案銷各案冊費銀
二十三兩一錢八分六厘和平銀一兩三錢九分一厘
一支本司衙門查造俸支俸食案銷小書工食銀三十二兩一錢一分四
厘和平銀一兩九錢八分七厘
鑄本項內
一支硝磺鉛斤價銀四千二百零四兩八錢和平銀二百五十二兩二錢八分
八厘
太平關恩賞充公項內
一支撫憲接差盤費關廠人員辦公飯食等項約銀二千八百八十餘兩
約和平銀一百七十二兩八錢
查此款遞年支銷多寡靡定理合註明
案留充公項內

P.12

12

一支督撫憲文巡捕薪水銀五十六兩六錢四分扣平銀三兩三錢九分八釐
一支督撫憲武巡捕飯食銀五十七兩六錢扣平銀三兩四錢五分六釐
一支本司衙門守庫子小快把衙等役工食銀五百五十九兩二錢扣平銀三十三兩五錢五分二釐
一支本司衙門查造朋馬奏銷冊籍飯食銀二十兩扣平銀一兩二錢六分
一支三水縣廣盈倉斗級工食銀四十七兩四錢六分七釐扣平銀二兩八錢四分八釐
一支佛山同知鋪兵工食銀一十九兩九錢扣平銀七錢一分四釐

通省充公項內

一支送撫憲犒賞旂兵演放火炮豬羊銀四十八兩扣平銀二兩八錢八分
一支本司衙門守庫丁小快及拱北樓更夫等項工食銀一百七十八兩扣平銀一十兩零六錢八分
一支本司衙門查造監生四柱清白及額內孤貧各案冊費銀五十九兩扣平銀三兩五錢四分
一支本司衙門辦理囚糧冊籍小書飯食銀二十四兩扣平銀一兩二錢四分
一支本司衙門查造文職罰俸銷案冊費銀二十兩扣平銀一兩二錢

以上冊開各款因有逐年支銷多寡靡定難以預為彙總造報現在查以往年約支銀數擬列總散各案該年報銷方能核實查造理合註明

13

P.13

廣東布政使司為造報事。案照奉准
戶部咨開：前經遵照各省減平支放各款，令做照直隸省
款式分別裁停及應減平、不應減平，按照部發清單及部單未
及開列，另行查出各款，分別造具清冊送部查核等因。今將粵
東省藩庫支銷款項遵照東照章程照舊支放不減平各款，造
具清冊送
核施行，須至冊者。
計開
遵照
東照章程照舊支放不減平各款
地丁項內
一支各旂標鎮協營寨兵丁餉銀一百一十萬餘兩
一支各鎮協營草價銀約三萬三千餘兩
一支移送糧道收給各鎮協營糧料米價約銀七萬一千餘兩
查以上三款逐年支銷多寡靡定，理合註明。
一支水師各營外海兵船舵工口糧折銀五百兩
查水師船出洋緝捕，舵工即與兵丁無異，所有工食應照兵
餉請免扣平，理合註明。
一支各屬買補減則屯米支放兵糧價銀一萬六千八百七十五兩一錢
七分九厘

叶

14.

P.14

一支名旂標鎮協營寨賞兵紅白銀三萬三千餘両
查此款歲有定額不敷之數由營自攤牽准部刂免其扣平
理合註明
一支时憲書價銀二百零四両八木七分二乙
一支文武舉人会試小费约銀九千八百餘両
一支虎騰饟粮銀六千五百餘両
一支委員加解停解揄梨錫蜡價脚及部飯添平共銀二千六百四十二両七木七分九乙
查此款解部兑收不預扣平理合註明
均平項內
一支招牌兵蚀銀四十四両七木六分二乙
一支春秋二祭銀六千九百七十七両七木四分四乙
一支額內孤貧口粮銀一萬七千餘両
建曠項內
一支延兵餉米約銀七千餘両
一支各依春口餉米約銀六百餘両
一支添補人員署任草折約銀三十餘両
一支難蔭人員馬餉草折約銀一百両
一支昭忠祠祭品銀八十二両零三分
牽撥條餉項內

收

15

P.15

一支八旂寡婦半俸餉米約銀八百八十餘兩
查此寡婦與孤貧同在窮民之告之列並領半俸餉米請
以孤貧口糧免其扣平理合註明

四分公用火耗項內
一支各屬買補減則屯米支放兵糧價銀二千五百九十三兩零六
分一厘
一支委員解送降兵飯食二百七十兩
一支委員解送流兵飯食銀二百四十兩
一支委員解送內閣飯食銀三百兩
一支委員解停解榆梨錫蠟價腳及部飯添平共銀一千一百四十六兩
七錢二分五厘
一支委員解錫蠟廣膠部飯添平共銀一千五百三十兩
查以上五款解部兑收不預扣平理合註明
一支兩院差並領賫奉章進京盤費銀四十兩
一支龍王节神廟祭品銀一百四十餘兩

通省充公項內
一支委員解停解榆梨錫蠟價腳及部飯添平共銀一百五十一
兩五錢八分
一支委員解錫蠟廣膠部飯添平共銀一兩二錢
查以上二款解部兑收不預扣平理合註明

16

P.16

措谷項内

一支各属先農祭品銀四百九十六両四錢四分六厘

稅羨項内

一支額外孤貧口糧銀一万零二百餘両

科場經費

一支每科文場經費約支銀七千五百餘両

一支每科武場經費約支銀二千四百七十餘両

閩鹽盈餘項内

一支各營師船出洋捕盜弁兵及督標駐省差兵口糧約銀八万餘両

米耗盈餘項内

一支獄囚口糧銀四千餘両

官坦租項内

一支溢額孤貧口糧銀一百丑一十三両二錢八分

以上冊開各款内有逐年支銷多寡靡定其數難以預定

統數現在查照往年約支銀數列造總後各案該年报銷方

能核實查造合併声明

17

P.17

廣東等處承宣布政使司為造報事案以奉准
戶部咨開前經奏明各省減平支放等款令傚照直隸省款式
分別裁停及應減平不應減平按照部發清單及部單未及開列另
行查出各款分別造具清冊送部查核等因今將粵東省藩庫支
銷款項並照查明不在部單另行查出亦應減平支放各款造具
清冊送
核施行須至冊者

計開

並將不在部單另行查出亦應減平支放各款

四分公用火耗項內

一支伴送暹羅國貢使委員正項盤費銀一百五十兩扣平銀九兩

一支給南番二縣承辦暹羅國貢使京回正項筵宴酒席銀一十五兩
扣平銀九錢

一支各房支銷因衣工料銀三百四十二兩扣平銀二十兩零五錢二分

一支龍門協及合浦欽州二州縣每年約應領買運龍門協接濟東
興街汛兵谷石脚費等銀八十四兩零二分六厘約扣平銀五兩〇四分一厘

一支猺目工食銀二百三十四兩扣平銀一十四兩零四分

一支樂昌縣礦山巡丁工食銀六十兩扣平銀三兩六錢

米耗項下

一支理事同知押運廣州城工大炮夫脚等項銀六十二兩九錢扣平銀五兩

七錢七分四釐
一支理猺同知選派八旂大砲夫脚護廠等項銀一百八十七両三錢三分三釐和
平銀一十一両三錢四分
一支南韶連道領給猺、傜同知練勇経費銀二千両和平銀一百二十両
田房税羨項内
一支硝商請領拾挑硝斤價銀一千九百一十一両和平銀一百二十四両六錢六分
一支本届採買硫磺價銀二萬七千餘両和平銀一千六百餘両
查此款每届支銷多寡靡定理合註明
一支硝商益办硝斤工本銀七千三百五十両和平銀四百四十一両
添滙田租項内
一支将軍等衙門礼生飯食銀七十二両四錢和平銀四両三錢四分四釐
東留充公項内
一支萬壽典礼並督院等衙門礼生飯食等銀二百九十五両四錢
一支两院裱门升砲火藥銀一百三十五萬両二錢二分五釐和平銀八両一錢一分三釐
一支将軍衙门升炮火藥銀四十七両六錢一分四釐和平銀二両八錢五分七釐
通省充公項内
一支两院裱门升炮火藥銀四十両和平銀二両四錢
一支理猺同知抽選廣州城大砲夫脚等項銀三十両和平銀一両八錢
一支廣豐庫大使加遇裝銀木箱壞爛每次製木箱銀一百二十両和

卜

19

P.19

平銀七兩二錢

一支伴送暹羅国貢使委員盤費銀二百一十兩加平銀一十二兩六錢

一支給南番二县承办暹羅国貢使抵省酒席銀二十二兩九錢五分加平
銀一兩三錢七分七厘

一支給南番二县領暹羅国貢使墊办箱架銀三十一兩九錢零八厘加平
銀一兩九錢六分五厘

一支給南番二县承办暹羅国貢使京回不敷筵宴酒席銀五兩七錢八分
九厘加平銀五錢八分七厘

一支南番二县承办犒賞暹羅貢使叩祝万寿酒席三十三兩六錢七分
三厘加平銀二兩〇二分三厘

太平関平餘項下

一支搭寔遞年端午中秋年節犒賞員役銀一百六十兩加平銀九兩六錢

以上冊開各款內有遞年支銷多寡靡定難以預定綫數現
在查以往年約支銀數列造統乘各寔該年报銷方能核寔
查造合並声明

20

P.20

廣东布政使司为造報事案以奉准
户部咨開前经奏明各省減平支放等款行令仿以直隶省款式
分别裁停及应減平不应減平擬以部發清單及部單未及開列
另行查出各款分别造具清冊送部查核等因今将粤东省藩
庫支銷款項並以查明不在部單另行查出亦应以旧支放不
減平各款造具清冊送
核施行須至冊者

計開

遵将不在
部單另行查出亦应以旧支放不減平各款

四分公用火耗項內
一支佐雜微員事故無力回籍路費约銀二千三百二十餘两
查此款連年支銷多寡靡定係屬周恤之款請免扣平理合
注明

捐監項內
一支捐監生部飯以費並平餘銀两
一支收捐監生正項並平餘銀两
查此二款連年多寡靡定係屬報部之款不敷扣平理合
注明

文職公捐項內

21

P.21

一支給周恤知縣以上知府以下官員子故無力回籍路費等項

院書經費項內

一支粵秀書院經費約銀四千三百餘兩

查此款逐年支銷多寡靡定係爲培養人才之項比以厚膳

免其扣平理合註明

沵涇田租項內

一支禺山書院學長膏火銀二十五兩

捕盜經費生息項內

一支每年鎮平縣防守河婆滙等處礦山弁兵口糧銀五百兩

養贍生息項內

一支八旗右司散給滿漢八旗閑散旗丁養贍銀五十兩

洋商備公息項內

一支前山三水大鵬右三營新添兵四百一十名銀一百四十八兩二不

以上各款逐年支銷多寡靡定難以預定額數現在查以往

年約支銀數列造統俟各案該年報銷方能核實造報合併

聲明

廿

18

22

P.22

廣东布政使司為造报事案以奉准
户部咨開前經東明各省減平支放各款行令做以直隸省款式分
别裁停及应減平不应減平按以部發清單及部單未及開列另行
查出各款分别造具清冊送部查核等因除將東省章程
扣平不扣平与另行查出扣平不扣平以造四冊外所有部單列開
飭议可否裁停十七款即經会同按察二司督粮道悉心籌议分别
道裁免裁造具清冊送
核施行須至冊者

计開

议請可裁各款

一修理學宮銀二兩六錢二分七厘

查粵東省修理各府州县學宮大修由官民簽捐修理通报
咨案小修则由地方官随时捐廉修葺不必動項报銷惟靈山
一县有岁支修理學宮銀二兩六錢二分七厘现议自道光二十三年
為始飭由靈山县捐修不必仍前動支以歸畫一理合註明

一迎春土牛銀五百三十兩七錢二分

查迎春土牛教民務農載諸通礼国有常經礼不可廢惟所
費工價無多议自道光二十四年春為始由州县官自行捐办
理合登覆

一犀之房地租案内支銷接襍皂役吹手各役工食銀九十餘兩

查此款役食係于乾隆五十年量予加給各役領食有年一經裁
減未免不敷日食現議自道光二十三年冬季起由司另籌閒款
支給不復動用租銀以歸節省理合登覆

一江浦神安等司巡丁工食銀三千一百九十二兩八錢四分
查江浦神安等巡檢所屬河道向設巡船以資緝捕現在粵
東省各隘要海港添建炮台星羅棋布舟師哨船來往梭
巡防緝頗為周匝所有此項巡船經費已于道光二十三年八月
初七日奉文之日起扣截支俟日後察看情形必須設復之
處再行咨商辦理合登覆

議請不裁各款

一办解及停解高錫價脚銀三千三百零六兩零九分九厘
一办解及停解白蜡價脚銀三千八百九十三兩四錢
一停解榆梨二木價脚銀三百八十七兩二錢八分
一办解廣膠價脚銀一百〇三兩
一办解降香價脚銀二百七十四兩六錢六分六厘
一扣留養給委員办運銅斤價脚銀二萬〇二十兩
查以上六款內有停解各項價脚每年節存司庫造入奏銷養撥
充餉應毋庸議至歲底解運等項價脚按例支銷已屬不敷業由通
省府廳州縣另捐津貼歲形竭蹶若將例應支銷之款又復裁汰
全派捐办實屬力有未逮應請以舊支給以資办公理合登覆

24.

p.24

一將軍都統衙門役食銀五百五十八兩三錢
查此款將軍等衙門人役共七十名額本無多僅敷差遣固難
裁減且旗庫通盤籌畫無閒款可支應請以舊支給理合登覆
一臬司衙門支銷公費等銀七千四百一十七兩
查此款前因臬司衙門清苦 奏明在于罰鍰項下每年動支
公費以為硃筆紙張監獄燈油吏書辛資差役工食修理衙署
遇有巨案遴派員弁雇募線勇各項之用近年以來政務日
繁照額支銷尚虞不敷若議裁停未免更加支絀應請免議
裁汰以符 奏案理合登覆
一軍裝項內支銷經費等銀七百餘兩
查此款係八旗左右二司心紅紙筆公費操演子母炮火藥鉛彈
及旗營水師製造火箭等項之用實為軍火要需必不可少之款
且綠營本有公費可支旗營未便向隅應請免裁理合登覆
一各府州縣買補屯田減則米價及吳川縣買補缺額屯米共銀一萬六
千八百七十五兩一錢七分九厘
查此款屯米係各州縣應支兵食嗣奉文行減則歲于各府縣
解繳沙坦加升銀米項內動支以此縣秋賦之所增補彼縣舊則
之所減于關兵糈未便議裁理合登覆
一關盤盈餘項下支銷出洋哨兵口糧銀九萬數千餘兩
查粵東瀕臨大海時有盜船遊奕洋面況查夷氛甫靖更應

加意巡防所有兵師緝捕口粮原額尚屬不敷現由院司道局捐
廉支給所有原支口粮未便節減以重海防理合登覆
一粤秀書院案內支銷經費已三千數百餘兩
查設立書院支給師生膏火為 國家作育人才之意應請免
裁以孚士論理合登覆
一抵解漁課虛米已十四兩二錢五分
查此款係龍川縣每年批解司庫充支兵餉並和田縣支銷
應毋庸議

戶部謹
奏為各省文武廉俸暨雜支等款擬以京奏內減平支放以昭畫
一而歸撙節仰祈
聖鑒事竊查京內由部庫支領款項除各旗營兵餉奉
旨無庸減平外其自王公以及滿漢文武職官俸餉暨一切支款內經奏請
減平支放奉
旨允准欽遵在案查京外事同一律京內既減平支放各省支領等款亦
應分別酌減庶免兩歧臣部等督飭司員將各省正雜支款逐加
查核復公同籌議所有各省兵餉應即欽遵
諭旨以舊支放其各營馬乾驛站夫糧新疆經費科場經費等款均
請無庸議減至紅白賞銀一款京內各旗營業經奏明分別減成支
給惟查各省賞銀于道光八年經臣部奏定章程係以定額與京內
銀數無定者不同若再減成支給恐致不敷應亦無庸減平以昭體恤
此外各省文武職官廉俸及一切雜支等款均請以京內改用二兩平
支放以昭畫一統計各省正項每年報銷銀七百六十七萬七千餘兩約
節省銀四十五萬六千餘兩雜款每年報銷銀四百八十六萬一千餘兩約
節省銀二十九萬一千餘兩其節省銀兩亦令各該督撫轉飭藩司按
季委員解部以充庫項現在籌畫經費之時不得不力求撙節俟
帑藏充盈仍以舊支放再查各省雜支項內前議減半如江寧之巡道
貢舫蘇州之仙虔等船安徽之各科銷墊其餘此類款目尚多亦

p.27

否設裁之处各省情形不同臣部未便懸揣应請
勅下各省督撫飭藩司將雜支項下何款可以暫停何款可以裁汰詳細捴
查声明報部仍由臣部隨时彙案以節經費而裕帑項謹將各省
款目另繕清單恭呈
御覽伏乞
皇上訓示遵行謹奏
謹將各省款目另繕清單恭呈
御覽
計開
各省兵餉馬乾　驛站米粮
差兵盤費　科場經費
会試文武舉人車價盤費　義田學租廩餼
刊刷时憲書　祠廟祭品廟户工食
孤貧口粮　獄囚口粮
新疆一应經费
以上各款俱应照旧支放
各省文武職官養廉　各省官俸役食
世襲官俸　營中公費
壽民節孝建坊　進士舉貢牌扁花紅公宴
以上各款统计各省每年報捐銀七百六十萬七千餘兩減平支放

p18

約節省銀四十五萬六千餘兩至各省雜支等項數目紛繁未便臚
列應令各督撫照臣部單開核辦統計各省每年報銷銀四百
八十六萬一千餘兩減平支放約節省銀二十九萬一千餘兩

廣東省各款目

一支加解及停解高錫脚價銀三千三百六兩九錢九釐
一支加解及停解白蠟價脚銀三千八百九十三兩四錢
一支加解廣膠價脚銀一百〇三兩
一支加解榆梨價脚銀三百八十七兩二錢八分
一支加解降香價脚銀二百七十四兩六錢六分六釐
一支抵解漁課芦米銀一十四兩二錢五分
一支修理學宮銀二兩六錢二分七釐
一支迎春土牛銀五百三十兩七錢二分
一支各所州縣買補屯田減則米價以及吳縣買補缺額屯米共銀

P.29

29

一萬六千八百七十五兩一錢七分九厘

一支給和尚雇給委員辦運銅斤價脚銀二萬二千兩

一支將軍都統衙門役食銀五百五十八兩三錢

一支給神安江浦等司巡丁工食銀三千一百九十二兩六錢四分

一籌備軍裝項內支銷工費等銀七百餘兩在本款息銀內動支

一臬司衙門支銷公費銀七千四百一十七兩在贓贖銀內動支

一支銷出洋捕盜官兵口粮銀九萬數千餘兩在関部盈餘項下動支

一粵秀書院案內支銷經費銀三千數百餘

一巡撫衙門羣房地租案內支銷皂役吹手各役工食等銀九十餘兩

在本款地租銀內動支

P.30 end

30
END

(1)

[redacted]

謹將各屬交代冊結已到司因銀未觧各案開列清摺送

閱

計開

署南海縣吳廷獻接收史樸交代一案冊結已改合存司因
銀未觧致未詳咨

署東莞縣馮晋恩接收前縣陳慶倸及彭澤統任
交代一案冊結已改合存司因銀未觧致未
詳咨

(2)

現任東莞縣張繼卿接收前署縣李繩先交代一案冊
結已改繳存司因銀未觧致未詳咨

(3)

署東莞縣李繩先接收前署縣馮晋恩交代一案冊
已改繳到司因銀未觧致未詳咨

署新會縣文晟接收言良鈺交代一案已據造冊結報
因冊造不符銀未完觧致未詳咨

署新安縣湯聘三接收劉丙慶及楊昭統任交代一案
已據造冊結報因銀未觧致未詳咨

署新安縣楊汝霖接收湯聘三交代一案已據造冊結
報因冊造不符銀未完觧致未詳咨

署新安縣丞余汝任接收前縣丞金鳳洺交代一案冊
已改合存司因銀未觧致未詳咨

署曲江縣謝嵩齡接收劉漢章及王沂統任交代一案
已據改合冊結因銀未觧致未詳咨

署仁化縣戴王宸接收陳其昌交代一案冊結已據改
繳到司銀未完觧致未詳咨

署歸善縣孫成彥接收汪南培交代一案已據改合冊

(4)

結存司囙銀未觧致未詳咨
歸善縣王啟棻接収孫成彥交代一案已據造冊結報
囙冊造不符銀未完觧致未詳咨
現任博羅縣劉濟寬接収孫成彥交代一案已據造冊結
報囙銀未觧致未詳咨
代理陸豐縣趙萬年接収陳發新交代一案已據造冊
結報囙銀未觧致未詳咨
署連平州孫福謙接収丁逢吉交代一案已據造冊結
報囙銀未觧致未詳咨
署海陽縣陳壽頤接収史樸交代一案囙結已改合存

(57)

司囙銀未觧致未詳咨
署海陽縣吳均接収陳壽頤交代一案已據造冊結報
囙冊造不符銀未完觧致未詳咨
海陽縣知縣王沿溥接収吳均交代一案已據造冊結
報囙冊造不符銀未完觧致未詳咨

(4)

結存司囙銀未觧致未詳咨
歸善縣王啟棻接収孫成彥交代一案已據造冊結報
囙冊造不符銀未完觧致未詳咨
現任博羅縣劉濟寬接収孫成彥交代一案已據造冊結
報囙銀未觧致未詳咨
代理陸豐縣趙萬年接収陳發新交代一案已據造冊
結報囙銀未觧致未詳咨
署連平州孫福謙接収丁逢吉交代一案已據造冊結
報囙銀未觧致未詳咨
署海陽縣陳壽頤接収史樸交代一案囙結已改合存

(57)

票查連平州丁牧交代冊結囙冊造不合
符已于[illegible]年十五日發回查改交存銀兩
除完觧外尚未完銀一百一十五兩七錢九
分二厘致未詳咨

代一案已據造冊結報
觧致未詳咨

海陽縣知縣王沿溥接収吳均交代一案已據造冊結
報囙冊造不符銀未完觧致未詳咨

(6)

署潮陽縣張深接收吳均交代一案已據造冊結報因
冊造不符銀未完解致未詳咨
署潮陽縣丁嘉藻接收張深及史樸統任交代一案已據
造冊結報因冊結不符銀未完解致未詳咨
署潮陽縣壽祺接收丁嘉藻交代一案已據造冊結報
因冊造不符銀未完解致未詳咨
署饒平縣郭超凡接收章學源及王滙統任交代一案
冊結已據造繳因銀未完致未詳咨
代理大埔縣馬庚生接收任荃交代一案冊結已改合
存司因銀未解致未詳咨
署大埔縣鄒亮接收馬庚生交代一案冊結已改合存
司因銀未解致未詳咨
現任大埔縣郭超凡接收鄒亮交代一案冊結已改
合存司因銀未解致未詳咨
署大埔縣呂華賓接收郭超凡交代一案冊結已改

(6)

道查此案交代已據造冊結報
因冊造不符交存道光二十一年
統羡銀二十兩零六錢七分七厘
二十二年統羡銀四十七兩一錢四
分八厘未據完解不符冊發回
改造現未繳賫

……交代一案已據造冊結報因
……解致未詳咨
……源及史樸統任交代一案已據
……符銀未完解致未詳咨
……藻交代一案已據造冊結報
因冊造不符銀未完解致未詳咨
署饒平縣郭超凡接收章學源及王滙統任交代一案
冊結已據造繳因銀未完致未詳咨
代理大埔縣馬庚生接收任荃交代一案冊結已改合
存司因銀未解致未詳咨
署大埔縣鄒亮接收馬庚生交代一案冊結已改合存
司因銀未解致未詳咨
現任大埔縣郭超凡接收鄒亮交代一案冊結已改
合存司因銀未解致未詳咨
署大埔縣呂華賓接收郭超凡交代一案冊結已改

(7)

合存司銀未完解致未詳咨
署普寧縣倪森接收韓鳳翔交代一案已據造冊結
報因銀未解致未詳咨
署高要縣許振身接收瑞寶交代一案冊結已改合
存司因銀未解致未詳咨
代理鶴山縣趙萬年接收徐良梅及孔廣宣統任交代
一案已據造冊結報因銀未解致未詳咨
代理陽春縣丁曰生接收吳炳交代一案已據造冊結
報因冊造不符銀未完解致未詳咨
署新興縣夏丞煜接收帖臨藻交代一案冊結已改合
存司因銀未解致未詳咨
署德慶州萬時喆接收馮晉恩交代一案已據造冊結
報因冊造不符銀未完解致未詳咨
署信宜縣李景文接收羅嘉會交代一案冊結已改合
存司因銀未解致未詳咨

(7)

合存司銀未完解致未詳咨
署普寧縣倪森接收韓鳳翔交代一案已據造冊結
報因銀未解致未詳咨
署高要縣許振身接收瑞寶交代一案冊結已改合
存司因銀未解致未詳咨
代理鶴山縣趙萬年接收徐良梅及孔廣宣統任交代
一案已據造冊結報因銀未解致未詳咨
代理陽春縣丁曰生接收吳炳交代一案已據造冊結
報因冊造不符銀未完解致未詳咨

案遵查前任德慶州馮晉恩交代冊結已
報到司查核數目不符其交存額支銀七
百七十四兩四錢四分已據現解銀三百一十九兩
零六分七厘尚未完銀四百五十五兩三錢七分
三厘[illegible]據請將未領養廉抵解又[illegible]存耗羨

結已改合
據造冊結
合
結已改合

(9)

代理遂溪縣張純接收饒開翰交代一案
署遂溪縣蘇履吉接收張純交代一案
代理遂溪縣吳梅接收蘇履吉交代一案
兼理遂溪縣事海康縣知縣趙亨衢接收吳梅及楊
兆忠統任交代一案
署遂溪縣張樹勲接收趙亨衢交代一案
以上各案交代因銀未解致未詳咨
署徐聞縣劉静接收龔莊交代一案已據造冊結
報因銀未解致未詳咨
代理崖州王尚錦接收牟洪猷交代一案冊結已據
改合存司因銀未解致未詳咨
兼署感恩縣刁汝元接收淩光遠交代一案已據造
冊結報因冊造不符銀未完解致未詳咨
署羅定州言良鈺接收秀山交代一案冊結已據改
合存司因銀未解致未詳咨

(9)

並無餘銀二百九十九兩一錢七分六厘未據完
解業經分別具稟請
示辦理均未據核詳合並聲明
須至咨者

吳梅及楊
兆忠統任交代一案
署遂溪縣張樹勲接收趙亨衢交代一案
以上各案交代因銀未解致未詳咨
署徐聞縣劉静接收龔莊交代一案已據造冊結
報因銀未解致未詳咨
代理崖州王尚錦接收牟洪猷交代一案冊結已據
改合存司因銀未解致未詳咨
兼署感恩縣刁汝元接收淩光遠交代一案已據造
冊結報因冊造不符銀未完解致未詳咨
署羅定州言良鈺接收秀山交代一案冊結已據改
合存司因銀未解致未詳咨

(10)

連州黃定宜接收王熊交代一案
又連州德濬接收黃定宜交代一案
以上二案交代已據造冊結報因銀未解致未詳咨
署南雄州馮晉恩接收柏貴交代一案冊結已據改
合存司因銀未解致未詳咨
代理始興縣陶應榮接收莫春暉交代一案已據造
冊結報因銀未解致未詳咨
署始興縣袁銘泰接收陶應榮交代一案已據造冊
結報因銀未解致未詳咨
前署興寧縣鄭邦建接收帖臨蕖及高榮統任交

(11)

代一案已據造冊結報因銀未解致未詳咨
前兼理興寧縣壽祺接收鄭邦建交代一案已據造
冊結報因銀未解致未詳咨
前署興寧縣章學源接收壽祺及崔國政統任交代
一案已據造冊結報因銀未解致未詳咨
署長樂縣侯坤元接收壽祺交代一案已據造冊結報
因銀未解致未詳咨
署陽江縣丞沈瑛接收王騰驤交代一案已據造冊結報
因冊造不符發回查改未據改覆致未詳咨
河源縣盛濟川接收胡宗政及蘇履至統任交代一案
已據造冊結報因冊結不符發回改造未據改覆
致未詳咨

(12)

署靈山縣李及辰接收雙慶交代一案已據造冊結報因
銀未解致未詳咨

(1)

稟摺

署廣西鬱林直隸州爲札飭遵照事遵將卑州所屬四縣年歲履歷考語開列簡明

清摺恭呈

憲覽

計開

現任博白縣知縣游長齡現年五十四歲係福建羅源縣人由舉人應道光丙

戌科會試後大挑一等引

見以知縣用分發廣西七年到省委署博白縣事十一年聞訃丁父憂適因上

林縣任內短交鉛觔價脚銀兩

(2)

奏參限内全完開復回籍十八年仍赴原省候補委署永福縣旋奉調引

見准其開復原官二十年奉調文武闈差題補博白縣委署宜山縣二十二年

奉飭赴博白縣補任二十三年正月初十日到任供職理合註明

操守潔

(3)

才具幹

年力健

政事勤

填註考語老成安練明白周詳

現署北流縣知縣徐盛持現年四十七歲係江西南昌府奉新縣人由舉人應

道光三年會試中式進士歸班候選十年奉文截取十六年籤掣廣西修

仁縣十七年奉調闈差二十年

奏調平樂縣知縣二十二年因案卸事二十三年奉

旨飭回本任二十四年調署今職於三月二十七日到任供職理合註明

操守廉

才具幹

年力强

(4)

政事勤
填註考語才具敏捷辦事出色
現任陸川縣知縣卞撫辰現年四十一歲係浙江湖州府歸安縣人由廩膳生
應道光辛巳
恩科鄉試中式舉人壬辰
恩科會試中式進士引
見奉
旨以知縣即用欽此籤掣廣西十三年八月二十日到省歷奉委署桂林府同
知義寧縣事十四年七月奉調閣差卸事十月初二日回任十五年閏六
月奉委銅差卸事十一月題補陸川縣知縣十六年二月領餉赴滇十七
年八月運銅回省銷差九月委署宜山縣事二十年五月奉文飭赴陸川
縣補任九月十一日到任供職二十一年六月兼理興業縣事理合註明

(5)

操守廉
才具敏
年力强
政事勤
填註考語才具有為辦事認真
現任興業縣知縣張晉圭現年五十歲係雲南廣西直隸州彌勒縣人由舉人
國史館謄錄六年議叙以知縣選用十七年籤掣甘肅寧朔縣知縣十八年在
任聞訃丁母憂回籍服闋起復領咨赴
部引
見奉
旨揀發廣西以知縣用欽此於二十一年到省題補今職於二十二年六月二十
二日到任供職理合註明
操守廉
才具明
年力强
政事勤
填註考語辦事認真地方整頓

一件奏奉旨補授漕運總督叩謝天恩

咸豐　年　月　日具

摺弁　賫

奏稿

奏

咸豐　年　月　日奉到

硃批

新授漕運總督臣程　跪

奏為恭謝

天恩仰祈

聖鑒事道光二十五年二月初七日准吏部咨開正

月初八日內閣奉

上諭程　着補授漕運總督廣東巡撫着黃恩彤

補授等因欽此又准軍機大臣字寄道光二十五

年正月初八日奉

上諭程　接奉此旨即行交卸起程前赴新任毋

庸來京請訓等因欽此臣當即恭設香案望

闕叩頭謝

恩竊臣賦質庸愚渥承

殊遇由山東巡撫調任廣東在任已經兩載與督臣

講求地方公務勉竭駑駘於吏治民風毫無裨

益撫躬循省兢惕方深玆復仰荷

温綸擢任漕運總督聞

命之下益切悚惶伏念漕糧為

天庾正供米色宜届期盤驗過淮則稽查宜密渡黃

3

則催儹宜嚴當此重運盛行在在均關緊要遵
即于二月初十日委廣州府知府易長華撫標
中軍叅将慶寅将廣東巡撫並太平關監督關
防兩顆暨
王命旗牌書籍文案等件賫交新任撫臣黃恩彤接
收臣即起程由江西安徽江南一帶赶赴淮安
料理各幫挽運事宜督催北上俟全漕抵通再
行趨赴
闕廷跪聆
聖誨臣受
恩愈重報効愈殷惟有殫竭血誠認真經理沿途約
東旗丁水手矢勤矢慎以冀仰酬

奏稿

4 END

高厚鴻慈于萬一除將交卸日期循例另行恭疏
題報外所有微臣感激下忱謹繕摺叩謝
天恩伏乞
皇上聖鑒訓示謹
奏

奏稿

典契

立加典字人栢正坤將郡城西门内建中坊自置民房住宅一所原典於
護桂堂張名下居住典價錢平捌五兑九七色紋艮陸百兩正今憑中託將紅契再
行賣押錢平八七兑九七色紋艮壹百兩正自典之後所憑据租居住栢姓親
族人等不得異說倘有親族異言俱係出典人一面承當均與典屋人無涉
此乃兩相情愿亦有剩項銀錢蒂欠准抄等情恐後無憑立此加典字為
據

計批原典字存張府

房屋紅契乙紙賣押

此係原押與鄭姓今轉押與張姓自轉之後鄭姓不得生端異議

憑中 張敦福 十
施如松 十
劉人矩 十
黃遠霄 十

道光二十五年二月十八日 栢正坤親筆

磚式

陽磚

F.O.682/327/3(12)

龍蟠

福祿壽全

虎踞

陰磚

天地蒼蒼日月光光陽間朗朗陰府茫茫今
據大清國廣東廣州府番禺縣慕德里司南
村鄉居住寄居沙亭岡居住詞稱祖考廣居
周公府君妣類氏安人公乃始祖仕龍公之後裔
達珖公之子也今有孝子倫辦錢鈔買受牛眠大地
一穴山形老鵝山上至青天下至黃土左至青龍右
至白虎前至朱雀後至玄武憑白鶴仙師點取龍穴
中人張堅固李鄧杜自葬之後所有邪魅魍魎一切
盡驅除毋得侵佔仙靈葬後房房富貴代代榮昌子
孫昌盛永遠綿長則福有攸歸矣
立地券
道光二十五年歲次乙巳孟夏拾壹辛丑日巳時安葬

謹將自本年正月起至十一月止支發銀兩開列呈

電

計開

一廣州府庫原存軍需餘剩銀一萬一千五百零一兩內

本年二月支防匪經費銀六千五百七十一兩八錢八分八厘

支崙頭大黃滘等臺工料撫標葯局兵房工程銀一千五百八十八兩

又自本年正月起至十一月止

欽差大臣宗室耆　隨帶江省供事三名月支薪水銀一十八兩自本年

正月起至十一月底止共支銀一百九十八兩

登覆所原有經書六名清書二名並燈油紙張月支工食銀四十二兩

自本年正月起至六月底截留止共支銀二百四十八兩

又自七月起至十一月止留經清各書三名月支工食燈油紙張銀一十

四兩共銀七十兩

續添帮辦九龍捐輸文案書吏二名月支工食紙張銀十四兩自正月

起至六月裁撤止共銀七十二兩

登覆所燈油茶炭月支銀一兩四錢自本年正月起至十一月底止共支

銀一十五兩四錢

支恭府懷　移領演試鑄復銅砲並配台夫船脚價銀二十七兩

三錢

支軍器局馬弁領修補倒塌房屋工料銀八兩六錢

以上共支發銀八千七百九十九兩一錢八分八厘

寔存府庫銀二千七百零一兩八錢一分二厘

FO 931/0126

FO.682/112/3(44)

及聲請免議旋准部覆將撤任之案准予查銷
當其撤任後即有省城丹桂里叚(段)姓祖與房屋
居住此臣未到粵以前相傳如是經現在訪查
仍無異說之實在情形也至於(在)潮州府任內該
府於道光二十五年曾署斯缺著有循聲嗣因(係任斯缺官民本屬相安)(由廣州府)
調補(對)於上年二月到任旋復委護(理)肇羅道篆闔

郡紳耆(民)聯名具呈並臚列德政五(多)條分(奔)赴省城
院司各衙門公懇留潮情詞頗為懇切秋間臣(彼時臣正在省)
按試潮郡合諸後先所聞如出一轍及至本年
(普)出棚按試高廉(州)等郡(府)道出肇羅(慶)政聲輿論迄今
無不翕然此臣既到粵以後見聞確鑿並此次
訪查歷有明徵之實在情形也至於貪酷之名

[redacted]

卸署番禺縣知縣李延福謹懇將各州縣應領廉銀扣給歸回
墊款緣由列摺呈
電
查卑職前在番禺縣任內代墊過各屬工程及秋審
册費等款共銀六萬九千壹百餘兩屢次移催未准
解還查此項代墊銀兩先經詳明如各州縣延不
解還即准南番二縣就近赴司詳請在各州縣應領
養廉等銀撥給歸款歷經辦理在案本年正月內
前署南海縣丁憂知縣瑞令因各州縣墊款無歸先
經詳請在于各州縣應領養廉等銀扣撥銀七千
餘兩蒙
前憲准領歸款在案但南番事同一律茲卑職丁憂
艱苦異常業經具文申請核給伏乞
憲臺恩施格外俯准查照向章在於各州縣應領養廉
等款扣銀壹萬兩早賜給發領回歸款實為公
便理合謹列清摺恭候
鈞裁

F.O. 682/327/5(99)

代張姓收到典價元銀柒百兩整正

上

葉崑臣先生照

乙巳十二月廿六日洪啟寬具

典約

立典自置民房文契柏蒼筠菴因弟姪宦跡分途攜眷遠仕自欲遊幕外鄉今將郡城西門內
建中坊自置民房住宅一所計截朝南大門壹座內朝北左右門房肆間二門內朝南朝北書屋廊
房東軒水井花樹湖石三進朝南廳房樓上下十間朝北對樓三間並屋內所有裝修等件隨房
憑中議定截典與
葉名下居住當收得正價錢平捌五兌九九色蘇宝紋銀柒百兩正期典捌年銀不起利房不起
租俟期限滿日仍以原平色銀取贖言明不得托詞短少分毫成交以後恐有親族瓜葛不清以及
議典期內弟姪輩回里不得預為取贖致生滋擾倘有異言俱係出典人一面承認均與典屋人無涉
此乃兩相情愿非有別項錢銀蒂欠准折等事恐後無憑立此截典民房筆據存執
計批老約壹紙存照
又批再截典此屋并未批修理銀兩贖屋之日不得以烟木為詞親筆批
憑中 劉地山翁 黃芳谷翁 張右卿兄 勤齋姪
所有隨房傢伙什物已賣與張姓日後贖取房屋所有什物與葉姓無干
道光二十五年十二月廿八日立典約柏蒼筠十 代筆柏子貞十

一道光五年二月内在藩庫米耗盈餘借銀二萬兩奏留充公借銀二萬兩通省充公借銀一萬兩粮道庫借動銀五萬兩共銀十萬兩給發南番二縣當商永遠生息週年一分行息每年共得息銀一萬兩以五千兩歸還原本五千兩撥充捕盜經費之用扣存銀[illegible]

一道光二十五年七月内奏請將各屬墊辦軍需准銷未領銀八萬兩發商生息週年一分行息每年共得息銀八千兩解司撥充捕費之用現存銀〇

一千六百兩

謹將官築屯田征收租銀支銷数目開列呈

電

計開

一收官築屯田通年應征租銀一萬五千三百九十三兩二錢五分

無閏年分

週歲支給俸餉料草等銀一萬一千七百九十三兩零

支四個月口糧銀二千零三十兩零此項奉行支給四五六七月四個月並未議及遇閏合註明

尚餘銀一千五百六十九兩零

有閏年分

道光二十六年週歲連閏支給過俸餉料草等銀一萬二千七百

六十八兩二錢六分二厘

支四個月口糧銀二千零三十兩零九錢三分二厘

尚餘銀五百九十四兩零五分六厘

五年核算共應收銀七萬六千九百六十六兩二錢五分

五年連閏約支銀七萬一千零六十七兩零

五年共約餘銀五千八百九十餘兩（按五年匀算每年約餘銀一千一百七十餘兩）

[redacted]

准戶部咨稱大學士四川總督寶　咨稱署巫山縣事夔州府通判阿
洪阿到任接收前署縣毓慶任內經管一切正雜錢糧倉穀均無虧短交代
清楚一案此案應以道光二十年七月初三日該署縣阿洪阿到任之日
起限毓令交卸巫山縣之後即回彭縣本任係一官而有兩任交代例得
展限一個月又倉穀在五萬石以上例准展限三十日由縣至府程限五
日應扣至是年十一月初八日限滿前署縣毓令於十一月二十六日始行造
冊移交只逾初叅阿倅於二十一年正月初五日造冊結報到府係在二叅
分限四十日之內並未遲逾該府因冊結不符發回另造文冊於二月二十八
日到縣該署縣阿倅因查係前署縣毓令移交造冊舛錯當即備文轉
移毓令查明另換妥冊移交阿倅仍填原申月日於六月初五日申送
到府連閏計遲延四個月零七日該府復核冊結尚有遺漏駁飭換造
於八月二十日到縣復經阿倅備文轉移毓令換造於十二月十八日申送
到府計遲延三個月零二十八日由府核明加結呈道經川東道查核因
倉穀數目不符駁飭換造冊結於二十二年二月初五日到縣該署縣
阿倅查明仍係前署縣毓令冊結舛錯復經轉移換造始於是年六月二
十五日由府申送到道計遲延四個月零二十日該道復核冊造仍有舛錯駁
回另換妥冊於八月二十七日到縣該署縣阿倅復經備文移換於十二月十七
日由府申送至道計遲延三個月零二十日該道復因交抵各款仍有不符
駁飭逐款登覆於二十三年二月初二日到縣復經該署縣阿倅備文移查
實係前署縣毓令交冊繕寫舛錯當即更正於八月初八日由府核明申送
到道連閏計又遲延七個月零六日當經該道核明加結仍填原申月日於十
月十八日移送到司經該司查核冊式不符駁回換造文冊於十二月二十四
日到縣該署縣阿倅遵照另換妥冊由府申道於二十四年五月二十八日到

司計遲延五個月零四日該司因查核冊造仍多不符駁回另換妥冊文冊
於八月初二日到縣該署縣阿倅遵式另造並開具交代初限遲延職名申府
由府呈道開具督催不力各職名於二十五年正月十三日到司計又遲
延五個月零十一日該司因造冊舛錯遲延月日未據分晰扣明駁回詳查
開送文冊於三月十九日到縣該署縣阿倅遵即詳細核扣申府呈道由道
核明於十一月二十七日移送到司計又遲延八個月零八日所有交代初
限遲延職名係前署巫山縣事彭縣知縣毓慶督催不力之道府係夔
州府知府劉裕鈖川東道嵩齡因造冊舛錯駁換以致遲延一年以上職名
係前署巫山縣事彭縣知縣毓慶現署巫山縣事夔州府通判阿洪阿相
應一併開送將原咨冊送吏部議等因前來除新任官署巫山縣事夔州
府通判阿洪阿造冊結報係在二參分限以內例得免議毋庸議外應
將交代初限遲延之舊任官前署巫山縣事彭縣知縣毓慶照例罰俸一年
督催不力之夔州府知府劉裕鈖照例罰俸六個月川東道嵩齡照例
罰俸三個月毓慶阿洪阿又造冊舛錯因駁換以致遲延俱在一年以上均
照例各降二級留任附入彙題可也

[redacted]

謹將官築屯田坐落東莞縣共一百三十七頃六十五畝自道光二十五年起每年應
征租銀共一萬五千三百九十三兩二錢五分永為定額由屯防同知經征開列呈
電

計開

每畝租銀五錢八分稅一十三頃共銀七百五十四兩
每畝租銀六錢稅二十八頃三十四畝共銀一千七百兩零四錢
每畝租銀七錢稅三頃共銀二百一十兩
每畝租銀九錢五分稅四頃二十畝共銀三百九十九兩
每畝租銀一兩稅三十五頃二十二畝共銀三千五百二十二兩
每畝租銀一兩一錢稅八頃四十六畝共銀九百三十兩零六錢
每畝租銀一兩二錢稅五頃二十二畝共銀六百二十六兩四錢
每畝租銀一兩三錢五分稅一十一頃一十一畝共銀一千四百九十九兩八錢五分
每畝租銀一兩五錢稅九頃三十畝共銀一千三百九十五兩
每畝租銀二兩二錢稅一十九頃八十畝共銀四千三百五十六兩

[redacted]

賞借帑本一項係自乾隆三十四年定為賞借款項共帑本銀二十三萬
零二百四十五两二錢五分四厘（每两每月一分五厘起息遇閏加增）
省商領出帑本銀二十一萬五千二百四十五两二錢五分四厘
每年應完息銀三萬八千七百四十四两一錢四分六厘
潮商領出帑本銀一萬五千两
每年應完息銀二千七百两
本年四月初二日奉 部行催道光十五年至二十一年賞借息銀二十一萬八
千三百七十七两六錢零自道光二十一年十月十三日至二十五年六月二十三
日共已解 藩庫銀三萬七千八百四十六两五錢一分七厘又本年六月
初三日已解銀一萬两共已解銀四萬七千八百四十六两五錢一分七厘
尚未解銀一十七萬零五百三十一两零八分三厘

[redacted]

謹將司庫正襍餉糧截至道光二十七年正月三十日是
存銀両箱口數目開列呈
閱

東庫
存正襍餉糧銀七十二萬三千両　整箱二百四十一個

西庫
存正襍餉糧銀六十一萬一千六百四十六両八錢八分八厘四毫　四絲零六微七纖　整箱二百零三個　尾箱一個
存捐文監生正項并平餘銀二萬九千零八十九両六錢八分　整箱九個　尾箱一個
存捐文監生部飯照費并平餘銀一千三百五十四両五錢三分七厘六毫　裝箱一個
存捐文監生冊費飯食并平餘銀二千三百四十九両六錢五分七厘四毫六絲　裝箱一個
存捐文監生正項加增平餘銀四百九十六両五錢七分二厘　裝箱一個
存捐武監生正項并平餘銀二千六百二十六両八錢八分　裝箱一個
存捐武監生部飯照費并平餘銀四十四両二錢六分二厘四毫　裝箱一個
存捐武監生冊費飯食并平餘銀六十五両一錢二分零六毫　裝箱一個
存捐武監生正項加增平餘銀二十両零七錢一分二厘　裝箱一個
存豫工捐文職正項平餘銀九十両零七錢二分　裝箱一個
存豫工捐文職部飯照費銀六萬一千二百四十五両三錢六分　整箱三個　尾箱一個
存豫工捐武職正項平餘銀四十九両八錢二分　裝箱一個

F.O. 682/112/3 (50)

恪山觀察詳細稽查覆函收存

丁未二月初八日

[redacted]

遵查省城惠濟義倉係于道光十七年官紳捐建共捐銀一十二
萬四千餘兩除建倉工料銀外尚存銀一十一萬一千餘兩原奉
奏明以四成買穀存貯六成發商生息所有經理義倉並糶糴一
切章程悉由紳士等公同定議妥協經管只准糶易不准別項
公事借動存典本息亦不准濫行支用其逓年收支銀数穀数飭
令經管首事報明院司衙門存案仍俟十年後經費充盈彼時
或置買田產或添貯倉穀再行另籌辦理道光二十三年據管倉
曾銘勳等通稟義倉捐項自道光十八年二月發當押行生息
起五年總息共銀二萬四千餘兩奉將封變何懷明產業沙田撥
歸倉受繳價銀二萬四千兩所有經理住倉紳士係譚瑩柳承
祖二人佩帶鑰匙紳士係徐台英協理紳士係劉熊張應秋梁國
瑸三人二十六年據該董事等通稟存南番附城當行本息銀八
萬四千九百三十餘兩又存佛山當行本息銀一萬五千三百三十餘
兩又存番禺四司當行本息銀一萬零四百二十餘兩共存本十一萬
六百餘兩另又收當息及田租尚存銀四千八百餘兩并于是年田
租內撥銀一百七十餘兩湊成五千兩請買洋米隨買隨賣轆轤
轉輸以平市價現在實存義倉穀三萬零五十二石
再查原捐　奏明共捐銀十二萬四千九百八十二兩除兩倉需用過
工料等項銀一萬三千九百七十餘兩外尚存銀十一萬一千兩零議以四
成買穀存貯六成發當生息穀則變糶易周耗費無幾銀則相生
不已子母日增較為妥善等因奉准在案

謹將各屬未結交代共七十九案開列呈

閱

計開

署揭陽縣王治溥接收李榮交代一案未據造冊結報

署陽春縣陳嶋接收楊兆忠丁曰生統任交代一案未
據造冊結報

合浦縣陳裕垂接收馬映階交代一案未據造冊結報

高明縣許振身接收夏承煜交代一案未據造冊結報

署龍川縣王銘嶋接收劉式恕戚潤統任交代一案未
據造冊結報

署陽春縣吳炳接收陳嶋交代一案未據造冊結報

署澄海縣于元培接收劉世淳交代一案未據造冊結報

新會縣陳壽頤接收彭邦晦交代一案未據造冊結報

代理普寧縣陳宜之接收倪森交代一案未據造冊結報

署三水縣趙元章接收萬長齡交代一案未據造冊結報

署澄海縣郭汝誠接收于元培交代一案未據造冊結報

四會縣朱甸霖接收馬庚生交代一案未據造冊結報

連山綏猺同知劉湜接收唐啟英交代一案未據造冊
結報

署南海縣李琰福接收吳廷獻交代一案未據造冊
結報

三水縣程乃乂接收趙元章交代一案未據造冊結報

陽江縣朱庭桂接收李銘交代一案未據造冊結報

署高明縣張書璽接收許振身交代一案未據造冊結報

署鶴山縣徐良梅接收趙萬年交代一案未據造冊結報

署合浦縣漆象霄接收陳裕垂交代一案未據造冊結報
署番禺縣瑞寶接收文晟交代一案未據造冊結報
和平縣張本先接收盧殿楠交代一案未據造冊結報
新興縣孫成彥接收夏承煜交代一案未據造冊結報
曲江縣夏承煜接收謝鶴齡交代一案未據造冊結報
番禺縣李廷福接收瑞寶交代一案未據造冊結報
龍川縣王天錫接收王銘鼎交代一案未據造冊結報
署平遠縣張步蟾接收何泉裕崔國政統任交代一案
未據造冊結報
陸豐縣潘企濂接收徐學海交代一案未據造冊結報
署長樂縣張汝霖接收侯坤元交代一案未據造冊結報
署揭陽縣胡湘接收王治溥交代一案未據造冊結報
署南海縣史樸接收文晟瑞寶李廷福統任交代二案
未據造冊結報
署海康縣朱自汾接收趙亨衢交代一案未據造冊結報

高要縣趙亨衢接收許振身交代一案未據造冊結報
署清遠縣趙元章接收許清貴交代一案未據造冊結報
署普寧縣許錫勳接收陳宜之交代一案未據造冊結報
署博羅縣湯聘三接收劉繼寬交代一案未據造冊結報
代理和平縣章乃昭接收張本先交代一案未據造冊
結報
代理信宜縣林兆熙接收李景文交代一案未據造冊
結報
代理靈山縣雙禄接收李及辰交代一案未據造冊結報
代理興寧縣高鴻接收章學源交代一案未據造冊結報
代理會同縣王秉乾接收馮雲路交代一案未據造冊
結報
署陽春縣陳其昌接收吳炳文交代一案未據造冊結報

1846

署新寧縣林當春接收喬應庚交代一案未據造冊結報
高明縣王文鳴接收張書璽交代一案未據造冊結報
署化州劉繼寬接收龔耿光交代一案未據造冊結報
署海康縣馮沅接收朱自玢交代一案未據造冊結報
靈山縣雙慶接收雙禄交代一案未據造冊結報
和平縣張本先接收幸乃昭交代一案未據造冊結報
署茂名縣侯榮封接收王慶章交代一案未據造冊結報
署電白縣張書璽接收劉毓焜交代一案未據造冊結報
欽州龔耿光接收雙慶交代一案未據造冊結報
興寧縣帖臨藻接收高鴻交代一案未據造冊結報
南海縣張繼鄒接收史樸交代一案未據造冊結報
東莞縣郭超凡接收張繼鄒交代一案未據造冊結報

1846　1847　1840

清遠縣程兆桂接收趙元章交代一案未據造冊結報
署永安縣侯坤元接收江肇恩交代一案未據造冊結報
饒平縣章學源接收郭超凡楊昭統任交代一案未據
造冊結報
鶴山縣謝嵩齡接收徐良梅交代一案未據造冊結報
新安縣王銘鼎接收楊汝霖交代一案未據造冊結報
新會縣邱才頡接收陳壽頤交代一案未據造冊結報
署潮陽縣郭汝誠接收壽祺交代一案未據造冊結報
署揭陽縣許錫勲接收胡湘交代一案未據造冊結報
代理普寧縣王皆春接收許錫勲交代案未據造冊結報
署廣寧縣馬映階接收童光晉交代一案未據造冊結報
[illegible]開建縣重新[illegible]交代一[illegible]

各前任短交及各家屬繳存並奉撥各數目

一丁前任虧短銀六千二百三十一兩一錢九分六厘內除

肇慶府籌撥銀三千兩此項銀兩發貯高要縣庫經高要縣全行扣收墊款合聲明

又丁故令家屬變繳肇慶府庫銀四百一十兩此項府中須扣欠款合註明

尚短銀二千八百二十一兩一錢九分六厘

一揚前任虧短銀六百一十四兩七錢六分八厘

一陳前任虧短銀四千三百二十一兩三錢二分三厘內除陳故

任家屬繳存南海縣庫銀一千八百零七兩九錢八分五

厘內已經南番扣墊款銀一千一百一十五兩七錢五分二厘

尚存南海縣銀六百九十二兩二錢三分三厘

又繳存廣州府庫銀一千五百兩已領回完觧稅羨銀兩

又繳存肇慶府庫銀三百五十一兩六錢五分二厘

此款府中須扣欠款合註明

尚短銀六百六十一兩六錢八分六厘

又吳任交代短銀三千五百五十八兩六錢四分已交銀三千兩

尚短銀五百五十八兩六錢四分

以上四任共短銀一萬四千七百二十五兩九錢二分七厘

內除撥補及繳存並移交共銀九千四百一十六兩六錢三分七厘

實尚短銀四千六百五十六兩二錢九分

各任欠觧省府米及部款各數目

一欠觧道光二十四年分省府米一千七百七十六石一斗

八升一合銀五千七百四十四兩六錢零三厘

一欠觧道光二十二年起至二十六年止共稅羨銀八千三百

九十三兩六錢四分二厘

一欠觧道光二十二年起至二十五年止共耗米盈餘銀一千

九百二十五兩一錢四分一厘

一欠觧道光二十二年起至二十五年止裁兵米價銀四百六

十餘兩

以上共應觧銀一萬六千五百二十三兩三錢八分六厘

內除將領回存貯廣州府庫銀一千五百兩又吳任移交

銀三千兩完觧外

實尚未觧各款銀一萬二千零二十三兩三錢八分六厘

2

謹將稟稿各件鈔錄清摺呈
電
一道光二十七年十一月二十日稟廣東巡撫部院徐
敬稟者云云悉照前呈稟詞
此稟奉批據稟分飭署肇慶府沈守署潮州府吳守羅定
州史牧查明稟覆聽候覈辦
一道光二十八年正月十六日稟廣東布政司葉
敬稟者竊卑府前稟沈守等勒扣浮銷及海陽令廾羅定州
史牧故出人罪二事奉撫憲批示分飭沈守等查明稟復
聽候核辦茲據沈守史牧先後稟復轉發憲台查辦
奉傳卑府至廣州府署中經易守將札文內開抄粘沈
守史牧各稟交看細閱其稟內情詞顯有瞞抹混飾情
弊理合按實指明敬為我憲台縷陳之謹擬不可為信者
十條開列於左
一請遠威遠鎮遠三處石土礮臺及水軍寮舵頭灣二處
灰砂礮臺本係原委卑府勘估承修業已領銀開工後
因有廣西官紳陽觀察金城舉人朱煥等廣東官紳

3

徐思㲄蕭善元等赴轅稟請捐資認修奉行卑府會
商結辦當將已開工各臺告知各紳言明現辦三遠等五處
礮臺當日勘估冊報工料銀兩共計雖有十一萬六千餘兩之多
但奉兩院憲鄧暨存藩憲會議核定除舊存石料作價二
萬兩貼補外并刪去零頭銀六千餘兩統以九萬兩為率不
得加增亦不折扣如果爾等情殷報効捐有成數儘可將臺
全行認去修築維時各紳等以所捐銀兩只敷認辦四臺其
靖遠一臺仍將卑府辦理三面講定隨將原估報冊及勘定圖
式抄錄給發該紳等收執照辦即該紳等稟請發札承辦時
亦曾聲明情願照委員勘估圖冊辦理并無異言在案
迨報工竣委員驗收後該紳造報冊內任意浮開數萬之多
核與原估數目大相懸殊疊奉駁飭核減節經卑府查明
原估數目詳晰稟覆又在案該紳等認辦各臺確有原估
冊報可稽一核即明無可混淆何以局員於此則勒令折扣
於彼則全准浮開謂之准駁從心似非盡假此不可為信者
一也

4

一續添工程乃是祁制憲與吳提台會商面諭添作但三遠每台
只准用銀三四千兩之間不得多費當即傳諭各紳有銀則
做無銀則息後因各紳既做有添工自應另請委員按工勘明
以便核銷何以局員于疊次駁嚴行批飭之後忽傳卑府至
廣府署中與同局務劉守開域聯為一氣強詞相促勒令
加結照轉竊思此項工程卑府亦捐制錢萬串在內即靖
遠一台亦有添工與紳修無異似應一律辦理何以官修
者扣而又扣紳修者加而復加謂之高下其手顯而易見
不可為信者二也
一各紳捐辦砲台自內河以及外海共計報捐辦銀數十萬
餘兩之多如謂間有損壞應扣歲修銀兩則各台均須
一律照扣何獨于上下橫檔靖遠北鞏固四處台工定
扣成半則此外官紳所修各台豈能保一無損壞故
不扣半成耶誠恐被其暗中摸索者更不知凡幾矣
且查閱者制憲原奏請獎摺內只聲明均係官紳捐
資修築請免報銷早已奉准部復並無提及扣成歲
修字樣核與沈守所稟迥異責以飾詞朦混無可置

彖此不可為信者三也

5 一沈守稟內謂所扣成半銀兩曾稟明局憲詳請發商生息作為歲修費用等語殊不知當日勒扣銀兩係二十三年臘月間事而在東莞張令未稟以前維時沈守只云京中曾有人轉致伊信內説雖係奏准免造報銷但部友仍要使費并須照扣二兩平頭並未提及歲修一語是其挪後移前自相矛盾固已欲蓋而彌彰矣且前藩憲存詳內只聲叙例案應造冊報部者應扣二成核減其准免報銷者俟工竣委員驗收分别找給並無有扣存歲修不准給領之語如果寔因歲修扣出應令按照扣數具領又何以勒取滿領結狀并將聲請批示立案之稟揞匿不發寔屬歧異蓋因見銀已扣存在庫欲吞不得欲還不可無可如何想出詭計瞞聳局憲詳請發商生息作為歲修之用既可隨便開銷又可藉為依據誠為巧矣但細核前後案據俱不相符雖瞞洞鑒乃混拉存藩司詳定扣成希圖諉卸其居心之不堪問尤可概見此不可為信者四也

6 一沈守稟內謂河工劣幕一節伊止在家聽聞族人沈仲甫等在工有 星使查辦之事與伊無干有當年隨辦司員現署廣州府易守可問等語則沈守遊幕河工是否被叅有名抑係事發聞信後走避不案詢之易守自悉其詳即可立判虛實分别究坐但卑府淂之鄉評沈守為人素來奸詐察其言貌已見一斑前在河南幕中與沈仲甫等把枝（持）庫支致被侍御叅辦實有其事即後在東河亦曾為伊兄鳳池謀缺越署事發案邀漏網是沈守到處無不鬧事誠為不祥人矣何淂曲自掩飾尚以為克任表率耶此又不可為信者而可質明者五也

一查職員鄭遠輝與隣居監生李長江等因爭墻路互相糾鬭致斃李鹿李誥二命各鬭匪乘機攤入鄭園搶取財物并燒房屋之案係卑任會營勘驗督飭兵役先後獲犯李長江李蕃葛李學庸李阿笘李阿丑李阿委李天香李來存李癸未蔡阿朝等並鄭遠輝雇倩助鬭之銃匪之楊大肚郭大誠郭生來及縱令焚燒之李亨寶李三興等房屋之家丁謝阿儀黃阿允等共十五名到

7

案訊據各犯供認前情不諱並於楊大肚等家先後取出畫軸衣箱帽盒香爐點燈錢架各件認係鄭遠輝被搶原賍當即將該犯等收禁賍物貯庫詳稟列憲奉批革審嚴辦在案嗣因奉文交卸未及辦結移交史令接辦詎史令視為無關緊要並不細核批詳胆將此案審作挟嫌毁搶抹改初詳供情以李番葛為首按照粮船水手聚衆持械搶奪例加焚屋一層罪擬斬決以為從李學庸等擬流以已革監生李長江僅止起意糾人堵墻塞路毁柵科以不應重例擬杖枷以鄭遠輝所雇銃匪楊大肚郭大誠郭生來等審擬作僅止事後撿拾畫軸銅器與焚李屋之黄阿元謝阿儀等審作搜犯遺燒均擬笞杖其致斃李鹿之鄭文明照白日入人家偷竊被事主追捕毆殺例科以杖徒其致斃李誥之鄭喜生照罪人不拒捕而擅殺之例科以絞候議詳完結謂非有心開脱似難飾卸此不可為信者一也

一凡辦搶奪事件按擬擅殺者應以事主原呈內聲明白晝黑夜有無拒捕情形經官勘驗訊供明確為憑試問鄭遠輝當日報縣原呈及上控詞內何以並無敘有致斃李鹿李誥二命情節止告張李長江等銃匪毁搶焚屋架擄二十餘萬多賍意圖挟制則是並非捕殺可知詎史令竟抹去糾鬬斃命重情率取挟嫌毁搶等供按擬詳辦謂非玩泄故出事將誰欺此不可為信者二也

8

一鄭遠輝向充刑部司員捐陞耽道在籍李長江身列成均俱非齊民可比自應各守禮法以為鄉民矜式乃因争路小嫌胆敢于附近安埠通判衙門地方互相逞鬥寔屬目無憲典查鄭李二姓互鬥争鬧先後致斃李鹿李浩二命係五月初四初六兩日之事該處居民鱗次人所共見共聞究竟是先搶而後殺抑係先殺而後搶难逃公論此而不加懲創何以儆豪紳而肅法紀今史令稟覆尚以為伊所辦者不錯混行諉卸此不可為信者三也

一李亨寶呈控鄭遠輝縱令家丁黄阿元謝阿儀等焚燒伊及李三興房屋係五月十四日白晝間事並非黑夜惟時文武官員尚在安埠督飭兵役查拏本案逃犯當即會勘明確飭差拏辦委無因夜間搜犯遺燒情事況李番葛一犯早已聞拏逃走福建地方經卑任比差懸賞購線獲案訊供收禁何以史令將白晝改作黑夜反謂原詳聲敘遺漏竟將鄭遠輝與楊大肚郭大誠郭生來黄阿元謝阿儀等共六名概為抹改開脱可為黑白不分矣此不可為信者四也

一史牧稟內謂卑府並無稟道移府擠倅亦無携還之事殊不知當日卑府因公在潮查知此案全翻隨即備具稟文赴道府分別呈遞如果並無其事則擠倅携還之件從何處得來轉交史令果無拜門懇李道憲莅任未久無所用其迴護何肯遽行發還此事閤郡皆知

9

难容誑脱此不可為信者五也
以上指駁各條因見沈守史牧所禀均皆任意飾卸故此逐一指明以
憑確查是平反鉅案舉發冒銷恐貽後累起見緣奉傳詢案由理合瀝
禀憲台察核詳辦俾免歧异而昭劃一寔為公便再閱鈞札内以卑府
並不按限領咨起程有深責逗留之諭但卑府乞假後因母病棄養須
治喪事畢薙髪出門方可料理歸裝是以前禀撫憲文内曾經聲明
亟須回籍緣奉批飭聽候查辦只得遲㮒伺候並非好為稽留以視沈
守前署廉州假公進省久曠海疆边要戢守逗留奔競隔年交替即令
被揭緣事業已來省禀復認明折扣遷延返端江安居劇任者固自不同
茲卑府已將沈守史牧二事縷折指明且有案卷可稽孰是孰非即可
覈寔剖白其應否留去之處仰祈批示飭遵臨禀不勝屏營惶恐待命
之至肅此具禀

此禀扠而發還現存藩衙號房處

一道光二十八年二月初二日禀署兩廣總督印務巡撫部院徐係申覆案由及請示飭遵二禀
敬禀者竊卑府具禀沈守等勒扣浮銷暨前海陽令升任羅定州史牧故
出人罪二事業蒙憲台於巡撫部院任内批示分飭沈守等查明禀復
聽候核辦茲據沈守史牧先後禀覆在案奉發藩司查詳辦理轉飭
廣州府詢問案由始末奉傳卑府至郡署中將札文及抄粘各禀文看

10

細閲其禀内情詞顯有瞞抹混飾等弊若非逐一指明殊不足以剔逕
庭謹列其所禀不可為信者各五條敬為我憲台縷陳計十條同前以上各條
係為平反命案撿舉冒銷恐貽後累起見不得不按寔指陳以便提卷
確查聽候鈞核察辦俾下情不致矇蔽積弊藉以肅清則戴荷明德普
被無涯矣再劉守開域前任香山縣令被民人京控命案玩泄人罪提
省審明嚴參奉
特旨以溺職革職嗣因投赴連山軍營蒙叙縣丞已屬掩瑕偉進厥後奔
競游升委办禦芜排挑練又復糜餉悞工致失事机所費工餉竟不恭追
反為摊派彌補追至以候補同知鑽署廣州府事輒于本屬之河泊所
巡司優缺為伊服侄劉蕃賜騰出代理其為違例徇私在在確有可據
固不僅與沈守同舞局弊之一端矣又前海阳縣史令將卑府任葉經会
算清楚曾已結报之交案内列交部款有着銀兩混作短絀無着禀
請藩憲將伊調任南海縣内應領銀項劃解海陽部款在史令之
意惟自逞其急公之能而嫁卑任以短交之咎殊不知挹彼注此名為
籌撥公項寔則挪東移西飽充私橐以致交務糾纏稽延日久不清此
寔史令有以階之厲也卑府因見沈劉二守暨史牧所辦之事全不循
理無非以私害公相率僞為用附禀陳應請一併查办以肅官常寔
於吏治大有裨飭臨禀不勝屏營惶恐待命之至肅此具禀

11

敬稟者竊照案奉藩司札發首府易守傳詢案由并交閱抄粘沈守史
敉等稟詞因見其各稟情節均有不寔不符顯屬飾卸又見司札內
以卑府並不按限領咨起程有深責逗留不去之諭但卑府乞假後
因母患病在寓棄養須治喪事畢薙髮出門方可料理歸裝且
以接陳公事遵奉憲台批示聽候查办只得遲栖伺質並非好為
稽留以視沈守被揭緣事來省稟認扣折仍返端江兼權道篆安居
繁郡而與部民完姻羣寮趋賀者固自不同是以申明案由始末并以
應否去留請示飭遵等情繕具稟牘於正月十六日親賫赴藩衙呈遞不
得稟見當將稟文交與號役廖升傳送司閽轉呈業已收入折封不
料是日下午廖升等忽將原稟到寓聲稱奉藩台大人傳諭此稟
不収着伊送回發還卑府因此稟既經收納自應核批办理且稟稿
業已録送廣府知照易守查辦碍难私相授受是以不肯接回詎廖升
黎湛袁照何江等多人連日來寓吵鬧至三晝兩夜纏擾不休并云
如果不接回此稟伊等回去必遭責革竟可死在此間等語經卑府
好言勸回不聽只得帶同該役等親赴南海縣告知張令問明情由
始行遣去當即移知張令懇具代達下情在案竊思
王朝功令有告則准申訴有稟則准登覆從未有不准遞稟之理況稽查
報銷工程是藩司專責遇有弊混正須有人舉發以凴覈寔詳

12 END

叅玆卑府所遞之稟係因傳詢案由陳明原委暨應否去留請示
飭遵起見並無違碍情弊亦非尋常細故可比何以藩司執意
不收疊次遣役發還豈是預聽情託若以一經阻塞即可顢頇擱置耶
迄今此稟尚存在號役處所該役等因無過被革受屈莫伸頻來饒
舌殊不成事只得瀝稟憲台察核批飭歸辦以免瞻徇偏蔽是為公
便再現在憲衙印務係藩司護理例應迴避故不稟陳合併聲明
肅此具稟

此二稟均不收納交鞠巡捕傳諭發還理合註明

F.O.682/391/2(1)

本日奉有寄信

諭旨一道　貴撫接奉後即恭錄一

分示照兩廣總督徐一體遵

辦可也為此示會

十月初六日

[redacted]

委員 候補通判顧炳章 候補知縣喬廰庚 謹

稟

大人閣下敬稟者道光二十七年十一月十七日接奉

憲札轉奉

督憲 批行准

滿洲副都統烏 廣州將軍穆 漢軍副都統托思 咨覆據掌理左司關防協領孫濟源等稟稱以卑職炳章稟

奉勘建城上柵門等情查道光二十三年起陸續坍塌城牆壹百零玖處

已蒙修理北城十五處尚有未修東西南三面城垣玖拾四處此内應急修

捌拾處緩修十四處理合分晰造冊呈請移咨行蒙飭委卑職等會同

地方官勘估造冊稟候詳辦等因並奉粘單壹紙伏查省城内外城垣奉

行擇要興修業將北城並外城損壞情形估計銀數稟蒙詳請

奏辦結報工竣委員驗收各在案茲奉前因遵即會同履勘得内城

之東西南三面城垣或内皮城基塌卸或城上礮樓歪斜統計玖拾四

處均與粘單相符自應分别緩急酌量修葺以資捍衛惟是段落

綿長經費頗鉅工宜堅實不容粉飾鋪張若另動正欵恐與

原奏未符且屈指交春在即雨水淋漓施工不易第省垣緊要工

程在所必舉竊思前次九龍寨城各案尚有扣存樽節工料銀兩

擬請將各案工程咨

部核銷後所餘節省銀兩作為修理東西南三處城垣之用以公辦

公無須再行奏報至卑職炳章原勘擬建城上柵門三十六道事本權

宜工非經久既需修理城垣似可無庸添建以節糜費緣奉札飭

合將會勘擬辦緣由是否有當合肅具稟

大人察核伏乞

鈞鑒恭請

福安卑職炳章應庚謹稟

紅稟由

稟覆會勘過內城東西南三處工程擬請將九龍寨城各案樽節工料

銀兩俟　大部核准後再行提用興修由

道光貳拾柒年拾壹月　　日稟

廿六年所盤銀錢貨物孖和會票會項透支一並在內共存元銀壹萬七千[illegible]

一係去该各行並來往銀號餓会共元銀弍千八百九拾两正

一係去各鄉鋪家並透支饒会等項共元銀三千弍百九十两 此項只是存店底不能作本獲利

係淨實存獲利本銀壹萬壹千弍百两正今所存之項毫無虛賬虛存實是清本清存祈

為放心

廿七年所盤銀錢貨物孖和會票會項透一並在內共存元銀壹萬八千九百拾[illegible]

一係去该各行並來往銀號餓会共元銀三千八百[illegible]

一係去各鄉鋪家並透支饒会項共元銀三千七百七拾两正此項只是存店底不能作本獲利

係淨實存獲利本銀壹萬壹千八百两正並上年滚結一事今所存之項毫無虛賬虛存實是

清本清存祈為放心

外屯穀元銀壹千〇〇拾两

又續七里庙庄田実紋弍千两正

又起造市房一所元銀弍百七拾两

共計实本元銀壹萬五千壹百卅两正

外係用並償还利債不筭

謹將京控各案分別列摺呈

電

計開　奏交各案

一道光二十七年七月初九日奉

憲臺
臬憲轉奉

督憲委審

都察院奏交平遠縣民龍作清遣抱龍兆平京控卯紹緒等謀奪地畝未遂率衆持械先後殺斃龍秉時等三十七命棄毀屍骨等情一案

本案屢經提訊兩造各執一詞稟奉催提要証卯思濬等未到業經詳請咨
部展限並稟請
臬憲檄行平遠縣查開卯紹緒入學補廩出貢年分以便
詳請革審在案

一道光二十七年十月三十日奉

臬憲轉奉

督憲委審

步軍統領衙門奏交揭陽縣民蔡厚吉京控伊伯蔡頃雲因向族人蔡阿當索討欠租被蔡重振蔡阿軒共毆致傷身死一案

本案奉發原告蔡厚吉到府當經訊供稟請行提人証蔡亞能等質訊應俟提到飭發審辦

一道光二十七年十一月二十七日奉

臬憲轉奉

督憲委審

都察院奏交歸善縣民盧文通等京控楊鑑等謀殺多命賄
買頂兇等情一案
本案提訊兩造各執一詞現在稟請行提縣府巻宗及被
控有名緊要人証飭發質訊
計開咨交各案

一道光二十四年九月二十二日奉
憲臺轉奉
督憲委審
步軍統領衙門咨交福建崇安縣監生潘如梅京控潘文濤
侵吞地產一案
本案原被潘如梅潘文濤均已病故其案內人証亦未齊
集業經詳請咨
部展限並請咨提人証潘如梓等質訊尚未解到現在稟
請咨催

一道光二十七年九月十六日奉
臬憲轉奉
督憲委審
步軍統領衙門咨交廣西賓州生員韋殿邦京控州書曾一
貫等加收錢糧銀兩等情一案
本案奉發原告韋殿邦一名到府當經提訊已稟請移咨
廣西省查提人証巻宗解訊未到現在詳請咨
部展限

一道光二十七年二月十一日奉
臬憲轉奉
撫憲委審
刑部咨交平遠縣生員劉乙照遣抱劉大安京控賴達華等
折毀房屋并將劉朝能殺斃一案
本案提訊供情各執稟奉行提要証林建彬等質訊未到
業經詳請咨
部展限現在稟請催提

一道光二十七年正月十一日奉
臬憲轉奉
督憲委審
都察院咨交東莞縣民何西園京控何夢蘭等挖骸佔墳盜
取殉葬玩飾買囑雇工劉亞喜謀毒等情一案
此案迭經提訊何西園所控均屬子虛惟該原告堅不輸
承催提要証舉人何鯤等質訊未到現在詳請咨
部展限
一道光二十七年三月十八日奉
憲臺臬憲轉奉
撫憲委審
都察院咨交陝西職員馬順祥等遣抱告舖夥雷百祐京控
道員鄒之玉兄弟溥記茶行呑欠各項銀兩三十餘萬無償
等情一案
此案迭經提集兩造核訊據鄒之琛及姪鄒道濟討限邀
集親友妥為調處償還應俟稟覆再行訊斷
一道光二十七年十二月初十日奉
臬憲轉奉
督憲委審海陽縣民蘇穆進呈控族人蘇芝亮挾仇迭次糾
衆擄掠人畜輪姦婦女先後殺斃蘇初棉等五命一案
本案已奉
臬憲委員前往守提人証應俟提到飭發審辦
一道光二十七年十二月十二日奉
臬憲憲臺運憲轉奉
督憲委審
都察院咨交饒平縣文童余慶等京控弁兵藉查勒抽等情
一案
本案先奉飭發原告一名下府提訊供與原詞相同應俟
提發人証到日提同質審詳辦
一道光二十七年十一月二十五日奉

撫憲飭發京控原告余塭先一名遵照收明所有京控原呈

尚未奉到

一道光二十七年十二月初五日奉

臬憲飭發海陽縣民京控原告楊會川一名遵照收明所有

京控原呈尚未奉到

1

F.O.682/327/3(1)

奏　廿六年十二月廿二具

會
奏稿

奏為知府迴避臬司揀員對調恭摺仰祈　廣東巡撫臣葉　兩廣總督臣徐　廣西巡撫臣鄭　跪
聖鑒事竊查定例現任外官如督撫兩司及統轄全
省之道員有本族之人及至親應迴避者俱令
官小者迴避總督有兼轄兩省三省者其應行
迴避另補之員本省雖無可調之缺總督所轄

2

P.2

之鄰省亦准酌量改調此項現任迴避人員均
令該督撫先行委員接署令其離任不得久羈
任所等語茲據廣西臬司勞崇光詳稱現署梧
州府思恩府知府彭舒蕚係該司兒女姻親例
應迴避查廣西思恩府係繁疲難三字要缺隨
面商臣葉　會同揀調查有廣東高州府亦
係三字要缺該府馬麗文湖北進士由御史補
授今職二十二年八月到任該員心地明白才
具安詳堪以調補思恩府知府所遺高州府請
即以彭舒蕚對調該員等係現任知府調補衙
缺相當毋庸送部引
見馬麗文現因大計卓異循例給咨赴部彭舒蕚俟

3 END

P3 end

奉到
諭旨再令前赴調任除飭彭舒蕚離任由臣鄭
會同臣徐　　委員接署外所有揀員對調緣由臣
等謹合詞恭摺具
奏伏乞
皇上聖鑒謹
奏

道光二十七年五月

二宅門二門共門色洋銀壹千叁百五十二兩五錢

李榮 一百一十兩

項陞 一百四十兩 （外補賞工食十五兩）

王祥 一百一十兩 （外補賞工食十五兩）

董福 一百一十兩

許成 一百一十兩

張祥 五十兩 （外補賞工食十五兩）

張福 五十兩

張明 五十兩

金源 五十兩

高瑞 五十兩

胡玉 十六兩 （外補賞工食十五兩）

戈裕 三十五兩

徐福 三十五兩

陳芳 三十五兩

陳啟 三十五兩

唐陞 五十兩

王廚子 十二兩

以上除賞外仍存洋銀貳伯肆拾肆兩叁錢

八月十二日

二宅門二門門色共洋銀重壹千柒伯捌拾柒兩柒錢

李榮 一百三十五兩

項陞 一百六十五兩

王祥 一百三十五兩

許成 一百二十五兩

董福 一百三十五兩

張祥 六十兩

黃寶 八十兩

張明 六十兩

金源 六十兩

高瑞 六十兩

胡玉 二十五兩

戈裕 四十五兩

徐福 四十五兩

陳芳 四十五兩

陳啟 四十五兩

唐　陞　六十兩
王廚子　十六兩
以上共銀壹千叁百零陸兩除用淨存銀肆伯捌拾壹兩肆錢　餘存銀本日呈上

十二月二十五日　宅門二門門色共洋銀壹千玖伯五拾兩五錢

李榮	一百六十兩
項斗	一百九十兩
王祥	一百六十兩
許成	一百六十兩
董福	一百六十兩
黃寶	一百一十兩
張祥	七十兩
張明	七十兩
金源	七十兩
張福	七十兩
高瑞	七十兩
戈玉	五十兩
徐福	五十兩
陳芳	五十兩
陳啟	四十兩
胡玉	二十五兩

唐　陞　六十兩
王廚子　二十兩
楊廚子　二十兩
以上共銀壹千陸伯零五兩除用淨存銀叁百肆拾玖兩五錢　廿六日呈上

F.O. 682/325/5(4)

敬稟者竊卑府於去年十一月二十日以軍需委員候補知府沈棣輝
等勒扣浮銷虎門砲台工程銀兩暨陞任羅定州前海陽令史樸
將卑任内辦定在籍刑部司員捐陞職道鄭遠輝與鄰居監生李
長江等因爭牆路挾嫌糾鬥斃李鹿李詰二命乘機焚搶之案
並不查照憲行批示辦理竟改抹原詳勘訊供情朦混批議故出人罪
等事稟請
前撫憲現陞督憲徐核案奏辦奉分飭沈守史牧等查明稟覆
聽候核辦在案旋據沈守史牧具覆到案奉發葉藩司查詳藩
司又轉發廣州府易守傳詢經易守傳卑府至府署詢悉前情幷
將藩司札文及沈守等稟詞交閱因見稟内情節俱屬不符顯係
諉卸搪塞是以擬列指駁各条繕就稟函赴藩衙呈訴幷移易守
知照詎稟已收入折封忽着號役廖升等持稟發回卑府不肯接
回復令廖升等多人到寓吵鬧三日兩夜迫即備具移文帶同號役
親至南海署交張令查閲仍着青役致將號役責革稟存號房
迨後另繕稟牘逕赴
署督憲徐節轅呈遞亦不收受將稟交鞫巡捕傳諭發還竊思事關
浮勒工餉開脫人罪藩臬二司專責稽察正賴有人舉發以憑確
覈詳叅何以阻稟不准申析殊為不解如謂沈守等所稟與卑府
所稟大相逕庭不足為信則此案始末情由節經詳稟叠奉批行文
札各衙均有檔卷可查不難一核即明分別虛實立予叅辦何以輾轉
遞發故事遷延且指稟局員舞弊縣官骫法非尋常細故可比飭查
後例得依限持叅何必轉發既已轉發自應一律傳質何以單問卑
府一人任由沈守回郡安居劇郡兼權道篆與部民完婚盛設嫁奩
大張筵宴屬寮趨賀以致民人炫耀物議沸騰而羅定州史牧並不
撤質一任逗留省垣趨承獻媚屢派差使優游事外岸然不動甚
至沈守交卸回省毫無顧忌胆與同局舞弊之劉守開域聯為一
氣廣樹聲援交通縣幕布置要津從中譏閙竟將如此重案懸擱
屢月經年之久不問不叅若無其事疊次遞稟拒而不收寔屬不成
事體卑府係監築勘審原員此次之所以檢稟者委因沈守等所
辦報銷史牧所議情罪俱屬歧異大有關係誠恐去後别經發覺
貽累非輕乃是因公免累起見以故據實舉陳並非違例干預而議
者以為案情重大吏議綦嚴意在銷弭屢經廣州府易守暨南番張
壽二令來寓勸說如能聽事勸寢事則令補還折扣等項若果拘執
不從只可稟明上台概予奏草刑訊等語挾勢勒息并迎合上官
授意南海張令繼鄒商同指捐廣西試用通判盤踞府署之幕友趙
光垣做就請銷底稿經張令交來囑令照繕稟請銷案殊不知卑府
既經檢發豈肯冒昧率銷自蹈隱徇之咎由此觀之是既失察濫保
於前又復迴護循延於後益見沈守等勢力之竟可神通當路堵塞
公門俾下情不得上達真所謂視律法如弁髦誠如恭讀
上諭外省盡心民事者寥寥固無逾
聖明之洞燭也卑府
聽候會垣迄今已逾一年之久屢次遞稟不收欲訴無門欲歸不得
既不聞將案叅辦又不准領咨回籍抑勒固不待言拖累亦屬殊甚
此寔法所難恕情所難堪者也敬維
大人政秉鳩功兼明弼為此瀝情稟呈　憲臺察核俯垂曲悃速賜咨
查檔卷據實陳　奏請　旨飭交審辦以清工餉而肅官常
寔為公便再現在　督撫憲暨　藩臬兩臺俱有局務之責例應迴
避合併聲明為此具稟恭請
鈞安伏祈
藻鑒卑府灃謹稟

FO.682/391/2(102)

為札飭催繳事、照得本部堂兼領理

欽差大臣印務、所有辦事書識向有每月薪水銀十八兩、

由該府按月繳進、以為辦公之費、近來每多到期挨

延不遲、即如九月薪水、至今尚未繳進、實屬不成

事體、為此札飭、札到該府、速將九月薪水銀兩即

日繳進、以後每月必須初三期上按繳、毋得遲悞、切

切特札

一札廣州府

道光二十八年九月 十六

札催書識薪水銀兩必須每月初三期上繳進

貴平章 韓立誠呈

欽差大臣兵部堂兩廣總督部堂徐

九月十六日

敕文

皇帝敕諭兵部侍郎兼都察院右副都御史葉名琛
兹命爾巡撫廣東地方提督軍務兼理粮餉駐劄
廣州府專理該管地方舉劾文職賢否粮餉刑名
一切民事爾宜宣布德意撫安人民約束衙門員
役使之恪遵法紀毋致作弊生事擾害良民操練
兵馬修濬城池設立水寨詢訪民瘼禁戢奸頑其
衛守備守禦所千總衛千總經管錢穀仍照舊聽
爾統轄所屬地方應徵應免錢粮皆照戶部題過
新定經制遵行曉諭仍細加體察如有司各官重
收借端科派糸奏處治嚴飭所屬察解逃人如遇
地方寇賊生發即會同總督提督總兵官計議統
率將領戮力勦滅務盡根株禁止奸民不許出海
勾引預加哨探嚴行堵禦毋致一賊登岸廣設方
畧撫順勦滅倘已降復掠仍即勦捕凡地方利弊
有可蘇息民困振飭維新者逐件條奏請旨施行
地方備儲之計如常平社倉等事責令有司力行
修舉福建地方海道相通若賊勢蔓延亦要會同
應援協力共濟境內兵丁荒粮責成道府轉行有
司從實察核造冊開報應蠲豁者奏請蠲豁一面曉諭招徠勸
課農桑嚴禁濫徵侵佔使民人樂業毋容有司將
現存人戶概派包賠以致重累黎民所屬司道以
下各官果有實心任事廉能著效者即據實舉薦
如粉飾欺偽貪酷殃民庸懦溺職者不時糸奏副
將以下武職聽爾節制併各衛所漢土官兵亦聽
爾節制防守地方勦禦賊寇提調兵馬舉劾武職
賢否一切軍務俱會同總督提督酌行如有武職
驕擾地方攪害良民縱兵搶掠及隱匿賊情不報
等事聽爾會同總督提督糾糸從重治罪爾仍聽
總督節制敕中開載未盡事宜聽爾詳酌施行年終
將行過事蹟及兵餉錢粮造冊送部察考爾受茲
委任須持廉秉公殫心竭力以副委任如怠玩廢
弛貪贖乖張貽誤地方責有所歸爾其慎之故諭

道光二十八年十一月初四日

R1　　F.O.682/378B/5(9)　　1

2

P.2

採得

閩浙督憲劉　福建撫憲徐　會奏為遵

旨清查閩省倉庫籌議章程恭摺覆　奏仰祈

聖鑒事竊照閩省各屬倉庫前經臣等　奏明遵

旨清查並限給交代勒提存庫銀兩聲明清查條款章程及以後籌補若追考核䟽

後奉

旨允准另行核議分別　奏辦於道光二十八年十月三十日欽奉

上諭劉　等奏遵旨清查通省倉庫並限給交代勒提存庫銀兩認真清釐一摺福建省倉庫自乾隆六十年清查至今款目煩多倍形轇轕亟應澈底勾稽著予限兩年由該督等督同藩司遴委幹員分別設局將司庫款項先行查明其各屬倉庫銀兩各款限三個月查造確冊加結彙送一律清查並勒限嚴催各屬未結交代趕緊結報提解倘有揑飾挪移侵虧入己情弊及結報遲延各員均即據實嚴參所有清查各款並以後籌補考核章程著責成該道督飭府廳各縣就近清查另行造冊由該督等據實報部餘照所議辦理該部知道欽此欽遵恭錄轉行查辦去後茲據福建布政使陳　督糧道尚　議詳請　奏前來

臣等伏查閩省額征正賦以及稅雜捐攤款既紛煩數易轇轕溯自乾隆六十年清查之後閱五十餘年雖續經　奏請詳查均未能澈底清理流攤貽患亦久祗虛懸尤甚委屬舛錯銷漏造漏扣均所不免且以地方瘠苦花戶零星催科既極煩難解給不容迂慢近復銀價昂貴易解不敷展轉挪移更屬勢所必至兼之處氛不靖臺匪跳梁各屬或近處海隅或地當孔道供帳防堵支應煩多比及

3

P3

報銷急應核減他如拿獲盜匪興造要工事固因公款难銷領漸積成虧數目之糾纏交代之積壓揆其所自實由於斯急應正本清源以期水落石出惟倉庫銀穀本屬上下相維新舊交盤乃可盈虧立見是查屬庫則司庫必應同查欲清挪移則交代必須先給加以墊解墊給分別催追漏路漏銷查明請免即咨追無着流攤未完復行設法籌維勒限歸補而又歸原造冊按款收還則其間有無轉挪不患不和盤托出追界限既清之後嚴提勒解不前即當據實參處其內有實因公挪用或係應賠代完若竟概予查參轉恐难期歸補自應分按銀數勒限嚴追限滿不完再行參處至各屬倉穀能否依數現當辦理清查均應亟爲籌補臣等與該司道悉心籌畫應即飭現委之署福州府知府莊受祺卲武府同知裕祿委用布庫大使錢塈漳州府經歷葉學濬試用府經歷高筠石碼關鹽大使高其垣候補縣丞婁浩等先將司庫款項澈底勾稽分別收補一面將各屬未結交代名齊冊查認真算清其有已算未結各案亦即責成該管府州均照山東省限期章程先行造冊結報如再違延照例參處仍查明實短銀穀究竟是侵是挪按款按員另造清查冊結詳送彙查應參追者立予參追應賠補者勒限賠補總期絲絲入扣滴滴歸原俾流弊永遠革除 帑儲胥歸實貯是否有當臣等謹合詞恭摺具 奏並酌擬章程十二條恭呈

御覽伏乞

皇上聖鑒飭部議覆施行謹 奏

謹將閩省清查各庫應辦事宜確按情形酌擬章程十二條開列清單恭呈

御覽

給

4

P.4

謹開

一司屬各庫宜一體清查也查錢糧征自州縣而司庫實總其成故必司屬互稽始可條分縷晰閩省額賦數本無多惟分隸本府廳州縣縣丞共計百有餘處分忙征收機緒紛繁且臺澎輪戍重兵俸餉胥由內撥耗羨統行提解養廉悉由司支此外則歷辦軍需即奉豁免應銷應領應追應籌龐雜糾纏不可枚舉而一應收除數目司屬各庫無不交涉牽連溯自乾隆六十年清查之後至於十七年間 奏請詳查而其時司庫並未逐一釐剔其於屬庫尤未互核統查以致益形轇轕現既澈底查辦自應自嘉慶元年起至道光二十一年止將司庫屬庫一體清查以期斯孔相符水落石出然總百有餘處之完統核五十年之交收事遠年湮經胥遞易矧為科房被水文案不全溯本窮源實非易易若不嚴查確核誠恐仍涉顢頇應即設局委員先將司庫各數逐一清查一面責成各該府州分飭各屬冊案限三個月查造確冊加結呈送次第彙辦如有錯漏遲延及因交代未結應行提查督算者即由局督飭造送俾免稽遲倘敢任意玩違致稽通案即行查明參處

一借墊各款宜一律收補也查額征款目以及額編銷支皆有一定原不容互相借墊無如閩省額征錢糧以及稅雜等項款極紛煩積年征收迄難足數而地當瀕海兵重餉多即軍伙修防亦較他省煩鉅每遇刻不可緩之需不得不借款墊支以免貽悮加以嘉慶十七年詳查一案僅以正雜存公存留之款另須會奏苗租營中公費報部變價未經盈餘閒款列為十一大款籠統歸併益乏端倪以致奉豁奉刪未及籌補者有之應抵應劃未經收款者有之甚至錯除

錯收漏造漏扣者亦有之且有本款解完適因別項急需復行借用者又有之
雖其中皆經先後　奏咨而展轉籌挪不免愈久愈紊現在既奉清查自宜嚴
底勾稽一律收補庶借項咸歸有著　爲項不致久懸應請將司庫各款無論
正雜存公均各按正支正收先行核定再將借動他款與他款借支與夫應抵
未收錯除錯收各項逐一清出按照收還分別造報其有民欠未征虧挪未解
並即嚴限征追趕緊完補至於奉豁奉刪未經籌補漏造漏扣無可查收致成
無著各款統俟清查完竣核定確數另行　奏請攤賠而後各歸各款設立專
簿劃清界限正支正收不准混淆所有各屬未領銀數亦俟清查定案查明有
無欠款另行劃收以重　帑項

一未結交代宜遵限結報也查州縣有無虧挪原在嚴查交代閒有府廳州縣以
及州同縣丞凡經管倉庫錢糧例應交代者共一百零星處員缺既衆更動自
多交代之煩比難僕數遂致交抵數目動多錯亂虛抵流攤均所不免近復軍
需絡繹節節牽纏屢改詳查倍形轇轕因而一款未定全案稽延一任未清數
任莫結不肖官吏轉得藉以宕延愈積愈多急宜整頓應將道光二十八年以
前或未經結算各案逐一查明分按府州遠近次第提省由局覈算查明實在
虧數或係因公挪用或係應捐應賠確有案據者即歸入此次清查分別勒限
追繳仍將本案交代遵照山東省限期章程分別四任以上者限五個月三任
者限四個月兩任者限三個月一任者限兩個月造冊結報如所短係屬侵虧
以及道光二十九年以後再有新虧均即立時揭參查抄嚴辦其二十八年以
前已經算明屢改未結各案並即責成府州亦按山東省限期稟請勒催結報

倘再遲延照例查參嗣後各屬交代嚴限新任於到任三日後即行盤倉會同
清算各須實銀實穀依限結報不准遲延若前任宕延不交虛款勒抵或後任
刁難不接徇情濫收一經查明即行分別嚴參治罪其濫接之項仍無論數
多寡均惟出結之員著賠以昭炯戒
一各屬存庫宜劃清提解也查州縣征收各款均應解司以杜虧缺閩省錢粮正
項均於　奏銷限內追解較嚴或遇遲悞短完即予嚴參追辦各屬知所儆畏
自顧考成故多有墊解存留解積壓惟正收稅雜以及節年丁耗缺曠俸工款
極零星數無一定頻催報解迄未能清揆其所由非展轉借挪未能征補即原
因公籌墊必俟攤捐若不趁此清查劃清提解勢必因循泄玩積漸成虧應請
將道光二十八年以前另提未解存庫各項名者交代各案澈底確查如實係
應追應攤以及應捐未補有款可抵各項均於逐一劃清歸入清查案內核實
追補其餘現存銀兩立即掃數嚴提解究司庫不准絲毫壓留仍於交代冊內
分晰聲造以免糾纏至此後應征稅雜等項均令隨征隨解按年清完倘遇新
舊交代尚有存庫未清即責成後任務須催交現銀填批代解造冊結提不准
以數抵交致成懸宕若再狃於積習虛抵擅挪許即稟揭請參嚴行追辦後任
濫接一併參處仍將應提銀兩統行著落解完以免延宕
一因公挪用宜嚴追勤限也查州縣倉庫錢粮絲毫均關
國帑一經虧短即應參追惟閩省素號瘠難缺多苦累近來銀價昂貴征解益復不
敷支絀情形挪移不免揆其所自寔屬因公若竟概予嚴參轉恐難期歸補自
宜確按正雜分限嚴追暫免查參以示區別應請將各屬倉庫銀穀逐一查明

P.7 7

倘敢無故侵虧有心延宕均即嚴參拿問查抄治罪其有因公挪墊確有案據
一時未及補完者應將所欠如係正款而在一千兩以下者限半年完繳一千
兩以上至二千兩者限一年完繳限滿不完均降一級三千兩以上至六千兩
者限二年每年各繳一半統限屆滿不完降二級六千兩以上至一萬兩者限
三年每年各繳三分之一統限屆滿不完降三級一萬兩以上至一萬五千兩
者限四年每年各繳四分之一統限屆滿不完降四級一萬五千兩以上至二
萬兩者限五年每年各繳五分之一二萬兩以上至三萬兩者限六年每年各
繳六分之一統限屆滿不完均革職以上統限屆滿不完或完不足數均先摘
去頂戴暫行留任再限一年限滿不完並照所降之級調用並革職離任未完
銀兩再限一年仍敢不完拿問監追查抄備抵三萬兩以上至四萬兩者摘去
頂戴暫行革職留任勒限七年每年各繳七分之一統限屆滿不完或完不足
數革職離任限滿不完即行拿問如數至四萬兩以上者銀數較多雖係挪移
未便寬縱應即嚴參訊辦照例監追至監追無完除將本員治罪外所欠銀兩
查明果係家產盡絕並無子孫出仕無力完補者即於歷任各上司名下著落
分賠所有勒追各員仍俱停其陞轉統俟全完請旨方准開復其有已奉陞調
或事故離閩之員均即詳咨原籍任所以接准閩省咨文之日起分別接扣限
追限滿不完一體參辦如遇陞任道府以上者養廉較優應照限酌緊一年完
繳若丁憂告病降革試用候補等員措繳較難應照原案緩半追繳倘所挪僅
係雜款並非正項錢粮並照各限再展一年責令彌補限滿不完一體降革治
罪著賠

一應賠代完宜展限追補也查各員因公挪用業已嚴限勒追惟尚有款屬捐攤
賠由濫抵或係代賠未繳分任應賠與自行挪移完屬有間自應酌定年限以
示區別應請將各員短交賠款以及捐攤各款均於勒追挪墊之外亦按所短
銀數查照因公挪用限期仍行遞展一年接續追繳如所短銀數在一千兩以
下限半年完繳者展為一年一千兩以上至三千兩限一年者展為二年三千
兩以上各限以此類推限滿不完暫免降革仍各再限一年如再不完即照前
條參辦至於丁憂告病試用候補人員應照再限再行遞展一年其陞任道府
者亦按前限酌緊一年如一千兩以下應限一年者改限半年勒令完繳餘均
照此加緊惟參革病故之員如有子孫出仕應令代完者查明如係現任州縣
以上等官即照本條緩半限滿辦理若係佐雜或並無出仕之人准各照本條
緩半之限再展一年有官者並免處分以歸平允

一墊解墊給宜核明追抵也查州縣經征錢糧粮米例有考成原應按款征解不
容稍有挪墊惟閩省山多田少地瘠民貧花户極為零星催科素稱不易而
奏銷追限勢難緩延矣未待支復難貽悞若不先行籌墊不足以付急需無如舊
欠未征新粮又屆日增月累積重難回今即概予參追誠亦咎所應得第恐刁
衿頑户恃有官賠觀望抗延益難催納自宜暫准墊抵上緊征追惟其中是否
實欠在民有無書侵役欠當清查之際尤應徹底查明以免弊混除道光二十
年以前挪墊各案已歸豁免案內開報追賠外所有道光二十一年以後墊報
未銀應請責令該管道府知州名取紅簿征冊逐細查明果係民欠未完即行
據實開報暫准列抵勒令現任迅速征催歸補清款其有書侵役蝕或提解不

完該州縣等能自行查出檢舉准應免其處分即將該書役嚴拿監追查抄治
罪追不足數仍責成該州縣賠交不准作抵倘敢扶全捏飾朦混侵虧即照侵
欺之例從重參辦
一漏豁漏銷宜確查蠲免也查倉庫錢糧　帑儲攸關如有短缺必須查明是否
虧挪分別辦理閩省歷辦軍需豁免各案各屬造冊具詳往往不諳例義舛錯
遲延或因隔手代查悮開漏報或因全案告竣不及　奏咨又如道光元年欽奉
恩詔豁免官賠抵緣開報稍遲致逾部限未蒙准蠲似此應銷未銷應豁未豁之項
率皆宕延虛懸無所歸著各屆交代之積壓數目之糾纏未始不由於此現在
清查倉庫自宜款款見真絲絲入扣庶不至草率遷就貽悮將來況此等漏豁
漏銷本非虧挪可比總其始由於自悮而其實究應豁除應請將各案倉庫銀
穀逐一確查如實係在道光元年欽奉
恩詔以前因公賠墊例得請蠲而未及開報並歷屆軍需豁免案內漏銷漏豁以及
虛懸無著之款均應據實聲明另行造冊覆
奏咨部查豁其有例不准蠲仍應追賠各項並即查明另條勒限追補不准再延
一咨追無著宜設法籌辦也查此次辦理清查務在款歸核實是欠項首應追補
而無著尤宜亟籌閩省歷辦各案已據完繳者固屬不少而短欠未補者為數
尚多自宜勒限催追以清　帑項惟內有家產盡絕咨覆無著之數向來均以
是否報部抑屬虧賠分別豁攤並無一定而展轉查覆轉致日久宕懸現既澈
底清查亟須先行籌辦庶積久漸有著落壓案亦可清厘應請即將道光二十
八年以前咨追未完各案趕緊查以造冊咨部飭催原籍任所即照此次議定

P.10

10

限期分別嚴追完繳報部入撥咨閩查銷屆限不完嚴參究辦倘實已家產盡
絕無可著追並即分別查明如所短僅係捐賠應由籌着分照例取結　題咨
外其有　奏奉定案訊係虧挪之項此應令飛速咨閩以便咨明即於各上司
名下照例分成勒限追補至豁免案內墊解民欠勻攤存留咨追無著各數仍
即遵照舊章歸於通省勻攤以資歸補
一流攤未完宜分別刪補也查州縣身任地方一應公用皆其分應承辦不准流
攤賠累惟遇有興建要工緝拿匪犯格於成例不能動　帑請銷或至奉准銷
而例價不能敷用各州縣養廉無幾無可籌維不得不詳請勻攤以資彌補如
以上屆請參詳兩案均未能滴滴歸源流攤之患既未盡除銷涌之數因之迭
出又不得不議請攤賠以免虛懸陳陳相因已非一日現當清查之際自宜清
源截流嚴為禁絕然從前詳定准攤之案均屬查係因公確有案據若竟遽行
刪抵接款查追則原墊之員半已離閩若仍責成後任照舊攤捐則為數過多
力有未逮仍恐有名無實再四籌酌應請將各屬流攤未完之款詳悉核明並名
齊交代案卷徹底確查如原攤本屬捐攤或係無關歸補之款均即就案核刪
以輕賠累其有原挪之項關係解交並即核明確數另立限期歸並攤補嗣後
仍嚴行申禁分別地方何項工需均令自行捐辦即有緊要公用亦令詳候
奏咨分別辦理不准再有請挪倘再不遵即予參究後任狥隱一併參賠以杜流弊
一倉儲穀石宜酌量買補也查州縣額貯倉穀原備水旱急需關係至重因遇有
因公挪用豁免參追均應照數酌籌先行買補閩省上屆清查額缺倉穀曾經
節次　奏買迄尚未能買清繼以支應軍需奉文糶濟墊放兵米動給囚糧以

P.11 end

11 END

及 奏叅虧挪霉變盤折統計原額所短益多閩民素鮮蓋存儲備實屬急務惟
前動缺穀石内有應行作正開銷無庸買補者有應俟籌款 奏明再行買補
者亦有領價未買應追未完或總已追完復行借動者現在辦理清查自宜彙
會庫款一律確查酌籌買補應請將各州縣常平監折官捐民捐一應額貯倉
穀動缺各項逐一查明内何項應補若干何案價存何處以及存倉現穀實計
若干責成該管府州確核造冊澈底盤查取結詳送另行察看情形酌籌
奏買以定倉儲嗣後遇有交代並請責令現任趕緊盤收如有短缺即行叅辦不
准折價流交以杜虧挪之漸至民間社穀亦爲輔助常平而設内有社長社副
虧缺未補以及無可著追應行豁免者亦俟清查倉庫完竣後一體清釐分别追補
一倉庫銀穀宜歸源造冊也查款目有正雜之分全在收支清楚始可按冊而稽
乃查從前豁免以及叅追咨追各款率係籠統查開多未歸源造冊以致遇有
外有追究報撥或由原籍 題請豁除行閱查銷輒形轇轕且有應追未解而
已由後任墊完應豁未除而復以他款借給展轉查覆莫能迅速詳咨殊非核
實清釐之道現在辦理清查亟應和盤托出自宜歸源查造以免復事糾纏應
請將歷辦豁免以及叅追咨追未完各款名齊始末案卷澈底確查務將應補
何年何款逐一核明據實更正造查細冊連仝現辦清查應遵飭追各冊一併
咨部備查遇有追完或奉
題豁即行就冊註除以免牽混

(1)

(2)

謹將各屬未完各年分爐餉銀兩開列清摺送

閱

計開

從化縣

未完道光二十七年分餉銀五十三兩

翁源縣

未完道光二十七年分餉銀五十三兩

曲江縣

未完道光十八年分餉銀一百零六兩

未完道光十九年分餉銀一百零六兩

未完道光二十年分餉銀一百零六兩

未完道光二十一年分餉銀一百零六兩

(3)

未完道光二十四年分餉銀一百零六兩

未完道光二十五年分餉銀一百零六兩

未完道光二十六年分餉銀一百零六兩

未完道光二十七年分餉銀一百零六兩

永安縣

未完道光二十七年分餉銀五十三兩

長寧縣

未完道光二十七年分餉銀五十三兩

河源縣

未完道光二十七年分餉銀五十三兩

大埔縣

未完道光二十七年分餉銀五十兩

豐順縣

未完道光二十七年分餉銀五十兩

東安縣

未完道光二十七年分餉銀三十六兩　又溢征銀一兩五錢

嘉應州

未完道光二十四年分餉銀一百兩

(4)

未完道光二十五年分餉銀一百兩
未完道光二十六年分餉銀一百兩
未完道光二十七年分餉銀三百兩

興寧縣

未完道光二十一年分餉銀五十三兩
未完道光二十二年分餉銀一百零六兩
未完道光二十三年分餉銀一百三十四兩三錢六分九厘
未完道光二十四年分餉銀一百五十九兩
未完道光二十五年分餉銀一百零六兩
未完道光二十六年分餉銀一百零六兩
未完道光二十七年分餉銀一百零六兩

長樂縣

(5)

未完道光二十五年分餉銀五十三兩
未完道光二十六年分餉銀五十三兩
未完道光二十七年分餉銀五十三兩

平遠縣

未完道光二十七年分餉銀五百兩

鎮平縣

未完道光二十六年分餉銀五十兩
未完道光二十七年分餉銀五十兩

道光　年　月　日具

奏　道光　年　月　日奉

硃批

P.1

奏稿

跪

兩廣總督臣徐
廣東巡撫臣葉

奏特參試用知府先經請假回籍轉於丁憂後在

省逗留撫拾舊案稟請查辦當經分飭查批訐請復出省控意圖挾詐

示聽候辦理復出省外措貲意圖挾制抗延請丁憂候補知府

旨先行革職以便覆訊核辦恭摺仰祈

聖鑒事竊臣徐　在巡撫任內接據丁憂候補知府倪

澧稟稱候補知府沈棣輝向為河幕被言官糾

參經星使蒞工審辦將伊攆回原籍不許復出

滋事後以通判分發來粵襄理總局勾稽即如

三遠等處砲臺工程均是官紳捐修曾奉奏免

報銷似應畫一辦理沈棣輝以官修之照估造

報者折扣而不算添工以紳修之適估浮開者

准銷而復加添工該府原委督修勘估之員亦係

捐制錢萬串在內因見該紳等浮冒太多核與

原估數目懸殊節經奉駁飭減查明稟覆碍難

加結朦混當向局員辯論詎沈棣輝等聲稱此

次辦工紳士內有因案降調之道員觀察陽金城在

內係孔臬司親戚奉黃藩司面諭通融完結不

3

可執拗致延請獎並強詞相促勒具結領轉繳
而隨文聲請批示立案之稟揹匿不發又羅定
州知州史樸前在海陽縣任內將該員辦定在
籍刑部司員捐升道之鄭遠輝與鄰居監生李
長江等因爭牆路預謀糾鬬致斃李鹿李詰二
命各鬬匪乘機焚搶當即會營勘驗獲犯李長

江李番葛楊大肚郭大誠多名並搜出原賍録
取切供附卷分別貯庫稟詳奉批革審嚴辦之
案史樸胆敢改供朦詳故脫人罪迨該府奉差
到潮查知此案全翻稟道移府乞為提究更正
李道祿守不肯平反將原具稟文交與因公在
郡之寶倅立悌發還只得勉強息手至承修請

4

遞司臺按照原估及添土共冊報工價銀五萬
八千九百餘兩實只領得三萬零六百餘兩該
府現丁母憂亟須回籍守制惟思所辦前事在
在有案可稽誠恐別經發覺欲辦難明不特因
公賠累抑且代人受過稟懇核明擋卷奏請徹
辦除將鄭李二姓鬬案擬詳具奏飭減等稱

事屬各有所指是否屬實清摺懸候批示飭道臣徐
查閱所稟各情事係兩造之詞又皆前任已
結之案虛實仍應澈底根究當分飭前署肇慶
府知府沈棣輝羅定直隸州史樸務將所指各
情逐一明白稟覆並行前署潮州府知府吳均
查明鄭李二姓原案情節録案稟核一面行司

5

確核案據查訊明確據實詳辦旋據署肇慶府知府沈棣輝羅定直隸州知州史樸先後稟覆前來與該員倪澧詳稟情形大相逕庭彼時臣
葉
在藩司任內札委廣州府知府易棠東
經以〇〇因思其去年十月始行來粵素所熟悉
且係當年南河查辦事件隨帶之司員其餘各

臺工程及鄭遠輝之案亦係歷任廣州府商辦均有案卷可稽飭令查明案據並向該員倪澧及署肇慶府遂一查詢明確據稟實覆以憑詳辦茲據廣州府知府易棠稟稱按照該員倪澧等所稟悉心核對如沈守向為河幕被言官糾參經星使審辦擕回原籍約束不許復出滋事

6

一節道光十七年府在刑部主事任內經原任兵部尚書朱士彥奏明隨帶馳赴廣東等省查辦事嗣於途次接奉
諭旨
馳赴南河稽查庫貯工料並奉交科道參奏南河廳員及幕友各欵內有沈鎬親屬在河工作幕盤踞招摇等情其時沈鎬親屬在河工遊幕

者均已不在河工經
欽差訪無盤踞招摇實蹟因既有物議應不准再來河工遊幕等情覆奏所有案卷揩稿均經
欽差自行擕帶回京現在雖無案可查尚能記其梗概如此如所稟官修之砲臺照估造報者折扣而不算添工紳修之砲臺逾估浮開准銷而復

加添工節一節查道光二十二年冬間興修靖遠鎮遠新舊威遠水軍寨蛇頭灣砲臺六座奉委該員倪澧勘估原定工料銀十一萬六千三百餘兩奉原任兩廣總督祁墳諭定三遠砲臺應扣除舊石銀二萬兩統以九萬兩為率經倪澧分別開單靖遠一臺約需銀三萬五千兩新舊威遠兩臺需銀三萬五千兩水軍寨蛇頭灣兩臺需銀八千兩鎮遠一臺約需銀一萬二千兩恰合九萬兩之數隨有前任蘇松太道陽金城與廣西舉人朱煥烘等赴總督衙門具稟認修新舊威遠水軍寨蛇頭灣四臺又據署布政司經歷徐

經歷徐思穀副貢蕭善元等具稟認修鎮遠一臺當經倪澧將原估工料冊及各臺圖式發交該紳等照辦其靖遠一臺則由倪澧領銀承辦二十三年六月各臺工竣奉委前揀發知府現任長蘆運司楊霈會同前督標右營參將趙如勝前往驗收造具工程細冊呈繳冊內開載陽金城等所修各臺較原估添造甚多隨據陽金城等造冊報銷工料銀九萬三千七百餘兩蕭善元等造冊報銷銀二萬九千七百餘兩經總理軍需局各司道以報銷銀數較原估多至一倍駁飭照倪澧減定之數據實改造旋據陽金城等自行刪除運費銀四千五百兩又刪

9

工料銀壹萬零六十餘兩軍需局駁令再減而陽金城以該員估定原冊未經註明扣除舊石而各處添修工程係奉前任水師提督吳建勳諭令添作經委員面稟原估兩廣總督祁墳諭准照辦有此工即有此費屢次稟求准銷並與該員互相稟辯迨後該員倪澧稟奉札委試用通判顧炳章會同該員傳集各紳士前往覆勘當經該員酌議以威遠鎮遠兩臺每處應扣舊石價銀六千六百餘兩惟舊石多已碎斷被燒不堪應用擬每臺僅扣舊石四成准銷六成以示體卹其添造工程內有已稟未稟之分將各臺原估及津貼石價連已稟案之工核計陽金

10

城等應銷銀五萬二千五百餘兩蕭善元等應銷銀一萬九千九百餘兩出具並無偷減浮冒印結稟明總局各司道並聲明尚有未稟案之添工係紳等與營員商辦應由委員勘明結報等語隨經委員顧炳章將各臺未稟案之添工逐加勘丈確估連該員所稟之數陽金城等共應銷銀六萬四千九百餘兩刪除原報銀二萬八千兩又將各臺添建城門圈洞銀八百餘兩做造竹洲砲臺成案悉行刪去其蕭善元等應銷銀二萬二千五百餘兩刪除原報銀七千二百兩取具各員保固甘結分臺造冊稟繳經總局各司道詳奉兩院批行准銷在案該員倪澧

P.11 11

現錄清摺僅有陽金城等報銷時駁詰行查之
件而於顧炳章奉委覆勘之禀暨該員倪澧自行核
議報銷之禀均未開載至該員倪澧承修之靖遠一
臺工竣報銷除扣舊石價銀六千六百餘兩外
尚開報銀三萬八千九百零一兩經總局各司
道以靖遠臺工原開約銀三萬五千兩今所多

之數應由何處臺工減少至續添之工冊內並
未指明何處批令禀覆另開清摺呈送令查臺
工卷內並無該員倪澧禀覆之件亦未另有清摺二
十三年十二月該員倪澧請領用過工料銀三萬六
千零十六兩四錢核計請領之數較原估增銀
一千零十六兩有奇而較報銷冊內則刪銀二

P.12 12

千八百餘兩究係如何核減卷內未經載明今
該員倪澧禀稱冊報工價銀三萬八千九百餘兩核
與領銀原禀不符又該員倪澧現禀臺工案內有隨
文聲請批示立案之禀揞匿不發一節查二十
三年十二月該員倪澧領銀時以此項工程奏免報
銷倘日後仍須造冊報部應扣平餘等項請飭

局員籌辦禀奉總局各司道批准在卷又該
員倪澧而禀承修靖遠一臺冊報工價銀三萬八千
九百餘兩實止領銀三萬零六百餘兩一節查
道光二十二年十六月各砲臺興工之際奉前
藩司存興議詳各處砲臺除紳民捐脩之工另
行辦理外其經官動項修造者應否報銷尚未

P.13 13

奏定請照廣東向辦章程以八成支給扣留二成
以備工竣報銷聽候核減嗣以未經報銷並未
扣留二成之數惟因所修各砲臺恐有坍塌歲
修經費議在承修橫檔望固各委員應領銀兩
扣留歲修銀二萬五千餘兩又在該員請領承
修請遠一臺工料銀三萬六千零十六兩四錢
內一律扣留歲修成半銀五千四百餘兩是以
實給該員銀三萬零六百餘兩該員所具印領
內未將扣留成半銀數開除至二十五年七月
水師營具報威遠鎮遠各臺坍塌總局各司道
議將前項扣留成半銀三萬零九百兩提出三
萬兩飭縣發商生息留為各臺歲修之費尚餘

P.14 14

銀九百兩作為修理坍塌威遠等砲臺之用先
後詳奉兩院批准照辦又查倪澧所稟羅定直
隸州知州史樸前在海陽縣任內將鄭遠輝關
案改供朦詳一節卷查道光二十二年倪澧在
海陽縣任內據民婦李孫氏具報澄海縣屬職
員鄭遠輝主令鄭成添致傷李鹿身死又據李
友貞具報鄭喜生銃傷李詰斃命一案經該員
會營勘驗通報先後獲犯李番葛等六名到縣
訊供移交前署海陽縣史樸緝獲兇犯鄭文朋
鄭喜生二名並賊犯李阿塘等共十二名將監
生李長江即李念海詳請斥革提同李番葛等
訊明李長江與李番葛先因拆毀鄭遠輝柵門

P.15　15

互控有嫌道光二十二年五月初四日李番葛
起意糾同已死之李鹿李誥并已獲之李阿妻
等共夥二十四人持械搶奪鄭遠輝家箱隻衣
物李阿妻等擕賍先逃沿途遺落衫物李番葛
又起意啇允李鹿放火一同跑走鄭遠輝囑令
鄭喜生等將火撲救自與鄭文朋鄭成添追至

村外李番葛往前先跑李鹿落後鄭遠輝喝令
鄭成添用刀連砍李鹿左腮頰左肋李鹿撲向
奪刀鄭文朋慮及李鹿奪刀拒捕一時忿激銃
傷李鹿右肋倒地身死經林在路過看見李番
葛趕上李阿妻等將賍物分別變賣俵分鄭遠
輝自欲赴縣具報當囑鄭喜生找尋李番葛等

P.16　16

送究是月初六日鄭喜生攜銃赴村外捕搉適
李誥走至撞遇鄭喜生銃傷李誥肚腹倒地身
死等情將犯分別按擬解府並聲明案內逸犯
李阿傳一名已經續獲歸入饒平縣章學源眷
船被搶案內審辦經潮州府審明將犯解省經
臬司飭委前廣州府知府易長華等覆加研訊

審擬解司由前巡撫審明具
題奉准部覆遵照在案所有本年查核倪灃稟訐
查辦各案相應查明據實稟覆前來臣等復因
倪灃稟內所稱鄭遠輝之案該員奉差到潮查
知此案全翻稟道移府乞為提究更正李道不
肯平反將原具稟文發還一節查李道即係現

p.17　17

任藩司李　　臣徐　　當即面詢據該司稟
稱遵查道光二十二年海陽縣職員鄭遠輝因
與李長江等涉訟李姓挾嫌糾搶故燒房屋被
鄭姓追捕先後致斃李鹿等一案該司於二十
三年十一月赴惠潮嘉道任此案已由潮州府
招解到司經前臬司發委審明勘轉題結二十

四年春間倪澧奉委查拆夷樓到潮赴道稟見
面稱史樸不肯接伊交代現在調任南海請將
該縣扣留又稱豪富鄭紳與李姓械鬭史樸化
大為小消弭不辦等語該司當即答稱鄭遠輝
一案係前道任內之事且由府解司審辦豈能
由道平反如欲稟請提究更正應即赴省具稟

p.18　18

至前後任交代應由潮州府督同監盤核算結
報史樸係奉省中院司調赴南海豈能將其扣
留當將原稟發還等語查倪澧於上年夏間業
已具稟請假回籍聲明並無經手未完事件即
因母病未能起程亦應於丁憂後作速領咨扶
柩回籍守制乃於衰絰之際摭拾舊事具稟訐

控是誠何心伏思當日承修炮臺如果局員不
為秉公核銷以致少領銀兩何以彼時不即具
稟乃事隔數年忽以當日報銷優於紳士而刻
於官修嘵嘵置辯不思紳士應銷銀兩即係該
員自行覆勘酌議數目令其開呈清摺將該員
自行核議之稟隱匿不錄反以此為藉口殊屬

狡混至承修炮臺非止該員一人其报銷銀兩
扣留成半發商生息預備歲修各臺皆然詳案
具在該員得妄希請領砌詞挾制至海陽命案
俔澧於勘驗稟報後旋即卸事嗣經接任知縣
史樸審明擬議由府解省委員覆審解經臬司
暨前撫臣審題結案事閱六年兩造迄未翻控

其為並無錯誤可知雖定之案情節與員初稟不
符豈該員所稟獨是而後此之層層審轉盡屬
偏私況罪名有出入自有承審定案及委審
覆勘各員當其咎戾於初審定案之員並無干
涉何得以別經發覺受累為詞妄行牽砌當飭
廣州府逐一面詢該員始則一味支吾嗣忽稱
不願終訟欲求銷案當囑其切實登

覆該員輾轉支延聲稱欲將承修炮台未領銀
兩找給正在查辦間該員忽於七月內徑自出
省遲至十一月內始行轉回該員以捐納知縣
在粵多年捐升知府年逾六旬今於丁憂後忽
摭拾舊事具稟顯係意存挾詐更難保無懷挾
私忿藉圖報復情事此等刁風斷不可長又該

員稟後聲稱此外尚有數事關係較重未便率
呈俟奉查辦另行續稟故為引而不發之詞以
為人人可以羅織實屬傾險之尤查定例丁憂
人員不即起程逗遛省城干預公事者革職又
官民人等告訐之案察其事不干己顯係詐騙
不遂或因懷挾私讐以報復者內外衙門不問

塵實皆立案不行若呈內臚列多欵或涉訟後
復告舉他事係不干己事情亦立案不行仍將
該原告照違
制律杖一百再加枷號一個月係官革職各等語此案
丁憂候補知府倪澧稟訐各情均非臣等任內
之事無所用其迴護案經逐一查明未便任其
狡延應即先行嚴參審究以儆將來查兩廣鹽
運使徐有壬甫經到省惠潮嘉道楊文定駐劄
潮州與兩造人員均非熟習且係司道大員堪
以承審相應請
旨將候補知府倪澧即行革職由臣等會同鹽運使
徐有壬惠潮嘉道楊文定秉公核訊定擬具奏

奏伏乞
皇上聖鑒
訓示謹
奏

查倪澧於上年夏間業已具稟請假回籍聲明並無經手未
完事件即因母病未能起程亦應於丁憂後作速領咨扶柩
回籍守制乃於哀絰之際摭拾舊事具稟訐控是誠何心伏
思當日承修炮臺如果局員不為秉公核銷以致少領銀兩
何以彼時不即具稟乃事隔數年忽以當日報銷侵於紳士
而刻於官修嘵嘵置辯不思紳士應領銀兩即係該員自行
覆勘酌議數目今其開呈清摺將該員自行核議之稟隱
匿不錄反以此為藉口殊屬狡混至承修炮台非止該員一人
其報銷銀兩扣留成半發商生息預備歲修各臺皆然
詳案具在該員何得妄希請領砌詞挾制至海陽命案倪
澧於勘驗稟報後旋即卸事嗣經接任知縣及史樸審明
擬議由府解省委員覆審解經臬司暨前撫臣審題在
結案事閱六年兩造迄未翻控其為並無錯誤可知雖定

案情節與該員初稟不符豈該員所稟獨是而後此之屢屢
審轉盡屬偏私況罪名果有出入自有承審定案及委審覆
勘各員當其咎戾於初審定案之員並無干涉何得以別經
紫覺受累為詞妄行牽砌當飭廣州府逐一面詢該員
始則一味支吾嗣忽稱不願終訟欲求銷案當囑其切實

F.O.682/112/4(35) ② end
又

登覆該員輾轉支延聲稱須將承修炮台未領銀兩找
給進案正在查辦間該員忽於七月內徑自出省遲至十
一月內始行轉回該員以捐納知縣在粵多年捐升知府
今於丁憂後行險如此 手稟內忽摭拾舊事具稟顯係日暮途窮意存挾詐更難
保無懷挾私嫌藉圖報復情事此等刁風斷不可長又該
員稟後聲稱此外尚有數事詞係較重未便率呈俟奉
查辦另行續稟故為隱約其詞顯係意圖撑嚇實為 引而不吐之詞以為人人可以羅織屬
傾險之尤查定例丁憂人員不即起程逗留省城干預公事
者革職又官民人等告訐之案察其事不干己顯係詐騙

不遂或因懷挾私讐以圖報復者內外衙門不問虛實皆立案不行若呈內臚列多欵或涉訟後復告擧他事係不干已事情亦立案不行仍將該原告照違制律杖一百再加枷號一個月係官革職各等語此案丁憂候補知府倪澧稟訐各情均非臣等任內之事無所用其迴護案經迭一查明未便任其拖延應即先行嚴參審究以儆將來查兩廣鹽運使徐有壬甫經到省惠潮嘉道楊文定駐劄潮州與兩造人員均非熟習且係同道大員堪以承審相應請
旨將候補知府倪澧即行革職由臣等飭同鹽運使徐有壬惠潮嘉道楊文定秉公核訊定擬具奏

升授湖南按察使司
兩廣鹽運使司　為派審事竊照道光二十九年二月二十七日本運司
奉差出省本升司於三月初三日奉
兩院札開案照候補知府倪澧禀訐候補知府沈棣輝及羅定州知州
史樸一案當經會摺具奏請將倪澧革職督同徐運司及該司秉公核
訊茲奉
上諭徐　葉　奏請將挾詐禀訐之丁憂候補知府革職覆訊一摺廣東候
補知府倪澧着即革職交該督撫遴派司道大員秉公核訊按律定擬
具奏該部知道欽此查徐運司現已派赴清英一帶勦辦賊匪欽奉

前因合就札委札到該司即便遵照傳集兩造人員秉公核訊明確
據實詳請具奏毋稍稽延此札初七日又奉
兩院札飭將革員倪澧發交按察司經歷張允勲看守聽候訊辦合
併札知等因奉此並抄發摺稿一件到司時候補知府沈棣輝先於
二月二十四日奉
兩院委赴清英勦辦賊匪羅定州知州史樸亦奉差公出本升司隨調到
卷宗悉心查核並先提該革員倪澧按照原稟各款逐層研訊該革員
於所稟砲台工程及海陽命案各情毫無確據猶復嘵嘵瀆辯至
原稟尚有此外數事關繫較重俟查辦再行續稟之言當令據
實陳明以憑澈辦該革員供稱道光二十四年奉委查辦龍
川香山會匪未奉批行求查稟覆全牘暨犯供情節俾得確
切指陳又伊前任海陽縣時曾將差役曾英斥革史樸抵任
准其更名曾忠復充各等語本升司隨稟經

兩院札司將龍川香山會匪各卷宗檢交查核並札潮州府縣録
取曾英改名復充全案稟覆去後茲奉將會匪各卷暨海陽稟
覆全案一併發交到司本運司亦於閏四月十五日勒辦完竣撤兵
回省會同本廿司復提該革員倪灃將案卷詳細指示該革員
始俯首無詞並稱從前委係懷疑悞稟現在實深悔悟旋據呈遞
親供前來嗣二十六暨五月初三等日候補知府沈棣輝羅定州知
州史樸先後公竣回省亦各呈遞親供核與該革員所供無異本廿司本運司
當會同逐款釐訊如該革員倪灃原稟候補知府沈棣輝向為河
工劣幕被言官糾參經星使審辦撵逐回籍約束不許復出滋
事一節傳訊沈棣輝據供伊曾遊幕南河于道光十一年回籍十七
年在籍時傳聞有言官糾參伊兄沈鎬率領兄弟叔姪盤踞南
河經星使查明伊兄補官東河業已告病回籍伊亦久離南河當
時並未奉咨浙省傳訊如果撵回原籍約束不許復出何能

仍由本籍府縣詳請給咨赴部分發等語查廣州府知府易
棠即係此案隨帶司員前據稟稱該府在刑部主事任內曾隨
同原任兵部尚書朱士彥前往南河稽查庫貯工料並奏發科
道恭奏各款內有沈鎬親屬在河工作幕盤踞招搖等情其時
沈鎬親屬均已不在河工經
欽差訪無盤踞招搖實蹟因既有物議應不准再來河工遊幕等
因覆奏在案是沈棣輝委無盤踞劣蹟亦無被逐回籍約束
等情已屬顯有証據訊之傀灃亦供實因傳聞錯誤不敢誣執
又原稟三遠等處砲台工程沈守以官修之照估造報者折扣而
不算添工紳修之逾估浮開者准銷而復加添工伊向辯論
沈守等聲稱紳士內有因案降調之陽金城係孔臬司親戚奉
黃藩司面諭通融完結並強詞勒具結領一節卷查道光二十三
年修理砲台各工曾奉委傀灃勘估先定工料銀十一萬六千三百餘

FO 931/0154

兩稟奉原任總督祁　諭定扣除舊石價銀統以九萬兩為率經
倪澧按台分派靖遠一台約需銀三萬五千兩新舊威遠兩台約需
銀三萬五千兩水軍寮蛇頭灣兩台約需銀八千兩鎮遠一台約需
銀一萬二千兩共符九萬兩之數隨有前任蘇松太道陽金城等認
修新舊威遠水軍寮蛇頭灣四台蕭善元等認修鎮遠一台其
靖遠一台則由倪澧領銀承辦迨工竣驗收陽金城等所修四
台開報銀九萬三千七百餘兩蕭善元等所修一台開報銀二
萬九千七百餘兩經總局司道兩次駁減令照原估之數改造而
陽金城等以原冊未經註明扣除舊石並有各處添修工程係前
水師提督吳建勳諭令添作等情與倪澧稟辦隨經札委倪澧
會同通判顧炳章前往覆勘倪澧議以舊石多已碎斷擬
請僅扣舊石四成准銷六成加以稟案續添各工核計陽金城等四
台應銷銀五萬二千五百餘兩蕭善元等一台應銷銀一萬九千

九百餘兩出具並無浮冒偷減印結並聲明其餘各工係各紳與
營員商辦應由顧倅核辦復經顧炳章將各台未禀案之添工
勘丈確估連倪澧所禀之數陽金城等共應銷銀六萬四千九百餘
兩蕭善元等共應銷銀二萬二千五百餘兩取結造冊禀詳督撫
批准在案至倪澧承修靖遠一台工竣報銷除扣舊石價銀六
千六百餘兩外尚開報銀三萬八千九百餘兩亦經總局司道
駁減批令禀覆嗣准加添工銀一千零十六兩四錢連原估共准
銷銀三萬六千零十六兩有奇訊之沈棣輝據供與原卷大畧
相同是紳士雖有添工而較之陽金城等冊報威遠四台已刪
減銀二萬八千八百餘兩鎮遠一台已刪減銀七千二百餘兩
何得謂之冒銷而復加添工倪澧所銷雖有折扣而較之
該革員冊報靖遠一台已准加添工銀一千零十六兩有零何
謂之折扣而不算添工當披卷逐一指示據倪澧供稱革員前因

陽金城等銷數過多伊銷數較少心疑局員高下其手今蒙詳
細指示始知官紳均有添工均有核減實屬辦理畫一又革員因
陽金城係前臬司孔繼尹親戚局員准銷添工是以心疑前藩
司黄恩彤有授意通融完結勒具禀結情事蒙示局員因原估
之外既經委員禀有添工自不能不據實准銷彼時局員催
令出具禀結係為早完請獎起見並無黄藩司授意通融
及沈守等強勒等情復詰沈棣輝堅供添工銀兩皆係傀澧
等勘准禀定何俟局員強勒伊亦未聞黄藩司有通融完結
之言又原禀該革員有隨文聲請批示立案之禀沈守等指
匿不發並聲明伊承修靖遠一台冊報銀三萬八千九百餘
兩實止領銀三萬零六百餘兩一節卷查傀澧承領砲台銀兩
時以此項工程奏免報銷倘日後仍需報部應扣平餘等
項請飭局員籌辦並求批示立案禀經總局司道批飭局

員籌辦在案又各砲台興工之始前藩司存興議詳除紳民
捐修之工另行辦理外其經官動項興修者應否報銷尚未
奏定請照廣東向辦章程以八成先行支給扣留二成以備
報銷核減嗣因未經報銷並未扣留二成惟因所修各砲台
恐年久坍塌歲修無費議於官修橫檔各砲台應領銀內扣留
成半銀二萬五千四百餘兩俛澧承修靖遠一台應領銀內扣留
成半銀五千四百餘兩共銀三萬零八百餘兩提出三萬兩飭縣
發商生息以備歲修經費餘銀八百餘兩作為現在威遠等
台修理之用稟奉督撫批准亦在案是總局司道批稟具在
何從捐匿俛澧本應領銀三萬六千餘兩除去扣留成半銀
數止應領銀三萬零六百餘兩亦經給領均核與沈棣輝供
詞相符訊據該革員供稱前稟雖經批發有案惟伊屢奉
差出省並未接奉行知實在不知底細伊前開報銀兩除

核減外尚應領銀三萬六千餘兩後止領銀三萬零六百餘
兩其餘未准補領是以心疑局員尅扣令蒙逐一查示不敢再
行請領又原稟羅定州知州史樸前在海陽縣任內將伊辦定職
員鄭遠輝與監生李長江預謀糾鬥致斃二命乘機焚搶之
案胆敢改供朦詳恐別經發覺代人受過一節卷查道光二十
二年倪灃在海陽任內稟報據李孫氏呈報職員鄭遠輝因與
李姓糾鬥鄭遠輝主使鄭文朋等致傷李鹿身死又鄭
遠輝令家人黃順呈報被李長江等搶燒房屋又李友貞呈
報鄭遠輝主使鄭喜生鎗傷李詰身死等情經倪灃勘
驗獲犯李畨葛等訊供請將職員鄭遠輝監生李長江斥革
拘究稟經前督撫飭令確訊倪灃旋即卸事移交前署縣史
樸拿獲正兇鄭文朋鄭喜生並搶犯李阿塘等訊供詳請更
正並詳准將李長江監生斥革隨提犯審明李長江等因與

鄭遠輝爭路被控李長江商允李番葛並糾同李鹿李
詁等往拆鄭遠輝柵門李長江臨時腹痛未行李番葛等
往將柵門打壞並擁入搶奪銀物放火燒燬房屋而逸李鹿
落後先被鄭遠輝堂弟鄭成添捕拏用刀砍傷後被工人
鄭文朋銃傷身死嗣鄭遠輝堂弟鄭喜生亦因捕拏銃傷
李詁身死等情將李番葛依倚強肆掠為首例擬斬立決
鄭喜生依擅殺律擬絞監候鄭文朋比例擬徒李阿塘等
擬流李長江等擬以杖笞解經潮州府審明解省經前臬司
孔繼尹飭委前廣州府易長華等覆訊另擬解司由
前撫憲程　審明具題奉准部覆在案傳訊史樸據供此案
俛澧止係初報未定爰書迨伊拏獲各犯質訊如一詳奉前
憲批解何得謂之改供朦詳且犯供層層審轉多年均無異
詞如有出入自有承審委審各員分任其咎亦與俛澧無干何

得謂之代人受過等語詰據該革員供稱前因李長江僅止擬杖鄭遠輝並未辦罪與伊初報迥異恐致遺累今蒙指視全案原委始知非史牧改供朦詳又原稟該革員奉差到潮查知鄭李二姓之案全翻稟道移府提究更正緣李道祿守以史令賫求不肯平反將原稟發還只得勉從息手史令何以反謂南海一節查李道即係現任藩司李璋煜前奉督憲詢據稟稱該司於二十三年十一月赴惠潮嘉道任此案業已題結二十四年春間倪灃奉委到潮赴道稟見面稱史樸不肯接伊交代現在調任南海請將該縣扣留又稱豪富鄭紳與李姓械鬥史樸化大為小消弭不辦該司當即答稱鄭遠輝一案係前道任內之事且由府解司審辦豈能由道平反如欲稟請提究更正應即赴省具稟至前後任交代應由潮州府督同監盤核算結報史樸係省中院司調赴

南海豈能將其扣留當將原稟發還等語訊據該革員供
稱前因李升道不收稟帖心疑史姓有勒求情事今蒙詳示
李升道不能平反並南海亦係兩院奏調均非史姓所能勒求
不敢再有疑慮又該革員續稟內稱委辦龍川香山會匪求查稟
覆全牘及海陽差役曾英經伊斥革史樸准其復充一節卷查
道光二十四年九月
前督憲札委倪灃前往龍川查辦匪徒旋據稟稱各匪徒已被弁
兵鄉勇趕退回江西定南所屬地方復請委員添兵籌撥經費
經兩司議令相機防堵毋庸越省追拏張皇糜費嗣據龍川兵
役拏獲肆搶鍾文輝家匪犯十一名照例辦理即將倪灃撤
回銷差又二十四年十二月前督撫憲因香山縣民呈控會匪搶
擄斃命札委倪灃前往查辦旋據稟稱該民所控不盡得實
前撫憲恐不實不盡駁令覆查維時已據香山知縣陸孫昂拏獲

全案會匯六十七名解省審辦奏結在案詳核二案卷宗止係該革員查辦不盡妥協各該縣並無諱飾其曾英革後復充查據海陽縣知縣倪森禀稱倪灃斥革曾英原卷當日並未發房嗣總役劉威等結保曾忠充當皂役業經史牧批准入卯後亦因案斥革倪灃指稱曾忠即係曾英事無証據等語訊之史樸供亦相同研詰該革員亦稱係得之傳聞不敢固執以上各款均訊因傳聞錯悮或恐有遺累懷疑列禀不特該革員堅供無挾詐挾仇各情節詢之沈棣輝等亦不能指出該革員圖詐確據正在核辦閏五月初八日據按察司經歷張允勳禀稱倪灃染患痢疾飲食不進當禀令取保醫調不料保調罔效即於二十一日病故呈報前來查該革員現雖身故惟前已呈遞悔供核與沈棣輝等供均無異應即擬結此案已革候補知府

倪澧稟訐各款內如砲台工程並未指出浮銷實數鄭李命案
亦未呈明故出何罪均無憑反坐第當時不即具稟乃於事隔
數年之後既經丁憂忽而摭拾舊案牽連劣幕革後各條
一併稟訐實屬好訟多事惟現訊無挾詐挾嫌實蹟並於彼
造未集之時先行呈遞悔供似覺情尚可原業已革職且復
據報病故應請從寬免議候補知府沈棣輝訊無作幕盤踞及
在總局報銷不公並勒具領結情事羅定州知州史樸亦訊無改
供朦詳及任令革後復充各情均無庸議案已訊結調到各卷移
還牽連人証並免傳質是否允協理合詳候
憲台察核具
奏除詳

爵督部堂外爲此備詳具申伏乞
照案施行須至詳者

道光二十九年五月二十日升授湖南按察使司楊文定
兩廣鹽運使司徐有壬

FO.682/289/5(3)

P.1

1

一件
事

奏稿

道光　年　月　日奉到

硃批

看稿
對摺
道光廿八年十二月廿二日具
奏
摺弁　賫

繕摺

奏為現任知州迴避運司恭摺奏請
勅部揀員對調事竊查定例現任外官如督撫兩司
旨　照例簽掣仰祈　聖鑒
及統轄全省之道員有本族之人及至親應迴
避者俱令官小者迴避其應行迴避另補之員
本省雖無可調之缺總督所轄之隣省亦准酌

P.2

2

量改調如無總督兼轄省分及界連省分均無
相當之缺吏部即於有缺各省統行掣籤掣定
一省行令該督撫給咨該員前赴掣定省分遇
有相當缺出儘先題補至此項迴避人員均令
該督撫先行委員接署令其離任不得久羈任
所又現准吏部新定迴避章程各省鹽運使所
銷引地各官如有祖孫父子伯叔兄弟及例應
迴避之外姻親族雖係隔省有關考核糾參之
責者亦令迴避分別調補各等因茲據新任兩
廣東鹽運使徐有壬詳稱現任廣西橫州知州徐
震翔係該司胞姪例應迴避並聲明兩廣隣省
之雲南貴州湖南江西福建行銷粵鹽之府屬

P3 3

並無知州及應行迴避親族惟貴州黎平府屬
之古州亦銷粵鹽等情詳請具
奏前來臣等伏查廣西横州係衝難二字選補中
缺現任知州徐震翺自道光二十八年十月到
任以來潔己奉公盡心民事係屬稱職之員今
據詳係新任兩廣鹽運使徐有壬胞姪於廣東
廣西兩省均應迴避自應照例於隣省揀員調
補查兩廣隣省之雲南貴州湖南江西福建各、
府屬知州除貴州黎平府屬之古州行銷粵鹽、
外其餘各州均非粵引地界可否仰懇
聖恩俯准
勅部於隣省現任𠀤字中缺知州內籤掣一員與横

P4 4 END

州知州徐震翺互相調補俾接部覆飭令前赴
調任除飭令離任先行委員接署外所有
知州迴避應請揀調緣由臣等謹合詞恭摺具
奏伏乞
皇上聖鑒訓示謹
奏

P.1

奏

廿八年十二月廿二日具

覆

奏稿

奏為遵

旨覆奏仰祈

聖鑒事竊臣於六月二十二日接准軍機大臣字寄

道光二十八年五月十三日奉

上諭新選廣東肇羅道張錫霖係由捐輸議敘出身

2

P.2

前於召見時察其才具平庸恐難勝道員之任該

員現已領憑赴粵俟其到省着徐 詳加察看

如果於公事未能明晰豈可令其貽誤地方該署

督即行據實覆奏毋稍徇隱將此諭令知之欽此

該肇羅道張錫霖於十二月初五日到省接見

數次察其履歷雖止開四十四歲而精力已覺

稍遲應對亦欠明晰查肇羅道駐札肇慶府為

由東入西門戶督飭巡防均關緊要未敢以孱

弱之軀遽令赴任稍存遷就致涉徇隱應請送

部引

見恭候

欽定所有遵

3 END

P.3

旨察看緣由謹據實覆
奏伏乞
皇上聖鑒訓示謹
奏

題為慶　賀事恭逢道光二十九年正月初一日　元旦令節臣奉職在
外不獲同在　廷諸臣躬親拜舞謹望　闕叩頭慶　賀伏以　德統乾
元首正六龍之位　建用皇極肇開五福之先　恭維　皇帝陛下　率
育蒼生　誕膺　景命　黃圖錫羡車書集而萬物誠和　紫宙延洪府
事修而百昌樂育太平有象　慶祚無疆臣恭遇　熙朝欣逢　元旦伏
願　玉燭常調溥時雍於九牧　金甌永固繇泰運於萬年臣無任瞻
天仰　聖懽忭之至謹奉　表稱　賀以　聞

一揭　禮部禮科儀制司
　　　通政司浙江司

題為慶　賀事恭逢道光二十九年正月初一日　元旦令節臣奉職在
外不獲同在　廷諸臣躬親拜舞謹望　闕叩頭慶　賀伏以　慈範宏
昭洽嘉祥於萬國　天庥滋至介景福於千春　欽惟　恭慈康豫安成
莊惠壽禧崇祺皇太后陛下

奏

傅繩勛

三月初五日

江西巡撫臣傅繩勛跪

奏為遵

旨籌議清查籌款大概情形恭摺奏祈

聖鑒事竊臣接准部咨欽奉

上諭前因戶部奏籌備庫款一摺當派宗人府丞大學

士軍機大臣會同戶部妥議茲據王大臣等議以[illegible]

駁並飭令自户部另議章程五條開單具奏
朕詳加披閱當屬因時保之者有治人無治法究竟
通久全在因時制宜從此斟酌損除審其不便於民者
准該督撫奏明仍當隨時令在必行務不致藉端紊亂
政等因欽此仰蒙
聖主垂慈擯不俾知興利除弊措置有方跪讀迴
環曷勝感服臣伏思立法本取因時而損設貴乎慎始
誠宜通之全地自能久而無弊細繹王大臣會同
部議五條剔弊補偏洵為妥協除部咨告外
山東撫臣陞節裁河工浮費另候兩案由該
省臣工如經作原有清查地丁各糧積欠一案
臣查江西省前于嘉慶五年清查造冊今未載

各該冊報歷來徵解地丁錢糧並有民欠未完
至次年奏銷之時尚未解足往往以次年徵存
新糧挪移墊解遞年挪掩愈積愈多原任
征還歸款道光
恩旨豁免民欠未經再征並那借虧是以道光十五
年豁免十年以前民欠及道光二十五年豁免
二十年以前民欠循次查出各屬墊解那缺無著
各款先後奏請歸於通省分攤陸續攤補本案所以次清
查餉摺篇另具詳二十年以前各屬那缺虧
空俱已查明奏請攤補此次原不僅再有那移
合并自二十一年起將核冊報等項雖各州凡
係征收支解之款因倉穀存儲徹底清查方得水

甚應出入函通省款目繁多向稽延易滋之際
委候補道蔣履敬並再由司遴委幹練人員
督同迅速查辦如有短缺確核是否民欠抑係
官虧分別勒限催征參追賠補並隨時稽核司
庫以防續虧庶
帑項歸有著仍令依限造冊送部備核又礦
廠一項開採一案江西廣信瑞州袁州等府屬山
多叢雜舊有封禁之案現在省有礦苗及此外
各省有無礦砂之處可以開採均已遴委要員
分路查勘並嚴諭該委員等務須細訪輿論
編歷山谷據實詳察不准稍涉隱飾又漕米
改收折色一案江西省漕米額共五十萬石每年欽

徵正改米耗米共七十六萬石有奇歷年除
實支留實款儀外均係全數起運並無短少升
八年分應收正改等米七十一萬石有奇業已運
者將竣不及另改事機此項擬令全數改收折
色自應遵
旨籌辦惟各屬地方情形不同改折成數何處可多
何處宜少或通省可以一律或實有未便更為之
區處須逐一查明通盤籌畫亦已分飭各屬繕明
案陳以便斟酌核定會商督臣奏明辦理以上各
條業經籌議
國計利益民生所關可託空言必須有裨實政臣隱
當

臣思叫唐畫寄情者彈壓且識理其強項斷不敢

稍存畏難之見，以冀仰紓

宵廑鴻慈，並將英夷所有住現辦大概情形謹先附摺

具奏，伏乞

皇上聖鑒訓示。謹

奏

道光二十九年三月初五日奉

硃批：戶部知道。欽此

二月十三日

封

副都統烏拖
廣州將軍穆
廣東巡撫葉
水師提督洪
署陸路提督祥

FO.682/325/4(1)

開拆

FO.682/325/4

本日奉有密寄 廿九年二月十日
諭旨一道
貴攝撫部院迅即恭錄五分知照
將軍 各副都統 水陸提督一體
欽遵可也 為此公會

(1849)

二月十日

P.1A

F.O.682/318/5(2)

1

一件奏署順德縣知縣丁嘉葆拿獲隣境兇賊林亞江請送部引見

道光二十九年三月初九日具

奏稿

奏

摺弁 賫

硃批

道光 年 月 日奉到

2

奏稿

兩廣總督臣徐
廣東巡撫臣葉 跪

奏為拿獲隣境兇賊之知縣照例應請送部引

見恭摺奏祈

聖鑒事竊照東莞縣賊犯林亞江圖財謀殺幼孩馮

占槐身死一案先據該縣營兵役隨同署順德

縣知縣丁~~家~~嘉葆家丁拿獲兇賊林亞江一名訊

認於道光二十八年五月初十日在東莞縣地
方獨自起意剝取九歲幼孩馮占槐衣褲銀鐲
復用手狠掐其咽喉推落塘内淹斃將林亞江
依圖財謀殺十歲以下幼孩例擬斬立決梟示
鮮經臣葉　核審具
題聲明獲犯職名查明另行辦理在案茲據該縣

奏稿

查開獲犯職名由府司轉詳前來臣等查例載
官員拿獲鄰境盜犯殺死事主罪應斬梟者准
送部引
見又竊搶案内傷人之犯隣境地方官有能拿獲照
獲盜例分別議敘又准吏部咨嗣後文職獲盜
例准調取人員州縣以上專摺奏請送部引

見各等語本案除本境應拿職名毋庸開報外所有
拿獲起意圖財謀殺幼孩罪應斬梟兇賊林亞
江一名係署順德縣事加同知銜候補知縣丁
嘉藻首先拿獲該員年力正強勤於緝捕該犯
住籍及犯事地方均非該員管轄並無應捕之
責亦無承緝逃盜未獲之案係屬拿獲隣境兇

奏稿

賊核與送部引
見之例相符可否仰懇
天恩俯准將廣東署順德縣事加同知銜候補知縣
丁嘉藻照例送部引
恭候欽定
見以示鼓勵之處臣等謹合詞恭摺具
奏伏乞

5 END

P.4 end

皇上聖鑒敕部議覆施行謹

奏

奏稿

1

F.O.682/320/1(4)

一件
片奏委電白縣盛濟川等署南雄州等缺

奏稿

奏

道光二十九年三月初九日具

摺弁
賫

硃批

道光 年 月 日奉到

2

再南雄州知州余士璟接准部咨欽奉
上諭補授浙江杭州府遺缺知府應即飭令前赴浙
江聽候補用所遺南雄州知州篆務應行委員
接署查有准調電白縣知縣盛濟川歷練勤明
堪以署理又署雷州府同知秦汝燮調省差委
所遺雷州府同知篆務查有卸任連平州知州

奏稿

穆清阿明白妥慎堪以署理又南海縣知縣張
繼鄘
大計卓異及獲盜應行請咨引
見所遺南海縣知縣篆務查有遂溪縣知縣馮沅老
成幹練為守兼優堪以署理據藩臬兩司會詳
前來除分檄飭遵外臣等謹循例附片具

3END

奏伏乞

聖鑒謹

奏

奏稿

F.O.682/318/5(3) 1

一件
會奏候補守備鄧勲拏獲鄰境盗犯請奬事

奏稿

道光 年 月 日奏到

硃批

看稿
對摺

道光 年 月 日具
奏
摺弁 賫

繕摺

四月十日拜發

奏為候補守備督緝獲鄰境大夥及重案巨盗多名懇
恩酌予鼓勵恭摺奏祈
聖鑒事竊照新會香山等縣地方遼濶緝捕最為緊
要經新會縣營禀奉前督臣耆 准留卸署新
會營左營守備候補守備鄧勲在縣巡緝由營

2

縣選撥兵役壯勇交給管帶在於各處要隘常
川梭巡自道光二十七年十月起至二十八年
五月底止該守備鄧勲親歷艱險圍獲盗匪五
十餘名除協拿及未經定案不計外實已首先
購獲業經辦結人犯二十九名內李亞欣即黑
皮欣係在廣西夥衆八十三人行刦土上林縣

衙署搜贓並迭次糾夥刦擄由西省擬以斬梟
又梁亞詳係在香山縣屬從刦搜贓鄧美功係
在香山縣屬糾刦殺人并另犯迭搶俱審擬解
省在南海縣監脫逃被獲均擬以斬梟又李高
松係在香山縣屬從刦三次並迭次搶擄擬以
斬梟又周喜然即周和就陳亞賴阮亞谷梁亞

勝黄亞五楊亞目黄亞挺梁先倖譚社紅梁亞
懷余亞四李亞勝李勝重俱係在順德新會二
縣屬起意及聽從行刦入室搜贓或另犯刦擄
擬以斬決又區漢作吳勝來俱係在新會縣屬
糾搶殺人擬以斬決又梁鷄撻係在香山縣聽
從械搶并搶奪幼女已成擬以絞候又梁亞狗
呂亞弼張春有黄和順余亞蘊趙亞二黎亞有
洪蚤家俱係在新會縣屬從刦接贓擬以遣戍
又陳亞牛係在新會縣屬聽從械搶目擊殺人
擬以充軍均經先後
奏
題咨結審辦原案或聲明該守備獲犯或敘稱
兵役拏獲均係該守備鄧勳督率就擒該守備

於卸事後奉委緝捕並無地方之責係屬拏獲
鄰境人犯並非本境應拏其前署新會營左營
守備任內亦無承緝逃盜未獲之案據新會縣
營稟請從優獎勵即經飭司核議茲據藩臬二
司具詳查道光二十八年三月奉准兵部咨千
總以上官員送獲鄰境大夥案犯並拏獲重案
盜犯多名准督撫專摺保
奏又是年十一月奉准兵部咨欽奉
上諭水師陸路將備拏獲鄰境斬梟斬決盜犯四名
以以上均准督撫會同提督奏明遇有應陞之缺
即行陞用先換頂戴毋庸送部引見俟補缺時再
行送部欽此欽遵先後咨行遵照此案候補守備鄧

5

勲首先拏獲鄰境斬梟人犯四名斬決人犯十
五名絞候人犯一名遣軍人犯九名較之拏獲
斬梟斬決盜犯四名者已逾數倍且所獲李亞
欣係鄰省大夥案犯梁亞詳鄧美功係鄰縣越
獄重案巨盜而李亞欣鄧美功與陳亞賴黄亞
挺梁亞懷李亞勝區洪作吳勝來八犯又係盜
首核與保
奏之例相符等情臣等伏查該守備鄧勲係由新會
營把總捐輸海疆經費案內欽奉
上諭著以水師營守備補用之員乃能購線偵緝督
獲鄰境重案巨盜多名實屬奮勇出力當此整
頓營伍之際懲過既須加嚴賞功亦當破格惟

6

鄧勲捐陞守備尚未補缺未便再以應陞之缺
即行陞用亦未便因已捐陞沒其勞績似應酌
加優奬以勵人材應請將候補守備鄧勲以廣
東水師營守備遇缺即補仍賞加都司銜先換
頂戴以示鼓勵除將各犯案由罪名冊咨部查
核辦理外臣等謹會同廣東水師提督臣洪
合詞恭摺具
奏伏乞
皇上聖鑒敕部議覆施行謹
奏

7 END

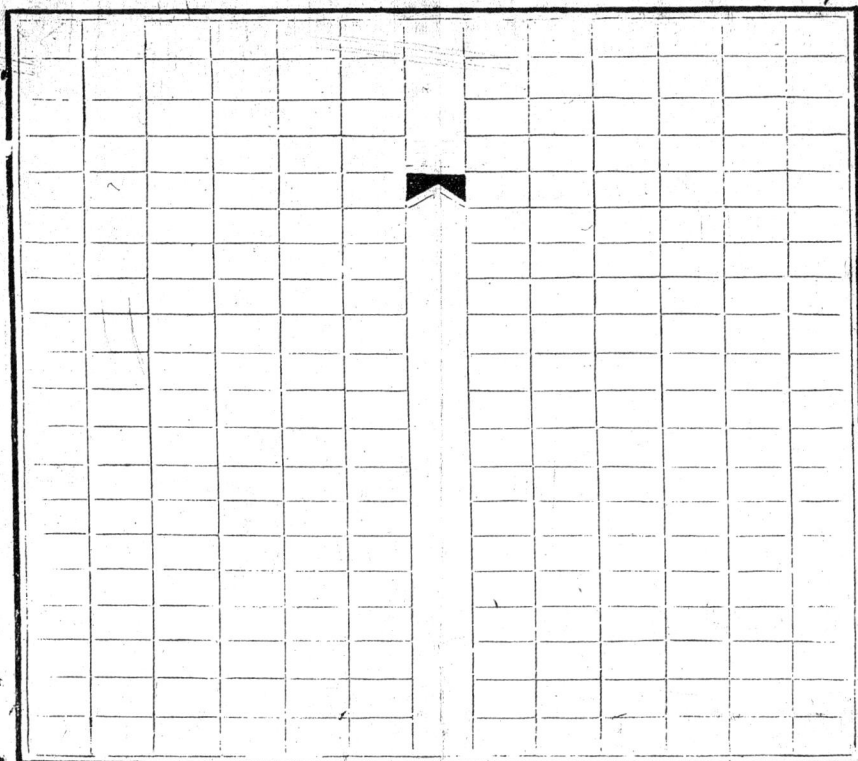

1

一件會奏獲犯私販火藥審明定擬事

奏稿

硃批
道光　年　月　日奉到

看稿
對摺

道光二十九年閏四月初七日具
奏
摺弁　賚

繕摺

奏為拏獲私販外洋火藥轉賣已成之匪犯審明
定擬恭摺
奏祈
聖鑒事竊臣等因英德一帶匪徒滋事正剿辦吃緊
之時誠恐不法奸徒有私販火藥轉賣圖利情

2

事當經分飭地方文武嚴密訪拏嗣據署南海
縣知縣馮沅訪聞該縣屬大石聯興里地方有
匪徒黃亞保私囤外洋火藥轉賣圖利當即會
營飭撥兵役協同該縣縣丞及典史各弓役拏
獲該犯黃亞保一名并起出火藥一百包訊供
通詳批飭確審嚴辦茲據縣府將犯審擬由署
臬司徐有壬覆審招解前來臣等親提覆加研
訊緣黃亞保籍隸南海縣向在該縣屬大石聯
興里地方獨自居住販賣洋貨生理與各國夷
商交易熟識諳曉夷語道光二十九年二月二
十五日早黃亞保探聞知咪唎㗎有夷人帶貨船
進口前往探問洋貨各價值並聲稱帶有外洋

3

火藥欲行售賣每斤價銀二錢四分黃亞保因價值便宜起意私販獲利隨用番銀二十八兩八錢買得火藥一百二十斤由僻處自行陸續運回屋內收貯三月初一日有未獲向在該縣屬開花炮店不識姓之阿勝走至黃亞保屋內購買外洋花炮黃亞保答以並無洋炮止有外

洋火藥每斤價銀五錢阿勝隨向定買火藥二十斤先付定銀十圓約俟次日備足價銀來取旋被訪聞拏獲連火藥一併起出據黃亞保供認前情不諱嚴詰並非積慣私販亦無通盜濟匪情事究鞫不移案無遁飾查例載附近苗疆五百里以內民人窩頓興販硝磺事發多至百

4

斤以上者照合成火藥賣與鹽徒例發近邊充軍又律載斷罪無正條者援引他例比附加減定擬各等語此案黃亞保買受外洋火藥一百二十斤私行囤貯起意興販獲利業經轉賣收受定銀即屬興販已成遍查律例內並無私販外洋火藥一百斤以上轉賣獲利作何治罪明

文查南海縣〔為省城重地〕濱近海洋即與苗疆無異火藥關〔來〕係〔自外夷〕軍火較硝磺為尤重現當緝捕綦〔森嚴〕緊之時更不容稍有偷越雖無通盜濟匪情事未便稍從寬減致滋輕縱應請比例從重問擬黃亞保應即比依附近苗疆興販硝磺百斤以上照合成火藥賣與鹽徒發近邊充軍例從重發遣新疆

5

酌撥種地當差以昭烱戒該犯甫經轉賣即被
拏獲並無另有售賣得利犯父黃明先犯兄黃
亞考久已分居並不知情此外亦無知情同夥
之人住處偏僻向無保鄰得受定銀照追充公
起獲火藥~~解屬~~留營備用店屋查封入官買藥之不
識姓阿勝飭緝獲日另結該犯買受火藥係由
僻處獨自運回並不經由營汛口岸外洋攜帶硫
磺進口例所不禁所有守口員弁應請免其議
處本案匪徒私販火藥即經該縣會營訪聞拏
獲究辦文武失察職名應請免開除備錄全案
供招咨部外臣等謹會同恭摺具
奏伏乞

五

6 END

皇上聖鑒敕部核覆施行謹
奏

六

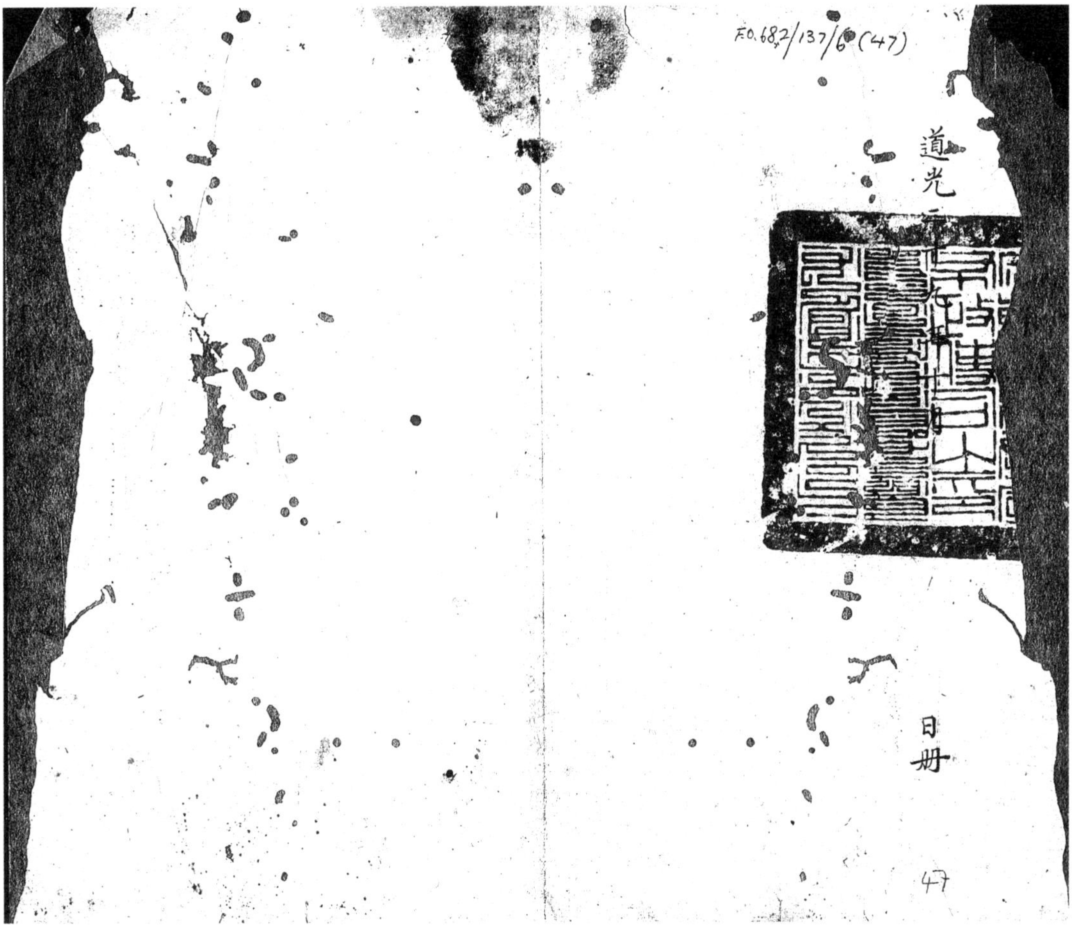
F.O. 682/137/6 (47)
道光
日
册
47

F.O. 682/318/5 (34)

一件請展限潮橋二十七年分奏銷事

奏稿

道光　年　月　日奉到

硃批

看稿

對摺

道光二十九年十月二十日具

奏

摺弁

繕摺

奏為粵東潮橋商力疲乏請將道光二十七年分
引餉展限奏銷以紓商力恭摺
奏祈
聖鑒事竊照潮橋並引遞年額銷八百二十一程應
完正餉銀一十二萬六千四百餘兩定例次年

十二月奏銷因商疲埠懸銷解不及歷經前督
臣奏請展緩在案本年三月係應奏銷道光二
十六年分引餉先據署潮州運同吳均以潮商
運銷竭蹶詳請展限維時奏限廹屆臣當即飭
令運司徐有壬嚴行駁飭飛催依限辦理即於
閏四月內具疏
題報在案茲據該署運同吳均具詳據潮橋各埠
商李承裕等稟稱商等潮橋各埠溯自道光三
年以後埠疲商乏疊請展限奏銷未及趲歸原
限復於道光二十四年前運同長任內因二十一年
奏銷未能依限完解二十二年奏銷又復屆限
勢難同時併力拆輸請自長前任二十三年九

月二十三日回任起扣滿一年趲前一月於二
十四年八月二十三日依限造報其二十二年
奏銷即自二十四年八月二十四日起限俟扣
足十一個月依限趲辦奉准在案商等自應依
限趲辦以冀復歸原限惟潮橋二十九埠自嘉
應平遠等埠相繼告疲有商之埠僅存十之二
三歷年銷引不足責成現商融帶墊完受累已
深雖於道光十八年奉准嗣後逓年銷引五百
八十五程其餘引課以節省公費各項彌補但
正餉仍須按照八百二十一程解足近年以來
懸埠日增即五百八十五程之引亦不能按年
折清商力愈困查二十五年分引餉依限於二

十八年四月造冊奏銷其引始於是年七月開
折折引既遲轉輸不及是年冬晴河涸費運倍
增今春久雨缺盐現在埠銷復滯折引無多商
等於本年二月內正在趕折二十五年之引而
二十六年分引餉依限應於本年三月造冊奏
銷同時折輸實形竭蹶稟奉轉詳請將二十六
年分引餉展限奏銷未蒙准行伏思二十五年
分引餉報完以後始於上年七月折引現計折
過引三百一十九程尚未折二百六十六程現
雖請與二十六年之引新舊並折但趲限逾迫
一至三十年二月又届二十七年分引餉奏銷
之期欲以此八個月內折完新舊引目一千四

百三十餘程不惟力難轉輸亦且措手不及商等艱轉思維只得據實稟懇請將二十七年分引餉自三十年三月起展至三十一年三月造冊奏銷此後二十八年分引餉照案推展扣足十一個月趲辦俾稍寬時日得以辦解無誤伏乞俯念潮橋奏銷已共趲早六個月困之難支懇詳請展限藉紓商力等情由升任運司徐有壬核明轉詳請

奏前來臣查運同所轄潮橋二十九埠商本素形微薄其埠地分隸江西福建各省運道綿長轉輸不易兼之隔省呼應不靈以致懸宕無商之埠居其大半近年以來雖屢飭招商承辦而埠

疲餉重承充寥寥所有遞年應拆引目責成該運同督飭現商數人融帶墊辦商愈少則力愈微運銷亦愈形竭蹶而餉從引出引既未能按年拆清餉自難以照額完解雖二十五六年兩年奏銷經臣督同運司嚴切飭催均已按限辦理惟二十五年分引目現尚未拆二百六十六程又應拆二十六七兩年引目一千一百七十程新舊并計共應拆引一千四百三十餘程轉瞬三十年二月即屆二十七年引餉奏報之期欲於數月間拆清新舊一千四百餘程之引勢難加倍行銷依期無誤茲據該運同以埠銷鈍商力愈疲詳請展緩委屬實在情形但遽請展

P.7 end

END 7

緩一年為期未免過寬驟難歸復原限臣再四
思維合無仰懇
皇上逾格恩施俯念潮橋埠懸商困准將道光二十
七年分奏銷酌予展緩八個月至三十年十月
報完仍查照成案以後遞年趲早一個月以期
漸復原限庶商力稍紓轉輸不致迫促矣所有
潮橋鹽務懇請展限奏銷緣由理合恭摺具
奏伏乞
皇上聖鑒訓示謹
奏

奏請
陛見

1

二十九年十一月十五日拜發

奏為供職已屆三年循例叩奏請
陛見恭摺仰祈
聖鑒事竊臣由江寧藩司荷蒙
殊恩簡放雲南巡撫調任廣東晉陞總督海疆重地
任鉅事繁深恐措置未當有負

4

2

生成計抵粵已周三年例得具摺請
覲跪聆
恩訓庶事事有所遵循而積久依戀之私亦得稍釋
查本年早晚兩稻收成豐稔民情夷務均屬安恬惟洋匪
滋擾設法籌捕雖已疊加重創究未盡絕根株
未敢因述職屆期稍涉拘泥統俟洋面肅清可
否
恩准臣來京
陛見恭候
命下祇遵所有微臣瞻戀下忱理合恭摺具
奏伏祈
皇上聖鑒

3 END

訓示謹
奏

謹將王張氏呈控吳根等吞騙一案訊斷緣由具摺呈

電

案奉

憲臺批據暹羅國正貢使披耶唆咜哩炇叚亞派拿車宊遣抱赴轅呈稱王

扳桂在暹沈同伊兄手樹桂担認揭出使帑餉銀二千二百四十兩辦貨回

廣售賣中途病故被船主吳根等串同崑美行主呂元吞騙王扳桂之母王

張氏受賄完結一案奉批仰府督縣提集一干人証質訊究追具報奉此查
本案先於道光二十九年八月二十八日據王張氏呈稱氏次子扳桂蒙東家
呂元雇在萬美洋船管理數目黃彥幫辦另有船主吳根總管由扳自雇
親丁黃隆服侍上年十一月扳由省與戚友揭借共辦各貨約銀四千六百餘
兩搭在萬美洋船內往暹羅國售賣扳到暹將貨賣楚仍辦貨回因銀不
敷與在暹羅貿易長子樹桂措認揭暹銀二千二百兩零共辦各貨約銀六
千八百餘兩返粵適大船於本年五月初六日開行扳桂在尾載船赶到陡病
身故離暹約四十里竟不將屍運回暹地根胆將扳屍放水該船抵粵又不
報知隨後氏子樹桂在暹聞知付信着伴房閏儀帶回氏家并有信付與
行主呂元船主吳根收看氏始知扳故向呂元吳根詢問據稱氏子扳故放
水祇回貨值銀六百餘兩氏與理論吞抹貨簿不容分訴恃富欺孀將氏辱
罵忖思子携帶多資跋涉重洋據稱陡病身故放水理念夥伴船經到粵

應即奔報何以遲來子信往問方吐是何居心伏乞差喚呂元寿到案訊究
着繳扳手置貨各簿核追俾免欺孀吞騙孤寡有賴并繳王樹桂家信呈
情隨據客民吳根禀報蟻租賃萬美南船一隻載貨往南貿易道光二十
七年間雇王扳桂在船上帮工每年工銀一百兩另艙位銀六十兩按年清交
扳桂又自以昇記字號辦貨搭船售賣計今三載屢次虧本扳桂陸續積
欠各行銀四千餘兩各有揭单存據船在南埠於四月中旬先放出港扳
桂督運尾駁偶染疫病至五月初六日身故其貨船隨於六月二十三日
回省扳母王張氏聞報即偕同鄭四兄到船各行財東知扳已故亦集船
查點扳貨蟻當塲將扳箱簿開呈驗對相符估值貨價約六百餘兩簿
與衣箱交王張氏收存貨交永隆行發賣各財東均以扳積欠太多未足
抵償共向王張氏逼討經王張氏邀蟻同鄭四兄及崑美行呂元向各財
東調處數日始肯簽立允字成數匀攤乃王張氏事後聽唆竟以匿簿吞

騙等情誣控寔屬慘賴異常伏思貨之多寡有扳登貨簿可凴更有
蟻艙口簿可據當日查簿貨時如無簿對各財東必不肯依追凴簿點明後
扳簿即交王張氏手衆所目擊王張氏故意收藏反誣蟻匿簿若無簿可交
藉為圖詐地步淺而易見獨不思扳積欠各行銀四千餘兩即貨價果值數
千亦入自攤之數究非王張氏可得私為已有蟻倘稍隱匿各行東豈肯
捨已應得之錢獨歸蟻一人之利甘心緘默雖愚不至此况同船尚有八十餘人
耳目昭彰焉能盡掩其口凡事凴見証理貴確鑿現有允单内行主可問
又有搭客之林錦江等知証公論難逃查復立白伏乞諭飭各行公復免被
誣累等情當即提訊兩造各執一詞無從訊斷正差傳各行主質訊間據
嵩美行主呂元之子呂常永源行陳梯雲恭和行何儷邦萬成行黃子
忠等聯名稟稱竊以是非難逃犀照公道自在人心現有王張氏稟控吳
根等匿簿吞騙等情一案經吳根向蟻等投訴殊覺駭異惟查王扳桂向

受雇在萬美號南船雇工另自以昇記字號隨船搭貨往南貿易揭欠
蟻等各店新本銀二千零七十八兩另崑美號舊銀一千九百五十兩本年
六月間萬美船由南旋省蟻等聞扳桂已故即齊集到船查貨適扳母
先到竊念扳欠債項藉貨攤收扳果寔貨足則攤數不致太少蟻等各為
已計比扳母倍各留神當衆眼同將扳貨簿三面查點兩相符合計值貨
約銀六百餘兩惟扳欠債四千有奇蟻等不肯照貨攤抵共向王張氏追討
餘欠迨王張氏苦切求懇復邀同呂元吳根等向蟻等再三調處各念人
已物故始肯成數匀攤迴想扳屢年虧折拉東補西各被負累只得將貨
起交永隆號發賣所有箱簿凡係扳物即日當衆點交王張氏收去此
係寔在情形茲見吳根被誣不忍坐視迫得粘繳王張氏求攤數目单
及攤收銀兩簿據據寔聯稟并投案質訊前來當又提集復訊據各
行主及各財東等供與稟同吳根供亦如前始據王張氏供稱伊子王扳

桂在崑美各行揭銀置貨後在暹羅買貨回粵中途身故追船到省吳
根報知伊即到船查對簿據各貨估值銀六百餘兩債主崑美各行情願
匀攤餘欠諒減作訖伊一時糊塗赴控吳根吞騙現經各債主赴案質訊
并繳攤欠清单呈驗不敢誣執并具掌模甘結前來卑職查崑美各行
赴案質訊并繳出单據王張氏即不敢誣執出具悔結呈請完案如吳
根果有吞騙該氏豈肯甘心不追且一經齊集質訊即行據寔供明姑念
婦女無知從寬取具兩造甘結并將王張氏先經控奉
關憲扣留之吳根船隻禀請放行完結在案現又據該貢使呈稱王
扳桂浼在暹貿易之兄王樹桂担認借該國銀兩奉到批行飭即集訊
究追具報理合查明王張氏等全案緣由列摺恭呈
憲鑒

稟帖

2

擬稿

閩浙督憲劉　摺奏稿照前奉

恩命查閱兩省營伍自應將駐省各標及附近省標之水陸各營官兵先行簡校輯資整飭經會同福州將軍臣裕　福建巡撫臣徐　副都統臣東　將福州駐防滿營軍標綠營及督撫兩標福州城守營附近省城各營官兵逐一調集排日校閱內福州駐防滿營督標中左右三營撫標左右二營捺演陣勢步伐整齊鎗炮連絡雙槍擋籐牌雜技亦均靈便擡炮鳥鎗箭中靶逾額應均列為一等又軍標綠營福州城守左右二軍並督標水師營閩安協標左右營陸操陣勢技藝均尚合式鎗箭中靶分數亦多逾額應列為一等又三江口水師旗營督標水師營海壇鎮標左右營福寧鎮標左營閩安協標左右營烽火營會合水操駕船把舵轉篷折戧及施放鎗炮泅水爬桅演放軍火等技皆能如法亦堪列為一等各營軍裝器械均屬鮮明堅利馬匹尚臕壯足額惟撫標左營把總程森右營把總周陞左營外委柯得福福協左軍外委陳麒麟共四弁或年力就衰或馬步無法留營均屬無裨應即一並斥革又督標候補陸路守備世職雲騎尉歐承恩候補陸路守備情願降補千總世職雲騎尉湯聘三學習

世職雲騎尉吳炳坤候補陸路千總世職恩騎尉職衔學習世職恩騎尉陳鵬飛
共五員或銜不副或久病未痊均應革去頂戴仍留雲騎尉恩騎尉各世職改歸
標候補把總試用杜焜中馬步兼劣應革去候補仍留武舉其餘各營弁兵丁內有
技藝出衆者分別存記獎賞技藝稍次者分別槪賞限習尚有出差所汛未經考
閱各員弁應行陸續調考仍嚴飭訓練務使技藝日益優嫻營伍整肅等因　奴
兩院會同札照浙省所產米穀向本不敷民食全賴川楚米石侍運流通方無缺乏之
虞本年杭嘉湖紹嚴等府所屬均因雨水過多田禾被淹而川楚米販又因江省同時
被水分路搬運轉售以致到浙之米甚屬寥寥以致民間糧價日漸增昂前准浙江撫
臣咨以各商招販臺米當經分行臺灣府暨泉州府各道府體察情形設法招徠茲
會請將運浙商販米船暫行免稅飭令閩省查明內地民食大半亦賴臺灣米接濟本年早
收成尚豐惟以一郡之所產為一省之所需即有贏餘亦屬無幾兼以本年浙省被災甚
廣此時商販多運一石臺米浙省災黎即可多得一石口糧當經飭令該地方官勸諭殷
商捐備資本先自赴官呈報給發印照前赴臺灣採買由海道運至浙江之寧波乍浦
二口收泊發售不得另赴別口售賣臣等並飭兩省水師營船節節護送以免疏失等因

F.O. 682/1971/65

探悉

閩浙督憲劉　摺奏稱[illegible]本年[illegible]閩浙[illegible]浙江兩省[illegible]於籌

命後業經照[illegible]省[illegible]水師各營官兵[illegible]一面[illegible]會同福州將軍[illegible]撫臣

辦日團[illegible]

統[illegible]城本為前[illegible]敵之[illegible]

關不容稍緩本年[illegible]鄉[illegible]士子[illegible]　附[illegible]入[illegible]

[illegible]外一切[illegible]此[illegible]省[illegible]二月[illegible]

2

探得

閩浙督臣劉 摺奏稱照本年應閱福建浙江兩省營伍官兵臣於奏
命後業將該省各標及附近省標之水陸各營官兵逐一調集會同福州將軍福建撫臣
呈內稱因閩省 奏報外內地各營本擬接續定期分次校閱惟本年秋冬即可赴浙不致
遲延惟查福建省城本為商賈輻輳之區近來時有各國夷船駛至貿易控制防
閑不容稍懈本年又值鄉試士子雲集稽查彈壓尤須緊嚴撫臣徐 例應入場監
臨與場外一切事宜勢難兼顧臣若於此時出省閱伍計非兩三月之久不能回署

3

其時設有急務顧此失彼且本年尚應接辦武闈臣更不便遠離況本年浙省杭嘉
湖紹嚴等府所屬被水成災情形甚重現經浙撫臣分別委員前往查看一經勘定
災分造冊具奏　奏定沐
聖恩准予賑卹各該縣查造戶口領銀散放當在交冬以後是彼時被水各縣辦理賑務
正在緊要之際自未便再行閱伍惟有仰乞
鴻慈俟武闈事畢先將閩省內地各營陸續校閱其浙省營伍緩俟閩省各營查閱完竣
至來歲春間察看情形再行定期接閱至臺灣營伍甫於前歲春間東渡查閱上年冬
間淡水彰化等廳縣先後被水地震各處營汛炮臺均多坍塌現尚未興修兼以內
地戍臺班兵本年臺灣正值換班之期須至明年冬間方得全數換竣現聞臺地各
營自該鎮呂恒安到任以後實心整頓懲勸兼施將士均極用命營伍亦甚整肅此
方均極安靜所有臺灣閱伍之舉似可請旨暫行從緩等因　文
閩浙督憲劉　福建撫憲徐　摺奏竊照福建邵武府同知裕麟申稱該員於道光
十七年七月到閩歷署南靖臺灣等縣准補福鼎縣調補漳浦縣因前在臺灣縣任
內拿辦逆匪胡布一案出力保奏奉

旨以同知遇用旋又捐輸海疆經費奉

旨以同知留於福建不論繁簡遇缺即補二十三年准補邵武府同知惟查現任臺灣府知

4

府褚鏜係該員同祖之弟例應迴避據實呈明照例核辦等情據此查該員與臺灣

府知府褚鏜係屬同祖兄弟雖非該管本屬應仍迴避例令官小者迴避查邵武同知

係屬簡缺應請即於浙省簡缺同知中酌量改調等因 文

臺灣嘉義營斗六門都司陳道斌病故遺缺 奏請以臺灣鎮中營守備凌撒先陞署

福州鎮中營遊擊鄒登鳳休致遺缺 奏請以邵武右營都司稱燕欽陞署各等因

探得

閩浙督臣劉 摺奏竊臣於道光二十三年六月蒙

恩簡畀閩浙總督於九月二十五日到閩任事迄二十六年期屆述職當經奏請

陛見欽奉

上諭下屆再行奏請等因欽此茲計至本年九月又屆三年期滿切念閩浙地處海疆職

守所繫綦為重大臣自到任至今凡地方一切事宜雖殫竭愚誠力求整飭而本年

旨十月適值循例武闈照本例應監臨未便依期就道茲臣奉

ENP 5

諭旨飭於本年秋冬前往浙江校閱營伍即經附摺奏請展緩並因浙省現須查辦灾
賑請俟武闈事畢先將閩省內地各營挨次簡校其浙省營伍擬俟來歲春間再行
定期按閱所有北上之期仍懇
鴻慈俯賜一併暫行展緩容臣於明歲二三月間閱畢浙伍即由浙省趨詣
聖訓倘彼時浙省灾務尚未藏事閱伍之暇仍須從緩並乞
恩准先由閩入都展覲俾諸事得有稟承不致復虞隕越如蒙
俞允所有閩浙總督篆務應否即交福建撫臣徐　署理之處伏候　諭旨遵行等因

FO.682/1971/67

採得

閩浙督憲劉　福建撫憲徐　會奏竊照福清縣袁曦業病故遺缺查有候補知縣趙印川年壯才明辦事勇敢以之補授福清縣知縣洵堪勝任前經保奏茲准吏部咨明以趙印川係於道光二十八年五月二十一日行知計限應以七月初一日接到部文作為到省日期福清縣知縣袁曦業係於二十八年七月二十二日病故開缺應歸七月分截缺請將趙應川補授福清縣知縣與奏定章程不符等因咨覆到閩臣等伏查福清地處濱海俗尚刁悍撫馭巡防極為緊要該員趙印川在閩候補多年歷著南安莆田等縣均能潔己奉公認真整頓良民固切感懷匪類亦甚畏服是缺實為人地相需茲見查本年浙江平湖縣知縣缺經浙江巡撫吳　以海塘員缺緊要將出缺在前到任在後之臨安縣知縣范鏞　奏請補授仰蒙允准今該員趙印川因扣算接到部文較遲一日致以七月初一日為到省日期適與袁曦業病故同月而其到省稍遲與范鏞之到任在後似屬情無二致所有福清縣知縣可否仰懇天恩俯賜飭部覆核仍以候補知縣趙印川補授俾資治理等因

探得

浙江撫憲吳　接准

欽差李　知照事本部堂會查浙省各屬倉庫實在挪墊數目並擇尤參辦一摺茲奉

上諭李　吳　奏遵旨會查浙江省各屬倉庫挪墊數目請將知縣先行革職勒限完繳一摺浙江省各屬庫款正項動墊銀數累萬盈千雖用款悉出因公但墊數愈多則虧數愈鉅亟應嚴辦以示懲儆所有挪墊銀三萬以上之浙江前任富陽縣知縣楊燦基嘉興縣知縣仲來秀水縣知縣賈椿齡嘉善縣知縣劉秀鈺俱着先行革職勒限半年完繳倘逾限無完即將該員等拿問監追查抄備抵至已故烏程縣知縣馬受昌挪墊銀數亦在三萬兩以上着即着落該故員家屬勒限一年完繳俟限滿時再行分別查辦餘着照所擬辦理該部知道欽此　又奉

上諭李　吳　奏請將經征全完之知縣量予鼓勵等語浙江於潛縣知縣曾積堂於五月內應征地徵錢糧九載全完現値清查之際自應逾格鼓勵以昭激勸曾積堂着加

恩以同知即補並賞加四品頂戴毋庸送部引見該部知道欽此均於五月十九日在常州途次奉到相應知照等因

撫錢糧稿吏黃蘊玉
稟遵將虎門官築屯田及各屬查辦溢坦屯田頃畝並每年每畝應征租銀數目分別等第開單送
閱

虎門官築屯田共一百三十七頃六十五畝內每年每畝征租二兩二錢者共一十九頃八十畝每畝征租一兩五錢者一頃四十畝每畝征租一兩三錢五分者一十一頃一十一畝每畝征租一兩二錢者一十三頃一十二畝每畝征租一兩一錢者八頃四十六畝每畝征租一兩者三十五頃二十二畝每畝征租九錢五分者四頃二十畝每畝征租七錢者三頃每畝征租六錢者二十八頃三十四畝每畝征租五錢八分者十三頃永為定額並不增租共計每年征租銀一萬五千三百九十三兩二錢五分

各屬溢坦歸屯道光三十年奏銷冊報共稅一千九百一十一頃二十六畝二分三厘三毫五絲五忽一微內上則稅由初年起每年每畝征租一兩四錢者一十頃每畝征租八錢者一頃五十三畝二分二厘七毫永為定額並無遞加中則稅初年每年每畝由四錢遞加至八錢者共稅一百二十五頃零一畝七分零四毫六絲三忽三微由三錢遞加至八錢者共稅一頃零五分四厘四毫一絲八忽由二錢遞加至八錢者一百八十三頃零九畝六分九厘二毫九絲由二錢遞加至六錢者共稅五十七頃五十畝下則稅由初年每年每畝征租四錢並不增租者共稅一十五頃三十八畝由二錢遞加至四錢者共稅三十四頃九十四畝五分九厘一毫九絲由一錢遞加至六錢者共稅三百二十五頃四十二畝六分四厘四毫二絲由一錢遞加至四錢者共稅七百五十二頃三十七畝一分四厘一毫六絲三忽三微由初年每年每畝征租一錢三分並不增租者共稅七十六頃二十六畝四分二厘八毫五絲七忽由一錢遞加至二錢者共稅一百五十頃零一十一畝一分五厘一毫一絲六忽四微由初年每年每畝一錢永為定額者共稅一百七十八頃六十一畝一分零九毫三絲七忽一微內

道光二十三年癸卯年應征租銀二十一兩六錢

道光二十四年甲辰年應征租銀二千六百七十一兩七錢六分三厘

道光二十五年乙巳年應征租銀六千六百五十一兩九錢四分二厘

道光二十六年丙午年應征租銀二萬四千九百九十七兩四錢一分四厘

道光二十七年丁未年應征租銀二萬六千九百九十兩零三錢二分四厘

道光二十八年戊申年應征租銀二萬七千零一兩一錢二分四厘

道光二十九年己酉年應征租銀二萬七千二百一十兩二錢八分七厘
道光三十年庚戌年應征租銀二萬九千六百四十八兩四錢四分九厘
咸豐元年辛亥年應征租銀四萬一千一百四十七兩八錢五分九厘
咸豐二年壬子年應征租銀四萬一千五百六十七兩九錢六分八厘
咸豐三年癸丑年應征租銀四萬一千五百七十八兩七錢六分八厘
咸豐四年甲寅年應征租銀四萬一千七百五十八兩七錢六分八厘
咸豐五年乙卯年應征租銀四萬四千二百零三兩九錢三分一厘
咸豐六年丙辰年應征租銀六萬零八百九十六兩三錢二分六厘
咸豐七年丁巳年應征租銀六萬一千六百四十八兩四錢六分六厘
咸豐八年戊午年應征租銀六萬一千六百四十八兩四錢六分六厘
咸豐九年己未年應征租銀六萬一千八百二十八兩四錢六分六厘
咸豐十年庚申年應征租銀六萬二千八百五十三兩一錢九分一厘
咸豐十一年辛酉年應征租銀七萬五千四百六十五兩九錢零一厘
咸豐十二年壬戌年應征租銀七萬五千四百七十兩零九錢零一厘
咸豐十三年癸亥年應征租銀七萬五千四百七十兩零九錢零一厘
咸豐十四年甲子年應征租銀七萬五千四百七十兩零九錢零一厘
咸豐十五年乙丑年應征租銀七萬五千四百八十六兩九錢零一厘
咸豐十六年丙寅年應征租銀八萬三千零二十一兩零四分九厘
咸豐十七年丁卯年應征租銀八萬四千二百零八兩二錢二分三厘

咸豐十八年戊辰年應征租銀八萬四千二百零八兩二錢二分三厘
咸豐十九年己巳年應征租銀八萬四千二百零八兩二錢二分三厘
咸豐二十年庚午年應征租銀八萬四千二百零八兩二錢二分三厘
咸豐二十一年辛未年應征租銀八萬五千二百零七兩六錢二分三厘
咸豐二十二年壬申年應征租銀八萬五千二百零七兩六錢二分三厘
咸豐二十三年癸酉年應征租銀八萬五千二百零七兩六錢二分三厘
咸豐二十四年甲戌年應征租銀八萬五千二百零七兩六錢二分三厘
咸豐二十五年乙亥年應征租銀八萬五千二百零七兩六錢二分三厘
咸豐二十六年丙子年應征租銀八萬五千二百零七兩六錢二分三厘
咸豐二十七年丁丑年應征租銀八萬六千三百八十九兩七錢九分六厘
咸豐二十八年戊寅年應征租銀八萬六千三百八十九兩七錢九分六厘
咸豐二十九年己卯年應征租銀八萬六千三百八十九兩七錢九分六厘
咸豐三十年庚辰年應征租銀八萬六千三百八十九兩七錢九分六厘
咸豐三十一年辛巳年應征租銀八萬六千三百八十九兩七錢九分六厘
咸豐三十二年壬午年應征租銀八萬六千三百八十九兩七錢九分六厘
咸豐三十三年癸未年應征租銀八萬六千三百八十九兩七錢九分六厘
咸豐三十四年甲申年應征租銀八萬六千三百八十九兩七錢九分六厘
咸豐三十五年乙酉年應征租銀八萬六千三百八十九兩七錢九分六厘
咸豐三十六年丙戌年應征租銀八萬六千三百八十九兩七錢九分六厘
咸豐三十七年丁亥年應征租銀八萬六千八百二十四兩八錢二分九厘

運庫報單

四月二十九日收

正餉銀二千兩

正價銀一千九百七十四兩六錢五分

襍欵銀二千四百六十七兩一錢六分四釐

清遠縣觧鉄稅等銀一十七兩七錢九分

潮運同觧餉襍等銀一十九萬五千五百四十四兩九錢四分三釐全劃撥潮州等處兵餉觧藩庫

奉行扣平銀三兩六錢在支西巻本房工食扣留

共收銀二十萬零二千零八兩一錢四分七釐

支

越華掌教脩脯銀八十兩

各埠包價銀四百五十兩零九錢零九釐

越華書院經費銀六百零五兩九錢

懷集等埠王永馨等期溢等銀一千四百六十六兩七錢二分

晒𩋆銀七百六十九兩三錢九分五釐

抵觧藩庫盐課劃撥潮州等處兵餉等銀一十九萬五千五百四十四兩九錢四分三釐

觧藩庫粤秀息銀七百一十四兩

又委員觧貴州鉛本水脚鞘價銀七十四兩六錢二分五釐

憲臺賞需銀二千二百兩

又西巻本房工食銀六十兩除扣平銀三兩六錢 實銀五十六兩四錢

番禺縣完納嬰堂乳房銀米銀一兩六錢

右司旂舉息銀一百八十兩　委員俞旭照出差盤費銀二十八兩八錢

共支銀二十萬零二千一百七十六兩八錢九分二釐

實存銀八十九兩六錢九分五釐

FO.682/(illegible)/5(2)

署廣東廣州府今將查辦通省直隸廳州縣墊完民欠錢糧銀米遵照現奉核定攤補成數改造册籍再開節畧呈送

查核

案照咸豐元年欽奉

恩旨豁免道光貳拾玖年以前民欠錢糧先奉東藩司飭將本省各州縣廳墊完民欠銀米開報籌議歸補經卑前府彙齊造册開具節畧呈繳旋奉

2

憲臺核定分歸本款及通省攤補成數將卑府及惠潮各府屬冊籍發下飭令照辦尚有翁源等州縣原送冊開米石並未分別民屯及每石征價若干且攤抵年分並應攤羨餘亦間有遺漏舛錯

諭由卑前府分札查詢卑署府抵任復行函催茲據陸續登覆卑署府逐一核明遵照核定肆陸成數先行將廣韶惠潮肇廉雷柒府南連嘉羅肆直隸州佛綏兩直隸廳改造清冊理合呈繳

憲臺察核其高州壹府久數屢催未據開報瓊州府屬州縣原報不合往查未復統俟到日再行造送通省總數亦俟造齊再結合併聲明除呈藩司糧道並

撫憲外謹畧

運庫報单

十月二十三日收
正餉銀一千零四十六兩零二分
正價銀一千零八十七兩三錢三分五厘
襍欵銀一千一百三十九兩七錢一分七厘
共收銀三千二百七十三兩零七分二厘

支
五斗埠盧梅葊期溢葊銀六百二十兩零四錢一分二厘
晒畝銀六百一十二兩九錢五分
共支銀一千二百三十三兩三錢六分二厘

實存銀三千一百五十兩零七錢六分六厘

運庫報單

十月十六卯收

正餉銀一千七百七十七兩七錢九分一厘

正價銀四百二十四兩一錢三分

鉠稅銀三十五兩一錢八分五厘

稞款銀七百六十三兩九錢五分二厘

共收銀三千零一兩零五分八厘

支

連陽埠陳啟昌期滋芽銀二百五十八兩四錢六分四厘

晒畝銀二百二十一兩八錢三分

仁化等埠陳煒英等歸商程價銀六十七兩二錢一分五厘撥完添補修倉用

憲臺賞需銀二千二百兩

共支銀二千七百四十七兩五錢令九厘

寔存銀一千四百七十五兩九錢六分五厘

敬啟者竊晚久違
芝宇時切葵忱頃奉
瑤函并承
鈞貺攬臨風而祇領銘積日以難諠敬惟
崑臣宮保中堂望重台階
勳崇閫閾南溟波靜
榮膺帶礪之封
北闕恩隆就晉平章之秩承
歡顏於
椿蔭祜篤期頤贊
聖治於梅羹祥徵交泰
鴻儀在望覓頌維殷晚供職春明如恒粟祿念故里
而頻驚風鶴居長安而虛擲隙駒荷
清俸之分頒
仁風遠被望
德輝之普照
霽月遙瞻崇修寸啟肅申謝悃敬請
台安祇賀
崇禧統希
朗鑒 名正肅

候補縣丞章生春為呈明事謹將卑職年歲出身履歷并到省
正署各任暨歷奉差委獲有微勞開列呈
電
計開
卑職現年五十一歲係順天府宛平縣人祖籍浙江會稽縣人由
刑部律例館供事議叙從九品道光四年十一月到省歷奉差委并奉
委署平遠縣典史事接奉咨補花縣獅嶺司巡檢於六年十月到任十年
二月委解黔餉是年九月奉委調署番禺縣沙灣司巡檢十二年六月卸
事回獅嶺司本任因歷俸六年期滿調赴驗看蒙
大憲保舉奉准　部覆入於卑異班內註冊候陞十六年七月奉委調署
新會縣沙村司巡檢因任內拏獲鄰境盜犯即奉委解粵海關
餉請咨進京二十年四月引
見奉
旨以縣丞用欽此旋即聞訃丁父憂回籍守制二十三年正月服闋領咨到
省是年七月奉委代理乳源縣知縣事九月卸事回省奉委查街
三月期滿蒙給超委一次二十四年七月奉委署新寧縣縣丞二十五年
五月卸事回省歷奉差委并代番禺縣赴各鄉督率家丁兵役
首先緝獲罪擬遣軍流徒及杖枷各匪犯郭蔭宗等共三十
七名業經由縣次第審辦并通稟聲請由外獎勵各在案合
併陳明恭呈
憲鑒

2

感事

西風吹破洞庭秋 洞庭湖名在湖南湖北兩省之間破散也西風比粵西賊匪也秋秋天之色也言粵西賊匪攻破兩湖如西風吹散洞庭秋色也

悔失兵機在上游 上游上流之水也兩湖在大江以上故云上游兵機用兵之機也悔悔恨也兩湖已失悔恨失誤兵機於大江上游

誰縱巨魚趨大壑 大壑大川澤也比喻長江趨疾進也巨魚大魚也比喻粵匪兩湖已失是誰從放粵匪直入長江

難招黃鶴返高樓 黃鶴樓在湖北武昌府返復回也招手招也兩湖之失比如黃鶴已經飛去難以再招復回高樓也

連宵飛檄傳湖口 湖口南京城往來要路傳傳遞也檄軍中文報之名飛檄言文報如飛也宵夜也言連夜文報如飛由湖口傳遞賊匪已至也

諸將歸帆入石頭 石頭城名在南京城外帆船蓬也歸退回也將兵將也言諸將聞賊已至不即出戰反回船退入石頭城也

不守長江天下險 長江係南京之保障為天下之險要歎惜諸將不力守長江致賊直犯南京是失天下之險也

可憐建業古皇州 古皇州古來皇上建都之地南京古名建業憐歎惜也歎惜南京古來皇州之地為賊所陷也

3

廣陵都道錦成堆 揚州古名廣陵錦成堆錦綉多也言太平之時人人俱說揚州錦綉成堆也

何意烽烟動地來 烽烟兵火狼烟也動地來唐詩云漁陽鼙鼓動地來言驚天動地而來何意非所料也言揚州錦綉之地不料烽火之烟動地而來也

守牧竟隨旄節去 守牧地方官也旄節封疆大吏也古來欽命之臣皆持旄節言粵匪一至大吏先逃地方官亦隨之而去也

國門翻為犬狼開 國門揚州城門也天下城池皆係國之保障故曰國門犬狼比粵匪如犬如狼也翻為反被也文武俱逃城門反被粵匪攻開也

六朝金粉湮蠻壘 六朝隋唐以前宋齊梁陳之時稱為六朝金粉六朝時才華富麗讚其如金如粉湮沉沒也壘軍中壘土為壁也粵匪俱係獠蠻故云蠻壘言六朝時金粉之揚州如今沉沒於粵匪之蠻壘也

萬井樓臺付刼灰 萬井萬家也周時八家為井樓台高樓峻台也刼灰佛經語大刼之內俱作灰塵言其空也付棄擲之意言揚州萬家樓台俱付棄於刼灰一空也

依舊當時二分月 二分月唐詩云二分明月在揚州言天下月色之明止三分占有二分獨在揚州讚其分外明也

4

當時太平之時也依舊依然如故也言依然是太平時之二分明月也

那堪回首照吟杯　堪可也那堪是不可之意內含歎惜之詞回首回頭想昔年也照月照也吟杯作詩飲酒也言揚州為賊擾亂仍是二分明月回頭一想不同昔年光照吟詩酌酒之杯也

和陶鳧薌贈別韻

三年仗鉞別鄉關　鉞斧也仗執也武王伐紂太公望左手仗鉞右手仗旄以指揮三軍鄉關家鄉關山也言仗鉞督軍已經三年相別家鄉也

百戰餘生往復還　戰與賊交戰也百戰督軍三年打仗多也餘餘賸也兵機危險死生難定百戰幸而未死故曰餘生往勦賊而往還撤兵而還言百戰餘生既往復得還也

軍府威容收北闕　軍府軍中幕府即軍營也威容軍兵威嚴氣象也　北闕皇城面南故稱北闕收歸也言已罷兵權將軍府威容俱收歸　皇家也

帝城佳氣抱西山　帝城　皇城也佳氣佳祥之氣也抱環抱也西山海淀西山也言皇城佳祥之氣因西山之環抱閑暇又得一見也

情懷遙寄烟霞外　情懷幽情暢懷也寄寓也又附託也烟霞山林間烟霞霧也言我之幽情暢懷遠寄在山林烟霞之外不顧出兵勞苦也

魂夢猶驚烽火間　魂夢夜間神魂入夢也烽火軍中烽烟火礮也驚懼也言夜間神魂入夢還驚心在烽火之間也

5

望入玉門應有日　望盼望也玉門關在陝西沙州漢班超久在西域思歸上書求還云但欲生入玉門關言此次又復帶兵在外心中盼望如漢之班超生入玉門關想亦有此日也

殷心及蚤慰慈顏　殷心懇切之心也慰安慰也慈顏慈母容顏也言心中極為懇切盼望及蚤與母親相見以安慰慈母之顏也

出關秋詠

長城不斷到雄關　長城秦始皇所築雄關雄健之關也言遠望長城接連不斷今已到雄關之外也

定遠勳名動百蠻　定遠漢班超封定遠侯勳名功勳名望也動振動也百蠻蠻方部落衆多故稱百蠻言定遠侯勳名振動百蠻借以自比也

極目平沙迷瀚海　極目目之所望到極盡處也平沙沙平一片也迷目迷也瀚海在關外瀚漫無涯也言極目所望平沙一片而目已迷不辨平沙瀚海也

經年積雪壓天山　經年隔一年也積雪關外天寒雪不消化新舊相積也壓堆壓也天山在關外唐薛仁貴征遼以三箭定天山言隔年積雪堆壓天山之上其地如此嚴寒也

彎弓將士從戎慣　彎弓開弓如月彎也將士邊城將官軍士也戎征戎從戎出征也慣習慣也言邊城彎弓將士皆慣於從戎者也

牧馬胡兒較獵還　牧馬放馬也胡兒關外番人謂之胡兒獵圍打禽獸也較獵打圍以得禽獸之多寡比較高下也還各歸其處也言見牧馬之胡兒較獵而還也

日暮憑高懷往事　日暮日落時也憑高登高處憑空一望也懷思念也往事古昔已往事也言日暮憑高處懷思往前之事也

磨厓終古陣雲間　磨厓山名漢唐以來爭戰之地終古自古以來也陣雲排兵布陣之地殺氣如雲也言磨厓山係自古戰場從古至今猶在陣雲之間也

其二

秋高霜冷獨登臺　秋高秋風氣爽似覺天氣較高也霜冷詩經白露為霜其氣冷也登臺登關外戍臺也言秋高霜冷之時獨自登臺一望也

落照邊城畫角哀 落照夕陽將落也邊城邊塞長城也畫角戍邊軍士所吹海螺也哀聲音哀慘也言落照之時耳聽邊城士卒所吹畫角之聲哀慘也

歷歷征鴻辭塞去 歷歷一羣飛又一羣飛過歷歷不斷也征行也鴻大雁春向北飛秋向南飛塞邊城謂之塞言目見歷歷之征鴻盡向南飛是辭別邊塞而去也

蕭蕭鳴馬御風來 蕭蕭馬鳴之聲也鳴馬詩小雅蕭蕭馬鳴御乘也御風乘風而來也言我騎此蕭蕭鳴馬乘風而來也

山楓偏對愁顏老 山楓山上楓樹也楓葉經霜則紅唐詩停車坐愛楓林晚霜葉紅于二月花愁顏愁慘之顏也老衰老也言見關外秋山楓樹紅葉鮮明偏對我這愁

顏衰老也

叢菊難逢笑口開 叢聚生貌菊禮記鞠有黃花逢遇也笑口開人喜則笑大笑必開口唐人九日詩云人事難逢開口笑菊花須插滿頭歸言我此時路途辛苦即路旁叢菊

亦難逢我之開口一笑也

堠館宵深誰共語 堠館驛站之館也宵深夜深長也共語有人對談也言我此時堠館宵深淒涼一人有誰同我共語也

鄉心明月獨徘徊 鄉心思鄉之心也明月唐詩秋月揚明輝徘徊緩步往來也言我思鄉之心無人共語明月之下獨自一人徘徊而已

入關

經年重九登高日 經年經隔一年也重九九月初九日謂之重九登高唐詩遙知兄弟登高處徧插茱萸少一人言我以去年秋日出關經隔一年今又到重九登高之日也

嗟我生還入玉門 嗟歎也生還生全而還也玉門即班超所謂但願生入玉門關也言去秋出關今秋入關可歎我復能生全而還得入玉門關也

南望狼煙傷赤子 南望心中想望大江以南也狼煙狼糞燒烟其直通天即烽烟也傷詩經我心傷悲也赤子小兒初生顏色皆赤書經康誥曰如保赤子孟子曰大人者不

失其赤子之心者也國家謂民曰赤子言南望狼烟賊匪不平民遭塗炭心內悲傷國之赤子也

西留鴻爪遍烏孫 西留此次到新疆所留者也鴻爪鴻落泥上爪有留印詩人到處留題謂之鴻泥爪印烏孫西域國名言此次到西域鴻爪之印已普徧烏孫之國也

滿城霜月千砧韻 滿城滿邊城也霜月秋霜明月也砧捶衣石也秋風將寒千家捶洗棉衣遠寄出征軍士也言耳聽滿城霜月之下有千家之砧聲也

萬里風沙一旅魂 萬里京都離新疆萬里也風沙野風塵沙也旅魂孤身在外乃一客旅之魂也言我發至新疆乃萬里風沙之中一箇旅魂也

難得君恩許歸去 難得想不到之意 君恩君父之恩也許應許也歸去赦罪歸京也言發遣之時不知有無赦回之日今日難得 君恩免罪許我歸去也

故園松菊喜猶存 故園故鄉之園也松菊晉陶淵明詞三徑就荒松菊猶存喜心喜也猶存尚在也言離家未久故園之松菊猶存也

遊華山

山靈知有逐臣來 山靈華山神靈也逐發遣也居官犯罪發遣謂之逐臣言遊華山之下山上神靈亦知有我逐臣前來也

雨霽雲收見上台 雨霽雨過天晴也雲收雲霧收斂也上台華山最高處之台也言來遊正逢雨霽雲收之時得見華山極上之台也

行到華陰樓上望 華陰縣名有西嶽行宮其樓最高言行到華陰縣登行宮高樓一望也

蓮花仙掌一時開 華山峯巒之最佳者曰蓮花峯曰仙掌峯蓮花攢簇如一朵青蓮仙掌尖峭如仙人之掌言我來遊恰見蓮花仙掌一時皆開也

[redacted]

謹將查明浙江辦理海運各欵目開列呈

電

由起運處一切用欵

、内河剥船 每石每百里給銀一分六厘

白粮麻袋 每隻銀六分五厘

資遣水手口粮 每名三千文

添設水驛遞送文報

設局書役紙張飯食一切零用

以上五欵俱歸各州縣津貼項下支用

出運海口設立分局一切用欵

、商船水脚 每石銀四錢九折實銀三錢六分 按交倉正耗經紀津剥食耗米數核計

、神福耆舵犒賞 每船神福銀四兩 耆民正舵各一兩副舵六錢 共每船六兩六錢

、水手犒賞 每名三錢 每百石准給水手一名 至多名至多不得過二十名

、鋪倉席片毛竹氣筒 每石一分六厘九折給銀一分四厘四毫 按交倉正耗經紀津剥食耗米數核計

、縴夫 每石四文九折給發以錢二千作銀一兩 按交倉正耗經紀津剥食耗等米核計 此係進天津海口内河縴夫其錢由上海先行分給

、豆行斛力 每石五文以錢二千作銀一兩 按交倉正耗經紀津剥食耗商船耗米核計

挖泥壓鈔 每船一千文以錢二千作銀一兩 此係卸米後回空之用

以上七欵作正開銷

設局紳董書役紙張伙食油燭襍用

雇募勇船往來迎護銀米

委員解銀等項往來盤川

以上三欵歸津貼項下支用

津通各項用欵

官剥船雇價飯米折色 每洪斛百石給銀九兩五錢九分七厘三毫本年奉文減銀一兩一錢五分實銀八兩四錢四分七厘三毫按交倉正耗并經紀耗折實洪斛計算

漕斛一石二斗五升為洪斛一石其不註洪斛者俱係漕斛

民剥船雇價飯米折色津貼 每洪斛百石給銀十一兩三分四厘八毫本年奉文減銀一兩一錢五分實銀九兩八錢八分四厘八毫按交倉正耗并經紀耗折實洪斛計算

漕粮經紀飯米折色 每洪斛百石給銀二兩五錢八分七厘五毫按交倉正耗折實洪斛計算

經紀津貼銀 每洪斛百石給銀一兩一錢二分五厘按交倉正耗折實洪斛計算

個兒錢 按洪斛百石給銀二兩七錢本年奉文以錢折放減銀一兩三錢五分按交倉正耗折實洪斛計算

抗脚挖箵 每洪斛百石給銀二錢本年奉文節省能否尚不可知

廳茶果 每洪斛百石給銀二兩按交倉正耗折實洪斛計算

倉茶果 每洪斛百石給銀五錢一分七厘二毫五絲按交倉正耗折實洪斛計算

白粮經紀飯米折色 每百石給銀二兩五錢八分七厘五毫按交倉正耗平斛計算

個兒錢 每百石給銀二兩七錢本年奉文以錢折放減銀一兩三錢五分按交倉正耗平斛計算

抗脚挖箵 每百石給銀二錢本年奉文節省能否尚不可知

廳茶果 每百石給銀二兩按交倉正耗平斛計算

倉場各役飯食 每百石銀三兩六錢三分二厘按交倉正耗平斛計算

天津官剥船油艌 每百石銀一兩二錢四分四厘按交倉正耗經紀耗洪斛計算 此款解坐粮廳

以上十四款作正開銷

天津民剥船守候口粮 本年奉文節省能否尚不可知

剥船苫艙席片溜米席筒

堆米蓬廠工料看守差役飯食

紳董書役飯食紙張油燭襍用

委員水陸盤川

直隸押剥文武員弁盤費兵役飯食

直隸文武員弁薪水

書役兵丁飯食

駐塽分段海口稽查水次提調各項船隻水手飯食

塘撥口粮

迎護導引哨船砲船弁兵口粮

驗米監視灰印船隻

布袋吊籮竹籌木斛

號旂標杆

以上十四款俱歸各州縣津貼不能開銷又不能

不用俱帶銀交天津道府縣支用

襍用

大小星使倉場坐粮廳折禮天津道府縣家人犒賞
或收或不收隨時酌辦不能定數

備送公禮

押運紳董盤費

經紀交米費用漕白每石二分八釐另有經手後手每石約十文
癸丑起運至津六十餘萬石此項費用約一萬三千餘兩無此竟不能交收

租賃公局房屋酒席襍用

護送兵勇口粮水脚

收買餘米備用并棧租

以上七款俱係各州縣津貼不能開銷又不能不用

應用耗米食米項下

内河剥船耗米每石一升二合

此款歸各州縣捐辦

沙船耗米漕白粮每石八升一斗按交倉正耗并經紀津剥米數核計

經紀耗米漕白粮每石一升五八合按交倉正耗米數核計

天津剥船食米每石一升一合五勺連經紀耗一并核計

以上三款作正開銷

以上有定數各項約計每米一石需用銀六錢四分有零無定數各項約計每米一石需用銀二錢一分有零兩共需銀八錢五分有零此就浙省現辦情形而論惟商船歷涉重洋到津遲早難以預必若通帮已到尚有尾船未至

星使礙難日久守待須得收買餘米補足額數此項餘米價銀必須寬為備帶四五萬兩以備不虞俟該船到津變價回南繳解歸款變不足數即須籌款彌補又如海船在洋風濤盜賊難保必無設有事故亦不得不設法彌縫此皆意外所需未能預計也至應用耗米食米應備本色隨正運津不在約計需銀之内並此註明

再查收買餘米即商船之耗米也先與船商議明抵津時照市價收買先儘本局買用餘聽變糶

再資遣水手係停運粮船之頭工舵工水手人等每船十名照章每名給錢三千文暗中貼補數倍不等無粮船者分即無此款合附註明

護
封
葉中堂台啟
F.O.682/378B/1(35)

馮人清湖北人現住河南海幅寺

謹將每月應支養廉及應捐各欵銀數列摺呈

電

計開

憲台每年額支養廉銀壹萬五千兩内

每月應支送十成養廉銀壹千貳百五十兩除扣平銀七

十五兩外寔支送銀壹千壹百七十五兩應扣捐減半

展捐三成惠桊軍需銀壹百七十陸兩貳錢五分

又應扣軍需善後防夷捕費銀八十叁兩叁錢叁分四厘

奉行每月應支送四成養廉銀五百兩除扣平銀三十兩外

寔支送銀四百七十兩應扣捐減半展捐三成惠桊軍

需銀七十両零五錢

又應扣軍需善後防夷捕費銀八十三两三錢三分四厘

1. F.O.682/327/1(1)

平櫃今昔情形紀畧

自乾隆五十八年福文襄將兩廣鹽務奏准歸綱之後即于廣西横州屬之平塘江口地方創建櫃房坐收白石東西兩場鹽包以供廣西各埠到來折配每包照通綱章程一百二十五斤歸包另加耗鹽八斤皮鹽五斤遵照部頒定價每百斤收餉價銀一兩一錢每年約可折鹽二萬包以為繳餉之用如有不足亦係該商自墊歷來辦理無異迨至道光十四年春昌萬和承商接辦以來頻年銀價遞增每兩竟至加對有零西埠商人見餉銀價高配去折銷虧本太多均不敢到櫃折

2.

配以致餉項無措櫃中每年惟望廉屬各子埠銷出零鹽之錢易銀以完餉昔年以錢一萬一千餘串便敷一萬兩之餉今則加至二萬餘串之多所以辦理愈絀廉屬欽靈各子埠俱枕近場竈近年來竈丁疲悍異常不遵約束埠中發出之帑十不能繳五煎出之鹽希圖高價多半售于私梟將此鹽仍在埠地發賣是以私充正引毋怪頻年之銷售愈絀虧欠　國課矣即使該商意圖振作將梟衆姓名歷

3

歷指出稟官究治各官長亦悉力整飭簽差緝捕毋奈梟徒暴戾百十為羣器械齊舉以數十名闒茸無能之差役巡丁殊不足以禦示結黨聯羣之醜類縱或官府震怒會營截緝而梟徒拒捕則傷差傷巡丁之案層見疊出追捕兇手首則逃匿交趾十案不能獲一是以梟徒猖獗年來尤甚不但櫃埠為其所害即令之千百成隊充入賊匪到處劫掠者亦此輩也為今之計惟有先將賊匪撲滅各處地方安靖廉屬各鄉或有人出來試辦亦未可定照試辦之水客必須將餉項官規酌為減下俟辦過一年半載果有起色再當照繳自有人承辦但塩務廢弛日久整頓殊難而且近日交趾界之江坪地方又有夷塩充出先年查隘雖行本無道路可通現因人烟稠密虎豹遠藏夷人鑿山通道由如昔司屬之扶隆隘口攀籐附葛而來邇年來之銷售滯鈍皆由於此如果目下有人承辦開手之初更須多設哨巡并請地方官多給示諭協同文武員弁嚴行緝拏務

4·

獲三五案從嚴懲辦使竈丁及梟販聞之畏懼不敢如前恣肆方能
有濟至于收乾標一節是現在權宜之計似屬可行第須從長計議
方能辦理裕如也
查平塘一櫃坐配白石東西二場枕近場竈私梟蜂擁大夥者一千數百人小夥者亦
有一百或數十人且私梟出沒之境亦多是以埠中不能不多設哨卡多募哨丁
四路堵緝費用浩繁辦理每多駭擊附本地名商人之說恐無其人因黃姓

·5

承商時辦理不前名主人幫辦不獨資本盡虧且有諸多貽累而曾萬和時復名
有主人幫辦若合符節是以主人視為畏途且平櫃總子共廿餘埠一商經理事務
既繁非老于鹽務而又精明強幹者不能勝任以肴垣之大異能之士指不勝屈
區區一商竟乏其人者何也蓋引餉既重埠用又繁而又需代償曾商人五萬之欠
是以裹足不前倘蒙略減引餉復將曾商人五萬之欠撥歸公所籌款清
償無須新商代繳自不患接辦無人況此項撥歸公所在公所亦義不容辭
緣平櫃數十年來向無商人係歸公所辦理而公所因此埠離省窎遠鞭長
莫及故由公所自遴殷商代辦而扺辦此埠者必須公所六總商具結保其身

F.O. 682/327/3(38)

（1）

臣前摺所陳請為照舊墊為實銀籌補作為實帳根查並

為抽查計期作為清查展限最嚴

奉硃批命著即詳細並當擇其一不准稍有遲誤再滿

清理稅一節累時煩縮

1

且諸因地制宜以甦民困乃多大臣原議一時稍向難責有補此

變通專利之舉實實以難辦為詞臣所見為難辦情無

國計民生功效未能並應而職不肯細斷般開浮勒之端不清吏胥

2

賠長祇宗之衛署前經於嘗試臣前摺首重採買於稅徵

旨未蒙諭再為

聖主披歷言之查臣部則例內載漕米折於江蘇採米每石折銀

一兩粟米每石折銀七錢五分正改民米每石折銀一兩二錢作

價爲數甚鉅照此折收官民稱便惟南方糧價賤於北方米價
貴加以水陸運腳船價價亦轉增採買不得不酌量設增案
諭例前此文漕政修明回船州縣通融辦法若然州縣折色
分別輕重等差無論各州縣情形不同即一州一縣中情形亦
各不同治然而勢難無疇緒如不能令戶部定例轉檄州縣
勒價爲憑多則徵收不前官項又將挪墊少則採買不足
倉儲落致困乎此
國計之難也通行條鞭徵法易知易從今以某州縣額漕內
應折米若干某里某戶額漕內又應折米若干數目奇零
催科細碎難料難開報愈煩易於折銀完漕按照市價
而銀價時有長落將今日少完明日復多完年年累時有豐

歉將今歲廿兩比歲後多所事小民正然穀賤重值銀

荒以有易無展轉虧折更不得確鼓除將與從歎

5

追呼此民生之難也州縣藉有幫需不免私收折色盈羨

補不足而案牘者如今旦皆制錢洋錢隨便抵算地

若折清解部無須一色現銀今如所云折收又未通行定

價州縣將銀變價公濟私甚至爲通收折解之弊徵收漕

重報解漕糧視幫需為重輕帶火耗以加費追催書吏

舂氣開闔受累已深況運費雜減不能裁如今折色若

全行解部本色若無將何支幫勢非折變折不足以防州

6

縣浮勒之難也吏胥為良民害由來久矣江蘇漕務最重

抑則最重擡截漕造向來指派亦最重即並定額漕糧已
屆出甚繁兼收折色雖其數甚不齊與舉國總為數更多
而下其手每一名色多一剝削本官因為所挾持上司亦各勝算
藉賠貼膏腴剝削究怪偏聽任之與防吏胥視官之難也夫漕務
則受虧更難與官亦難通不如守舊臣有統轄之責既未將
力全漕額預派專收徵何能膠柱鼓瑟説將事歸大化有賦
經額少減而設行獨於江蘇時勢權度利害從寬行之經
鄭重鈐束之
隨奏於漕務蘇章程六條當會同江蘇撫臣再三悉心參酌其中
新設或仍舊章或民折官辦地方徑行解銀赴部或帶
徵緩漕屆時專款折銀撥完剝取諸困可惟其便不致以之
塞責

接奉

惠函敬悉種種，為吹煙歡聚之時，忽得此佳音，

已令人不禁自悅。而

兩兄大人之煞費苦心，籌酌辦理，俾得千妥萬

當，其所得辦

仁人之賜者，感激尤無涯涘矣。弟接信後

為即密函兄致感觀，蒙尊照妥辦，一時

P.1

另示楚北捐項一節，兄義形當可勝佩服。弟以
江蘇大災，賑捐之外，兼辦由尊處必須捐廣為
倡，而潯陽之災更重，地方官甚覺棘手之難。
矧況兩粵一省所捐一萬，擬望再捐銀五千兩，
務為倣助，粵省收補均可照行。得
閣下與仲翁同心協力，大局主持，不抑輿情，以為
探驪得珠，深為心服。前月之論，當可勉議，不

P2 end

戰而屬人非盡勇，其熟練之者亦不過權並
未登此岸之一束，擬見閩省馳京請蒼之言，擬合
拜耳。
年伯大人就養節府，福莫大焉，帝為比居請
安。手此，敬叩
年禧。名了

去年蘇養才串仝各鄉納租七成其意將三成之租存貯原為接濟翟火姑計也現今蘇養才既經正法妻離子散產破家亾自取其禍何關於人近聞有不法之匪徒違字通知各鄉又欲將租頭照前七成輸納工人又無飯飡相待是為怙終不悛與翟逆無異者也茲我六坊紳士行枚酌議凡舊歲剩下三成租尾並新租務要輸納清楚如敢再恃蠻頑抗不補者即作翟賊論事倘能知過而改新舊補足者作為良善好人目今大兵臨境其間或說道又有納七成租與夫飯飡不供應之事立即拿捉到局准賊送官究治決不狥情庶幾則刁民知儆矣勿謂言之不早也

六坊總局公啓

歸雙月𩋾素性任天茍非甑塵在即尚擬守株無如欲候無資欲歸無路

蒙 敎甫師憐其艱緊倡挪捐項始得湊集以成斯舉現分工部都水司

行走署中水利旱無進項局中月項此月始分廿日藉以接濟薪水而前所暫

挪之欵自師門以次不下三佰金其零星碎項月項稍有所餘尚可陸續弥補其

整項在百金數十金者既無月利勢難久延是以前稟中有懇求

俯籌講俸之請 曾𩋾屢荷

仁憐愧無以報何敢為再三之凟惟下情焦灼殊甚幸際粵省安堵之時 曾𩋾

素沐

承
分清俸錫我百朋拜領之餘感銘何
既手肅鳴謝載賀
駢祥金劍再啓

[redacted]

謹將陝西職員梁順祥等遣抱雷百祐京控湖北鹽法道鄒之玉兄弟負欠不償一案摘叙兩造供情及前府易守訊斷緣由列摺呈

電

查本案先經前府易守會同委員劉沈二守訊據原告崔廣生等供稱鄒之玉等之父鄒學宗向在粵省開張溥記茶行鄒之玉又另辦連陽樂桂埠務與伊等交易多年迨鄒學宗身故該行係鄒之玉兄弟接開仍與伊等交易道光二十年核算共借伊梁順祥等二十六號本銀三十二萬九千一百九十九兩又另欠侯亭記等二十二號本銀六萬四千四百兩行內存本不敷償欠

央懇各號停利將存本四萬二千六百餘兩並公共房屋五所抵銀一萬七千五百兩先行減折攤還餘侯連陽樂桂兩埠供辦期滿將盈餘悉數償還因恐各號不允議將存本及房屋變價充本仍入山辦茶回粵銷售以冀獲息分償當經寫立字約章程鄒之玉弟兄俱在場簽名畫押連存本及先將房屋四所交梁順祥等收管除侯亭記等二十二號內有十二號不願辦茶者先將存本及房屋變價按數減折攤還外其餘十號并伊梁順祥等二十六號應分銀兩公立允合成字號辦茶仍邀鄒之玉之弟鄒之璜在行管事鄒之璜病故復邀鄒之瑤接管二十一年因夷人滋事隨將該茶號閉歇核計獲息二萬餘兩經各號按數分收鄒之玉等續又還過伊梁順祥銀一千四百餘兩除先經同控後不到案之何元盛一號扣除并收過存本屋價息銀續還各項之外統共尚欠伊等二十五號本銀二十六萬九千三百九十餘兩伊等因鄒之玉等所還無幾且尚有房屋一所及埠股盈餘銀兩俱未交出屢討無

償隨赴南海縣及
各大憲控追鄒之玉旋即遷授湖北盐法道即將樂桂埠歇業其連陽埠務
則交其子捐職員外郎鄒道濟接辦伊等因屢控無償起意京控因一時
匆促未及將收過銀数扣除仍以鄒之玉等借欠本銀三十二萬餘両未還等
詞赴
都察院呈控將抱告雷百祐咨解回粵審辦至溥記茶行實係鄒之玉弟兄
父遺公共之業當日寫立字約鄒之玉親身在塲簽名畫押且有鄒之玉敦怡
堂在行支銷帳簿可據等語并據崔廣生等當堂繳出帳簿呈騐核與所
供相符質之鄒道濟鄒之瑤堅稱鄒之玉弟兄久已分析溥記茶行係伊鄒
之瑤與已故之弟鄒之璜等所開並非父遺公業與鄒之玉無涉鄒之玉自
辦連陽樂桂埠務素不干預溥記行事且該行欠項先已攤還仍立允合成
字號辦茶獲息分收梁順祥等背議歇業均與鄒之玉無干易守等以鄒
之瑤繳出字約章程均係鄒之玉簽名畫押核與崔廣生等所供脗合復經

當堂指詰鄒道濟等又以鄒之璜冒簽爲詞一味狡飾咨取鄒之玉親供
奉發到府亦復堅執不承並稱伊與各弟久經分析溥記茶行係伊弟鄒之
璜創立該行借欠各號銀兩及一切始末情節伊並不在場預議不能允代
弟還等情易守等以當日寫立字約鄒之玉尚在粤東未經出仕如果被
人冒簽何致毫無知覺復提兩造反覆研鞫鄒道濟等理屈詞窮無可置
喙願求公斷原告崔廣生等亦願酌斷完案旋因鄒之瑤病故鄒道濟供
復推諉又經提集研詰鄒道濟無可再辯始願量力籌還當飭繳齊票據
公同核算該行自欠及經手茶客欠項内除扣除何元盛一號及攤還之外
尚實欠梁順祥等二十五號銀二十六萬九千三百九十九兩易守等以鄒之
瑤等均已病故子皆幼稚斷令鄒道濟繳銀三萬五千兩攤還梁順祥等
二十五號其同控而傳不到案之何元盛一號及並未列名同控之侯亭記等
二十二號不在其内隨據鄒道濟陸續繳銀二萬一千兩並將下九甫南向
住屋一所交出抵銀一萬四千兩崔廣生等願將房屋變價連現銀按數攤

還其鄒之玉等尚有原控梁順祥等及侯亭記等四十八號房屋一所亦據
鄒道濟交出變價給領減折攤還取有領狀附卷并據崔廣生等將欠
約公啓字據借票等項檢齊呈繳飭令具結完案崔廣生等均無異詞
惟鄒道濟堅稱伊係代還伊叔鄒之瑤等欠項結內不能聲叙伊父鄒之
玉借欠等語旋復以票約不予核驗真偽未分等情控奉批飭覆訊易
守覆提集審鄒道濟狡執如前易守以本案原欠本銀除陸續償還之
外尚銀二十六萬有奇今止酌斷三萬五千両已屬格外體恤且細核情形該
行雖係父遺公業字約並非他人冒簽均屬鑿鑿有據未便任其狡卸因
值卸事移交畀府辦理畀府屢提覆訊原告崔廣生等均願仍遵易守
原斷具結完案惟鄒道濟總圖廻護其父親供任意推諉致未訊結現復
提鄒道濟逐層駁詰再四開導始據具限五日赴案具結容俟限滿再提
查訊分別究結謹將始末情由先行繕具節畧恭呈
鈞覽

FO.682/68/3(24)

副稿房
正稿房遵將已詳到各案於摺內簽明謹將未詳到各案列摺呈
閱
錢糧房

計開

應奏事件

一司道府考語一案 向係十二月初間敘稿呈送十二月具奏

（簽：此案向係十二月內具奏係初間行敘稿呈送）

一道光三十年分各屬交代並無久解款項 未據詳到 十二月應辦

（簽：此案先已札催現未據詳到）

應題事件

一各屬並無開爐私鑄行使小錢 未據詳到 十二月應辦

（簽：此案已經札催現未據詳到）

一查明三十年分咨結各屬交代並提解征存銀兩 未據詳到 十二月應辦

一盤驗本標左右二營道光三十年軍裝等項 未據詳到 封印前具題

（簽：此案先已札催現未據詳到）

旌

一各屬貞節婦女請 未據詳到向係來年開印後詳到

應咨事件

一甄別俸滿教職雜職一案 未據詳到如勘不及數例應具奏十二月奏咨

一州縣公出扣展限期一案 未據詳到十二月詳到

一拿獲逃人記功記過官員職名 未據詳到向係十二月或來年正二月詳咨

一拏獲鞭責過駐防旂下逃人一案 未據詳到向係十二月或來年正二月詳咨

（簽：現未據詳到）

一各屬監生四柱冊及病故執照 未據詳到向係十二月詳咨

（簽：此案未有札催向係來年開印後詳到）

一各屬老農請給頂帶 未據詳到向係十二月詳咨

一在籍候選佐雜教職各員查明有無事故 未據詳到向係十二月詳咨

一道光三十年封印後盤查藩庫 未據詳到開印後咨

（簽：此案因未期屆現在稟請暫緩行催）

一各屬鋪司遞送公文並無遲悮沉匿印結 未據詳到向係十二月詳咨

一武舉憂閧病故 未據詳到十二月或來年正月詳到

一捐武職憂閧病故 未據詳到十二月或來年正月詳到

一動用耗羨 未據詳到十月內應辦

一各屬倉庫無虧 未據詳到十二月應辦

一藩庫實存銀數 未據詳到十二月應辦

F0.682/378B/5
粮

停止加租原詳

為會詳請奏事本月初五日奉
憲臺札開案照各縣經征溢坦租息每多疲玩瞬届加租之期必須預行清理以
免貽悞現據南海香山新會新寧等縣陸續具稟或稱坦畝低瘠坍塌時虞
或稱坦形微露汪洋一片或稱藉訟拖久或稱旋築旋坍初届五年疲玩若此來
歲即届加租更將作何征納查原奏歸官屯坦本已分别上中下三等議立年限
租額其有田極磽瘠不能按照章程年限輸租者又准其臨時酌量辦理是

於定章之中仍寓變通之意當日原聽其相度肥磽斟酌妥辦並不拘定一格稍掣其肘茲何以動稱低瘠難築催輸不前譚觀境係新會縣職員如其藉訟欠租該新寧縣因何不詳革究追任其玩抗又甄騰報承神洲等五頃至今並未領照開築尤屬荒唐惟海濱坦畝每為颶風潮汐沖激坍漲靡常固理所必然亦事所常有所以原定章程屯坦坍卸有隨時報明委勘豁租之條今各屬屯坦果有風潮沖激旋築旋坍之事亟應按照章程確查清理至此項

屯租係因道光二十二年間新設貞吉戰船十六號應需大小修及拆造等費需用甚鉅是以籌備支用今貞吉戰船已奏明裁撤十二號尚餘四號需費已屬無多但每年收支實數亦須通盤籌計方免支絀除東莞一縣屯租係年清年款毋庸查辦外合將各縣稟揭批發查議備札到道即便督同廣州府詳確查明各縣屯坦分別應豁應留並將每年屯租應收應支數目以及裁存戰船四號應需大小修拆造等費每年應儲備銀若干一併通盤籌畫悉心妥議詳請具

奏辦理毋稍率延速速等因奉此當經轉飭廣州府查勘妥議去後兹據該府督
同各該縣勘明具禀前來本司道等伏查沿海溢坦歸屯共一千九百一十頃二十六
畝零坐落南海番禺東莞香山新會新寧六縣每歲經征屯租備支戰船修費
暨砲台戰船操演火藥鉛彈犒賞等項之用於道光二十四年十二月由
前督憲宗室耆
撫憲程　奏明辦理原擬以坦畝之高下定租息之輕重初五年每畝自一二錢起
分年加增遞加至六錢八錢為止現在三十年各該縣共應征屯租銀二萬九千七百九
十五兩零夫
國家之經費有常而海疆之備儲宜廣此項溢坦如果滄桑不變沃壤咸宜收穫屢
豐輸將恐後即照原奏逐年加租自不至時虞匱乏亦何必動議更張乃傳聞
當年委員查辦之時坦畝貪多限期過迫其報承之坦非濱臨大海即枕近
外洋多係水白草白僅露形影難以耕作或有可望成熟之田而潮汐靡常

颶風時至亦難朔歲慶豐穰且佃戶多係詭名保紳每藉他縣其豪强之兼并劣生之漁利寔緣為奸遂不免叢生諸弊自溢坦歸屯以來香山縣佃戶何隆平屯坦三十頃餘畝新寧縣佃戶余創緒屯坦四十八頃餘畝皆因水深難耕呈請豁除新會縣保佃譚觀焜等共税八十頃因控爭水道租尚虛懸其餘報承後未領照者領照後不交租者所在多有其弊顯然況查粵東沿海沙田例定十年勘丈一次其承佃上等坦畝歲僅納銀四厘米四合今歸屯溢坦即下等之田每畝亦擬加至四錢六錢不等此時行之五年租數尚少而催科遲悮已費周章將來屯戶逃亡保佃物故而各該縣之追呼徒勞賠墊無力惰征致干嚴議其苦又不可勝言復查原奏以所收租息歸 職道 衙門專管原定新造戰船十六隻其大小修費約計至十二及十五六年統共需銀多至五十二萬五千餘兩每年應預備三萬六千餘兩至操演火藥等項砲台保固限外修費亦約畧均在溢坦屯租內支給是創始之日為數無定不過預議其成效之可睹

而豈知懸揣之未足憑也本年三月
憲臺於擬建修虎門廣海各城寨案内奏明裁撤貞吉戰船十二隻留用米艇
四隻則戰船之修費節省寔多酌擬添造拖風船五十隻並擬成造後應需弁
兵口糧及遞年燂洗修費等項約用銀二萬八千餘兩即在節省戰船修費項
下支用查現在屯租已加至二萬九千七百九十五兩零除支給拖風船用項外每年
尚餘賸銀一千七百餘兩道庫現已積存屯租共有七萬四千餘兩計操演火藥
鉛彈等費每歲需銀五千餘兩似可有盈無絀惟查原造之米艇四隻其大小
修費分年合算歲需銀八千餘兩計無所出復思粵海關於解部錢糧外尚
有尾數解存藩庫報部留粵支銷擬將米艇修費每歲在海關尾數項
下提銀八千兩預備米艇修費亦係工歸寔用本司道再四思維戰船現已酌
裁用款不至短絀而坦租既多滯碍舊章宜有變通明歲咸豐元年各縣議
加租一萬一千餘兩應請

憲臺專摺具奏此次暫停增租擬照道光三十年歲額之數按限征輸以蘇
民困以廣
皇仁嗣後再届五年十年加租之先復行認真勘丈核寔查辦如有熟田膏腴仍遵
前奏章程照議增加是否有當理合會同酌議詳候
憲臺察核會奏

採得

閩浙督憲劉 福建撫憲徐 會奏竊照鳳山縣知縣魏彥儀因病出缺當查有候補知縣
郭兆榮才優守潔任事實心以之請補鳳山知縣洵堪勝任當遵人地相需前經奏懇
補授茲准吏部以行查戶部議覆該員前任內罰俸銀兩尚有未經咨報完繳之案核
與奏定章程不符應令另揀合例人員請補等因覆奏於道光二十九年二月初二日奉
旨依議欽此欽遵轉行當經臣等行司遵照揀調去後茲據藩臬兩司以該員郭兆榮初
調以前歷過正署各任內奉議罰俸案件除先經完解詳銷不計外尚有前德漳浦等
縣任內奉議罰俸三年零三個月共應完繳銀一百四十六兩二錢五分均於未奉部
駁之先按數完解銷案所有鳳山縣知縣一缺懇請仍以郭兆榮補授等情會詳前來
伏查鳳山民番雜處政務殷繁員缺極為緊要必須得人而理方無貽誤前以候補
知縣郭兆榮請補是缺洵屬為地擇人既據該司等逐一查明業於未奉部駁之先掃
數完繳咨銷合無仰懇
聖恩俯念海外員缺緊要仍賜照前奏准以候補知縣郭兆榮補授鳳山縣知縣俾重地
方而資治理等因

1

道光二十九年十一月二十七日至十二月十六日奉

上諭刑部右侍郎著黄贊湯調補仍留福建學政之任兵部右侍郎著趙光調補季芝昌著補授戶部左侍郎並管三庫事務仍兼署吏部右侍郎欽此

上諭季芝昌所署管理戶部三庫事務改派孫瑞珍署理欽此

上諭浙江鹽運使員缺著韓椿補授欽此

硃筆翁心存補授內閣學士兼禮部侍郎銜欽此

P.1

上諭甘肅布政使著張集馨調補貴州布政使著吳式芬調補均著即赴新任毋庸來京請訓直隸布政使著陳啟邁補授欽此

上諭江西按察使著惲光宸補授欽此

硃筆英瑞補授詹事府少詹事欽此

上諭兩廣鹽運使員缺著趙鏞補授欽此

上諭都察院左都御史柏葰吏部右侍郎明訓廂藍旗滿洲副都統巴清德均著加恩在紫禁城騎馬欽此

旨正白旗護軍統領著哈芬署理欽此

旨正紅旗漢軍副都統著惟祿署理欽此

2

禮部奏本日午時齊集　又奏白服百日不薙髮二十七個月

青袍褂

掌儀奏午時請入金棺

皇上今日卯正二刻上祭十二月十二日奉

上諭朕侍奉

皇太后以天下養二十九年仰見壽履康恒齡臻大耄私心慶慰方冀

延祺益篤克享期頤昨於初七日御園奉

P.2

鑾還宮連日恭詣請

安知

慈躬偶爾違和竊謂頤養數日即就安痊詎意

高年病勢日增於十一日申時

仙馭升遐銜卹哀號痛何能極伏念朕自

聖母孝淑睿皇后慈馭上賓以來深荷大行

皇太后隆恩覆庇[illegible]萬承歡侍奉愛日方長今竟無由再仰

慈顏悲懷難釋欽奉

遺誥喪服二十七日而除朕心寔所難安仍當穿孝百日并素服

二十七月稍伸哀悃至
諭朕年逾七旬勿過悲哀国事為重敢不敬遵
遺命强加抑制本日復據王大臣合詞籲懇勉加節哀并奏請仰遵
皇祖高宗純皇帝成憲應勉如所請每日奠醊復仍在養心殿所有大
喪礼儀着派惠親王綿愉定郡王載銓大学士耆英尚書文慶
敬謹管理一切應行事宜并着詳稽舊章悉心核議隨時具奏
將此通諭中外知之欽此　又奉
上諭向来各省督撫將軍府尹塩政関差織造等例貢方物着期年
暫行停止旗旨次此奉
旨所有蒙古王公台吉等在御前行走俱着穿孝仍停止筵宴欽此

旨山海關監督着文發去欽此
硃筆蔣元溥補授翰林院侍講欽此
上諭湯金釗着加恩賞給頭品頂戴欽此
上諭　大行皇太后母儀天下懋著徽音三十載以来延禧垂
蔭尊養兼隆今茲　仙馭升遐朕心哀痛不能稍釋敬稽典
禮宜隆　謚號以表尊崇着大學士九卿會同敬謹詳議具
奏欽此
旨寶源局監督着德溥去欽此
旨熱河兵事司員員缺着蘇勒芳阿補授陸孫昺准其升補廣東
廣州府海防同知劉作肅准其升補廣西寧明直隸州知州張
崇恪着回任准其卓異加一級注冊候升
上諭徐　奏甄別副將一摺所奏極是廣東升署大鵬協副將馬
玉麟人甚平庸洋務諸多粉飾所有該員前保堪勝總兵之處
着即註銷並着降為遊擊隨時差委以觀後効欽此
上諭浙江衢州府知府員缺着徐家槐補授欽此
旨兵部郎中員缺着德克精額補授

5
上諭本月二十一日啟移
皇太后梓宮于　綺春園安奉朕即在　綺春園内苫次居住以便
朝夕奠　凡筵用伸哀悃欽此

、旨這所參欠解省米石之廣東電白縣知縣盛裕川署羅定州知
州汪元炳著一并摘去頂戴勒限兩個月内將征存米石掃
數批解全完倘敢仍前玩延或查有弊挪情弊即著從嚴參辦
欽此

P5
上諭本年己酉科鄉試據各省監臨將年老諸生開單具奏當交
禮部查核茲據禮部將順天等省年老諸生查明覆奏該生等
年臻耄耋踴躍觀光積學未經中式宜沛恩施以酬皓首窮經
之志除直隸附生張懷清廩生畢元勲附生余朝俊湖南附生
尹祝嵩李嘉封黃洛中副貢生劉壬鄒一經應由部行查外其
年届九十以上之山西副貢生董振文湖南附生高藻湘山東
副貢生于仲業李星南劉慕周李希古黃鶴齡閻敏公郭印川
姜日勵劉自馨孫學洲附生鄭階修魏達周張星泉廣東副貢
生黃昴王必豪黃元應姚壽崗楊萌黃雁書附生陳東藩胡奇勲

P.6 end

6 END
貴州副貢生蔣聖淵陝西副貢生焦賡颺又八十以上之山東
歲貢生劉長裕廣東恩貢生梁光僭鍾兆錫歲貢生李寅廣西
恩貢生葉大觀俱著加恩賞給舉人准其一体會試其年届八
十以上之直隸附生沈華年山西附生薛价湖南附生殷大雅
胡際盛楊雋鄧德炳胡景奇山東附生趙希聖楊鳴達曹希曾
楊敏賜劉長清葛甲申聶毓蘭姜乙森增生石莊附生葛懷勇
增生王德越附生劉世榮廩生程際堯附生李建白劉芝聲王
仰義孫鳴澤廣東附生謝宗棠監生林滌大增貢生何懷元附
陳希古袁易齡何景勲沈佩金陳東聰增生王廷元監生吳顯
謨附生鄭朝喬鄭尚英潘汝楫廩貢生邱世祥附生侯壽祺廣
西附生王大振李公善黃祖昭陳法西附生潘樹陳爾寅均著加
恩賞給副榜用副朕加惠士林至意欽此

一件具奏年終密考事

奏稿

道光二十九年十二月十八日具

奏

摺弁 賫

硃批

道光 年 月 日奉到

奏為密陳兩廣文武各大員切實考語、恭摺奏祈

聖鑒事、竊照定例、司道府、並提鎮等官、能否勝任、應

於年底密奏一次、又於道光十七年、欽奉

諭旨、督撫身任封疆、責任綦重、凡屬員之賢否、自當

隨時查察、無稍徇隱、乃近年各省督撫、視為具文

2

僅以一奏塞責、經朕留心察看、往往於所註密考

大不相符、嗣後各督撫、惟當仰體朕用人之苦心

事事求一實字、其考察屬吏、尤當就其所辦公事

認真稽核、一秉至公等因、欽此、又道光二十六年

正月十八日、奉

上諭、嗣後着各該督撫、於年終密考、務須格外慎重

倍加嚴密、毋稍視為具文、致滋率忽、欽此、臣查粵

閩重干城之選、安民資匡濟之才、兩粵為邊省

要區、猺黎分處於山巖、番船往來於洋海、控制

拊循、極關緊要、臣猥以庸愚、仰荷

聖恩、畀以兩廣總督重任、自愧才疎、翼資臂助、兩年

以來、凡東西文武大員、虛衷察訪、隨處諮諏、或

3 END

聆其言論以覘識見或覈其案牘以驗措施不
以見長喜事定才能惟以實力辦公為稱職慎
之又慎力戒瞻狥以期大法小廉仰副我
皇上整飭官方勤求治理之至意茲當年底彙奏之
期所有東西兩省司道府提鎮各官除懸缺未
補或尚未到任及到任未久尚須察看外謹將
現任各員就臣所見分晰填註切實考語密繕
清單恭呈
御覽伏乞
皇上聖鑒訓示謹
奏

1

一件審明蘇穆進京控項光捏詳等情分別定擬事

奏稿

硃批

道光　年　月　日奉到

奏

道光二十九年十二月九日具

摺弁　賫

奏為遵
旨審明京控案內人證分別定擬恭摺具
奏仰祈
聖鑒事竊照廣東海陽縣民蘇穆進京控蘇芝亮等
挾仇糾兇殺斃五命項光捏詳等情一案經都

2

察院彙同楊會川赴京具控之案一併具
奏奉
旨著交耆
親提人證卷宗秉公嚴訊按律定擬具
奏欽此由都察院抄錄原奏原呈併將原告蘇穆
進遞解到粵經前督臣耆　行司飭委廣州府
等確審並飭行提人卷解省審辦去後嗣據該
府等以本案被控緊要人證蘇庚子等尚未解
到無憑質訊詳司轉請咨部展限當經臣徐
據詳咨明在案茲據海陽縣以被告蘇芝亮
一名前於邢上芳京控案內解省審結後回家
病故將被告蘇廷玉蘇庚子蘇阿扁蘇祖謙陳
光中五名連卷宗解省並據蘇穆進以原控不

三

3

實赴廣州府稟首隨將解到人犯飭據廣州府
知府易棠會同即補知府史樸督同添委候補
知縣丁嘉葆審明併據聲稱被告蘇庚子業已
在保病故等情由藩臬二司覆審詳解前來臣
等會同親提研訊緣蘇穆進籍隸海陽縣與蘇
廷玉同族無服鄰村居住蘇穆進堂弟蘇礽棉
有園地一坵坐落土名和安山地方栽種甘蔗
與蘇廷玉無服族人未獲之蘇挺玉蔗園毗連
中有土塍為界因年久平塌未經修築道光二
十六年十月二十九日蘇挺玉與蘇萬順赴園
砍蔗一時認界不明誤砍蘇礽棉園蔗數枝經
蘇礽棉看見斥阻索賠蘇挺玉不依回詈致相

4

爭鬧蘇礽棉被蘇挺玉用刀致傷左臂穀道左
腿肚小腹倒地經黃順路過瞥見救阻不及向
蘇礽棉之妻蘇鄭氏報知趨視詢明情由扶回
醫治詎蘇礽棉傷重延至十一月初六日殞命
二十七年二月內蘇穆進素好族人蘇澐合因
留別村同姓不宗之蘇阿大住宿經族人蘇芝
窓蘇芝里聞知誤疑蘇澐合容留外匪三月初
六日往向查詢蘇澐合告知情由并斥其不應
混問蘇芝窓等不服爭鬧蘇澐合先被蘇芝里
用鐵嘴尖挑致傷左前脇左後脇後被蘇芝窓
銃傷偏右倒地經王阿尚走至瞥見救阻不及
向蘇澐合之母蘇林氏報知趨視詢明扶回詎

5

蘇澐合傷重醫治不效延至是月十二日殞命
各屍親母蘇鄭氏蘇林氏先後報縣詣驗通詳叅
緝蘇鄭氏因兇犯未獲痛夫情切囑令蘇穆進
訪拏蘇挺玉送究四月間蘇穆進途遇蘇芝亮
即向查問蘇挺玉下落蘇芝亮答以不知並斥
其不應混問蘇穆進分辯致相爭鬧時蘇芝亮
近房族人現到之蘇廷玉蘇阿扁蘇庚子蘇祖
謙及素好之陳光中未到之蘇嗊蠢蘇雲慶蘇
阿煌蘇萬順陳財源蘇芝禮蘇阿秋蘇泰豐陳
貞得各在附近田工看見赶向幫護斥罵蘇穆
進多管閒事並與蘇芝亮舉拳欲毆蘇穆進閃
避當即跑回因被毆不甘憶及伊堂弟蘇礽棉 五

6

曾被蘇挺玉致斃族人蘇澐合被蘇芝里蘇芝
窓共毆致傷身死蘇阿月蘇阿象蘇絡武均各
外出起意誣告洩忿即揑以蘇芝亮挾仇糾同
蘇阿扁等會匪数百人至村抄搶財物奪踞田
房砍傷跌損者百餘人擄去男婦二十七名口
婦女俱被輪姦蘇芝亮復先後喝令蘇廷玉等
将伊堂弟蘇礽棉致斃報縣驗明蘇阿秋銃斃
蘇阿月陳貞得刃斃蘇阿象兩屍被滅蘇泰豐
将蘇絡武銃斃報縣未經相驗正兇未獲反将
屍親蘇青錢等押候又将蘇芝窓等致斃蘇澐
合各情一併敘入先後赴縣府道司並臣等衙
門呈控批飭緝究隨據該縣飭傳蘇廷玉到案 六

7

查訊堅稱並無毆斃蘇礽棉等及搶擄姦汙情
事差傳蘇穆進質訊未到將蘇廷玉交保候訊
蘇穆進懷恨莫釋起意京控並因蘇芝亮前被
另案之邢上芳京控有名又因與蘇阿鄉莊阿
四口角有嫌一并砌入控詞希圖聳聽隨以前
情並添揑蘇廷玉係蘇阿鄉賄囑頂兇蘇芝亮
係邢上芳京控案內有名買出莊阿四頂名投
案蘇礽棉係被擄殺蘇芝亮賄差蒙縣揑詳等
情寫就呈詞自行赴京呈控經都察院
奏奉
諭旨將蘇穆進遞解回粵行司飭委廣州府等確審
並飭行提人卷解省審辦旋據蘇穆進以原控

七

8

不實赴案稟首屢審各供前情如繪臣等以蘇
穆進如止向蘇芝亮查問逃兇起衅爭鬧被毆
蘇穆進何敢指為糾兇殺斃五命砍傷跌損者
百餘人并搶奪財物霸踞田房擄捉姦汙蘇廷
玉等如止赶向帮護蘇穆進又何至指為聽從
將蘇礽棉等殺斃並賄買頂兇且蘇阿月等是
否被殺未據各親屬呈明恐有不實不盡更難
保非蘇廷玉等因見蘇穆進京控之後慮恐審出
出真情賄買蘇穆進私和囑令赴案稟首希圖
消弭復提現到原被人等隔別研訊據蘇廷玉等堅
稱蘇礽棉委係未獲之蘇挺玉致斃蘇澐合係
係未獲之蘇芝窓蘇芝里共毆致傷身死其其

八

9

蘇阿月蘇阿象蘇紹武均無被毆斃命現各外
出伊等並無聽從蘇芝亮搶奪財物霸踞田房
擄禁人丁姦汙婦女情事伊蘇廷玉亦無賄囑
頂兇如果實有其事各屍親事主因何俱不具
控實被蘇穆進架詞混訟質之蘇穆進亦稱伊
弟蘇礽棉委係被蘇挺玉致斃族人蘇澐合係被
蘇芝窓等共毆致傷身死此外並無被殺被搶
及霸產擄人姦汙賄差朦縣揑詳之事實係伊
藉端誣告如果蘇廷玉等賄囑消弭伊正可抱
贓出首嚴辦其罪何肯受賄私和等語究詰不
移案無遁飾查例載蓦越赴京告重事不實發
邊遠充軍又名例載犯罪未發而自首免其罪

九

10

各等語本案蘇穆進京控蘇芝亮糾同蘇廷玉
等先後致斃五命抄搶家資霸踞田房擄禁人
丁姦汙婦女賄買頂兇雖蘇礽棉蘇澐合被殺
情真而其餘所控擄殺各情悉屬子虛係告重
事不實本應坐誣已於未經集訊之先據實首
明與事未發而自首無異應請照律免罪蘇廷
玉蘇阿扁蘇祖謙蘇庚子陳光中訊無聽從蘇
芝亮抄搶霸產擄殺姦汙賄囑頂兇情事蘇庚
子在保病故研訊保人並無凌虐情弊應與在
家病故之蘇芝亮均無庸議無干省釋兇犯蘇
挺玉等飭緝獲日另結案經訊明未到無罪人
等並免提訊以省拖累除備錄供招咨部暨都

十

11 END

察院外所有審明定擬緣由臣等謹合詞恭摺

具

奏伏乞

皇上聖鑒敕部核覆施行謹

奏

十一

1

一件具奏宣　封越南國禮成進關日期　事

道光二十九年十二月十九日具

奏稿

奏

摺弁　賫

硃批

道光　年　月　日奉到

奏為臬司宣

封越南禮成進關日期恭摺具

奏事竊照越南國嗣阮福時遣陪臣恭賫

表文貢物詣

闕告請襲

2

封奏奉

諭旨越南國嗣阮福時著敕封為越南國王所有誥

命敕書派廣西按察司勞崇光賫捧前往餘依議

欽此又准部咨越南國王阮福暶身故特遣陪

臣告訃應照例

賜祭一次給與祭品折價銀一百兩絹五十疋均令

伴送官廣西鎮安府知府糜良澤等恭賫交與

臬司勞崇光前往

諭祭等因當經飭行遵照具臬司勞崇光起程日期

並經撫臣鄭

會摺

奏明在案茲據廣西按察使勞崇光稟稱道光二

十九年閏四月初九日恭賫

3

誥敕
諭祭文、在省起程、於六月初一日出鎮南關、七月二
十日、行抵該國富春都城、當於二十二日、恭行
宣
封禮、二十三日、恭行
諭祭禮、禮成後即於二十四日起程北旋、九月初二
日進關、十二日、行抵南寧府接奉撫臣鄭
檄飭暫行留駐督辦勦捕盜匪事宜、一時未能
旋省、將該國王呈具恭謝
封祭表文稿四道、暨咨呈臣衙門公文一件、呈繳前
來、除阮福時謝
恩各表應由廣西撫臣鄭　恭

4 END

進外所有臬司宣
封越南禮成進關緣由、理合循照向例、恭摺具
奏伏乞
皇上聖鑒謹
奏、

再道光二十九年正月二十七日准吏部咨兩
廣盐運司運同缺以現任山西澤州府卓異同
知周曾毓簽陞等因知照前來該員周曾毓於
十一月二十六日到粵正在檄飭赴任間據報
十二月初二日聞訃丁親父憂應即給咨回籍
守制所遺運同一缺應候部臣另行銓選到任
有需時日現署運同佛岡同知吳均於道光二
十六年六月內經前督臣耆　等
奏明署理迄今三年有餘應行遴員更替惟潮橋
盐務卑疲商懸亟須補救所有拖商緝私督銷
催餉等事非勤幹有為熟悉利弊之員不足以
資整頓茲查有廣東候補通判應陞同知顧炳

章精明幹練辦事實心而且熟悉盐務情形以
之署理運同印務可期勝任據藩臬運三司會
詳前來除檄飭遵照外臣等謹循例附片具
奏伏乞
聖鑒謹
奏

一件奏　皇太后升遐恭慰　聖懷

道光　年　月　日具

奏稿

奏

摺弁　賫

道光

旨　奉到

朱批

奏稿

廣東巡撫臣葉　　跪

奏為恭請

節哀仰祈

聖鑒事竊臣恭閱邸鈔欽奉

上諭一道

皇太后仙馭升遐臣跪聆之下不勝驚惕欽惟

大行皇太后德普延禧
福隆垂蔭數十載
徽音廣被億萬紀
慈佑常留稽諸往昔迴邁等倫我
皇上大孝尊崇至情至性以天下養廿九年如一日
尤為罕覯在

奏稿

聖心哀痛誠難驟釋
孝思而寰宇欽承無不仰求
節抑臣職守粵疆未獲趨詣
闕廷虔陳下悃伏願
皇上順時攝衛遵禮制情勉懷
國家政事之隆俯順率土臣民之望臣無任瞻依

懇禱之至謹恭摺具
奏伏乞
皇上聖鑒謹
奏

奏稿

1

P.1　F.O.682/391/2(32)

奏請赴京叩謁　梓宮

道光　年　月　日具

奏稿

奏

摺弁　賫

道光　年　月　日奉到

P.2　2

奏稿

廣東巡撫臣葉　跪

奏為披瀝愚忱仰求

聖主節哀以禮為

國保躬並准臣來京叩謁

梓宮虔申哀慕恭摺奏祈

聖鑒事竊臣於本年二月十三日接准禮部來咨

3

大行皇帝龍馭上賓伏地哀號痛曷有極欽惟
大行皇帝建極三十載宵旰勤勞無時不以國計民生
為重仁心仁政洽於寰區凡屬食毛踐土之儔
均抢搶地呼天之痛我
皇上大孝肫誠出於至性悲慟原難自已惟念
政布日新功修時措中外翹首遐邇傾心臣伏願

P.3 奏稿

皇上祇承
成命勉抑哀思仰慰
在天眷佑之隆俯順薄海欽依之望臣本庸愚渥蒙
大行皇帝特達之知不次超擢十餘年間由編修洊陟
疆吏
殊恩異數未效涓埃痛迫寸私罔知所措惟有籲懇

4

聖恩俯准臣來京叩謁
梓宮稍申哀悃更得瞻仰
天顏跪求
訓諭庶幾得有禀承益傾葵藿之忱勉竭駑駘之報
現在廣東年歲豐稔民夷相安地方均屬靜謐
至臣與督臣徐　在粵均經三載事無鉅細

P.4 奏稿

無不再四熟商力求實濟且督臣係由本省巡
撫升任較臣閱歷更深俟
命下之日所有巡撫印務可否即交督臣兼署俾得
及早起程臣未敢擅便恭候
聖裁臣無任屏營待
命之至理合恭摺由驛具

P5 end

5 END

奏伏乞

皇上聖鑒謹

奏

奏稿

附奏片一件 本衙门主稿

FO.682/391/4(20)

再臣等恭閱邸抄道光二十九年十二月奉
上諭廣東鹽運使著趙鏞補授欽此查趙鏞由湖北來
粵程途不遠計期春末夏初總可到任現當催
辦課餉吃緊之時若輾轉委署則為時甚暫恐
衆商觀望呼應不靈是以仍飭升任臬司惲光
宸暫緩交卸以期一手經理俟新任運司趙鏞
到粵再令交卸北上臣等為慎重課餉起見理
合附片陳明伏乞
聖鑒謹
奏。

三十年二月十八日拜

探得
閩浙督憲劉 摺奏爲臣接准部咨本年七月初九日欽奉
上諭現在各省保舉堪勝陸路總兵人員將次用竣着各該督撫於副將內即行遴選曉暢
營務堪勝總兵者保奏數員送部引見候朕記名以備簡用欽此遵查總兵任膺專閫所
有操防營伍兵無不資其表率必須謀勇兼備洞澈機宜之員方克稱職自應詳加遴選
登有[illegible]標中軍副將耶仁布居心公正勇幹有為諳達營務訓練嚴明遇有差遣及
委查事件尤能實心實力不辭勞瘁又浙江杭州協副將尚安泰明白曉暢辦事勇

道光三十年　月　日到

探得
閩浙督憲劉 摺奏爲臣接准部咨本年七月初九日欽奉
上諭現在各省保舉堪勝陸路總兵人員將次用竣着各該督撫於副將內即行遴選曉暢
營務堪勝總兵者保奏數員送部引見候朕記名以備簡用欽此遵查總兵任膺專閫所
有操防營伍兵無不資其表率必須謀勇兼備洞澈機宜之員方克稱職自應詳加遴選
登有[illegible]標中軍副將耶仁布居心公正勇幹有為諳達營務訓練嚴明遇有差遣及
委查事件尤能實心實力不辭勞瘁又浙江杭州協副將尚安泰明白曉暢辦事勇

道光三十年　月　日[illegible]

3

敢訓練操防均能認真整飭不避嫌怨又紹興協副將德亮才具明幹整頓營伍其
緝拿匪類彈壓地方均能身先士卒勞瘁不辭以上福建副將一員浙江副將二員
均係現任各副將中傑出之材至鄭仁布一員係補副將雖止年餘而才識之老練
精細實屬緩急可恃與尚安泰等均足備干城之選協實保奏如蒙
俞允分別給咨送部引　見等因　文
閩浙督憲劉　福建撫憲徐　會奏請將閩縣知縣孔昭慈陞補鹿港同知遺缺前經
奏請以邵武縣來錫蕃調補茲准吏部以該員計閩縣出缺之時尚未引
見與例未符等因伏查閩縣地居省會政務殷煩爲海疆衝要缺平時治理本屬綦難自
各國夷人准在五口通商以後其所屬之南臺等處又時有民夷交涉事件撫馭防
閑尤爲不易邵武縣來　以知縣儘先補用題補邵武縣二十五年十二月初十日
到任該員操守廉潔心信明決曉暢閩縣情形經數月不時撫綏彈壓均能恰合機宜
且爲紳民所信服以之調補洵堪勝任前此奏請原因閩縣一缺必須擇人而治故爲
破格陳奏但現任候補各知縣中雖有合例堪以調補之員但非現犯要缺即屬人地
未宜若稍事遷就尤恐貽誤地方且調補之缺必須核計俸次者原以甫經補缺之

END 4

員閱歷未深難膺煩劇經理斷難裕如是以例內必須歷俸已滿三年方准揀員題
調該員雖在閩縣出缺之後而前在邵武縣任內實已三載有餘與甫經補缺者本
屬有間溯查本年六月浙江平湖縣知縣缺出曾經浙江撫臣以海疆要缺揀
調之人將到任在出缺後之臨安縣范鏞　奏請調補仍蒙
恩旨准行茲以來錫蕃請調閩縣確與范鏞調補平湖縣之案情事相同可否仰懇
天恩俯念省會首邑員缺緊要飭部覆核仍准以邵武縣來錫蕃調補閩縣俾資治理該員
係現任知縣調補知縣衙缺相當毋庸送部引　見所遺邵武縣員缺另行揀補等因

軍機大臣　字寄

兩廣總督徐　廣東巡撫葉　道光三十年三

月十七日奉

上諭昨據吏部尚書文慶保奏前任刑科給事中蘇

廷魁才堪簡用請飭令來京供職著徐廣縉葉名

琛即查明該員是否在籍能否來京候簡據實具

奏將此諭令知之欽此遵

旨寄信前來

1

P.1　F.O.682/391/(3)

一件龔弁彭世勵販私脫逃等　事

奏稿

硃批

道光　年　月　日奉到

看稿
對摺

道光二十年五月廿四日具

奏

摺弁　賫

繕摺

奏為請咨赴部之龔弁販私被獲脫逃奏請
敕部查明遞解回粵審辦恭摺仰祈
聖鑒事竊據廣東連州知州德濬稟稱本年三月二
十一日訪有私販潛闖入境內當即會督兵役埠
司人等馳赴州屬龍湫潭河面查有河頭船二

P.2　2

隻標子船五隻每船約裝有私鹽一萬斤至二
萬斤不等查係州學生員李連芳龔弁彭世勵
二人僱船裝運即將私鹽飭令埠商起運上倉
變價充公給賞並將李連芳彭世勵分別發交
教官吏目看管仍提同船户録取切供詳辦等
情當即批飭確訊具詳去後旋據該州稟報龔
弁彭世勵被署連陽營遊擊線得智乘吏目查
鹽出署縱令脫逃生員李連芳經學正何允成
私自取保釋放屢催延不交案稟請提省勒交
審辦前來查該營學各官輒將販私看管人犯
混行縱放保釋實屬藐法乖謬且難保無受賄
故縱情弊除將該署遊擊線得智該州學正何允

成一并撤任提同全案犯證來省勒限着交嚴審究辦外惟查彭世勵係承襲雲騎尉世職先因學習期滿經臣於道光二十九年八月二十八日考驗給咨飭令赴部投遞聽候帶領引
見今已半年有餘尚在本省販運私鹽被獲核計例限久逾保無於脫逃後混赴經由之江西等省捏報阻風患病妄冀符限臣已飛咨江西江南各省督撫臣飭屬確查截留解粵審辦第恐該襲弁現已潛身過境到部投文相應據實奏請
敕下兵部查明該世襲雲騎尉彭世勵如已到京投繳咨文即行扣留遞解回粵歸案審辦以免狡卸匿延為此恭摺具
奏伏乞
皇上聖鑒訓示謹
奏

一件

奏稿

奏　道光　年　月　日具

摺弁　齎

道光　年　月　日奉到

硃批

道光三十年六月初六日准

吏部咨為知照事文選司案呈内閣抄出道光

三十年五月初七日奉

上諭此次大學士潘世恩禮部尚書孫瑞珍工部尚

書杜受田同保之告病前任雲貴総督林則徐協

辦大學士户部尚書祁寯藻保舉之告養翰林院

修撰劉繹吏部尚書文慶保舉之丁憂回籍前任

刑科給事中蘇廷魁工部尚書杜受田保舉之休

致前任漕運総督周天爵禮部尚書孫瑞珍保舉

之休致前任兵部侍郎戴熙户部右侍郎朱鳳標

保舉之降調前任工科給事中陳慶鏞禮部右侍

郎曾國藩保舉之降調前任太常寺少卿李棠階

均著各該督撫傳旨飭令各該員迅速來京聽候
簡用該員等抵京後除應行具摺人員外其餘各
員具呈吏部代奏候旨至大學士潘世恩與兵部
尚書魏元烺同保之前任福建臺灣道降補四川
蓬州知州姚瑩着仍遵前旨赴兩淮差遣俟鹺務
辦有起色即行送部引見欽此相應知照可也

奏稿

廣州府知府易棠謹

稟

大人閣下敬稟者案照陝西職員梁順祥等遣抱雷百祐赴京呈控湖北鹽法道鄒之玉兄弟負欠銀兩不償一案迭經卑府會同雷州府劉守即補府沈守提集質訊緣職員馬逢亨籍隸順德縣與梁培芳等在省開張順祥銀號向用梁順祥出名職員崔廣生等二十五家亦在省城開張銀號現任湖北鹽法道鄒之玉與弟職員鄒之瑤鄒之璜鄒之瓚均籍隸江西豐城縣其父鄒學宗向在粵東省城開張溥記茶行鄒之玉又辦理連陽樂桂埠務嗣鄒學宗鄒之璜先後物故

溥記茶行經鄧之玉鄧之瑤鄧之璜接開道光二十年間鄧之玉等核算溥記茶行共欠梁順祥與崔廣生等二十六號本銀三十二萬九千一百九十九兩又另欠侯亭記等二十二號本銀六萬四千四百兩統共銀三十九萬三千五百九十九兩該茶行存本無多不敷償欠懇允各號停止利息議將溥記茶行存本現銀四萬二千六百八十兩并公共房屋五所抵銀一萬七千五百兩減折攤還每萬兩以一千餘兩歸結仍俟連陽樂桂兩埠供辦期滿除完公項外如有盈餘悉數交出償還因恐各號不允議懇各號將前項存本現銀并房屋變價充本仍入山辦茶回粵銷售以冀逓年獲息分償當經寫立字約章程鄧之玉弟兄公同在場僉名畫押交與梁順祥等收執並將溥記茶行存本現銀及公共房屋四所先行交與梁順祥等收管尚有公共下九甫北向房屋一所未經交出侯亭記等二十二號內有十二號不欲辦茶情願將鄧之玉等交出存本現銀并已交未交各房屋變價按數減折攤還歸結其餘十號與

梁順祥等二十六號隨將應分銀兩公立允合成字號辦茶仍邀卲之瓚在
行管事嗣卲之瓚病故復邀卲之瑶接管二十一年梁順祥等因夷人滋事
各店鋪紛紛歇業即將允合成茶號閉歇核計獲息銀二萬餘兩經各號
按數分收卲之玉等續又還過梁順祥銀一千四百五十一兩梁順祥等
二十六號被卲之玉等溥記茶行負欠多銀收過應分允合成茶號本息
及續還銀兩爲數無幾并因卲之玉等尚有房屋一所未交其原議分
給連陽樂桂兩埠盈餘銀兩亦未交給屢向卲之玉等催討無償梁順
祥等二十六號即赴南海縣具控并將卲之瑶扭獲送縣經該前縣梁升
令提訊兩造各執一詞卲之瑶旋因患病取保梁順祥等隨赴
前撫督憲暨
前藩憲呈控卲之玉亦以伊兄弟業已分析伊弟卲之瓚等溥記茶行
欠項與伊無涉且各債先經攤還歸結梁順祥等揑伊冩給連陽等埠

抵欠等情赴縣具訴請將伊名摘除并赴

前撫憲呈控均奉批縣查明辦理梁順祥等因回籍措資未經到案經

該前縣照原告兩月不到例詳請註銷鄒之玉旋因捐輸選授湖北鹽

法道將樂桂埠歇業其連陽埠務伊子捐職員外郎鄒道濟經手接

辦梁順祥與崔廣生等回省查知復行上控經該前縣差傳質訊未到梁

順祥等因欠項屢控無償鄒之玉又已出仕起意赴京呈控未將收過

銀兩數目扣出即以鄒之玉等父遺溥記茶行借欠伊等二十六號本銀

三十二萬餘兩經鄒之玉等央懇停利議將鄒之瑶住屋並鄒之玉原

用溥記茶行本銀辦理連陽樂桂埠本利抵還各欠立有字據請將

鄒之玉解任究追令順祥號舖夥雷百祐作抱赴

都察院呈遞咨解回粵飭府審辦經前府王守行提南海縣原卷到府

時順祥號梁培芳已故經馬達亨同崔廣生等并被告鄒之瑶鄒道濟

赴府投到惟何元盛屢傳並不到案王守未及訊詳卸事前署府楊
升守提訊馬進亨因病未到即令經管銀號事務之抱告鋪夥雷百
祐代質楊升守亦未訊結卸事卑府抵任接准移交迭次提集質訊崔
廣生等與雷百祐供悉前情據鄧之瑤鄧道濟供稱鄧之玉弟兄久
已分析溥記茶行實係鄧之瑤及已故鄧之璜所開並非公産約內名字
係鄧之璜冒僉且溥記茶行欠項先經攤還仍立允合成字號辦茶
獲息分收粲順祥等背議將允合成歇業與鄧之玉無涉復向崔廣
生等詰問據稱溥記實係鄧之玉等父遺公産其弟兄家用銀兩均
在該行支取有鄧之璜遺交簿據可憑至允合成辦茶歇業係因吏
人滋事所致並非伊等背議當日鄧之玉等議立各約鄧之玉實係
在場畫押飭據鄧之瑤呈出各債户當日公議允合成辦茶字約章程
一本前列公啟及分償欠約均係鄧之玉鄧之瑤鄧之璜公同出名寫

立後附辦茶章程又據崔廣生等繳出鄒之玉等寫立埠務盈餘償欠字約一紙查核公啟內稱父遺溥記茶行並連陽樂桂兩埠虧累各債不能抵償懇衆號停利立定章程陸續歸還又分償欠約內稱父遺溥記茶行共揭欠各號本銀三十九萬三千五百餘兩玉等兄弟商議無力依期照數清還將收存賣茶銀及房屋交出估變共計銀六萬餘兩若先攤還各欠只得一成餘自討負欠太多求各號計本減息將玉等交出現銀及房屋五間變價充本仍入山辦茶回粵銷售以冀逐年獲息分償又辦茶章程內開遞年獲息按年結算派收原冀血本有着倘中途志有別圖或生意歇業情愿先行分收者一面將茶務本息先行截算分收各等語并據崔廣生等呈出溥記賬簿一本內載敦怡堂怡發堂遞年支取家用各欵據崔廣生等指稱敦怡堂係鄒之玉堂名怡發堂係鄒之瑤堂名貭之鄒之瑤等

伕亦無異是溥記茶行實係鄒之玉等父遺公産弟兄家用均在該行
支取其並未分析確有可據况書立合約時鄒之玉並未出仕尚在
粤東數十萬賬目並非細事豈得諉為冒僉且各債户在縣控追時
鄒之玉僅呈請摘除並未將冒僉情由據實呈明其為事後飾卸
尤為顯然至允合成茶號一年之内獲息二萬餘兩設非夷人滋擾各
債户何肯遽行停辦况原定章程本有生意歇業將茶務本息先
行截算歸分收之語更不得以停止允合成買賣藉口背約竟將應還
數十萬欠項全行抹煞當復飭據崔廣生等將各號原票呈驗内有
溥記行揭單共該本銀一十一萬餘兩據鄒之瑶認係溥記所欠又
溥記茶號欠票共該本銀二十一萬餘兩據鄒之瑶認係溥記經手
鄒之瑶與鄒道濟堅稱溥記經手之項係茶客所欠伊等不能代還
卑府當以茶客往来無定其與各店户交涉貿易全以經手之人為

憑是經手之人即與牙行無異豈得置身事外且查鄧之玉等當
日書立字約註明揭欠三十餘萬連經手茶客欠項一併在內是即
鄧姓應償之明証當將崔廣生等呈繳各票督令兩造核算清楚飭令
鄧之瑶等設法清償乃鄧之瑶等仍執前詞瀆辯當經詳請咨
取鄧之玉親供並因要証未到照例詳請咨部展限在案嗣經
湖廣總督部堂咨送鄧之玉親供奉發到府該員仍稱溥記茶行
並非父遺係伊弟鄧之璜創立嗣鄧之璜病故鄧之瓚接開與伊
自創鹽業無涉溥記茶行借欠員德興等各號銀兩先經鄧之瓚
等將存本房屋勻攤完結復另開允合成字號辦茶仍邀鄧之瓚
共事其從前溥記如何立據完欠復開允合成號如何立議又如
何收歇伊並不在場預議伊與各弟久已分居各業溥記茶行欠項
不能兄代弟還等情卑府復提兩造研訊向鄧之瑶鄧道濟遂層

駁詰鄧之瑶等無可置喙願求公斷崔廣生等亦願遵斷完案當
飭兩造出具切結正在查案核斷間鄧之瑶旋報患病在家身故
復飭令崔廣生等繳齊單據督令兩造核算酌斷繳銀三萬五千
兩攤還各欠崔廣生等均願減收完案惟鄧道濟供仍推諉經卑府
稟奉
憲臺藩憲添委雷州府劉守即補府沈守會同審辦并傳到馬逢亨赴
府備質卑府當即會同劉守等提集反覆究詰鄧道濟無可再辯
情願量力籌還劉守旋奉委署南韶道篆卑府會同沈守復提兩造
會同核算鄧之玉等溥記茶行及經手茶客欠項共欠梁順祥等二
十六號銀三十二萬九千一百九十九兩除將先經同控後不到案之
何元盛一號原欠二千六百兩扣除又梁順祥等收過應分鄧姓交出
存本茶項及房屋變價并允合成賣茶獲息歷續收現銀四項共銀

五萬七千一百九十九兩零外尚欠梁順祥等二十五號銀二十六萬
九千三百九十九兩零體察情形公同酌斷令鄧道濟繳銀三萬五
千兩攤還馬進亨等二十五號欠項其辦茶同控後不到案之何
元盛一號并辦茶不控及不辦茶之侯亭記等二十二號不在其內
據鄧道濟陸續繳出現銀二萬一千兩並將下九甫南向住屋一所
交出抵銀一萬四千兩經崔廣生等及馬進亨具領愿將房屋變價
連現銀分別攤還結案至鄧之玉等原抵未交之下九甫北向房屋
一所原係抵還順祥等號并侯亭記等共四十八號欠項現亦據鄧
道濟將該屋交出即經給與馬進亨等收領飭令變價按照四十八
號欠數減折攤還均經取有領狀附卷并據崔廣生等將鄧之
玉等原立分償欠約一帋公啟一帋議給埠股盈餘字據一帋溥記自
借並經手茶客借票共一百一十一帋繳案核算明確存候案結

塗銷飭令兩造具結繳案馬逢亨等均無異詞惟鄧道濟堅稱現繳
銀兩房屋係代還伊叔鄧之瑶等欠項結內只能稱爲代還實難
聲叙伊父鄧之玉借欠字様當向再三開導乃該職一味抗延實因
伊父出具親供狡展於先以致鄧道濟意存迴護情殊反復卑府
現值交卸入都不及取結叙詳除移交新任核辦外合將本案訊
斷及鄧道濟抗不具結緣由縷晰稟陳
憲臺察核再委員劉守沈守均已委署出省未及會銜合併聲明除稟
藩臬憲外肅此具稟伏祈
垂鑒卑府棠謹稟

道光三十年七月　初二　日

1

道光三十年八月初三日准

吏部咨為遵

旨會議具奏事考功司案呈本部具奏會議得道光

三十年三月十二日内閣抄出初十日奉

上諭通政使司副使王慶雲奏臚陳時務四事一摺

著吏部會同各該衙門妥議具奏欽此欽遵到部

臣等謹就該副使所奏各條詳晰妥議恭呈

御覽

一原奏稱各省州縣有於報災之後未奉文蠲免

之先盡力催徵以圖肥己者河南省道光二十

七年開封等屬蠲免錢糧款内有急公花戶透

完觧司銀四千餘兩應抵次年正供急公花戶

2

之名向所未聞例亦不載州縣巧立名色以催

科溢額為能此風已不可長若

恩旨蠲免之款私自催征各以些少觧司為告發藉口

地步則其罪尤在不赦再直隸旗租項下道光

五年減免重租案内有花戶長完之銀應抵六

年正賦乃直至道光二十七年尚未抵納是州

縣所謂長完留抵者大都虛語近京如此遠省

可知應請

飭下各該督撫嚴密訪查既蠲免何以透完既透完

何不抵納並請

旨通諭各直省如有此膏殃民者立即從嚴叅辦並

将急公花戶之名永行禁革等語戶部查例載

3

蠲免錢糧以奉
旨之日為始其奉
旨以後文到以前已輸在官者准流抵次年應完正
賦若官吏朦混隱匿照侵盜錢糧律治罪又勘
明災地錢糧勘報之日即行停徵又奉蠲錢糧
或先期徵存不行流抵或既奉蠲免不為扣除
均以侵欺論罪失察各上司分別查議各等語
河南省道光二十七年地丁奏銷冊報開封府
屬洧川蘭儀二縣許州屬長葛縣秋禾被旱蠲
免案内各有急公花户於未被災之先透完解
司共銀四千三百餘兩聲明流抵次年正供復
查道光二十八年奏銷冊内有劄支長葛縣長

4

完二十七年地丁銀三千三十餘兩一款其洧
川蘭儀二縣奏銷冊内並未造報上年透完之
項惟據本年春撥冊報除開除項下劄支洧川
縣長完二十七年地丁銀八百九十七兩零又
劄支蘭儀縣長完二十七年地丁銀四百三十
五兩零均與原報透完銀數相符是否即以抵
交二十八年正賦各冊均未聲叙臣部現於核
辦奏銷案内駁令聲覆應即請
旨飭交河南巡撫督令該藩司將該三縣徵收錢糧
紅簿串票嚴密調查前項透完銀兩是否已經
流抵完結據實奏覆如奏銷撥冊所報劄支長
完銀數係該縣令自行支用或另有抵款並未

5

奏稿

在該花户應完正賦款内抵扣即將該縣令指
名嚴參並將失察各上司照例查取職名送部
議處仍將花户透完之款即在二十八年尾欠
数内抵除以紓民力如劉文各款即係流抵其
洧川蘭儀二縣遲至本年春撥始行劃支亦應
將辦理遲延職名查參議處至直隸旗租項下
該省冊報道光五年減免重租案内未奉部文
以前花户長完銀共六千二百五十八兩零批
解部庫嗣據該省逓年奏銷時陸續抵解過銀
六千二百三十四兩零尚有保安州未抵銀二
十四兩零今道光二十八年奏銷冊造又據該
花户照数全完請改抵二十九年正賦等語查

6

奏稿

道光五年清查旗地奏減重租原為體恤花户
起見該省於未奉部文以前既據該花户長完
造入五年奏銷冊内解部自應於道光六年以
後早為抵解以紓佃力乃事閲多年節經户部
題令入冊報部而二十八年冊造内仍有保安
州未抵銀二十四兩零寔屬延玩應令該督轉
飭將長完銀兩赶緊抵解清楚並查明該州因
何積久延宕從嚴參辦再查各省徵收上下忙
限期及各省報災例限大率開徵在前報災在
後中間数月或有殷寔良民及早輸將而州縣
之朦混侵欺即由此起其寔開徵例限雖早如
非成熟年分豈能應期早完報災例限雖遲如

果災象早成自應隨時勘報所屬地方官不恤
民瘼遇有災地應蠲非致例限屆滿不肯迅速
勘報或於既經勘報之後違例催徵既奉
恩旨之後有心延擱或將災前長完之數以多報少
災後應抵之數私徵入己種種積弊誠有如該
升任副使所指陳者應請
旨通諭各省督撫轉飭州縣激發天良留心撫字遇
有水旱偏災一經勘報即應照例停徵則透完
者自少偶有透完照例即於次年流抵仍責成
該管道府隨時調查簿串如有報災後照常徵
收及長完銀兩朦混重徵等弊即行揭報嚴參
道府徇庇不揭一併參辦其奏銷造報長完流

抵項下只准據實聲叙不得有急公花戶名色
以杜巧飾庶
國課易於輸將而民生亦均沾實惠矣
以上各條臣等悉心妥議謹將核議緣由理合
恭摺具
奏於道光三十年五月二十一日具奏本日奉
旨依議所有河南省洧川蘭儀長葛等縣道光二十
七年被旱案內花戶透完銀兩是否抵交二十八
年正賦著河南巡撫督飭藩司將該三縣徵收錢
糧紅簿串票嚴密調查如有弊混即行參辦其直
隸旗租項下道光五年減免重租案內有保安州
花戶長完未抵銀兩事閱多年尚未抵清實屬延

9END

玩著該督嚴飭該州赶緊抵解清楚並查明因何
延宕據寔恭奏至各省偶遇偏災大率開徵在先
報災在後州縣朦混侵欺之弊即由此起著通諭
各直省督撫查照該部指陳各弊寔力查辦不准
再有急公花户名色以杜巧飾而恤災荒欽此相
應知照可也

奏稿

F.O. 682/1971/66

1

探得福建城內因近日有夷人租佃神光寺各紳士驅逐告白

省城鰲峯鳳池越山各書院肄業全人公白緣神光寺乃我闔城士人讀書會課之所現有夷人强租硬佔違背原議我同人約赴該寺與之講理誠大公至正之舉自不可稍有退縮但本意止於驅逐出城並不肯爲已甚倘有外來兇狠之人乘勢滋鬧我輩亦須保全夷人性命勿致戕害其生以存厚道特此公白等因

又士民致唤咭唎夷官公信

公啓者前日風聞 貴國領事官代講經民人租賃神光寺將租約送縣用印即欲

2

搬進得在本地士民均極駭異當即赴縣僉衆在案今聞　本縣去日曉輿情惟會
貴國領事官遽行退租以期相安無事而　貴國講經人尚欲強行搬進實於人心
不協揆諸情理勢三字皆不可行譴台千萬人之心先爲　執事明白勸止焉查
貴國人在福州通商本應依照原約只能寄居港口前有領事管事等官人住城內烏
石山之積翠寺本地士民本不情愿祇因　各憲再三勸解謂係暫時通融我士民
厚道相待姑看後來不肯遠如廣東衆人堅持力阻是於　貴國通情之處已爲不
小矣然積翠寺所住者尚是　貴國之官猶可言也若講經民人亦要賃居城內則
又何所限制條之原約太不相符明因本地士民從而稍肯通情遂有得一思二之謂
是不以厚道爲可感直以厚道爲可欺豈本城內數十萬家之人不能爲廣東人之
所爲乎不激之則假舊相安激之恐衆怒難犯此情之不可行者一也且原約內云各國
租地由中國地方官會同領事官體察民情公平議定內民不得擡價遠人不得強租
務須兩情允協等語今神光寺係本地生童常川會課讀書之所士民齊心不願出賃
貴國即未便顯背和約自取硬占之非彼僧人但守燈而出租原不能作主即縣
署雖曾用印所定議亦必體輿情且縣中錢糧詞訟每日蓋印多至數千本不能一

一待官指定此次租約中所會縣印明係縣署官印之僉押因 貴國領事官送去
不但稍遲未及兩明本官即先印給追繳 縣主查知復揆紳民公稟恐此舉猝然
滋事故於照會中自認一時疏忽請速更正移銷是 縣主已將正理言明則 貴
國亦應循理照覆且 貴國素重信義苟因此租屋小事竟將原立萬年和約內所
稱兩情允協不得強租之語任意抹煞信義安在此理之不可行者二也積翠寺高
在山顛樹林深密匪類若來滋擾 貴國尚可豫防若神光寺僅在山下往來既屬
通衢附近尤多匪黨頹垣成路本為竊賊出沒之區而 貴國人在彼講經勢必
招人觀聽匪徒更堪聚集鬧事不定何時倘藉端搶物傷人士民含怨而不前官長
走援而不及縱使事後控告亦必人逃難拿物散難追悔之晚矣此勢之不可行
者三也以上三者是非易見利害易明並非本地士民空言嚇阻況聞 貴國講經人
到後曾託委員只覓妥便房屋城廂內外任所不拘是本意原非必租此寺城外各
處廟宇勝於此者極多官長定能代覓又何必強租此寺致與闔城士民不得相安
耶 貴國領事官久在中華深明事體故特瀝其禮義備具條心惟望自能保護之
有共享太平之福彼此幸甚公敬 此啓已經交官縣與 備有公文付與官處矣

P.1

道光三十年九月初一日准
戶部咨為傳付事廣東司案呈准雲南司傳付
內稱本部議覆吏科給事中呂賢基陳奏三條
一摺於五月初三日具奏本日奉
上諭一道欽此相應傳付江南等十三司赴司抄錄
自行行文等因前來相應恭錄

奏稿

諭旨抄錄原奏行文廣東巡撫欽遵辦理可也計單
一紙
戶部等部謹
奏為遵
旨會議具奏仰祈
聖鑒事道光三十年二月二十二日奉

P.2　2

上諭給事中呂賢基陳奏四條一摺著戶部會同各
該部議奏欽此欽遵於二月二十二日抄出到部
據該升任給事中原奏臚陳懋
聖學正人心育人才恤民隱四大端奉
旨交臣等會同議奏臣等謹就原奏所及逐條核覆
恭呈

奏稿

御覽
一原奏懋
聖學一條
禮部查原奏內稱一在懋
聖學竊惟
聖學之要不在語言文字之間而在明德新民之理今

宸居正位天下咸仰
主德而
主德之日新繫於
聖學伏乞
皇上萬幾之暇取大學章句及大學衍義大學衍義
補與朱子全書分日進呈

奏稿

御覽等語查本年四月十五日 臣部議奏
日講摺內請將
日講事宜毋庸置議等因奉
旨依議欽此所有該矸任給事中呂賢基請將大學
章句諸書分日進呈之處應毋庸議
一原奏正人心一條

禮部查原奏內稱一在正人心管子曰禮義廉
恥是謂四維人心之邪正繫於四維之弛張而
風俗之隆替吏治之得失因之學校為風化之
首近日之校官直為豢養衰庸之地非頭童齒
豁之士即末學淺見之儒至捐例開而校官一
途更不堪問安能為郡邑師表耶夫士習敝則

奏稿

民風漓以勸孝教忠為迂論以鄉飲讀法為具
文愚氓莫獲適從之路於是獄訟日煩盜賊日
熾此當今之大患也而其端皆由於心術之不
正伏願
皇上崇儒重道首擇學校上自成均下逮各省府州
縣學皆精其選以興孝勸學為急務等語臣愚

以為學校者教化之本原也
國家有講約之法有鄉飲之禮有舉高年之令有
興賢能之書孝子順孫義夫悌弟歲上其名而
褒榮之貞孝節烈婦女歲稽其姓氏而旌表之
事皆隸於校官乃行之既久而士習日敝民風
日漓獄訟日煩盜賊日熾者何也校官不得其

人則教化之術不講而良法美意奉行之不力
也近日校官一途由貢班銓選者大半皆頭童
齒豁之士由生員捐納者大半皆末學淺見之
儒以師表之官為豢養之計課士之職尚不克
舉安望其化民成俗哉臣愚謂訓課之勤與不
勤責在校官校官之賢與不賢責在學政應請

旨飭下各省學政嚴行教職考核之例以品學之醇
疵為第等之高下以勸課之勤惰為考成之殿最
其學行兼優有成效者據寔列薦年力衰頹庸
劣不職者秉公甄別庶政教修明而俗尚醇茂矣
一原奏育人才一條
禮部查原奏內稱一在育人才為今之計必以
廣儲人才為急務夫培養之原首在學校今日
之士子即異日之卿大夫當在學校未嘗講求
夫明德新民之理及在
朝廷何以責其有致君澤民之效是必
國家學校之教一本於大學之道而師儒之官皆
堪表式率天下之為士者羣相砥礪斯禮義廉

恥曉然昭著於人心一旦出身報國而忠愛之
誠固結心性隨在可覘其建樹等語臣等查朱
子學校議曰學校必選實有道德之人使為學
官以來實學之士又曰古者聖王設為學校以
教其民興其賢且能者置之列位是以公卿大
夫列士之選無不得其人焉明乎儒道不立則

奏稿

天下無正學師道不立則天下無善人也
國家科舉之設擇其秀者升之學又擇尤者貢之
成均三年而賓興之舉於鄉者試之禮部待士
之禮至優取士之法至備然其弊也或有文而
無行或託諸空言而無濟于實用學校之名雖
存而其實不舉師儒之官雖設而其教不行此

大學之道不明而人才之所以華而不實也臣
愚謂取士之法專試文藝莫若就文藝之高下
而黜陟之訓士之規兼論品行莫若就品行之
清濁而激揚之文藝有一日之短長品行有一
時之毀譽不能遽定也莫若寄訓課之事於校
官而嚴稽查之法於學政舊例各學教官察諸

奏稿

生之勤惰則有月課舉諸生之優劣則待歲考
相沿日久視為具文應請
旨飭下各省學政通飭所屬校官每季將諸生月課
試卷申送學政考核三歲將諸生優劣學冊申
詳學政轉咨禮部備查其士子之不守學規者
仍隨時戒飭懲辦庶訓廸得人而士知自愛矣

道光三十年五月初三日奉

上諭據户部禮部會議升任給事中呂賢基陳奏四條一摺學校為教化之原士子訓課責在校官校官賢否責在學政近日校官一途半皆年老衰庸及末學淺見之士著各省學政嚴行考核文行兼優者方准列薦庸劣不職者速行甄別至於月課歲考尤須認真舉行所課試卷按季申送學政諸生優劣學冊三歲咨部備查總期寔力奉行毋得日久生懈其安徽江蘇江西湖北等省捐賑銀米及道光二十八年推廣捐米事例均著一律停止至不肖官員藉公營私夤緣朘削尤應查辦著各直省督撫等於所屬各員內留心訪察毋論是否捐輸出身倘有夤緣朘削及擾累民生者隨時指名嚴叅懲辦以儆官邪而挽頹風餘依議欽此

P.1

上諭湖南布政使著祁宿藻補授所遺廣東按察使
著崔侗補授欽此當即恭設香案望
闕叩頭謝
恩伏念臣燕山下士知識庸愚由吏部文選司郎中
仰蒙
皇上逾格殊恩
簡放廣東南韶連道甫經到省尚未赴任茲復渥荷
恩綸補授廣東按察使沐
隆施之逾格實夢想所難期查廣東臬司升任湖南
布政使祁宿藻現帶印在清遠等處剿辦游匪
自應俟辦理事竣再行交卸竊思廣東為海疆
重地獄訟繁多況現值盜風未靖之時詰奸禁
暴除莠安良更關緊要臣初膺斯任深懼無以

P.2 end 2 END

稱職惟有籲懇
皇上恩施俯准臣進京
陛見跪求
訓廸俾一切有所祇承庶得殫竭愚誠冀酬
高厚鴻慈於萬一所有微臣感激下忱謹繕摺恭謝
天恩伏乞
皇上聖鑒謹
奏

南韶連道並未到任接篆現係借用封口糧道印信合併陳明

一件　事

奏稿

道光　年　月　日具

奏

摺弁　賫

道光　年　月　日奉到

硃批

奏為恭謝

天恩叩請

陛見仰祈

聖鑒事竊臣於本年九月十九日接奉督臣撫臣行知道

光三十年八月二十四日奉

p.1

一件 省河盐課奏銷請展限 事

奏稿

硃批 道光 年 月 日奉到

看稿 對摺

道光三十年十一月初八日具

奏

摺弁萬長安賫
借報董名亮

繕摺

奏為廣東省河盐課奏銷請循案展限三個月以紓商力恭摺奏祈

聖鑒事竊照粵東省河盐課向係壓年奏銷道光二十七年應奏銷道光二十六年分引餉因行銷

p.2

遲滯經前督臣耆

奏准展至次年三月辦理並聲明以後遞年趱早一月至道光三十年年底復歸原限在案茲據運司趙鏞會同藩司柏貴具詳據省河運商潘敬義等以道光三十年應完道光二十九年分引餉原應遵限於本年年底奏銷惟商等資本微薄全藉埠銷暢旺以供轉輸上年秋冬兩季天時亢旱魚汛欠薄銷市甚減本年正月迄辦道光二十八年分奏銷各埠完餉齊全商力已形竭蹶詎夏秋以後西北兩江游匪滋擾運盐解餉挽運維艱轉輸未能迅速轉瞬歲底又屆應完二十九年分引餉之期一年兩次奏銷辦

餉為期迫促商力實有未逮懇請援照歷届成
案展限三個月等情由司核明詳請具
奏前來臣查嘉慶年間暨道光元年四年七年十
年及十三十七二十一二十四二十七等年省
河鹽課奏銷俱因埠銷遲滯經歷前任各督臣
先後
奏准展限在案本年行銷二十九年分引鹽臣節
經督飭運司實力催商趕緊拆運令據詳本年
西北兩江埠地游匪滋擾鹽餉挽運維艱兼之
一年兩次奏銷商力不及臣覆加體察委係實
在情形且核與歷届展緩成案事同一律合無仰
懇

天恩俯准將省河各商道光三十年應完道光二十
九年分課餉展至咸豐元年三月底奏銷以紓
商力此後仍照原案遞年趲早一月至咸豐三
年年底復歸原限其潮橋各埠引餉向係另案
奏銷不入省河展限之列惟該屬有招收等七
場應徵課銀二千七百二兩零向係各場員按
年徵解於每年年底先行全完應仍令照常辦理
俟年底將完過數目咨部查核於省河各埠全
完之後彙同造册具
題所有省河奏銷請循案展限緣由臣謹恭摺具
奏伏乞
皇上聖鑒訓示謹

P.5 end

5END

奏

道光三十年十一月十七日具

奏

道光　年　月　日奉

硃批

借報陳鴻昌賫

奏稿

兩廣總督臣徐　廣東巡撫臣葉　跪

奏爲溢坦屯租初居五年民力實有未逮懇請暫

停加增現經查明原辦章程本多未協恭摺據

實具

奏仰祈

聖鑒事案查道光二十三年因虎門一帶築復礮臺

操演犒賞一切經費無出經前督臣祁𡎴會同

前撫臣程矞采遂議請將官築屯田一百三十

餘頃額徵一萬五千餘兩爲率奏明以爲各臺

之用並不遞年加租嗣因二十四年添設貞吉

戰船多隻所費益鉅無可生發遂將南海番禺

東莞香山新會新寧六縣沙田之溢生子坦查

明首報並有兩造爭控不明者一律充公共一

千九百一十一頃二十六畝零列爲上中下三

等自道光二十六年起至三十年止由二萬四

千九百餘兩已加至二萬九千七百餘兩再閱

五年加至四萬四千二百餘兩再閲五年加至

六萬二千八百餘兩再閲五年加至七萬五千

四百餘兩又再閱二十二年由八萬三千餘兩
加至八萬六千五百餘兩以後方為定額永不
加增謂之溢坦歸屯租息此二十四年前督臣
耆英先會同前撫臣程矞采創議於前復於二
十六年會同前撫臣黃恩彤分限於後急於設
法籌欵不及實按詳察限先派定租且浮增既
無成案可援又非沃壤足恃但立此遞年加租
之章程也查廣東向有沙田例案沿海沙坦情
形不一浮沙始積謂之白坦淤積日久蔓草滋
生謂之草坦由草坦用工圍築成基謂之熟坦
如成熟已久潮汐往來坍漲靡定或成熟雖久
尚有潮汐漫溢未能一律種植禾稻者悉照斥

鹵稅則每畝徵銀四釐六毫四絲如基址已固
無虞潮汐漫溢者即屬年久成熟稅坦應照上
則民田稅每畝補升銀三分一釐一毫九絲補
升米一升二合二勺八秒倘有私墾沙坦匿稅
不報於五年清丈時查明已未成熟酌追花息
銀一律照首墾例以自首之年補報升科此臣
等溯查廣東歷年勘辦沙坦之一定章程也今
查前督臣等竟以溢坦歸屯租息無論上中下
三等每畝自一二錢起徵遞年加至四錢六錢
八錢不等較之向辦條佃上等坦租補升銀三
分有零米一升有零者相去已屬懸殊然經費
出入有常海疆儲備宜廣溢生之坦若果滄桑

不變水旱無虞收穫倍多輸將恐後亦何必動
議更張乃歷經體察情形並叠次委員清釐總
由於當年查辦之時坦畝貪多徵收加重祇顧
一時之飾觀悅聽並未計後此之懸賦病民且
所定加增之數全係約計之詞求其實效可憑
者安在現查報承各坦非濱臨大海即枕近外
洋其白坦草坦並尚未能盡堪耕作即可望成
熟者潮汐沖刷颶風時至亦難期普慶豐穰況
佃戶間有託名保紳每隸他縣其豪强之暗圖
影佔刁劣之從中欺凌不免諸弊叢生自溢坦
歸屯以來香山縣佃戶何隆平等屯坦三十頃
一十二畝零新寧縣佃戶余創緒等屯坦四十

八頃八十六畝零皆因徒事賠累無可修築呈
請豁除新會縣保佃譚觀焜等共税八十頃亦
因爭控水道租尚虛懸其餘報承未領照者領
照後不交租者所在皆有將來屯戶逃亡保佃
物故各該縣追呼不前即照經徵地丁錢糧之
例開參勢必展轉那墊引開虧累之門日後流
弊尤恐不可勝言即如前督臣等二十四年原
奏內稱嘉慶十六年間因籌補缺穀津貼及南
雄仁化二州縣清丈屯田經費無出曾將各屬
控爭沙坦積案勘出例應入官坦畝議追歷年
花息將坦給還升科等語是向章祇有追繳花
息分別升科之例並無逐年漸次加增直至四

P.7 7

十餘年後始行定額之理顯去升科之名暗藏
加賦之弊上無大裨於
國計下徒貽累於民生又如前督臣等二十六年
原奏條欵内載此項坦租每畝多至六錢八錢
較之升科每畝輸銀四釐有零不啻什伯倍蓰
粤東民多田少生計拮据賦税舊有定章斷難
援此案爲例等語可見當日原辦之時皆由出
於憑空臆定亦未嘗不自知窒礙難行並非可
存諸久遠也臣等因思溢坦歸屯租息當日原
爲貞吉戰船等項需用起見本年正月内業經
奏請裁撤貞吉戰船十二隻留用米艇四隻一切
費用較省所有前擬添造拖風船五十隻應需

P.8 8

弁兵口糧以及遞年燂洗各船約需銀二萬八
千餘兩即在節省貞吉戰船修費支用再將前
已停止米艇撈繒三十四隻節省修造銀兩全
行抵撥一併陳明在案至於溢坦屯租與官築
屯租本係一事相因是以每年奏銷册内均係
統歸造報查道光三十年溢坦屯租額徵銀二
萬九千七百餘兩官築屯租歷年額徵銀一萬
五千三百餘兩共徵銀四萬五千餘兩每年奏
銷册内共應支用二萬四千餘兩再加以拖風
船修理等費二萬八千餘兩總共應支銀五萬
二千餘兩計所短僅止數千之數現查道庫有
積存屯租七萬四千餘兩可以動支彌補以後

P.9　9

倘有不敷亦可隨時另行籌款支給玆據藩臬
兩司會同督糧道具詳前來臣等再四思維通
盤籌畫查官築屯租自道光二十五年議定租
額以後並未加增自應仍循其舊惟溢坦屯租
累加靡已必至民不堪命況戰船既已酌裁需
用亦多撙節租息任意加增原辦本多未協所
有前督臣等原奏自明年遞加租息合無仰懇
聖主逾格鴻慈俯准暫停增租自咸豐元年起仍照
本年歲額之數按限徵輸以廣
皇仁而紓民力嗣後再居五年十年之期復行認真
勘丈核實查辦斷不准稍有匿墾漏報等情如
果實係膏腴成熟者再請察看情形分別酌議

P.10　10　END

加增以充經費所有溢坦租息懇請暫停加增
緣由臣等爲培養民生不敢遷就原定章程起
見謹合詞據實具
奏是否有當伏乞
皇上聖鑒訓示謹
奏

[redacted]

遵將冊內點出各員開列送

閱

計開

順德縣馬寧司陳熊	道光二十九年六月十三日到任
新安縣典史徐國楨	道光二十六年九月二十日到任
從化縣典史高履福	道光二十九年七月初八日到任
龍門縣典史高述先	道光二十五年八月十三日到任
樂昌縣典史晏禹甸	道光十九年五月初九日到任
陸豐縣黃湴坑司姚德峻	道光二十五年九月初六日到任
河源縣典史曾朝元	道光十四年九月二十日到任
海陽縣典史金　元	道光二十七年十二月十六日到任
潮陽縣門闢司鄭　照	道光二十八年二月二十八日到任
饒平縣柘林司王金鏞	道光二十三年三月初四日到任
惠來縣葵潭司孫　稽	道光二十四年十二月二十一日到任
大埔縣典史羅道源	道光二十六年八月二十四日到任

一日奉
上諭有人奏潮州府知府劉潯素有貪酷之名前任
廣州府任內有民人放火焚燒府署之案撤任後
無人租與房屋嗣經調任潮州該處百姓不令進
城等語似此不得民心之員其平日官聲輿論自
難逃人耳目著全慶接奉此旨即將該員居官行
事如何貪酷以致衆怨沸騰之處密訪詳查務使
款蹟明確據實具奏斷不准稍涉瞻徇將此密諭
知之欽此仰見
皇上嚴飭官方勤恤民隱之至意臣遵即查明道光
二十五年十二月十八日該府劉潯在廣州府
任內因公出署路經雙門底地方有挑夫迎面闖

来跟役向其攔阻不聽該府面加呵斥仍復出
言頂撞當即板責帶署候訊維時街鄰舖户人
等隨往觀看人漸衆多已形擁擠該府訊明後
當即釋放正出署間忽爾訛言四起聲稱私帶
兇人潛入府署遂有匪徒多人喊稱進署欲行
搜剿勢甚洶洶該府當堂曉諭開導恃衆不服
力難阻止致有打毀器物延燒房屋之事經前
督臣撫臣將該府
奏請暫行撤任一面嚴拏匪徒陸續獲犯譚亞沛
等五十餘名分别斬絞軍各罪名定擬
奏結完案並查明該府板責出言頂撞之民人並
無不合匪徒藉端聚衆滋擾亦非該府意料所

謹將前署歸善縣交代案內應交應抵各数並續經完觧銀
米各欵及現尚應交銀穀分晰開列清摺呈候
鈞核
一應交各欵共銀拾陸萬陸千貳百壹拾兩零柒錢陸分肆厘
一應抵各欵共銀拾叁萬叁千玖百柒拾捌兩陸錢貳分

續完觧二十九年分地丁正耗銀柒千叁百陸拾叁兩陸錢叁分陸厘

續觧省米壹千伍百貳拾玖石叁斗捌升貳合肆勺折銀

伍千伍百零伍兩柒錢柒分柒厘

續完觧　部欵銀柒千玖百壹拾伍兩壹錢玖分壹厘

續繳存廣州府庫銀貳千捌百兩　內奉扣受納倉工料銀壹千陸百伍拾陸兩合註明

以上共觧繳過現銀貳萬叁千伍百捌拾肆兩陸錢零

肆厘內除奉扣銀壹千陸百伍拾陸兩

現尚應交銀壹萬零叁百零叁兩伍錢肆分

一借碾倉穀貳千柒百壹拾捌石玖斗伍升零[illegible]

謹將核過卑前縣陳令任內交代交抵數目開具節畧呈

電

計開

庫項約共應交銀一十三萬八千五百餘兩

約共抵銀一十三萬六千三百餘兩惟查內有列抵

道光二十七年民欠錢粮正耗共銀二千八百九十五兩零
民米正耗折銀五千二百零一兩零

道光二十八年民欠錢粮正耗共銀四千二百三十七兩零
民米正耗折銀七千六百五十兩零

道光二十九年民欠錢粮正耗共銀五千六百一十八兩零
民米正耗折銀九千七百五十九兩零

共列抵各年民欠銀三萬五千三百六十餘兩均奉

恩詔豁免無從征收業經陳令造冊稟繳廣州府核

議籌補尚未奉到文行

又列抵　樂昌縣欠還墊款共銀八千零一十兩零

仁化縣欠還墊款共銀四千九百七十二兩零

乳源縣欠還墊款共銀五千三百五十七兩零

翁源縣欠還墊款共銀八千六百五十四兩零

英德縣欠還墊款共銀六千九百四十兩零

共列抵各縣未還墊款銀三萬三千八百三十三兩

零數目是否相符現已備文移查尚未覆到

以上民欠及墊款如能全數照抵外尚約短交銀

二千二百餘兩

[redacted]

查前經 户部奏奉
諭旨飭令按照户部前次單開數目限三個月掃數通完各款內當餉銀二百六十兩業已完解清楚煤餉一款除新寧縣商人未完銀七千一百三十三兩零實因該商陳汝梅病故産絶㞮老煤殘無力完納致未解清已飭該府縣除名截餉另行詳辦外其餘曲江縣未完十六年煤餉銀四百兩嘉應州未完各年煤餉銀八百兩又爐餉一款內龍川縣銀一百零六兩已據完解曲江縣未完銀三百十八兩又東莞縣未完下關魚税盈餘銀一千七百四十八兩八錢八分現據郭令稟稱係南海縣張令任內應行交解部款又始興縣未完槽木税盈餘銀一千零八十一兩零已入指抵報部有案現在未完各縣先已委員守催指抵之款擬即先行扣撥以清要款惟埠商帑本息銀除先已完解并現解銀一萬兩外尚欠銀一十七萬零五百三十餘兩為數尚鉅恐難登覆也

[redacted]

本届咸豐元年奏銷道光二十九年餉欵懸宕各埠應融餉襍二十萬零
六千七百二十八兩零二分九厘其有商之埠内中現在完繳不前該商
例應斥革監追所有餉銀應歸公所籌撥足數以副奏報
來賓埠秋冬餉襍一千四百一十五兩六錢八分八厘
遷上埠秋冬餉襍二千九百九十二兩六錢六分二厘
羅融埠秋冬餉襍五千六百九十三兩七錢六分二厘
仁化埠餉欵八百六十九兩四錢一分二厘
翁源埠秋冬餉一千八百九十五兩九錢二分二厘
新會埠減餉一千二百二十四兩三錢一分四厘
增城埠減餉三百八十兩
百色埠減餉一千兩
西寧埠秋冬餉八百九十三兩四錢四分六厘
共一萬六千三百六十五兩二錢零九厘
净應融銀二十二萬三千零九十三兩二錢三分八厘

向來籌辦補餉四款加捐懸餉七千三百兩零
積引成本七千七百兩零
籌補懸餉二萬一千兩零
預提節省工伙四萬一千五百七十九兩三錢六分七厘
共應九萬兩
内各埠懸宕放不足數四千兩
實放八萬六千兩
融引成本約五萬八千兩
程價一萬四千兩
南河餉一萬兩
南柜羨二千兩
五斗埠捐繳一萬兩
西洲埠捐繳五千兩
鶴山罰餉一千四百兩
臨全埠租二萬兩
連陽埠租五千兩
南省鹽變價銀一萬二千五百兩
共約計二十二萬四千兩以副奏報

1

勵該督撫調度有方前已降旨交部從優議敘矣
惟思英德一帶匪徒滋擾經該撫親往督辦將各
股首彩各匪全行殄滅勤勞尤著業　著賞加
太子少保銜以示嘉獎欽此當即恭設香案望
闕叩頭恭謝
天恩竊臣猥以輇才恭膺重寄每懷臨事之懼祗深
曠職之虞當小醜偶肆鴟張脅從為患幸大兵
相隨麕集堵勦兼施仰荷
德威官軍皆同心敵愾覃敷
聲教鄉練亦衆志成城氣奮鷹揚掃穴而渠魁盡縛
勢窮鹿鋌搜山而餘孽全消閱茲半載之蕆功
悉秉

2

先幾之勝算翊微臣疊蒙
訓示始知調度有方凡在事共切圖維敢謂勤勞尤
著前以凱章騰告早邀
甄叙之優加今茲讞案勘陳復拜
寵榮之稠疊
特頒溫諭
錫予宮銜荷逾格之
恩施有加無已慚非分之
知遇易受難安
俯獎微勞合官紳而並邀
懋賞重叨
異數計先後而尤沐

3 END

隆施寵極若驚感深零涕念
生成之倍篤懼福分之難勝抑且邊境尚待廓清鄰
寇時虞奔突凡犬牙之相錯更須加意以巡防
況牛喘之苟延早盼剋期而掃蕩臣惟有益嚴
會同督臣徐○○
師律盡洗賊氛雖先敉靖乎一隅亟宜通籌夫
全局遠揚
聖武允昭
駿烈之平成勉竭愚誠冀答
鴻慈之高厚所有微臣感悚榮抃下忱謹繕摺叩謝
天恩伏乞
皇上聖鑒謹
奏

謹將咸豐元年奏銷及帶征道光三十年初限已未完銀數開呈

憲鑒

計開

元年額征正餉銀四十九萬八千二百九十九兩一錢一分五厘

雜款銀五萬九千八百三十九兩四錢四分三厘

場課銀一萬四千六百二十七兩五錢零一厘

酉税銀六萬零五百九十五兩二錢五分三厘

秤羨銀二萬八千一百七十二兩七錢三分六厘

共額征餉襍課税羨銀六十六萬一千五百三十四兩零四分八厘

已征完正餉銀三十四萬四千五百四十兩零八錢八分九厘
融引正餉銀五萬三千二百四十九兩八錢七分七厘
四款頭撥補正餉銀三萬一千五百五十三兩一錢八分六厘
樵款銀三萬七千八百一十八兩五錢七分五厘
場課銀一萬四千六百二十七兩五錢零一厘
西稅銀二萬八千一百六十三兩四錢六分
秤羨銀一萬一千五百五十一兩四錢二分七厘
共征完餉雜課稅羨及撥補銀五十二萬一千五百零四兩九
錢一分五厘
實在未完正餉銀六萬八千九百五十五兩一錢六分三厘
樵款銀二萬二千零二十兩零八錢六分八厘
西稅銀三萬二千四百三十一兩七錢九分三厘
秤羨銀一萬六千六百二十一兩三錢零九厘
共未征餉樵稅羨銀一十四萬零零二十九兩一錢三分三厘內
有商之仁化埠陳慎遠黄裕安欠完餉樵銀二千八百七
十七兩六錢三分四厘 現在催追理合註明

無商懸埠銀一十三萬七千一百五十一兩四錢九分九厘
又元年帶征三十年緩征初限餉稅羨銀三萬五千四百五十兩
零八錢二分
已征完餉稅秤羨及四款頭撥補銀一萬八千八百六十
八兩一錢五分一厘
實在未完銀一萬六千五百八十二兩六錢六分九厘俱係
無商懸埠
查懸埠無著餉銀前時以四款頭籌補近年懸埠日增四款頭不能
加增本已日形支絀道光三十年奏銷案内又預提元年四款頭
銀四萬九千九百六十八兩六錢七分一厘通融湊數以致撥補
元年之銀更見短少而元年奏銷額欠之外又加三十年帶征欠
數統計無著銀一十五萬三千七百餘兩現辦二年奏銷如再將
額征帶征通報全完則是元二兩年懸宕餉稅總在三十萬兩内
外縷晰陳明聽候
鈞示再查稅款不入奏銷分數惟向係隨正完繳另冊報
部是以一併開列合併聲明

FO.682/1971/62

探得

閩浙督憲兼署福建撫院裕 摺奏稱照州縣征收錢糧例應隨征隨解不准絲毫遲
留邵武府同知朱芬前因署馬巷通判米璐等員欠解道光三十年分丁耗銀兩業經
奏參摘頂勒追在案茲屆奏銷截數之期查有署連江縣瞿墉署長汀縣邱起霖署寧化
縣楊治生署泉上里縣丞魏立德各短解地丁耗羨銀兩頻催不解任意延宕相應請
旨將署連江縣瞿墉署長汀縣邱起霖署寧化縣楊治生署泉上里縣丞魏立德等四員一
並摘去頂戴勒限兩月按數完繳清楚再行奏請開復倘敢逾延或查有虧挪捏
數即行參辦等因 又
陳發縣金桐業患病具請回籍調理
陞補同安縣金門縣丞李湘洲奉部覆准
護理臺灣鎮右營遊擊事晏汝曾現應撤回此路右營守備本任值署起[illegible]買[illegible]所遺臺灣
遊擊事務經臺灣鎮稟請以擬陞臺灣營參[illegible]之建寧鎮右營守備曾宗銓護理各等因

F.O.682/1971/63

探得

閩浙督憲兼署福建撫院裕 片奏再臺灣府裕鐸前於保舉案內奏請調取引
見所遺臺灣府員缺業經飭委臺灣府海防同知黃開基署理遺缺並請以候補同知朱
材哲接署在案茲因黃開基現患吐血病症應行改委方免貽悞查候補同知朱材
哲前經護道委署淡水同知該員心地樸誠辦事穩實在臺八載情形甚為熟悉以之
委署臺灣府篆洵堪勝任所遺現署淡水同知員缺查有候補通判張啟煊明敏詳慎
堪以委令接署所遺臺防同知員缺查有候補通判卓津才識明練堪以委署等因 又
臺灣澎湖協謝烱奉
旨補授廣東碣石鎮所遺協篆現委京旋到省之陞授臺灣澎湖協右營遊擊王國忠護理
閩安協右營都司張濟標陞署浙江黃巖鎮中營遊擊遺缺以海壇鎮左營守備陳世
章 題補各等因

辛亥科福建省鄉試第一次檄調簾官六員
署永福縣王師儉 署仙遊縣楊文峰 署政和縣李士煒
卸署平和縣何恒 漳平縣吳來儀 惠安縣黃伯穎

奏為溢坦屯租初屆五年民力實有未逮懇請暫停加增現經查明原辦章程本
多未協恭摺據實具
奏仰祈
聖鑒事竊查道光二十三年因虎門一帶築復礮臺操演犒賞一切經費無出經前督
臣祁墳會同前撫臣程矞采遂議請將官築屯田一百三十餘頃額徵一萬五千餘兩
為率奏明以為各台之用並不遞年加租嗣因二十四年添設貞吉戰船多隻所費益鉅
無可生發遂將南海番禺東莞香山新會新寧六縣沙田之溢生子坦查明首報
並有兩造爭控不明者一律充公共一千九百一十一頃二十六畝零列為上中下三等自道光二
十六年起至三十年止由二萬四千九百餘兩已加至二萬九千七百餘兩再閱五年加至
四萬四千二百餘兩再閱五年加至六萬二千八百餘兩再閱五年加至七萬五千四百餘
兩又再閱二十二年由八萬三千餘兩加至八萬六千五百餘兩以後方為定額永不加
增謂之溢坦歸屯租息此二十四年前督臣耆英先會同前撫臣程矞采創議於

前復於二十六年會同前撫臣黄恩彤分限於後急於設法籌款不及實按詳
叅限先派定租且浮增既無成案可援又非沃壤足恃但立此遞年加租之章程
也查廣東向有沙田例案沿海沙坦情形不一浮沙始積謂之白坦淤積日久蔓
草滋生謂之草坦由草坦用工圍築成基謂之熟坦如成熟已久潮汐往來坍漲靡
定或成熟雖久尚有潮汐漫溢未能一律種植禾稻者悉照斤鹵稅則每畝徵
銀四釐六毫四絲如基址已固無慮潮汐漫溢者即屬年久成熟稅坦應照上則民
田稅每畝補升銀三分一釐一毫九絲補升米一升二合二勺八秋倘有私墾沙坦匿稅不報
於五年清丈時查明已未成熟酌追花息銀一律照首墾例以自首之年補報升科
此臣等溯查廣東歷年勘辦沙坦之一定章程也今查前督臣等竟以溢坦歸屯
租息無論上中下三等每畝自一二錢起徵遞年加至四錢五錢六錢不等較之向辦承佃上
等坦租補升銀三分有零米一升有零者相去已屬懸殊然經費出入有常海疆
儲偫宜廣溢生子坦若果滄桑不變水旱無虞收獲倍多輸將恐後亦何

必動議更張乃歷經體察情形並疊次委員清釐總由於當年查辦之時
坦畝貪多徵收加重秖顧一時之飾觀悅聽並未計後此之懸賦病民且所定加
增之數全係約計之詞求其寔效可憑者安在現查報承各坦非濱臨大海即枕
近外洋其白坦草坦並尚未能盡堪耕作即可望成熟者潮汐沖刷颶風時至亦
難期普慶豐穰況佃戶間有託名保紳每隸他縣其豪强之暗圖影佔刁劣
之從中欺淩不免諸弊叢生自溢坦歸屯以來香山縣佃戶何隆平等屯坦三十
頃一十二畝零新寧縣佃戶余創緒等屯坦四十八頃八十六畝零皆因徒事賠累無
可修築呈請豁除新會縣保佃譚觀娓等共稅八十頃亦因爭控水道租
尚虛懸其餘報承未領照者領照後不交租者所在皆有將來屯戶逃亡
保佃物故各該縣追呼不前即照經徵地丁錢糧之例開叅勢必展轉那墊引
開虧累之門日後流弊尤恐不可勝言即如前督臣等二十四年原奏內稱嘉慶
十六年間因籌補缺穀津貼及南雄仁化二州縣清文屯田經費無出曾將各屬

控爭沙坦積案勘出例應入官坦畝議追歷年花息將坦給還升科等語是向
章祗有追繳花息分別升科之例並無逐年漸次加增直至四十餘年後始行定
額之理顯去升科之名暗藏加賦之弊上無大裨於
國計下徒貽累於民生又如前督臣等二十六年原奏條款內載此項坦租每畝多至
六錢八錢較之升科每畝輸銀四釐有零不啻什伯倍蓰粵東民多田少生計拮
据賦稅舊有定章斷難援此案為例等語可見當日原辦之時皆由出於凭
空臆定亦未嘗不自知窒碍難行並非可存諸久遠也臣等因思溢坦歸屯租
息當日原為貞吉戰船等項需用起見本年正月內業經
奏請裁撤貞吉戰船十二隻留用米艇四隻一切費用較省所有前撥添造拖風船
五十隻應需弁兵口糧以及逐年燀洗各船約需銀二萬八千餘兩即在節省貞吉
戰船修費支用再將前已停止米艇撈繒三十四隻節省修造銀兩全行抵撥
一併陳明在案至於溢坦屯租與官築屯租本係一事相因是以每年奏銷冊內均

係統歸造報查道光三十年溢坦屯租額徵銀二萬九千七百餘兩官築屯租歷
年額徵銀一萬五千三百餘兩共徵銀四萬五千餘兩每年奏銷冊內共應支用
二萬四千餘兩再加以拖風船修理等費二萬八千餘兩總共應支銀五萬二千
餘兩計所短僅止數千之數現查道庫有積存屯租七萬四千餘兩可以動支
彌補以後倘有不敷亦可隨時另行籌款支給茲據藩臬兩司會同督糧
道具詳前來臣等再四思維通盤籌畫查官築屯租自道光二十五年
議定租額以後並未加增自應仍循其舊惟溢坦屯租累加靡已必至民不堪命況
戰船既已酌裁需用亦多樽節租息任意加增原辦本多未協所有前督臣等
原奏自明年遞加租息合無仰懇
聖主逾格鴻慈俯准暫停增租自咸豐元年起仍照本年歲額之數按限徵輸以廣
皇仁而紓民力嗣後每屆五年十年之期復行認真勘丈核實查辦斷不准稍有匿
墾漏報等情如果實係膏腴成熟者再請察看情形分別酌議加增以

充經費所有溢坦租息懇請暫停加增緣由臣等為培養民生不敢遷就
原定章程起見謹合詞據實具
奏是否有當伏乞
皇上聖鑒訓示謹
奏
咸豐元年正月二十四日奉到
硃批另有旨欽此同日又奉到道光三十年十二月二十一日內閣奉
上諭徐　葉　奏溢坦屯租懇請暫停加增一摺廣東南海等六縣溢生沙坦原
定每屆五年遞增租息現經該督撫體察情形并疊次委員查勘實係坍漲靡
定未能一律成熟若累加無已民力必有未逮加恩著照所請所有此項溢坦租銀
著自咸豐元年起仍照本年歲額之數按限征輸以紓民力餘著照所擬辦理
該部知道欽此

1

P.1　F.O.682/391/4(15)

一件現放道員誼屬姻親應否迴避　事

奏稿

道光三十年十二月十三日具

奏

附摺　指弁　賫

硃批

道光　年　月　日奉到

奏為現放廣東道員誼屬姻親應否迴避恭請

訓示事竊臣　因請

簡放肇羅道一摺於十二月十一日奉到十一月初

道光三十年

四日

硃批另有旨欽此同日又内閣奉

P.2 end　2END

上諭廣東肇羅道員缺著吳其泰補授欽此查吳其

濬與臣胞兄為兒女姻親吳其浚與臣為兒女

姻親皆吳其泰之嫡堂兄徧查律例雖無伯叔

姻親例應迴避專條而既涉葭莩之誼宜遠瓜

李之嫌現放肇羅道吳其泰應否迴避之處理

合恭摺請

旨伏祈

皇上聖鑒謹

奏

一件　密陳兩省司道文武各考事

奏稿

道光　年　月　日奉到

看稿
對摺
道光三十年十二月十三日具
奏
附片摺弁　賫
繕摺

奏為密陳兩廣文武各大員切實考語恭摺仰祈
聖鑒事竊照定例司道府並提鎮等官能否勝任應
於年底密奏一次又道光十七年欽奉
諭旨督撫身任封疆責任綦重凡屬員之賢否自當隨
時查察無稍徇隱乃近年各省督撫視為具文僅以
一奏塞責經朕留心察看往往於所註密考大不相
符嗣後各督撫惟當仰體朕用人之苦心事事求一
實字其考察屬吏尤當就其所辦公事認真稽核一
秉至公等因欽此又道光二十六年正月十八日奉
諭嗣後著各該督撫於年終密考務須格外慎重倍
加嚴密毋稍視為具文致滋率忽欽此臣查為政首
在得人安民必先察吏兩粵山海交錯户口殷
繁外洋之番舶連檣內地之猺黎雜處拊循控
制綏靖極難臣才質庸愚仰蒙
宣宗成皇帝逾格鴻慈畀以兩廣總督重任時歷三年
之久慙無一事之長凜切氷淵助資指臂所有
兩省文武大員隨時訪察遇事諮諏或覈其文

P.3 end　3 END

案以驗措施或聆其語言以覘器識而又證以
輿論採厥政聲戒一念之偏私集羣言而考覈
惟期在以實心行實政庶可以治法求治人仰副
我
皇上澄叙官方鑑空衡平之至意茲值年底彙
奏之期東西兩省司道府提鎮各官除懸缺未補
或尚未到任及到任未久尚須察看外謹將現
任各員就臣所見分晰填註切實考語咨繕清
單恭呈
御覽伏乞
皇上聖鑒訓示謹
奏

P.1　FO.682/391/4(41)　A/1

一件
密陳廣東省司道府各官考語清單

奏稿

硃批
咸豐　年　月　日奉到

看稿
對摺

咸豐　年　月　日具
奏
摺弁　賫

繕摺

P.2 2

謹將廣東省司道府各官簡明履歷填註切實

考語密繕清單恭呈

御覽

計開

布政司江國霖 年四十五歲四川大竹縣人

由進士

該員

按察司沈棣輝 年六十二歲浙江歸安縣人

由職員加捐通判

該員

P.3 3

鹽運司齡椿 年五十五歲正紅旗蒙古忠凌

佐領下人由進士

該員

督糧道王增謙 年五十八歲陝西蒲城縣人

由舉人

該員

南韶連道祥和 年五十九歲鑲藍旗滿洲人

由筆帖式

該員

二

惠潮嘉道曹履泰　年六十歲江西都昌縣人
由進士委署雷瓊道印務肇羅道張百揆署
該員
肇羅道張百揆　年四十五歲浙江蕭山縣人
由進士委署惠潮嘉道印務候補道蔡振武署
該員
高廉道蔡徵藩　年四十七歲福建侯官縣人
由進士
該員

三

雷瓊道缺　五年十一月初五日准吏部咨奉
上諭廣東雷瓊道員缺緊要著該督撫於通省道員
內揀員調補所遺員缺著趙眀補授欽此惠潮嘉
道曹履泰署
該員
廣州府知府吳昌壽　補授尚未據報到任現
署韶州府知府瓊州府知府郭超凡署
該員
韶州府知府缺　五年九月二十三日具
奏此缺請於另補知府呂倌孫候補知府蔣立昂

P6 6

候陞知府沈保頤
簡定一員補授廣州府知府吳昌壽署
該員
惠州府知府文晟　補授未到任現署潮州府
知府東莞縣知縣海廷琛署
該員
潮州府知府伊霖　奏請調補未准部覆惠州
府知府文晟署
該員

P7 7

肇慶府知府程葆　補授未到任新寧縣知縣
捐陞知府郭汝誠署
該員
高州府知府白燕清　告病題請回籍調理另
補知府呂倬孫署
該員
雷州府知府盧端黼　病故潮州府遺缺知府
郭椿壽署
該員

FO 931/0227

P.8 end

8 END

廉州府知府伊霖　年五十三歲正黃旂滿洲
人由監生奏請調補潮州府知府佛山同知沈
保頤署
該員

瓊州府知府郭超凡　新補未來到任現署廣
州府知府候補直隸州知州呂銓署
該員

七

1 END enclosure (C)
F.O. 682/391/4 (41)

督粮道王增謙
[illegible]樸老成勤求吏治整飭屬有所作[illegible]

肇羅道張自揆
守潔才明品端識定現在妥籌解秉務盡存至
勤歷久不懈其操縱控制皆合機宜
役法

高廉道趙由昀
該員因案署惠潮嘉道迭赴東到任惟自到
到潮以後各屬情形皆能體察辦理[illegible]
如

雷瓊道蔡徵藩
該員因高廉道[illegible]未到事務繁廣西交界匪
徒滋擾[illegible]不[illegible]時城[illegible]
[illegible]

1

咸豐元年十二月初四日具由驛四百里附
奏
咸豐　年　月　日奉
硃批

P.1

奏稿

兩廣總督臣徐
廣東巡撫臣葉　跪
奏為遵
旨覆奏事竊臣等承准軍機大臣字寄咸豐元年五月
二十七日奉
上諭上年簡放廣東惠潮嘉道曹履泰該員素行是
否謹飭到任後聲名何如著該督撫留心察訪據

P.2

2

實具奏毋稍徇隱將此各諭令知之欽此查曹履
泰於本年四月間到省臣等接見數次察看該
員精力尚健應對亦屬明晰當即飭知赴任
於五月初二日到潮接印任事半載以來留心
察訪俱係循分供職並無劣蹟可指（即以旁參互証）聲名亦無
不洽輿論之處至該員素行是否謹飭臣等均

在外任有年無由深悉仍當隨時察查如果始
終易轍或別有傳聞即據實具奏斷不敢稍涉徇隱所有
遵
旨查明緣由理合恭摺覆
奏伏乞
皇上聖鑒謹

P.3 3 END

奏

F.O.682/391/3(47)

1 Encl

再臣於上年十一月十八日由驛片

奏廣西提臣向　在慶遠府索潭地方大獲勝仗

一摺該知府鄭瑞麒誤書鄭瑞麟臣未能對出

實屬疏忽相應請

旨將臣交部察議理合據實檢舉附片陳明伏祈

聖鑒謹

奏

元年正月廿日拜發

咸豐元年正月

呈數柬

謹將道光三十年正月初一日起至十二月三十日止收支數

恭呈

老和尚座前

慈覽

收數開列

一收經懺共銀壹仟柒百伍拾肆兩九錢三分

一收香資共銀肆拾弍兩五錢四分

一收公館書館頭門共租銀叁百弍拾肆兩五錢二分

一收舖租共銀陸百零捌兩叁錢四分五厘

一收嘗息共銀壹百伍拾陸兩六錢九分五厘

一收田租共銀玖百肆拾伍兩四錢五分

一收押批銀伍兩正

一收武廟共銀肆百兩正

一收供眾共銀叁拾捌兩七錢一分

一收還項共銀壹百陸拾伍兩六錢

一收放生共銀壹兩四錢一分九厘

一收豬糠鹹菜小櫃共銀弍拾伍兩六錢七分二厘

一收地租共銀肆兩八錢三分

一收坑租共銀弍拾兩零六錢三分

一收淨財共銀叁兩叁錢五分

一收入伙共銀叁拾玖兩九錢五分

一收雜項共銀壹百弍拾伍兩六錢二分九厘

一收上年銀尾銀玖百陸拾叁兩叁錢三分六厘

一收呂祖閣上年緣金銀壹百柒拾兩零六錢七分

已上壹拾玖款總共收銀伍仟柒百玖拾柒兩弍錢七分六厘

一收敦仁館各舖租田租共銀弍百肆拾弍兩捌錢二分五厘

尚有坑租未交舖租田租尚欠共約銀壹百餘兩 准正月交清

支數開列

一支香共銀壹拾捌兩捌錢四分二厘
一支油共銀弍百伍拾兩零九錢四分
一支齋料共銀弍百伍拾五兩八錢四分八厘
一支京果共銀叁拾壹兩叁錢一分八厘
一支豆付水豆付豆付干共銀陸拾陸兩叁錢八分六厘
一支穀米共銀叁百肆拾捌兩九錢四分四厘
一支餽餅共銀壹百壹拾兩零九錢二分一厘
一支柴炭共銀肆百玖拾壹兩叁錢八分五厘
一支茶烟共銀叁拾壹兩壹錢二分九厘
一支鮮果共銀叁拾肆兩叁錢四分八厘
一支根粉共銀叁拾弍兩叁錢一分一厘
一支醬料共銀肆拾弍兩五錢八分九厘
一支缸瓦共銀陸兩捌錢六分六厘
一支紙料共銀陸兩壹錢九分七厘
一支紙寶共銀伍拾五兩七錢五分一厘
一支磚瓦共銀柒兩叁錢
一支木料共銀伍拾壹兩叁錢六分一厘
一支銅鐵共銀壹拾兩零九錢一分五厘
一支船脚共銀陸兩六錢二分八厘

一支罷用共銀肆拾伍兩五錢二分三厘
一支工匠共銀肆拾弍兩壹錢五分七厘
一支壇色共銀柒拾兩零八錢六分五厘
一支納粮共銀壹百柒拾柒兩七錢一分四厘
一支放生共銀壹兩弍錢八分六厘
一支普单共銀肆百柒拾肆兩七錢六分
一支經懺共銀柒百柒拾肆兩壹錢五分九厘
一支揭項銀壹拾兩正
一支修山銀捌拾玖兩七錢一分一厘
一支長工共銀壹百叁拾壹兩九錢八分八厘
一支澆燭共銀叁拾捌兩叁錢三分
一支菜蔬共銀壹百肆拾兩零五錢七分一厘
一支雜項共銀壹百陸拾五兩九錢九分九厘
一支燈籠共銀壹拾陸兩六錢五分四厘
已上三十三款総共支銀肆仟零叁拾玖兩六錢九分四厘
除支尚存銀尾銀壹仟柒百伍拾柒兩五錢八分二厘
一支敦仁館本年支用銀弍百柒拾肆兩四錢四分九厘

1 FO.682/112/3(2)

懇謁
大行皇帝梓宮

二月十六日未刻由驛三百里發

奏稿

奏為敬懇善保
聖體勉節哀思並准臣進京叩謁
梓宮稍伸誠悃恭摺仰祈
聖鑒事竊臣於本年二月十三日接准禮部來咨
大行皇帝龍馭上賓號痛之下哀慕莫名欽維

2
大行皇帝臨御天下厚澤深仁兢兢業業三十年如一
日無論山陬海澨凡有血氣心知無不同聲悲
慟出於至誠我
皇上大孝性成銜恤之懷更難自已惟念
萬幾待理億兆欽承臣尤伏願
遵禮節哀上體
在天付託之重下安率土仰望之心臣以庸才渥荷
大行皇帝殊施異數踰分溢量捐糜難酬惟有籲懇
皇上天恩准臣進京叩謁
梓宮瞻仰
聖主跪聆
慈訓得有遵循庶竭螻蟻之誠誓効犬馬之報現在

3 END

民情夷務均屬安恬洋面亦臻靜謐撫臣葉

情形本熟才識亦高出臣上足可放心如蒙

俞允即當交卸北上臣不勝翹切待

命之至理合恭摺由驛具

奏伏祈

皇上聖鑒謹

奏

1

F.O. 682/391/4(43)

P.1

一件
御賜 奏謝 詩文 事

奏稿

硃批
咸豐、年 月 日奉到

看稿
對摺
咸豐元年三月二十七日具
奏
摺弁 賫
繕摺

奏為恭謝
天恩事竊臣齎摺差弁回粵捧到
頒賞
御製詩文餘集一分當即恭設香案望
闕叩頭祗領欽惟我

P.2

2

皇上化洽隆同文（治化隆洽善同述文）
繼序其皇常念
咸耿光之允觀
孝思維則丕承
聖訓之垂
漢倬雲回風同
道一欽惟
宣宗成皇帝聖學緝熙
宸文謨思廣光運被
闡訓誥典謨之蘊綸綍時宣
備溫柔敦厚之音賡歌間作

3

P.3

纘承
祖烈勤展謁於春露秋霜
者定武功
昭盪平於西陲南朔
式金式玉
德音允協於中和
乃聖乃神
郅治愈徵夫巍煥臣仰叨
恩賜敬讀
天宸章望
弓劍於橋山攀依未遂瞻
珠璣於瀛海颸拜彌虔識陋管窺幸睹

4 END

P4 end

光華之復旦心殷葵向冀數
聲教以抒誠所有微臣欽感榮忭下忱理合恭摺叩謝
天恩伏祈
皇上聖鑒謹
奏

咸豐元年七月初一日具

新授順天府尹臣宗 跪

奏為恭謝

天恩仰祈

聖鑒事竊臣於廉州軍營接准兩廣督臣徐 廣

東撫臣葉 咨開現准部咨咸豐元年三月

二十六日內閣奉

上諭順天府府尹著宗元醇補授未到任以前著王

慶雲署理欽此當即恭設香案望

闕叩頭謝

恩伏念臣中州下士知識庸愚荷蒙

皇上天恩簡放江西吉安府知府未經到任旋

擢授廣東高廉道本年春間馳抵廉州接印任事正

值交界羣匪滋擾四月以來次第殲擒漸臻靖

謐高州各屬亦多與廣西毘連雖未悉數掃除

務當尅期撲滅奉職未遑撫衷滋惕茲復渥荷

温綸補授順天府府尹凡此逾格

殊施既非夢想所敢期抑豈捐糜所能報查順天為

首善之區府尹有表率之責詰奸禁暴察吏安

3 END

民在在均關緊要臣以庸才薄植深懼弗勝現
准廣東督撫臣來咨以高廉剿捕正值喫緊之
時未便更替應俟兩省交界肅清軍務告蕆再
行束裝北上泥首
宮門跪求
慈訓臣惟有隨時隨事與提臣陶　　和衷共濟通

計熟籌以期迅掃賊氛上慰
聖主綏疆靖寇之至意所有微臣感悚下忱理合恭摺
叩謝
天恩伏祈
皇上聖鑒謹
奏

FO 682/1971/61

稟報

咸豐元年 十 月

日到

F 682
1971
61

2

探得

閩浙督憲兼署福建撫院裕　摺奏竊據福建布政使慶端會仝兼署督糧道事署福州府胡應泰詳稱准臺灣道徐宗幹督仝臺灣府裕鐸轉飭現署噶瑪蘭通判卓津並另委現署淡水同知黃開基會同查勘朱材哲具報噶瑪蘭廳墾透上下則田園一千九百九十二甲零應征耗穀三千八百四十五石零餘租穀四百四十二石零甲數旣名悉屬相符出具覆勘印結聲明前送冊結對省由該司道覆核轉詳前來臣查署噶瑪蘭通判朱材哲勘報墾透上則田園一百十七甲二厘零下則田園一千八百七十五甲零旣據臺灣道府飭勘明確出具勘結由該府道加印結詳送核辦並無捏冒影射情弊其所請征收供耗餘租各數目亦與奏定等則租額均屬相符應征租穀應請以道光三十年爲始定額陞科其二十八九兩年未經入額之先應征本折租穀仍飭按額補征另行奏咨辦理至道光六年至二十七年零星征收租穀據稱共易洋銀五萬六千三百六十二圓零經各前任並該道府動用提解究係何任因何動用何時提解有無報案既未據詳晰聲明其二十七年分實在征存租穀若干是否易銀存貯亦未据及應仍飭該司道移行臺灣道府確切查明同時飭朱材哲任

內徵番租銀一萬四千三百三十八兩零一併撥存臺灣府庫分別劃餉報撥並將各
館道府及各該通判因公動用各款詳查確數歸入現辦清查案內分別存辦除飭將
水沖沙壓之已陞各田園逐一查勘明確另行照例辦理等因
又片奏再查有署噶瑪蘭通判候補同知朱材哲與前署頭圍縣丞候補從九品阮
晉昭親歷各庄按甲勸辦將閱兩年無間寒暑洵屬始終出力倍著勤勞阮晉昭
復捐輸洋銀一千六百元置買牛隻犁種與朱材哲之捐資設局督率籌辦同一
辦公懇准將該二員遇有本班缺出儘先補用又紳董監生楊德昭潘廷勳分赴各
鄉悉心勸辦又監生林華晉林國翰蔡長青自備資斧隨同查丈文總理民人鄭山隨
赴各鄉稽界請勘又書吏朱遜生朱維翰始終在局查辦圖冊洵皆實心實力各著
微勞朱遜生又捐輸錢一千串朱維翰捐輸錢六百串亦屬奮勉急公可否懇將
楊德昭潘廷勳各給予六品頂戴林華晉林國翰蔡長青各給予八品頂戴鄭山朱維
翰各給予從九品職銜朱遜生給予八品職銜以示獎勵而昭激勸等因

F.O.682/137/5(1)

[redacted]

查縣屬已革舉人何鯤等挾嫌徧貼長紅罷考案內續據已革舉人何仁山等悔悟投首一案緣何仁山等均籍隸卑縣何仁山於道光二十九年己酉科由附生中式本省鄉試第一名舉人已革生員何仲山於道光二十二年歲考取入縣學蘇鴻逵於嘉慶二十三年科考取入府學簡士良於道光十九年科考取入縣學王書於道光十八年歲考取入縣學何綸煥於道光二十七年歲考取入縣學張兆奎於道光十六年科考取入縣學張端尹以芹均於道光二十六

年科考取入縣學余觀潮於道光二十八年科考取入縣學已革副貢方文炳係由俊秀捐納監生應道光十五年乙未科順天鄉試中式第三十一名副榜就職直隸州州判卑縣城西向設社學一所道光二十四年間該處紳士因附近各鄉時有盜匪出沒稟經前署縣李繩先批准在社學內設立防禦公局公舉前辦病故已革舉人何鯤已革生員張金鑾並現據投首何鯤之姪何仁山何仲山及蘇鴻逵簡士良王書何綸煥張兆奎張端尹以芹余觀潮方文炳分司其事遇有盜匪搶刦即就近報知公局督率壯丁救護何鯤因見鄉民時常有事投訴即圖武斷鄉曲假公濟私二十九年九月十八日有縣民彭亞康胞妹彭亞機被母訓責逃至隣佑劉亞玩之妻劉謝氏家內躲避彭亞康疑係誘拐將劉亞玩扭至公局投訴何鯤喝令工人用籐條責打劉亞玩脊背數十下劉亞玩控縣驗傷旋經前署縣邱才穎提集訊明劉亞玩並無誘拐情事將彭亞機給屬領回彭亞康責懲保釋拘傳何鯤等訊究三十年八月二十五日縣

差庾興向欠户劉應魁催粮口角被劉應魁扭至公局投訴時值何鯤外出張
金鑾喝令工人用藤條打傷庾興脊背等處回稟前署縣邱才穎驗傷飭醫差
拘張金鑾等訊究均未弋獲當何鯤張金鑾喝令工人打責鄉民劉亞玩並縣
差庾興之時屢經何仁山等諫阻不聽是年十二月初五日前署縣邱令因縣
屬潢涌鄉生員黎子驊黎鳳梧弟兄抗粮毆差查拘黎子驊到案訊明詳革飭
役看守勒限完粮黎子驊畏罪於是月初七日乘閒自用小刀劃傷咽喉經其
父監生黎擢魁領回醫治不效至十四日因傷身死報經邱令備移新安縣訊
驗通報旋值咸豐元年二月初六日邱令開考縣試何鯤先因被縣拘傳心懷
不甘探聞黎子驊畏罪自戕之事又值開考起意商同張金鑾並學徒梁錫珍
王犀玉標貼罷考長紅揑詞詆毁布冀上司風聞將邱令撤任借以陷害洩忿
張金鑾等應允何鯤即揑邱令蒞任以來疾士若仇非誣以庇匪即陷以抗粮
人心共憤士氣不伸凡我同人現屆試期無勞往返等詞隱匿姓名作為闔邑

文童公啟冩就長紅稿底僱倩不識姓名刻字匠刊刻多張於元年正月三十
日令張金鑾梁錫珍王聲玉黄夜分赴城鄉市鎮標貼維時何仁山何仲山弟
兄先於正月望間外出隔屬香山新會等縣探親實未與聞其事隨據縣屬舉
人劉青選等赴府聨呈舉首當經前縣查開何鯤等中式入學科分詳請斥革
嚴拏嗣據報已革舉人何鯤已革生員張金鑾先後在逃病故梁錫珍等赴縣
投首又經勘明取結詳報並將現犯梁錫珍等連病故之何鯤張金鑾分別審
擬解奉勘轉奉准
部覆遵照兹據何仁山等赴縣呈首前情粘遞親供甘結舉人劉青選等亦以
當日何鯤倡議徧貼長紅鼓衆罷考其姪何仁山何仲山委未在家前因訪查
未確以致舉首詞內聲叙舛錯等情據實首明前來復提粮差庾興研訊供明
被欠户劉應魁扭至公局投訴實係張金鑾喝令工人用籐條打傷因蘇鴻逵

等在旁央求勸解不理一併供指牽累等語卑職伏查此案已革舉人何仁山
生員何仲山當其叔何鯤主謀罷考之時先期外出探親其為並未聽從附議
似屬可信蘇鴻逵等亦無主使毆打差役庾興情事且各悔悟投首自應量予
寬典惟何鯤張金鑾屢次私責平民縣役何仁山何仲山與已革生員蘇鴻逵
簡士良王書何綸煥張兆奎張端余觀潮已革廩生尹以芹已革副貢方文炳
同充公局司事不能懇切諫阻事後又不舉首均有不合查何仁山等先已斥
革衣頂應請俱照不應重律杖八十照例收贖追出贖銀充公舉人劉青選等
前次舉首失實業於何仁山等未經到案之前據實首明差役庾興牽供蘇鴻
逵等在場主使喝打事出有因均請寬免置議案經覆訊首明擬徒解配之梁
錫珍等請免提回質審以省拖累是否有當理合摘叙簡明節畧呈候
訓示祗遵再原案係奉行提省審辦此次應否詳府核轉合併聲明

F.O. 682/1971/48

Salt administration

[redacted]

查盐法誌所載凡供辦埠務供商貽誤引餉例應交回原商收埠填賠餉欵此一定章程也潘繼興供辦臨全埠已歷七年餉欵雖無貽悞而代原商繳過埠租抵完庫欠已虧本三十餘萬兩又因本年賊匪蹂躪將在途在埠引盐共遭焚掠九萬餘包計又虧成本銀三十餘萬兩并失去餉銀二萬九千兩均經西省撫藩臬道移咨東省各在案是繼興資本罄盡無力辦滿供期其因賊受累虧資殆盡早在人人耳目之中與自行辦理貽誤者有間今原商情愿備資完餉收埠固照例辦理且目睹繼興家產盡絕斷難籌本辦滿年期實為顧全大局起見并無取巧情弊況繼興辦理七年內迭遭逆匪雷再浩李沅發等先後滋事阻運滞銷連年虧蝕已属不少故屢次典賣物業十餘起充本完餉均以庫欵為重歷有稟案可查而此番遭西賊焚掠之餘盐餉一空加以産業典賣已盡萬難措資再辦現在應完三十年分餉項無計籌繳專靠存盐銷價抵完轉瞬元年 奏銷到限餉課貽誤咎將誰歸繼興未完三十年分餉項既已無着照盐法誌辦理自應着落原商填賠而應繳元年分引餉原商吏責無旁貸則原商之亟亟稟請收埠理所當然勢有不能置身事外者其非原商串同藉收埠而取巧益可概見況通綱

無力辦潘供期交回原商收埠者如從前樂桂公堂之李潤德上年新會埠之李晋三雄贛埠之周祥啓又前届樂桂之八堂供商許聯發等不下十數案可查固不自繼興始也乃自本年六月至今已越半年原商聯稟收埠數次運司或不收稟或收而不批迭次諭飭尚諄諄責成繼興照案辦理繼興具有天良奚肯有力而故為卸脫不思恢復耶今即將繼興加以重罪照例懲辦於公事毫無補救但公事總以餉項為重餉能有着則何分於潘商李商耶實緣潘商辦理七年以來現欠私賬二十餘萬之多催逼盈門誰肯挪移再作資本以填數十年之供期若潘商交回原商則或有人肯為力助是李商辦埠則較勝於潘商矣倘恐李商仍靠不住或另招妥商帮同協辦仍責成潘商代招水客分認餉項務祈有着似此公私兩盡而大局亦可

顧全伏乞

鑒此實情代致

宮保俯賜矜憐准令原商收埠則恩同再造矣

P.1　F.O.682/391/2(10)　1

再查士習民風相為表裏民風之淳漓多視士
習為趨向亘古皆然不獨今日也臣徐　臣
葉　於道光二十七年先後來粵採諸見聞
證以案據自道光二十一年夷務既興官民動
多齟齬士習日壞民氣日囂相習成風挽回不
易隨事隨時寓限制於撫綏不敢操之過蹙稍
涉激烈道光二十七年以前廣州府知府余保
純因㘚夷攻城奉將軍參贊督撫之札出城講
和彼時士民無所可否及開府試忽閧堂罷考
遂將該府撤任現任嘉應州知州文晟前在番
禺縣任内因童生爭減卷價閧堂罷考亦調停
了事告病德慶州知州馮晉恩前署東莞縣時

P.2　2

因祈雨不應士民咎其步禱不虔竟用香火將
其鬚髯燒去大半亦將該員撤任其餘抗官毆
差者吏僕難終率皆隱忍不言消弭無事廢弛
因循日甚一日推其違抗之故罷考特其一端
其實不過藉此為題得以挾制羣遂其抗糧之
計此計既行則通盜庇匪包娼窩賭皆可任其
所欲為地方官不能過問間有城鄉紳士私設
公案刑具畢齊如遇爭訟竟代官為聽斷而東
莞為尤甚即如本年先奉
恩旨蠲免積欠錢糧旋准部文以道光三十年未屆
奏銷尚未截數不得謂之民欠仍當照舊徵收
各士民遂謂後出示諭由於地方官之揑造東

P3 3

莞公約竟敢將示諭揭去復散布流言如有官
差下鄉催糧即當捆打臣等將所標貼羅考長
紅閱看大意謂自坤知縣到任以後罔恤士子
不誣以通盜之名即陷以抗糧之罪辱沒斯文
闔邑童生公同罷考而南海因改斷公項之嫌
不遂所欲亦相率效尤竟將匿名帖潛投臣徐

興中希圖挾制迨經剴切開導令其舉出
為首者以憑懲辦猶敢標帖長紅以督撫辦事
不過空言恫喝何必妄生疑懼似此玩法梗化
執意抗違尤出情理之外夫十室之邑必有忠
信一縣之中豈無善良惟剽悍者既遇事生風
良懦者多閉門自了不但不能勸解反皆相為

P4 4

容隱即如上年秋冬清英游匪滋擾正值河涸
水淺東莞鐵岡一帶九十一鄉之民大半濱河
非肆行劫掠即隨處搶奪竟有平日良民見有
來往商船亦敢率領男婦將船牽至岸邊貨物
搬入祠堂明目張膽公同分贓族中紳士即將
祠堂租息供給強盜米飯搶刦得財提出一股

以作蒸嘗錢于河道梗塞商賈不通臣等嚴切
出示曉諭以祠堂為該族公所如此妄為族眾
豈得諉為不知特派委員帮同東莞縣知縣帶
領兵差馳赴該處先將各祠堂封閉責令各鄉
紳耆指引圍捕倘容隱不發即將其合族功名
通詳斥革亟治以通盜之罪始據該紳族帶引

P.5 5

兵差將巨匪劉長脾海盧一口銃等捕獲河道
安靜商賈通行是欲區分良莠必須官先嚴加
董率良善者無可推諉方肯將匪類舉出可為
紳多庇匪之明證本年南海西湖書院東莞合
邑停考臣等拜摺以後始知各縣借罷考抗糧
洶洶欲動者尚實繁有徒因聞省中具奏懲辦
始皆寢息此又共見共聞信而有徵者也總之
臣等忝膺畺寄深慚化導無方何敢再以瑣屑
之事上瀆
聖聰且值軍書倥偬臣等亦朝夕焦慮之不遑又何
敢別起波瀾自蹈多事之咎惟再四籌思實有
見於士習民風致敝之由若再不稍加裁抑則

P.6 end 6 END

以下犯上以卑凌尊必至肆無忌憚官為民用
姑息貽患尚不知伊於胡底此則臣等萬不得
已之苦衷不敢不備陳於
聖主之前也昔漢臣諸葛亮云治蜀宜嚴裁之以法
法立則知恩竊謂今日治粵亦當如是至前署
東莞縣知縣邱才穎吏治有無弊方應俟結案
時秉公辦理若未懲刁徒先叅縣令恐刁風愈
長更結案無日矣合將辦理停考一案始終顛
末切實情形縷晰附片陳明伏乞
聖鑒訓示謹
奏

(1)

F.O.682/121B/7(11)

[redacted]

道光三十年分
大關各口共收銀一百四十七萬九千六百餘両內
撥解湖南銀二十萬両
○撥解廣西銀二十萬両
撥解南河銀四十七萬両
解部庫銀三十萬四千八百九十餘両
解藩庫酌留尾數銀三萬五百七十餘両
解部欵隨解加平銀一萬一千三百餘両
通關支銷經費等銀七萬二千五百餘両
例支普濟堂公用等銀五萬一千四百三十餘両

(2)

解藩庫正額銅斤銀三萬二千一百餘両
共支銀一百三十七萬二千八百餘両
尚存應解部庫節存加平等銀十萬六千七百餘両內
除口欠約銀四萬一千八百餘両
現存庫銀六萬五千餘両

謹將

中堂應分賠各案列摺呈

閱

計開

一道光二十七年二月十一日准

戶部咨前任雁平道葉　應分賠故員李恩綸虧短銀五百一十

九兩一錢六分六毫

前件　已照數完繳藩庫稟解廣西以為軍需之用

一道光三十年七月十二日准

陝甘督院咨前任甘肅藩司葉　應分賠叅員蔣立鏊捐補虧缺銀

二千四百四十五兩

前件已照數完繳藩庫彙解廣西以為軍需之用

一咸豐元年九月初一日准

湖北撫院咨前任湖南藩司葉　應分賠屬員王渭等虧缺穀價銀

二百六十一兩四錢三分七厘

前件已照數完繳藩庫造入咸豐二年秋季冊內報撥

一咸豐二年六月十三日准

湖北撫院咨前任甘肅藩司葉　應分賠屬員何貴孚等虧短粮

價銀二百四十六兩五錢六分九厘五毫三忽

前件已照數完繳藩庫彙解湖北以為軍需之用

遵將奉
憲臺發下積案清摺查明已未辦結緣由開列清摺呈
核
計開
一件為知照事内閣抄出道光十六年八月二十四日奉
上諭戶部奏請飭催粵省雜款銀兩各直省征收正雜錢糧逾限次年造報例應儘收儘解不得征存屬庫致啟虧那茲據戶部查明廣東省田房稅羨自道光十年起至十五年止欠解銀三十七萬八千一百六十一兩零落地稅羨自十一年起至十五年止欠解銀三萬七千九百一兩零關鹽盈餘自六年起至十五年止欠解銀十萬六千六十三兩零耗米變價及變價盈餘自嘉慶十九年起至道光四年止征存屬庫欠解銀八萬一千四十六兩零又自六年起至十四年止征完未報約欠解銀十六萬零以上各款均應按限解交乃歷時已久積款累累成何事體且恐稽延日久偷開那移虧短之漸

著兩廣總督嚴飭該藩司速將征存屬庫欠解銀七十六萬餘兩一律勒限催提分
別題咨報部核辦聽候撥用倘經此次嚴催之後仍復延不報解即將經手之員據寔
嚴叅以儆延玩又該省南澳等鎮裁汰外海船兵馬匹及裁汰軍標官兵截存米石應
變價銀自道光十二年暨四年以後各有未經變解之款又籌備回疆經費案內裁
兵截存米石自道光十二年起總未變解核計截至上年共應變糶米四萬一百四十
五石零業於每年兵馬奏銷案內開除約計變價入撥銀八萬餘兩著該督換嚴
飭各屬變解造報核銷仍查取變解遲延及督催不力職名送部核議欽此欽遵抄
抄到部相應移咨兩廣總督即將變解遲延及督催不力各職名查明送
部核議一案
遵查田房稅羨一款業已分年造冊並將遲延職名開列附叅在案又落地稅
羨一款業已全完解司分年造冊並將遲延職名開列附叅在案又關盐盈餘自六
年起至十五年止欠解銀十萬六千六十三兩零除完外尚未完銀四萬一千二百一十八兩九錢二分二
厘均係運司欠解之項業經彙催未准完解請俟完解到日方能詳辦又耗米變價及盈餘
自嘉慶十九年起至道光四年止征存屬庫欠解銀八萬一千四十六兩零又自六年起至十四
年止征完未報約欠解銀十六萬零等款業據各屬陸續完解清楚分年造冊報銷在
案查取變解遲延及督催不力職名未據各屬開送請自催送到日詳咨又粵東省南澳
等鎮裁汰外海船兵馬匹及籌備回疆經費案內裁兵截存米石自道光十二年起總未變解核計共應變

6

糶米四萬一百四十五石零業于每年兵馬奏銷案內開除約計變價入撥銀八萬餘兩此項亦已據各屬陸續完解清楚分年造冊報銷在案查取變解遲延及督催不力職名未據各屬開送請俟催送到日詳咨又裁汰軍標官兵截存米石應變價銀自道光四年以後未經變解之欵業經屢次嚴催南番二縣變價解司請俟催解到日詳咨

一件為知照事准户部咨稱兩廣總督徐　等奏稱前任和平縣知縣崔曾泰虧缺倉庫銀穀一案　查此案和平縣革職知縣崔曾泰挪移倉庫銀穀俟接任之員查出稟報後始行詳揭失察之該管道府例有處分應移咨該督等查取職名送部核議一案　遵查此案現在司中業已詳辦

一件為知照事內閣抄出咸豐元年十一月二十六日奉

上諭户部奏請飭催廣東省未完借墊銀兩及雜款攤捐並歷年行查應覆各案相應移咨該督欽遵將歷任藩司以下督征不力經征遲悞各職名查明送部核議一案　遵查廣東省未完借墊銀兩遲延各職名已飭行各屬開送現又行催俟各屬開報齊全到日詳咨

以上本司衙門積案共計八起尚有四十起係　臬司衙門主政已列摺移交核辦合註明

謹將咸豐二年奏銷及帶征道光三十年二限已未完銀數開呈

憲鑒

計開

二年額征正餉銀四十九萬八千二百九十九兩一錢一分五厘

穕款銀五萬九千八百三十九兩四錢四分三厘

場課銀一萬四千六百二十七兩五錢零一厘

西稅銀六萬零五百九十五兩二錢五分三厘

秤羨銀二萬八千一百七十二兩七錢三分六厘

共額征餉穕課稅羨銀六十六萬一千五百三十四兩零四分八厘

截至六月初九卯止征完

正餉銀三十二萬九千二百五十八兩六錢八分一厘

內臨全埠照往年滙解銀二萬八千二百二十七兩六錢六分一厘
百色埠抵兑銀三千四百四十九兩四錢二分八厘

融餉銀四萬九千四百二十三兩五錢五分二厘

四款頭撥補正餉銀四萬六千一百五十九兩一錢三分七厘

內臨全埠照往年滙解銀一萬四千六百九十六兩一錢四分九厘
百色埠抵兑銀一千二百二十兩零八錢二分四厘

𧝗款銀三萬六千七百四十兩零三錢八分四厘

內臨全埠照往年滙解銀三千二百五十二兩九錢三分二厘
百色埠抵兑銀四百七十一兩二錢五分六厘

場課銀八千九百一十九兩一錢四分九厘

此款銀兩現只撥完銀四千七百五十二兩一錢三分四厘
餘俱在廉工扣抵

西稅秤羨銀三萬六千六百四十五兩七錢六分一厘

內臨全埠照往年滙解銀二萬七千二百五十四兩六錢七分
百色埠抵兑銀二千二百五十三兩三錢二分二厘

以上征完撥補滙解抵兑共銀五十萬零七千一百四十六兩六

錢六分四厘
未完正餉銀七萬一千零五十五兩九錢八分三厘
東莞縣民引銀二千四百零一兩七錢六分二厘
穡款銀二萬三千零九十九兩零五分九厘
瓊州香山白石東西場潮屬七場課銀五千七百零八兩
三錢五分二厘
西稅秤羨銀五萬二千一百二十二兩二錢二分八厘
以上共未完餉穡稅羨場課銀一十五萬四千三百八十七兩三
錢八分四厘
內有商未完及東莞民引瓊州等場課銀七萬零五百五十兩零六錢八分九厘
無商懸埠銀八萬三千八百三十七兩零九分五厘
又二年帶征三十年二限餉穡稅羨銀三萬五千四百五十兩零八錢
二分
已征完餉穡稅羨及四款頭撥補銀一萬七千六百九十二兩
五錢三分七厘

內臨全埠照往年滙解銀一萬一千三百九十三兩七錢四分九厘
百色埠抵充銀九百二十六兩九錢九分

寔在未完銀一萬七千七百五十八兩二錢八分三厘

內有商未完銀一千一百五十二兩七錢零二厘
無商懸埠銀一萬六千六百零五兩五錢八分一厘

査二年分有商各埠及民引場課本應照額追繳并先入冊報完
惟是修荔永安等商現因欠餉逃匕査無財產恐未必能追足
數且元年開復無着之銀須將二年正餉及四款頭等銀通融
借撥以致二年支絀之數更倍於元年現擬仿照元年仍以十
萬餘兩開參俟來年征有成數再行酌量開復以昭核寔
又査帶征三十年二限未完銀一萬七千七百五十餘兩係修荔
永安等處逃商及無商懸埠短欠擬照數仍作未完開報此項
處分係照初參不及一分計算於通綱大局無礙合併陳明聽候
鈞示

[redacted]

謹將訊過香山縣陳瓆瑶命案內犯証各供詞列摺呈

電

曾亞富供年二十歲番禺石岐村人父親曾茂之年五十五歲母親黃氏年五十歲並沒弟兄妻子小的于道光二十九年十月間受雇在黃角村李國熙們書館傭工李家璇住屋與書館對面李家璇的故弟李家瓚住屋與書館隔一間書館頭門有門閂兔子鎖可以由外開入關閉第二度係屏門第三度扇門晚上都是掩上不關的先生住房門臨曬時常不關閉李家璇寡弟妾蕭氏常時到家璇家閑坐去年六月不記得日期小的買物回來見蕭氏帶三歲幼孩與陳先生各在門口先生見小的即回書館蕭氏也即回家蕭氏每日至家璇屋內出入要過書

房門口與先生常見面熟識不避婢女亦常帶蕭氏幼孩到書館頑耍
先生常給他菓餅吃是小的看見的小的又不記日子見李家璇的妻
子罵先生窺探婦人嗣因李國熙的妻把陳先生有無出門口站立的
事向小的查問小的當把李家璇的妻罵陳先生的情由向李國熙的
妻告知六月初九傍晚小的親眼看見先生纔入蕭氏家不知怎就跑
回館六月十三小的買水烟回來聽聞家璇在家與妻同講陳先生不
好要叫人收拾他的話小的六月二十因要學看銀水又恐陳先生將
來鬧事連累于七月初一辭工李邦光也叫小的學看銀水到初二早
算數辭去小的于初五復回取鋪蓋木箱到李邦光家李邦光及他的
婦女妻子都見過家璇是日委寔在家曾帶小的去拜見學銀水師傅
是晚就在李邦光廳內同亞丙睡書房大門鑰匙是日交與亞堅手陳
先生平日並無別人到書館坐只有先生的叔侄常來往初六早聽見
有屍在塘內傳知是陳先生的屍身後又聞通鄉人傳說係李家璇因
陳先生調戲他的寡弟妾蕭氏恐其有姦故叫家勤殺死的話當晚李
家勤如何把陳先生殺死小的委不知道是寔

6

李家春供年四十一歲香山黄角村人父親已故母親麥氏年七十二歲兄弟三人小的居次大哥子家蟾弟郎家衢小的娶妻張氏生有一子名就存年二歲小的平日做更夫夥伴十人每夜五人巡更小的是更夫頭人已到案的更夫是李亞倫上年七月初五晚二三四更小的去田邊巡查是晚五更時候夥伴李亞倫李可業在社公地方永合雜貨店前看見李家勤與柯亞南抬屍經過李家璇拿一洋燈在後行走李亞倫趕小的去看小的去到不見屍身初六早聽聞人說塘邊有一屍身浮起係李福耕堂延請的先生陳瓊瑶小的即去李國熙家報知後来聞說陳瓊瑶被殺係因平日窺探李家璇弟婦妾氏至李家勤平日係在李邦光家走狗是寔

李亞倫供年二十二歲香山黄角村人父親已故母親張氏年五十六七歲並没弟兄平日在村中做更夫夥伴十人李家春是更夫頭人上年七月初五夜小的去巡更五更時候小的與李可業在社公地方永合雜貨店前撞見李家勤柯亞南抬起一包東西內有死屍經過小的看見家勤在先柯亞南在後家璇拿洋燈跟尾行走小的當向喝查李家勤答說是我并罵小的野仔小的當向李家春報知初六早聽聞人說

福耕堂的先生陳瓊瑶死屍在塘邊又聞人説陳瓊瑶被殺係因窺探
李家璇弟婦妾氏被李家璇囑令李家勤殺死李家勤平日係在李邦
光家做走狗的話是寔
柯亞南供年六十一歲香山黃角村人父母都故並没弟兄妻子小的自
廿一歲至今俱做土工度日上年七月初五晚四更時候家勤来叫小
的告知情由同去李家福耕堂書館抬陳先生的屍小的空手家勤在
家璇家拏了繩索蒲包同進書館小的看見先生身穿白衫白布褲外
穿藍色白扣孝衣禍褂屍身斜卧床上額頭有傷并有血跡此外傷痕
小的未曾細看當與家勤把屍包好家勤就在書館拏取挑水木棍與
小的把屍扛抬家勤抬頭小的抬脚家璇拏洋燈跟尾抬至社公地方
永合店前被更夫亞倫可業權見喝問家勤罵他一聲更夫隨即走去
小的與家勤就把先生的屍丢下李家塘内家璇交銀一圓與家勤轉
交小的収用各散次日看李家祠的不識姓的全興叫小的去撈屍小
的即與大隻二兩人同去用小艇駛開塘中看見先生的屍撞住一青
竹頭在水面露出肩膊脚在水底撈起後給小的工錢四百文是寔

9

李家璇供年三十二歲香山黄角村人父親邦光年六十一歲母親麥氏年六十三歲兄弟七人小的居長二房庶母佘氏生佘氏已故十多年小的娶妻麥氏年三十一歲常有内傷痰火病症生有一子名亞如年五歲小的仝母兄弟三人二弟家瓚年廿六歲已故四年弟婦張氏年廿八歲生一女約四歲弟妾蕭氏年廿五歲生有一子名亞儀約四歲三弟亞明年廿四歲弟婦麥氏四弟亞柔已故五弟亞聰年廿歲弟婦麥氏六弟亞永年十歲七弟亞便年三歲父親兄弟四人大伯父卿述

10

生子五人長子國熙次家沃三家洋四家棠五家勳二伯父卿讓生子三人長子家鑑次家漸三家心四叔卿仁生一子名德倍年十歲嬸梁氏小的與國熙分爨祖宗嘗業未分小的已娶親兄弟分居各住福耕堂書室係共祖公業小的屋與書館對面家瓚屋與小的屋斜對面又與書館隔一間屋位去年國熙請陳瓊瑶先生修金多少小的不知學生五人志中國熙子照根家沃子德輝家洋子創業家鑑子熾昌家棠子火頭曾亞富係家棠與小的父親商量雇的在館四年去年七月初一辭工小的寡弟妾蕭氏素不知規矩時帶小兒在巷内行走並常到

小的家閒坐出入必由書房門口過與先生常見面婢女常帶蕭氏孩子到書館頑耍先生常給他菓餅食也曾送小孩子到蕭氏門口因此熟識不避先生常站在書館門口把蕭氏窺看或走到蕭氏家門口站立小的親眼見過多次小的妻子也有把先生好看人的話對小的說知小的就叫妻子對蕭氏說先生好看人尔不可任他窺看嗣後出入須要快走蕭氏荅說知道後來六月不記日子傍晚時候小的家內婢女名秋容年十一歲看見先生到小的弟妾蕭氏家聽聞叫喊一聲先生便跑回館對小的說知婢女秋容可以對質蕭氏也可對質小的七月初一日因家勤常在小的處走動與小的相好在家勤鋪坐便對家勤說小的婢女看見先生到小的寡弟妾蕭氏家將来恐其成姦須要叫人殺他家勤荅說此事不用心急待我慢慢商量代尔報仇殺他的話小的當許給家勤銀三十兩當時未有給他後因家勤跑走尚未給他到七月初五早小的又在家勤鋪再與家勤商量二更時候家勤便帶自已枕邊防身小刀到小的家裡到三更小的就拏門匙與家勤同至書

13

館開了大門同入臺先生睡房見燈尚未熄房門半掩家勤即推開門先生聞聲唱問是誰即坐起床上小的見家勤上前用刀把先生頭上戳了兩傷先生復吽一聲家勤又向先生咽喉戳了一刀先生即仰倒家勤再向戳胸前一刀先生又轉側床邊家勤再戳脇下一刀登時即死小的在旁探望恐人知覺寔未動手因恐屍在書館未便是以起意移屍家勤去吽土工柯亞南到來把屍用蒲包繩子包好家勤抬頭柯

12

亞南抬脚小的拏燈在後行走至社公地方永合店前撞遇更夫亞倫可業二人更夫們向小的與家勤們喝查家勤説他不要理更夫便走去家勤便把屍抬至李家大塘丟下塘去小的便給銀一圓與家勤轉交柯亞南各散小的未殺先生之時未向父親説知七月廿幾不記日期便來省城躲避到十月間小的被人供出父親因被官勒交就寄信吽小的回家向小的查問説聞得人家講係小的吽家勤殺先生的話小的不能隱瞞就把始終吽家勤殺先生抬屍丟棄的事向父親告知父親就吽小的到香山投案小的知錯了求恩典開導小的父親回家好好看養小的的小孩兒是寔

李家勤供年四十六歲香山黃角村人父親已故母親麥氏年七十五歲
並沒兄弟娶妻麥氏年四十五歲妾游氏年三十歲並未生子平日在
黃角村李家開中和小雜貨店生理小的因缺銀錢給母養贍常在李
邦先家走動替他料理事務咸豐二年七月初一日同族弟李家璇到
小的鋪稱說陳先生窺着他弟妾調姦須要叫人殺他的話小的說待
我慢慢商量與你報仇殺他家璇許給小的銀三十兩尚未過交到初五日
家璇又到小的鋪商量小的二更便帶自己防身小刀到家璇家三更
時候並未拏燈家璇拏門匙同到書館開了大門入見前兩度門並無
關上至先生睡房門口見燈尚未熄房門半掩小的即推開門先生聞
聲喝問是誰即坐起床上小的上前用刀把先生頭上戳了兩傷先生
復叫一聲小的又向先生咽喉戳了一刀先生即仰倒小的再向胸前
戳一刀先生又轉側小的再戳脇下一刀登時即死家璇在旁探望寔
未動手因恐屍在書館未便起意商同小的把屍移往塘邊小的去叫
土工柯亞南到來并在家璇家拏了繩索蒲包同家璇三人拏燈走入
書館小的與柯亞南把屍包好就在書館拏取挑水木棍把屍扛抬小

的抬頭柯亞南抬脚家璇等小洋燈在後行走抬至社公地方永合店前撞遇更夫李亞倫李可業兩人更夫喝問小的罵他一聲更夫便走小的與柯亞南把屍抬至塘邊丟下塘內家璇給銀一圓交小的轉交柯亞南各散李邦光並不知情後來九月十五國熙在縣供開小的名字小的害怕逃往順德黄連地方躲在小的妾游氏的至人張劉氏家後被香山縣差高佬壽况線把小的等獲解案的小的前時翻供係畏罪圖翻今蒙審出真情不敢狡賴是實

李國熙供年四十一歲香山黄角村人父親李鄉述已故卅餘年母親張氏年六十五歲兄弟五人早生居長二弟家沃三弟家洋四弟家棠五弟家勲分居各爨早生娶妻麥氏年四十一歲妾謝氏生有二子長子志中年十六歲次子志綿年十二歲父親兄弟四人父親居長二胞叔鄉謙已故有子三人 三胞叔鄉垣即邦光嬸娘麥氏有子七人長堂弟家璇次家瓚已故三家堤四思柔已故 五家瑄六思永七堂弟年幼未知名字書館坐西向東離早生住屋兩条巷李家璇屋與書館對面李家瓚的妾蕭氏住屋與書館隔一間屋書館係的祖公共産業已死先

生陳瓊瑶番禺石獅頭鄉人去年四十四歲因有姪子陳登瀛曾在黃角村教讀是以草生認識的延請陳瓊瑶的關書修金七十五圓生徒五人先雇工人曾亞富在書館服侍因李邦光叫他去學銀水于七月初一辞工初二早終算數去的館内只有亞昌及另雇的小火工胡細根住宿書房大門係鬼子鎖匙各家均有一條初五晚草生因鄉中公舉充作鄉正往向鄉人商量打醮事務一早回家初六早各生徒上學因不見先生回家報知適塘主來報說塘内有一死屍像係陳先生草生即往塘邊查看果見先生屍身有傷身上穿有白汗衫馬褂褲子並無雜襪又往書館看見先生的床帳被窩均有血跡即往報知屍親陳禧田之子陳登瀛往看于初八日報案香山縣劉太爺因不在縣裡委淇澳司相驗屍已發變尚可相驗驗得頭上兩傷有瘀血跡咽喉一傷心坎一傷傷口俱約寬三四分有血水流出脇下一傷不記左右十一日驗屍後草生叔父邦光商量說亞富在書館服侍先生常時嬉笑不分上下初一辞工初五復回先生是夜被殺兇手必是亞富叔父把稟帖造好交草生草生寫倫投案落船時邦光說如奉縣押有路可以打

點取保草生到案後寫信囑家人查訪有十餘日查得更夫李亞倫們
撞遇李家勁與土工抬一死屍家璇拏一小洋燈在後行走的話草生
寫信告知叔父不可吽更夫到案恐怕供出抬屍情由越發難辦至劉太
爺的姑爺葉門上說要銀的話係悞聽人撞騙禀知叔父並無此事及至將家
勁拏獲自認將先生殺死并供出有土工柯亞南幫同移屍至家勁素
與先生不過認識並無往來陳瓊瑤自開館後只有先生的叔侄親到
探過餘無別人至陳瓊瑤未被殺之前六月間草生妻子把陳先生有
無出門口站立的事向曾亞富查問曾亞富說買物回來見蕭氏帶三
歲幼孩與先生各站在門口先生見他即回書館蕭氏也即回家蕭氏
每日至家璇屋內出入要過書房門口與先生常見面熟識不避婢女
也常帶蕭氏孩子到書館稹要先生給他菓餅吃是他看見又見李家
璇的妻子罵先生窺探婦女的話後有人傳說先生向家璇寡弟妾蕭
氏調姦未成家璇愈加懷恨商同李家勁殺死先生移屍是以草生在
香山縣供明是寔

李邦光供年六十一歲香山黃角村人父母都故兄弟四人大哥子卿述二哥子秀光弟即觀光都已身故革員居三娶妻麥氏妾二人生有七子長子家璇現犯案被獲革員兄弟久已分居各爨只有公共祖業未分去年陳瓊瑤先生係姪子國熙請來在福耕堂書室教讀去年七月初五夜陳先生被殺身死革員先不知何人殺死今蒙提家璇到案璇供認因看見陳先生屢次窺探革員次子寡妾蕭氏後又知先生到蕭氏家調姦未成即回與家勤商量把先生殺死并起意移屍革員先寔不知情前控呈詞委因痛子情切一時悞聽人言懷疑妄控香山縣葉三爺並無勒索六千銀兩情事今蒙審明革員不敢狡賴只得據寔供明求把控案詳結并求把革員功名詳請開復如果革員後來翻控求把革員從重嚴辦就是了

李亞昌供年十四歲香山黃角村人父親李家棠年三十五歲嫡母麥氏已故三四年繼母何氏年二十七八歲並沒弟兄小的八歲開學去年從陳瓊瑤先生二月十九開館小的與亞輝志申創業照根五人素相和好在福耕堂書室讀書館門只有門閂並沒橫壓有鬼子鎖匙便能

76

由外開入先生住房門臨睡時常不關閉小的與火工胡細根在書館
後進同房分床睡宿火工曾亞富先係睡在書館廳上先生住房在後
進相隔一廳兩院亞輝們四人每讀至點燈時候便回家睡胡細根年
十三歲番禺人係小的祖母雇来伺候小的讀書的去年七月十幾胡
細根母親已叫他回家去了曾亞富公家僱他已有数年去年七月初
一他因學銀水辞工初五復回取鋪蓋是晚就在李邦光廳内與亞丙
同睡宿陳先生教讀學生俱寬曾亞富平日服侍先生都好先生看待
亞富也好先生白晝教完書及晚飯後常出門口站立或在書館頭二
進坐立去年七月初五晚先生被殺小的因染發冷病盖住被窩並没
聽聞先生房内有响動聲音小的同父親向胡細根查問胡細根也說
是晚伊已睡熟妾没聽聞到初六朝亞輝志申兩人先到書館燒水與
先生洗面因叫先生不應見房門半掩不見先生就各回家報知父兄
来看小的因聞喧嚷也就起身未及看過先生住房便回家告知父親
適創業們也到亦各回報彼時只有創業父親染了瘋病未到其餘到

来看過小的站在先生房門口見床上都有血跡隨有塘主前來報知說伊塘有死人像係先生當經撈起果是先生屍身查看有傷經各父兄報知屍親報驗小的同亞輝們到香山縣投當就聞鄉人說係家璇因先生看他的妻室并調戲伊弟家瓚的寡妾是以挾恨㕵家勤殺死並聞曾亞富看見家璇妻子辱罵先生的話家勤也常在邦光家走動是寔

李志中供年十六歲香山黃角村人父親李國熙年四十一歲嫡母麥氏年四十歲生母謝氏年三十四歲兄弟二人小的居長弟郎亞綿年十二歲小的並沒娶妻七歲開學小的與亞昌創業照根亞輝五人上年都從陳瓊瑤先生在福耕堂書館讀書平日素相和好二月十九開館書館大門只有門閂並沒橫壓有鎖匙可以由外開入李亞昌與火工胡細根在館睡宿先生另住一房小的與創業們都回家睡書館向係曾亞富服侍先生六月中旬亞富去學銀水每日午後始回書館先生因亞富不便七月初一亞富辭工初五復回取鋪蓋是晚就在李邦光廳內與亞丙同睡以後先生早晚茶飯係胡細根照料七月初五晚小

的與創業們讀書至初更後各回家睡到初六早小的與丞輝上學到書館煲水叫先生洗面不聞答應推開半掩房門在門口窺看不見先生就回家報知父親適父親已回家塘主亦來報知說塘中有死屍像係先生父親便到塘邊看明後到書館查看聽聞父親說先生床上有血跡的話先生被何人殺死小的先不知道後聞香山太爺審出係因先生窺看家璇的妻室并調戲伊弟家璜的寡妾被家璇叫家勤殺死的家勤係常在那先家走動是寔

李創業供年十五歲香山黃角村人父親李家鑑年四十歲平日有瘋癲病症嫡母麥氏年三十九歲生母蔡氏年三十五歲兄弟四人小的居

長二弟權業三弟廣業四弟存業上年小的與志申亞昌照根亞輝五
人在福耕堂書館從陳瓊瑤先生讀書都相和好二月十九開館館門
只有門閂並沒横壓有鎖匙可以由外開入書館向係曾亞富服侍先
生六月中向亞富去學銀水每日午後回書館先生因亞富不便七月
初一亞富辭工至初五回來搬取鋪蓋是晚亞富係在李邦光廳同亞
丙睡宿亞富辭工後先生早晚茶飯係胡細根照料
與志申們至初更後便各回家睡
早亞輝志申先到書
不見先生
父

咸豐元年十二月十八日具
奏欽奉上諭賞加太子少保銜恭謝天恩
咸豐　年　月　日奉
硃批

奏稿

奏為恭謝
天恩事竊臣承准軍機處封寄咸豐元年十一月二
十八日內閣奉
上諭本日據徐　葉　奏勦辦英德一帶匪徒
事竣已降旨將出力之文武員弁紳勇等分別獎
勵該督撫調度有方前已降旨交部從優議敘矣
惟思英德一帶匪徒滋擾經該撫親往督辦將各
股首夥各匪全行殄滅勤勞尤著葉　著賞加
太子少保銜以示嘉獎欽此當即恭設香案望
闕叩頭恭謝
天恩竊臣猥以輇才叨膺重寄每懷臨事之懼祇深
曠職之虞當小醜偶肆鴟張脅從為患幸大兵
相隨麕集堵勦兼施仰荷
德威官軍皆同心敵愾覃敷
聲教鄉練亦衆志成城氣奮鷹揚掃穴而渠魁盡縛
勢窮鹿鋌搜山而餘孽全消閱茲半載之蔵功
悉東

3

先幾之勝算划微臣疊蒙
訓示始知調度有方凡在事共切圖維敢謂勤勞尤
著前以凱章騰告早邀
甄敘之優加今茲讞案勘陳復拜
寵榮之稠疊
特頒溫諭
錫予宮銜荷逾格之
恩施有加無已慚非分之
知遇易受難安
俯獎微勞合官紳而並邀
懋賞重叨
異數計先後而尤沐

4 END

隆施寵極若驚感深零涕念
生成之倍篤懼福分之難勝抑且邊境尚待廓清鄰
兇時虞奔突凡犬牙之相錯更須加意以巡防
況斗喘之苟延早盼剋期而掃蕩臣惟有益嚴
師律盡洗賊氛雖先救靖乎一隅亟宜通籌夫
全局遠揚
聖武允昭
駿烈之平成勉竭愚誠冀答
鴻慈之高厚所有微臣感悚榮忭下忱謹繕摺叩謝
天恩伏乞
皇上聖鑒謹
奏

一件片奏現議將河南撫臣留辦地方事務緣由

奏稿

奏

咸豐　年　月　日具

摺弁　賫

咸豐　年　月　日奉到

硃批

再升任河南巡撫臣柏　前在廣東藩司任內
隨同臣等辦理夷務一切控馭情形極為諳練
現奉
諭旨留辦廣東地方事務正資熟手溯查前頒
欽差大臣關防原專為辦理夷務而設未便攜帶出
省是以臣徐　於上年赴高州時曾將關防移
交臣葉　代辦茲臣徐　不日應赴廣西
督辦軍務臣葉　現值馳赴羅定接辦防勦
事宜所有
欽差大臣關防應即移交河南撫臣柏　接收一體
照辦向來督撫兩署題咨事件如遇督臣離省
其題咨事件即借用巡撫關防繕發如遇撫臣

咸豐二年七月十九日由驛五百里馳
奏留辦廣東地方事務河南巡撫柏　於七月十六日由粵起程赴京　陛見
咸豐　年　月　日奉
硃批

P.1

奏稿

P.2 end　2 END

再升任河南撫臣柏貴前因奉
旨留辦廣東地方事務當經臣會同督臣徐
奏請將
欽差大臣關防暫行代辦在案臣回省後仍復移交
前來並據面稱因升任巡撫奏懇
陛見一摺昨已欽奉
硃批知道了著來見欽此現於七月十六日由粵起
程理合附片陳明伏乞
聖鑒謹
奏

P.1　F.O.682/391/3(5)

一件奏奉　賞加總督銜恭謝　天恩

咸豐二年八月二十日由驛四百里具

奏稿

奏

摺弁　賫

咸豐　年　月　日奉到

硃批

P.2　2

總督銜廣東巡撫臣葉　跪

奏稿

奏為恭謝

天恩仰祈

聖鑒事竊臣承准軍機處封咨咸豐二年七月十一

日內閣奉

上諭徐　葉　奏剿辦羅鏡逆匪擒斬首逆全

境蕩平一摺覽奏深慰朕懷徐　督辦最久疊
加痛剿挖築濠基先將吳三陳二兩股全行殄滅
俾凌逆不能水竄厥功甚偉著加恩賞加太子太
保銜仍交部從優議叙葉　接辦後調度有方
將全股一舉蕩平州境廓清地方安堵如常辦理
甚屬妥速著加恩賞加總督銜仍交部從優議叙

奏稿

等因欽此竊臣猥以菲才久膺重寄荷非常之
知遇愧無補於涓埃屬小醜假擾三羅久同嵎負本
會匪勾連一氣藉作淵逋洎督臣親統師干既
經歲頻殲比匪雖窮猿入檻計已得乎攻心而
困獸跳梁誅尚稽乎授首臣奉
命接辦亟盼剋期申儆文勵於即戎寅畏深懷於臨

事仰賴
天威之震疊咸奮軍心密偵地險之憑依先寒賊胆
罙入其阻潛師分犄角之形亟肆以罷奪隘據
扼吭之勢付一炬而俾無易種苞蘖全空合重
圍而殲厥渠魁網羅不漏凡此膚功迅奏悉禀
指授先幾臣惟幄仰窺韜鈐默領欽承

奏稿

P4B- 5

奏稿

宸衷急於六月之征勉習邊籌不待五旬而舉在
聖主非必
有征無戰自莫喻其
神功至　微臣未能思患豫防進敵引為己力迺沐
丹毫渥獎晉銜
寵錫夫兼圻會當赤縣肅清

P5 6

勅叙優加夫逾格捫心方曠持之滋懼聞
命吏跼蹐以難安臣自顧何修屢叨非分溯自宮銜
特賞
恩褒已至渥極優念矧茲
宸命重申
懋賞復有加無已感

奏稿

鴻施之高厚稠疊殊榮增駑質之愧慚捐糜罔報邇
聞西匪竄突肆擾湖湘東境毗連時虞萑苻臣
惟有倍作士氣遠懾鄰氛非僅自固夫藩籬尤
在不分乎畛域仰
宵旰不遑之
厪念奚酬

P.6 end

7 END

異數於再三矢夙夜匪懈以從公勉竭愚誠於萬一
所有微臣感激悃悚下忱謹繕摺恭謝
天恩伏乞
皇上聖鑒謹
奏

奏稿

p.1 1

一件
奏委員劉潯等伴送暹羅國貢使起程日期事

奏稿

硃批
咸豐 年 月 日奉到

看稿
對摺

咸豐二年十月初七日具
奏

摺 附 驛 賫

繕摺

奏為委員伴送暹羅國貢使起程恭摺
奏祈
聖鑒事竊照暹羅國遣使披耶司豁哩巡段亞派拏
車突等具表恭賫例貢到粵經臣葉　在巡
撫本任會摺

p.2 2

奏奉
諭旨著即派委妥員伴送於本年封印前抵京欽此
臣等即督同藩臬兩司遴委署高州府事潮州
府知府劉潯惠州府知府蘇學健陞補兩廣督
標前營參將雷樹勳三員伴送併將收存公所
表文貢物由該貢使等於咸豐二年九月二十八
日恭賫自粵起程計至京水陸程期八十餘日
已飭各委員等一路妥為伴送迅速行走務按
程限進京除臣等仍移咨經由各省督撫臣轉
飭沿途地方官照例撥護一面飭令該國大庫
將貢船先行回國修整其隨帶貨物照例免稅
外所有委員伴送貢使起程日期理合恭摺具

P.3 3 END

奏伏乞
皇上聖鑒謹
奏

P.1 1

一件

奏遵

旨查明暹羅國貢使進京經過地方一路安靜事

毋庸另行改道繞越

奏稿

硃批

咸豐　年　月　日奉到

看稿

對摺

咸豐二年十月初七日具

奏

摺

附驛

賫

繕摺

奏為遵

旨查明恭摺覆

奏仰祈

聖鑒事竊臣等於九月十八日承准軍機大臣字寄

咸豐二年八月二十七日奉

P.2 2

上諭越南暹羅二國現屆貢期曾降旨飭令越南貢使於明年五月內到京暹羅貢使於本年封印前到京該二國貢道向由廣西湖南及廣東江西各路行走惟現在軍務未竣是否有應行改道繞越之處著該督撫等酌量情形奏明辦理將此各諭令知之欽此當經行司轉行欽遵查辦去後茲據

廣東藩臬兩司轉據廣州府知府張百揆詳稱查暹羅國貢使向由廣東南雄州出境江西大庾縣入境現在廣東江西所經過地方一路均屬安靜可以行走毋庸另行繞越等由前來臣等覆查無異所有遵

旨查明緣由謹合詞恭摺覆

P.3 end

3 END

奏伏乞
皇上聖鑒再越南國貢道向由廣西湖南行走容俟
會同廣西撫臣確查另行恭摺具
奏合併陳明謹
奏

謹將咸豐二年分　奏銷後續完地丁正耗銀兩數目開列

原報未完地丁正耗銀二十六萬四千八百四十六兩九錢二分一厘

截至十一月十九日共收續完地丁正耗銀一十四萬三千四百九十二兩三錢七分六厘

今自十一月二十日起至二十九日止共收續完地丁正耗銀四千三百一十八兩三錢七分一厘

連前共收續完地丁正耗銀一十四萬七千八百一十兩零七錢四分七厘

尚未完地丁正耗銀一十一萬七千零三十六兩一錢七分四厘

8

謹將奉催各積案分別現辦及已未辦各案開列呈

電

計開

一件兩廣總督咨道光十三年賞兵紅白事件案內遲延職名仍令開送一案于道光二十三年八月行文兩廣總督現在尚未登覆開送　查本案道光十三年紅白遲延職名已于道光二十三年五月內詳請咨覆　大部在案道光二十三年八月內又奉文行想係粵省咨覆文未到況道光十三年紅白遲延職名事在　恩詔以前例應寬免合註明

一件廣東省買補減則屯田米石道光二十五年以後未據造報　查二十五六兩年買補屯米報銷已奉准文回其二十七年已呈院比式合註明

一件廣東省應變入撥裁兵米價銀兩道光二十四年以後未據造報　查道光二十四五年業已造冊報銷在案

一件廣東省文職公捐銀兩道光三十年以後未據造報　查此款業已詳咨在案

一件廣東省駐省差兵支過口糧銀兩道光二十四年以後未據造報　查此案業于本年二月內將道光二十四五六等年分別造冊詳請咨　部核銷以後陸續查造合註明

一件廣東省承追各案已未完銀兩道光十七年以後未據造報　查此案道光三十年以前均經造冊詳奉　恩詔豁免似應毋庸造報合註明

以上六起均已詳辦

一件廣東省征收落地稅羨銀兩道光二十二年以後未據造報　此件現在詳辦

一件廣東省賞兵紅白事件銀兩道光十八年以後未據造報　查此件現在詳辦

一件廣東省支銷會試水手銀兩自乙未科以後未據造報　查
此案乙未科以前造報清楚至丁酉科以後現在趕辦合註明
一件廣東省征收零星盈餘銀兩道光二十四年以後未據造報
查此件現在詳辦
一件廣東省征收曠軍羨餘銀兩道光二十二年以後未據造報
查二十二年曠軍羨已于上年造冊詳咨其二十三年以後現在
趕辦合註明
一件廣東省司庫實存閒雜各欵銀兩道光二十年以後未據造報
查此件現在核辦
一件廣東省征收一六耗米變價盈餘銀兩道光二十一年以後
未據造報　查此案二十一年以前造報清楚至二十二年以後
現在趕辦合註明
一件廣東省征收奏留充公銀兩道光十五年以後未據造報
查道光十五年已于上年造冊報銷其十六年以後現在陸續趕
辦合註明

一件廣東省社倉谷石無虧道光二十九年以後未據造報　查
社倉穀石冊道光二十九年以前業經造報詳咨其三十年冊籍現
已造冊呈　院比式俟奉發回詳請咨送合註明
一件廣東省前山等營收支生息銀兩道光二十三年以後未據
造報　查此件現在詳辦
一件廣東省溢額孤貧口糧銀兩道光三十年以後未據造報
查此件現在詳辦
一件廣東省借給各兵穀價銀兩道光二十四年以後未據造報
查營倉穀石冊道光二十九年以前業經造報詳咨其三十年冊籍現
在查造詳送合註明
一件廣東省征收隆深二澳田園租穀道光三十年以後未據造報
查此件現在核辦
一件廣東省支給囚犯口糧銀兩道光二十四年以後未據造報
查道光二十五年囚犯口糧先已造冊題銷其二十六年以後現
在趕緊查造合註明

以上十四起現在陸續詳辦

一件兩廣總督題邱龍二姓互爭丈溢田畝仍令由官召佃照例陞科並歷年拖欠官租勒限嚴追一案于道光十五年四月內行文該省遵照現在尚未登覆　查此件屢催平遠縣未據詳覆至未詳辦合註明

一件兩廣總督咨合浦縣續墾餘荒田畝完繳租錢仍令追完一案于道光二十二年四月內行文廣東巡撫查取登覆遲延職名送部核議現在尚未登覆　查此件屢催該縣未據將租銀完繳至未詳辦合註明

一件兩廣總督咨嘉慶二十四年至道光十一年截存裁汰兵米遲延職名仍令開送一案于道光二十三年八月內行文兩廣總督現在尚未登覆　查各案業已報銷清楚俟各屬造送遲延齊全到日另行登覆合註明

一件工部咨估變全興洋貨店地基什物銀兩一案于道光二十四年十一月內行文兩廣總督現在尚未登覆　查本案已行催未覆俟申覆詳辦

一件廣東巡撫咨廣東省攤捐連州軍需遲延請免職名案內行令將捐足未歸原款銀兩歸款專咨報部並仍取遲延職名一案于道光二十七年十二月內行文兩廣總督現在尚未登覆　查此件屢催各屬未據完解請俟完解歸補後專咨報部查核合註明

一件兩廣總督咨廣東省道光二十年虎門停止秋操案內支過獎賞等項銀兩行令造報一案于道光二十九年三月內行文該督遵照現在未據登覆造報　查此件屢催未准水提中營造冊移司請俟造冊到日專咨報　部查核合註明

三件工部及兩廣總督咨廣東省道光二十三二十四二十五等年支銷營中公費銀兩報銷各案內駁令刪減造報三案于道光二十九年五六十二等月行文該督遵照現在未據登覆造報

查此件未准各營刪減造覆齊全俟造冊齊全到日分案詳咨
合註明
三件工部及兩廣總督咨廣東省道光二十六七八等年支銷營中
公費銀兩報銷各案駁令刪減三案于道光三十年三五七等
月行文該督遵照現在未據登覆造報　查此件未准各營
刪減造覆齊全俟造冊齊全到日分別詳咨合註明
一件工部咨廣東省道光二十九年分支銷營中公費案內駁
令刪減造報一案于咸豐元年七月內行文兩廣總督遵照現
在尚未登覆　查此件未准各營刪減造覆齊全俟造冊齊
全到日分案詳咨合註明
一件廣東省征收田房稅羨銀兩道光二十三年以後未據造報
查此件屢催潮州府未據將印結申繳至未詳辦合註明
一件廣東省支銷出洋捕盜弁兵口粮道光二十五年以後未據
造報　查此件俟移催各營造報到日彙案造報現未准各營
造覆合註明

一件廣東省盤查倉穀道光二十年以後未據題報　查此案屢催
未據各屬造繳齊全
一件廣東省紳士捐輸捕費息銀道光十一年以後未據造報
查此件屢催　運司未准將息銀完繳至未詳咨合註明
一件廣東省征收歸公溢租銀兩道光十三年以後未據造報
查此件屢催各縣未據將租銀完解至未造報合註明
一件廣東省買補平糶穀石道光十一年以後未據造報　查道
光十二年出糶倉穀尚有長樂縣未經買補齊足至未詳辦合
註明
一件廣東省買補惠州軍需穀石久經動款未據造報　查此案
屢催廣惠二府催各屬俟完解買補造冊報銷到日另行核辦
合註明
一件廣東省征收稅科火耗銀兩道光二十四年以後未據造報
查此件屢催潮州府未據將印結申繳至未詳辦合註明

遵查粵西全省原設六十六埠遞年額銷引鹽三十二萬八千二百三
十餘包應征餉款銀二十七萬八千五百二十餘兩各埠原應有商承
辦埠地不致虛懸引餉方免無着無如各該埠地私鹽充斥額引難銷
人視畏途多不認辦現在止有臨全百色等三十六埠招有商人認充尚
未按年認足止認餉款銀一十二萬八千九百餘兩其餘三十埠無人認
辦連減額通計共無着餉款銀一十四萬九千五百餘兩遞年奏銷俱
歸公所賠墊乃連年受累已非一日而前勉全完後難為繼是致道光
三十年及咸豐元年兩屆奏銷不能全完業已先後造冊開恭今道光
三十年分奏餉先經商等多方墊完業奉詳咨扣除免議而元年分
奏餉現在籌辦赶緊清完又蒙詳請開復茲奉廣西司道因軍餉
急迫請由西鹽道給發印文来東在各場買配餘鹽或在關溢鹽運赴
西省各埠地行銷按包抽稅分別撥補有無窒碍奉諭查議商等伏查
各埠之地乃係行銷各埠之引按埠行引按引輸餉遞年各埠引餉
分別造冊奏銷若如西省所議則是以無引之餘鹽行銷有引之埠
地而餘鹽占銷無人辦埠正引滞碍餉無從交縱有抽稅劃半撥餉
而以該埠餉款每包一兩以外即以抽稅一半之二錢零撥為彌補每
包尚缺七錢有零其所缺之餉又憑何完納即已無着必悞奏銷抽稅
每包四錢八分雖係减輕成本易於招辦起見而西埠有商餉款每
包多在一兩以外比之抽稅四錢八分計每包已多五錢二分過半有
餘埠銷過重抽稅過輕過重之餉不敵過輕之稅而稅輕易銷餉重受
充有商之埠勢必被其充賺將来非迯即革彼時不特無商之埠無
人認辦即有商之埠亦歸懸宕則西省六十六埠之引餉全歸無
着而引餉雖歸公所照数認完不能推諉第西埠通虛全餉無
着即將公所六商粉骨碎身亦難填補大清會典内載廣西
分銷廣東鹺引在廣東納課外至本省又按包抽稅是西埠之地已
經按包抽稅遞年共額收西稅銀四萬七千五百餘兩為数不少今又請
每包抽稅四錢八分是以一埠之地而抽兩稅矣現在西埠既須征餉又
須征西稅其餉稅又統歸東省經征今東省除代賠引餉外又復代賠
西稅而西省無餉稅可征故又行議請抽稅但同一埠之地一則東省代
賠餉稅一則西省又行抽稅在西省抽稅則易為力而在東省代賠則
力有萬難埠地不行抽稅則無賤鹽肆充有可轉機尚望招商免
賠或不致于重累若一經再行抽稅則死喪無日況抽稅與引餉輕
重懸殊誰肯甘心舍輕而就重則人樂辦抽稅不辦引餉其埠竟
成虛設引地永歸懸宕無商餉稅永歸東省代賠而東省公所受
累已深勢難年年賠繳又不旋踵而全歸倒敗是欲顧抽稅而反
有碍引餉見小遺大顧此失彼寔于粵綱大有窒碍從前粵省餘

鹽改作引目仍係十成完餉今議餘鹽抽稅每包四錢八分不及原餉之半核與舊章不符現在新章雖係減半抽稅因以川粵鹽斤不應運入楚岈行銷故議令入楚減收半課而東省之鹽係應運赴西省行銷與川粵之鹽不應運入楚岈行銷者不同自難援以為例且粵東各場産收鹽斤遞年雖應額收鹽一百二十四萬餘包惟年中海水陡長不時風雨久暫無定設遇雨大水長沖崩圍壆收鹽固屬過少即或間有陰雨連綿所收亦不足額茲查各場上三年所收鹽数如道光三十年則共收鹽六十五萬四千五百餘包咸豐元年則共收鹽六十九萬零八百餘包咸豐二年則共收鹽五十八萬八千七百餘包即此三年已屬連年缺收均不足額業已按年造冊咨恭歷有案據此其明証則場中正額尚且不足又焉有餘鹽可以應配如謂場中塌戶匿報售私而各場均屬有官督收責無旁貸豈有不顧考成甘受嚴議又各場之鹽運赴東關奉准每包核計不得過加三除按程鹽抽配滇旂土司等鹽外所溢無多向係作正配充按則輸餉而正溢合計少則六七十萬包多亦不過八九十萬餘包僅敷各埠配運並無多餘又無另有溢鹽可配抽稅之鹽況各場收鹽顆粒歸官原無正餘之分如或撥配抽稅而本輕易銷又無限制人多配運因無餘鹽不得不將正鹽混作餘鹽配給則正鹽短少不敷埠銷而餘鹽與私鹽均屬無引之鹽又無區别若餘鹽一開如將私鹽拏獲而私梟則藉名以為餘鹽無所禁捕何往而不影射迨私鹽到廠准其自首亦得免究又何不樂于多帶更有可慮者所運此項自必經過東省各埠引地其成本較輕則餘鹽穿心破腹中北二江沿途先受充賺而東埠何堪受累所辦餘鹽寔啓梟徒販私之路而非化私為官矣西埠固屬難辦而東埠亦一體俱難是以于乾隆二十三年即將餘鹽改作引目不征西稅以後則無餘鹽行銷以杜其弊所請抽稅買配餘鹽應請無庸置議若云粵省商支各欵與各省不同均關經費不能短少並非另開名色如軍工則修造戰船修倉則閱兵犒賞他如緝費為儆船役食白價為帮貼巡防此外工伙為六柜辛工運柩為客櫬回籍均經詳明有案若一裁汰則無以辦公既稱軍餉多資鹽利豈經費而不取資乎則商支外欵亦難裁減至于商運之鹽先經東關盤驗後復西關驗放運至祿步廠又經文武逐一會查層層稽察則又無私可帶而私從何出今請在西省復行設廠查驗又不免阻滞商鹽有碍行銷第西鹽道既能給發印文赴東省各場運鹽赴西埠行銷則是有心行鹽可以辦埠似可不必另交公所認餉即將埠務歸抽稅所辦即以自己抽稅之鹽運赴自己所辦引地行銷抽稅與引餉同歸一起事權統屬責有攸歸固無患其抽稅之輕又無慮其引餉之重所有廣西六十六埠之鹽引統歸西省督銷其應納引餉西稅等項亦歸西省經征此後西省引餉請由西鹽道造冊奏銷與東省無涉則西省所抽之稅毋庸解東而東省無西稅可征又免解西彼此可免批解較為盡善

[redacted]

自正月初十日開秤起至二月二十二日止
省河各埠共配盐九萬一千餘包
分派變價私盐各項一萬零九百餘包
二共配盐十萬零一千九百餘包 又七千餘包 二十八日又開秤七捍配盐四千九百餘包
尚存河盐船十三隻約正耗盐一萬餘包

連陽埠共配三萬八千四百餘包
樂桂埠共配二萬二千餘包 又七千餘包
仁化埠共配四千九百餘包
封富埠共配一萬二千餘包
中柜各埠共配一萬三千五百餘包
雄贛埠供期甫滿現議分堂接供尚未開辦
臨全埠因分堂供辦未奉 院批数未開配 其舊配存河盐包現已開行
以上各埠已配之盐內有大半請照開行尚有未
請照及起騐未行者亦在其內

又在運房仝上餉各銀錄查来細數
自本年正月起至二月底止 共收各埠完納新餉二萬
一千餘兩 甚中中柜各埠居多
二月二十九卯又可收新餉一萬二千餘兩
計共可收銀三萬三千餘兩餘俱具報
三四五等月按卯完繳
又查得各埠尚欠壬子綱應完三十年分秋
冬餉共六萬二千六百三十二兩零 又加古州五千七百九十六兩勢將懸宕
一雄贛欠餉八千一百四十六兩零具報即日
可以徵收尚欠應幫貼餉項奏銷之四
款頭銀四千兩亦約三月內完
一連陽欠餉五千六百二十九兩零亦具報三
月底掃數清完
一仁化欠餉二千二百九十二兩零現有委員
督銷亦報三月內完繳
一古州沈晴午等欠餉五千七百九十六兩
零現屆期滿不肯接辦尚無轉供
一臨全潘商欠餉四萬六千五百六十二兩零
現在合堂尚未 批定
以上均係查明實數懸宕斥退之埠
不在此數

遵將通省各屬常平倉存缺穀石折價各数開列呈

電

計開

廣州府屬

南海縣額儲穀一十三萬一千零四十二石一斗六升五合三勺內除未買出糶穀五千一百二十五石八斗四升五合二勺四抄存縣庫價銀四千八百六十九兩五錢五分三厘又除未買清查出缺穀二萬五千六百九十七石四斗零九合七勺八抄折價銀二萬零五百五十七兩九錢二分八厘內

存司領款作價銀三百五十一兩三錢二分九厘

應着賠銀五千七百四十三兩三錢九分三厘

應扣康籌補銀一萬四千四百六十三兩二錢零六厘

尚寔存倉穀一十萬零二百一十八石九斗一升零二勺八抄

番禺縣額儲穀一十三萬四千六百九十七石四斗八升二合七勺內除未買出糶穀五十三百一十六石四斗八升存縣庫價銀五千零五十兩零六錢五分六厘又除未買清查出缺穀四萬六千二百九十九石七斗六升九合六勺折價銀三萬

七千零三十九兩八錢一分六厘內

存司領款作價銀一萬七千一百二十二兩零二分八厘

應着賠銀八千六百六十兩零七分二厘

應扣廉籌補銀一萬一千二百五十七兩七錢一分六厘

尚寔存倉穀八萬三千零八十一石二斗三升三合一勺

東莞縣額儲穀一十萬零一千三百八十八石五斗八升內除未買清查出缺穀二萬一千五百零四石八斗二升二合二勺七抄折價銀一萬七千二百零三兩八錢五分八厘內

存司領款作價銀九百四十六兩七錢九分

應着賠銀四千八百兩

應扣廉籌補銀一萬一千四百五十七兩零六分八厘

尚寔存倉穀七萬九千八百八十三石七斗五升七合三勺

順德縣額儲穀九萬六千五百八十一石六斗零八合二勺內除未買清查出缺穀二萬一千八百二十三石六斗二升零八勺折價銀一萬七千四百五十八兩八錢九分七厘內

已提解銀二千八百二十七兩五錢三分八厘
應着賠銀一千八百八十兩零八錢一分
應扣廉籌補銀一萬二千七百五十兩零五錢四分九厘
尚寔存倉穀七萬四千七百五十七石九斗八升七合四勺
新會縣額儲穀四萬四千六百六十二石四斗八升二合內除未買清查出缺穀七千三百九十五石零二升六合折價銀五千九百一十六兩零二分一厘內
存司領欵作價銀七百零五兩四錢九分二厘
應着賠銀三千九百九十八兩四錢二分一厘
應扣廉籌補銀一千二百一十二兩一錢零八厘
尚寔存倉穀三萬七千二百六十七石四斗五升六合
香山縣寔存穀五萬三千九百一十九石零二升七合
三水縣額儲穀七萬零四百一十九石三斗七升八合三勺內除未買清查出缺穀二萬五千六百三十九石八斗五升八合七勺折價銀一萬七千九百四十七兩九錢零一厘內

已提解銀四百一十兩零五分一厘

存司領敚作價銀四千二百八十六兩六錢八分四厘

存縣庫續提解銀七千二百零四十一兩零九分七厘

應扣廉籌補銀六千一百一十兩零六分九厘

尚寔存倉穀四萬四千七百七十九石五斗一升九合六勺

清遠縣額儲穀一萬四千八百零八石三斗三升七合三勺內除未買動碾建州軍需穀四千石存縣庫價銀四千一百六十兩

尚寔存倉穀一萬零八百零八石三斗三升七合三勺

增城縣寔存穀二萬零七十一石四斗八升八合

龍門縣額存穀一萬一千八百七十三石二斗五升內除未買章芳儁虧缺穀三百一十一石二斗二升二合一勺應追穀價已奉豁免應請另行籌補

尚寔存倉穀一萬一千五百六十二石零二升七合九勺

從化縣寔存穀六千八百六十四石

新寧縣額儲穀九千零三十九石一斗零四合六勺内 除未買清查出缺穀一千九百一十八石三斗九升一合七勺四抄折價銀一千五百三十四兩七錢一分三厘内

存縣庫續提銀一百六十一兩三錢三分六厘

應扣應籌補銀一千三百七十二兩八錢七分七厘

尚寔存倉穀七千一百二十石零七斗一升二合八勺六抄

新安縣額儲穀二萬零六百一十七石五斗三升六合内 除未買清查出缺穀一萬六千三百四十八石六斗八升九合九勺折價銀一萬三千零七十八兩九錢五分二厘内

存司領款作價銀一百三十八兩五錢五分六厘

存縣庫續提銀二千四百八十一兩六錢七分九厘

應着賠銀二千七百七十七兩一錢三分七厘

應扣應籌補銀七千六百八十一兩五錢八分

尚寔存穀四千二百六十八石八斗四升六合一勺

新安縣丞額存穀一千七百石内 除未買清查出缺穀一千一百一十一石八斗一升七合二勺折價銀八百八十九兩四錢五分四厘全數應扣應籌補

尚寔存穀五百八十八石一斗八升二合八勺

花縣寔存穀九千七百二十七石零九斗四合一勺

韶州府屬

曲江縣額儲穀三萬六千五百七十二石一斗三升二合八勺内除未買清查出缺穀一萬二千七百二十三石三斗三升三合三勺折價銀九千二百零四両二錢五分内

存司領欵作價銀二千五百零一两五錢六分五厘

應扣應籌補銀六千七百零二两六錢八分五厘

尚寔存倉穀二萬三千八百四十八石七斗五升九合五勺

樂昌縣額儲穀一萬零二十三石八斗八升七合三勺内除未買清查出缺穀四千二百四十五石三斗四升六合折存價銀三千一百八十四両零一分已照数提解司庫

尚寔存倉穀五千七百七十八石五斗四升一合三勺

仁化縣額儲穀一萬零八百五十九石一斗八升内除未買清查出缺穀二千一百四十九石六斗一升八合三勺折價銀一千五百零四両七錢三分三厘已照数提解司庫

尚寔存倉穀八千七百零九石五斗六升一合七勺

乳源縣額儲穀一萬四千二百六十石零九斗内除未買清查出缺穀三千一百一十三石零四升五合折價銀二千三百三十四兩七錢八分四厘照數應扣廉籌補

尚寔存倉穀一萬一千一百四十七石八斗五升五合

翁源縣額儲穀二萬八千四百七十石零三斗四升四合五勺内除未買清查出缺穀一千零二十石零四升五合九勺折價銀七百六十五兩零三分五厘全數應着賠

尚寔存倉穀二萬七千四百五十石零二斗九升八合六勺

英德縣額儲穀一萬四千四百石零九斗九升二合七勺内除未買前任知縣吳台爵缺穀二千零七十九石九斗七升三合八勺價銀另案彔追又未買動碾連州軍需穀四千石存司庫價銀三千三百八十兩又未買清查出缺穀二千九百石折價銀二千三百二十兩已提解司庫

尚寔存倉穀五千四百二十一石零一升八合九勺

惠州府屬

歸善縣額儲穀一十二萬二千九百八十五石六斗四升四合九勺内除未買清查出缺穀八萬

一千七百七十二石三斗六升六合三勺八抄折價
銀五萬七千二百四十兩零六錢五分七厘內
已提解銀一千六百四十九兩二錢二分二厘
存司領款作價銀二千二百九十四兩八錢
存縣庫續提銀三萬七千九百七十七兩六錢七分八厘
應着賠銀一千六百五十六兩
應扣廳籌補銀一萬三千六百六十二兩九錢五分七厘
尚寔存倉穀四萬一千二百一十三石二斗七升八合五勺二抄
河源縣額儲穀八萬二千零三十石零二斗一升零八勺內除未買出糶穀二千七百零三石存縣庫價
銀二千二百九十七兩五錢五分又除未買清查出缺穀一萬八千二百三十九石七
斗九升一合二勺折價銀一萬二千七百六十七兩八錢五分四厘內
應着賠銀四千九百三十四兩四錢九分七厘
應扣廳籌補銀七千八百三十三兩三錢五分七厘
尚寔存倉穀六萬一千零八十七石四斗一升九合六勺
海豐縣寔存穀四萬七千五百五十一石零七合二勺

陸豐縣額儲穀三萬四千六百七十九石零七升五合二勺內
除未買清查出缺穀二萬二千四百二十九石
八斗六升二合四勺折價銀一萬五
千七百兩零九錢零四厘內
已提解司庫銀五千八百一十四兩二錢一分七厘
存司領款作價銀五百五十四兩三錢九分七厘
應扣廉養補銀九千三百三十二兩二錢九分
尚寔存倉穀一萬二千二百四十九石二斗一升二合八勺
博羅縣寔存穀四萬四千九百八十一石零六升一合六勺
龍川縣寔存穀四萬一千九百一十七石一斗三升四合七勺
長寧縣寔存穀二萬二千零七十一石五斗三升六合二勺
永安縣額儲穀三萬九千七百一十六石六斗六升內
除未買清查出缺穀一萬八
千八百零八石八斗七升四合三
勺折價銀一萬三千一百六
十六兩二錢一分二厘內
存縣庫續提銀七千一百八十九兩七錢零六厘
應着賠銀一千四百四十三兩三錢五分八厘

應扣廉籌補銀四千五百三十三兩一錢四分八釐

尚定存穀二萬零九百零七石七斗八升五合六勺三抄

和平縣額儲穀一萬三千三百二十五石三斗六升四合內除參革知縣崔曾泰虧挪霉爛共穀一萬二千二百八十石零四斗一升三合三勺折價銀六千一百四十四兩一錢六分六釐六毫已解存司庫價銀三千一百二十七兩二錢三分一釐尚應追價銀三千零一十六兩九錢三分五釐六毫又未買清查出缺穀一千零四十四石九斗五升零七勺折價銀七百三十一兩四錢六分六釐全數扣廉籌補

定存倉穀無

連平州額儲穀二萬七千五百九十三石零八升八合內除未買前任知州陳廷達虧缺霉變共穀九千二百三十九石三斗伍升伍合二勺存司庫價銀四千五百三十兩零六釐

尚定存倉穀一萬八千三百五十三石七斗三升二合八勺

惠防同知定存穀八千石

潮州府屬

海陽縣額儲穀九萬三千七百九十九石三斗七升二合一勺內除未買出糶穀七千三百六十五石六斗三升九合三勺存縣庫價銀五千一百六十二兩九錢四分八釐又除未買清查出缺穀三萬四千一百四十二石五斗四升六合五勺三抄折價銀

二萬三千八百九十九
兩七錢八分三厘內
已提解銀九千七百四十兩零八錢四分九厘
存司領欵作價銀一萬一千三百二十九兩三錢八分五厘
應扣康籌補銀二千八百二十九兩五錢四分九厘
尚寔存倉穀五萬二千二百八十一石一斗八升六合二勺七抄
潮陽縣寔存穀六萬八千六百零二石三斗七升七合二勺
揭陽縣額儲穀六萬五千九百四十八石零四升五合三勺內除未買清查出缺穀六萬一
千九百三十六石二斗三升一合三勺折價銀
四萬零二百五十八兩五錢五分內
已提解銀一千二百六十八兩九錢二分六厘
存司領欵作價銀一百一十二兩一錢三分九厘
存縣庫續提銀二萬零九百五十八兩八錢七分六厘
應着賠銀三千六百五十四兩零八分四厘
應扣廉籌補銀一萬四千二百六十四兩五錢二分五厘

尚寔存穀四千零一十一石八斗一升四合

饒平縣寔存穀二萬八千六百五十八石零七升三合

大埔縣額儲穀一萬零五百七十九石一斗四升五合六勺內除未買清查出缺穀三千七百二十九石六斗四升七合六勺折價銀二千六百一十兩零七錢五分三釐

已提解銀八百四十兩零七錢一分

應着賠銀一千七百七十兩零六錢八分二釐

尚寔存倉穀六千八百四十九石四斗九升八合

惠來縣寔存穀二萬六千六百六十七石七斗七升

澄海縣寔存穀三萬二千一百四十四石四斗八升五合二勺

普寧縣額存穀四萬八千一百六十六石二斗八升內除未買清查出缺穀二萬六千四百四十五石八斗五升一合八勺折價銀一萬八千五百一十二兩零九分六釐內

已提解銀三千八百九十四兩七錢八分三釐

存司領欵作價銀三百九十六兩八錢五分

存縣庫續提銀一千一百七十九兩七錢七分四厘
應扣廉籌補銀一萬一千九百一十二兩九錢九分二厘
尚寔存倉穀二萬一千七百二十石零四斗二升八合二勺
豐順縣寔存穀八千二百八十九石九斗八升四合
南澳同知額儲穀一萬三千一百五十八石九斗內除未買清查出缺穀一千一百四十八石二斗二升六合六勺折
價銀八百零三兩七錢五分九厘全數歸入着賠
尚寔存倉穀一萬二千零一十石零六斗七升三合四勺

肇慶府屬

高要縣額儲穀一十一萬四千七百七十七石五斗一升八合六勺內除未買清查出缺穀五萬六千零五十五石三斗九升六合九勺折價銀三萬九千二百三十八兩七錢七分八厘內
已提解銀二千五百四十五兩七錢三分一厘
存司領致作價銀一千四百零五兩四錢七分三厘
存縣庫續提銀一萬七千一百七十九兩三錢六分

應扣應籌補銀一萬八千一百零八兩二錢一分四釐

尚寔存倉穀五萬八千七百二十一石一斗二升一合七勺

四會縣額儲穀一萬六千四百五十二石六斗四升九合內除清查出缺穀四千零一十七石九斗六升一合六勺三抄折價銀二千八百一十二兩五錢七分三釐內

已解存府庫價銀二百二十九兩七錢三分六釐

應着賠銀二千五百八十二兩八錢三分七釐

尚寔存倉穀一萬二千四百三十四石六斗八升七合三勺七抄

新興縣額儲并另項共穀三萬六千五百八十石零八斗五升六合四勺內

除未買清查出缺穀二百零三石七斗九升九合二勺六抄折價銀一百四十二兩六錢六分全數歸入着賠

尚寔存倉穀三萬六千三百七十七石零五升七合一勺四抄

陽江縣額儲穀一萬五千二百一十九石五斗七升內

除未買清查出缺穀一千五百三十一石六斗九升六合七勺

折價銀一千零七十二兩一錢八分八釐已提解司庫

尚寔存倉穀一萬三千六百八十七石八斗七升三合三勺

陽江縣縣丞額儲并另項共穀一千一百零二石零三升八合一勺內除未買清

查出缺穀一千一百石折價銀七百

七十兩全數現存縣庫續提

寔存倉穀二石零三升八合一勺

陽春縣額儲穀二萬零七百二十五石三斗五升內除未買清查出缺穀五千

六百一十五石二斗三升七合

六勺六抄折價銀三千九百

三十兩零六錢六分六厘內

存司領款作價銀一百五十一兩四錢五分八厘

應着賠銀二千九百九十四兩四錢三分五厘

應扣廉籌補銀七百八十四兩七錢七分三厘

尚寔存穀一萬五千一百一十石零一斗一升二合三勺四抄

高明縣寔存穀一萬三千四百二十三石零三升四合

廣寧縣寔存穀二萬零二百五十九石七斗四升

恩平縣寔存穀一萬一千二百九十三石二斗六升三合八勺

開平縣額儲并另項寔存共穀一萬五千二百九十四石二斗六升五合二勺

德慶州額儲穀一萬一千六百零八石七斗三升九合六勺內 除未買清查出缺穀一千八百五十一石三斗三升七合二勺折價銀一千二百九十五兩九錢三分六厘內

存司領欵作價銀二百三十九兩二錢五分四厘

應着賠銀一千零五十六兩六錢八分二厘

尚寔存穀九千七百五十七石四斗零二合四勺

封川縣寔存穀一萬零八百一十七石五斗八升

開建縣額儲并另項寔存共穀一萬零九百零五石零五升五合七勺

鶴山縣額儲穀七千九百二十八石三斗一升五合三勺內 除未買清查出缺穀八百六十五石八斗四升五合六勺折價銀六百零六兩零九分二厘全數歸入着賠

尚寔存穀七千零六十二石四斗六升九合七勺

高州府屬

茂名縣額儲穀九萬一千八百二十石零六斗八升八合二勺內 除未買清查出缺穀二萬七千五百八十三石九斗一升二合九勺六抄折價銀一萬三千七百九十一兩九錢五分七厘內

FO 931/0254

存司領欵作價銀二百二十五兩八錢二分一厘
存縣庫續提銀三千九百零二兩五錢二分六厘
應着賠銀二千二百二十六兩九錢四分
應扣康籌補銀七千四百三十六兩六錢七分
尚寔存穀六萬四千二百三十六石七斗七升五合二勺四抄

電白縣寔存穀三萬八千八百八十一石七斗六升

信宜縣寔存穀二萬五千三百六十七石二斗二升

化州寔存穀三萬四千三百七十九石二斗五升零八勺

吳川縣額儲穀三萬五千三百七十石零九斗五升二合五勺內除未買清查出缺穀
一萬四千六百六十石零四斗三升八合八勺
折價銀七千三百三十兩零二錢二分內
存縣庫續提銀四百四十四兩三錢二分六厘
應扣康籌補銀六千八百八十五兩八錢九分四厘
尚寔存穀二萬零七百一十石零五斗一升三合七勺

石城縣寔存穀二萬九千八百六十石零八斗九升

雷州府屬

海康縣額儲穀六萬六千九百三十九石六斗零三合四勺内除未買清查出缺穀三萬零七十六石六斗五升零九勺折價銀一萬五千零三十八兩三錢二分六厘

已提解司庫銀二千九百九十五兩五錢六分二厘

已解存府庫續提銀一萬二千零四十二兩七錢六分四厘

尚寔存穀三萬六千八百六十石零九斗五升二合五勺

遂溪縣額儲穀三萬二千一百五十石零二斗四升九合内除前任知縣黃榜虧缺穀七千七百九十一石六斗九升零七勺價銀另案參追又除未買清查出缺穀四千九百二十五石八斗二升四合五勺折價銀二千七百零九兩二錢零四厘全數歸入着賠

尚寔存穀一萬九千四百三十二石七斗三升二合八勺

徐聞縣寔存穀一萬六千三百九十石零七斗一升

雷防同知額儲穀九千零五十石内除未買清查出缺穀八百八十九石九斗三升四合四勺折價銀四百八十九兩四錢六分四厘内

鮮存司庫銀四百八十九兩四錢六分四厘
尚寔存穀八千一百六十石零六升五合六勺

廉州府屬
合浦縣寔存穀四萬九千四百四十六石四斗三升
欽州寔存穀一萬六千四百九十五石九斗
靈山縣額儲穀一萬五千三百二十九石三斗二升七合內除未買清查出缺穀四百三十三石三斗三升一合
尚寔存穀一萬四千八百九十五石九斗九升五合四勺
六勺折價銀二百五十九兩九錢九分九厘 全數歸入扣蔗籌補

瓊州府屬
瓊山縣額儲穀一十萬零一千一百七十一石一斗二升零二勺內除未買清查出缺穀六千二百五十五石九斗九升二合九勺五抄折價銀三千五百八十一兩八錢一分 全數提解府庫
又除未買變糶霉穀三萬九千三百八十五石四斗八升九合折價銀二萬七十一百七十五兩九錢八分七厘內
已解存司庫銀一萬八千三百五十五兩七錢二分七厘

追存山西福建廣西湖北等省藩庫價銀二千三百四十五兩零五分六厘

扣存　部庫價銀八百三十八兩一錢四分五厘五毫

奉　部豁免應作正開銷銀七百三十六兩一錢六分五厘五毫

尚應追各省未完銀四千九百兩零八錢九分三厘

尚寔存穀五萬五千五百二十九石六斗三升八合二勺五抄

澄邁縣寔存穀一萬零四百八十四石三斗四升八合

定安縣寔存穀一萬一千六百九十三石二斗二升

文昌縣寔存穀一萬二千二百四十石零二斗七升

會同縣額存穀一萬一千五百九十二石六斗

樂會縣額存穀一萬三千二百二十石零三斗八升六合六勺內除未買被雨淋濕減價出糶穀一千九百五十八石折存縣庫價銀五百七十二兩二錢一分八厘又未買淋濕霉穀三百一十二石一斗應俟買補時按照時價在司庫沙坦花息項下核給買補

尚寔存穀一萬零九百五十石零二斗八升六合六勺

儋州額儲并另項共穀一萬二千二百三十石零八斗一升三合六勺內除未買清查出缺穀

八千七百二十五石三斗八升九合折價銀五千二百三十五兩二錢三分四厘 全數歸入存司領款作價

尚寔存倉穀三千五百零五石四斗二升三合七勺

萬州額儲并另項共寔存穀八千八百零四石七斗二升四合七勺

臨高縣寔存穀七千零九十六石一斗

昌化縣額儲穀八千三百五十九石八斗六升內 除上届清查案內報欽未買穀二千八百五十三石二斗零三合九勺九抄五撮存縣價銀一千九百六十八兩七錢一分一厘又未買道光二十九年清查出缺穀三千一百二十九石零三升零二勺零五撮折價銀一千八百七十七兩四錢一分八厘全數提解司庫

尚寔存穀二千三百七十七石六斗二升五合八勺

陵水縣額儲穀六千八百四十八石八斗九升八合八勺內 除未買變糶淋湿霉穀一千四百六十三石七斗八升該價銀一千八百二十九兩七錢二分五厘現歸入清查等補 又除未買清查出缺穀二千三百六十二石七斗七升一合六勺六抄折價銀一千四百一十七兩六錢六分三厘全數提解司庫

尚寔存穀三千零二十二石三斗四升七合一勺四抄

崖州寔存穀一萬一千五百五十二石六斗六升六合一勺

感恩縣額儲穀七千九百二十八石一斗七升八合九勺內 除未買清查出缺穀五千五百三十石零四斗五升六合

零七抄折價銀三千三百一十八兩二錢七分四厘
已提解銀三千一百六十七兩九錢八分七厘
應著賠銀一百五十兩零二錢八分七厘
尚寔存穀二千三百九十七石七斗二升二合八勺三抄

羅定州屬

羅定州額儲穀一萬九千五百石零六斗七升四合八勺內除未買清查出缺穀一萬零七百六十九石六斗一升五合三勺折價銀七千五百三十八兩七錢三分一厘內
存州庫續提銀四千三百一十九兩五錢七分六厘
應著賠銀二千七百五十八兩一錢九分七厘
應扣廉籌補銀四百六十兩零九錢五分八厘
尚寔存倉穀八千七百三十一石零五升九合五勺
東安縣寔存穀一萬六千九百零三石一斗八升四合
西寧縣額儲穀一萬六千一百九十七石一斗九升四合內除未買出糶穀五百四十九石八斗存縣庫價銀四百一十二兩三錢五分

尚寔存穀一萬五千六百四十七石三斗九升四合

連州屬

連州額儲并另項寔存穀一萬六千八百一十八石五斗八升七合

陽山縣額儲并另項共寔存穀九千三百三十一石六斗二升五合三勺

連山綏猺同知額儲穀一萬七千零六石八斗八升二合五勺内除前任連山縣徐鴻飛虧短穀一千四百九十五石零七升八合二勺存司庫價銀七百四十七兩五錢三分九厘又未買動碾連州軍需穀四百一十二石四斗八升八合存司庫價銀四百零八兩三錢六分三厘又除未買清查出欵穀一萬二千零七十七石四斗四升零三勺折價銀八千四百五十四兩二錢零八厘已全數提存司庫

尚寔存穀三千零二十一石八斗七升六合

南雄州屬

南雄州額儲穀三萬九千五百二十三石一斗五升零四勺内除未買清查出欵穀一萬八千二百一十一石二斗七升九合七勺折價銀一萬二千七百四十七兩八錢九分六厘内

存司領款作價銀一千七百四十六兩九錢四分六厘

存州庫續提銀六千二百零八兩七錢七分五厘

應扣廉籌補銀四千七百九十二兩一錢七分五厘
尚寔存倉穀二萬一千三百一十一石八斗七升零七勺
始興縣額儲穀一萬六千五百一十五石五斗內除未買清查尚穀六千一百九十四石八斗七升九合八勺折價銀四千三百三十七兩一錢四分六厘八毫全数歸入扣廉籌補
尚寔存穀一萬零三百二十石零六斗二升零二勺

嘉應州屬

嘉應州寔存穀三萬一千六百四十三石五斗二升八合七勺
長樂縣額儲穀三萬六千一百五十石零一斗三升內除未買出糶尚穀八千五百八十七石零九合存司庫價銀八千五百八十七兩零九厘又除未買清查出欵穀二千九百六十五石零一升三合七勺一抄折價銀二千零七十五兩五錢一分全数提觧司庫
尚寔存穀二萬四千五百九十八石一斗零七合二勺九抄
興寧縣額儲穀二萬二千九百一十二石零七升七合八勺內除未買清查出欵穀一萬一千三百六十二石二斗六升三合八勺四抄折價銀七千九百五十三兩五錢八分五厘全数歸入着賠
尚寔存穀一萬一千五百四十九石八斗一升三合九勺六抄

平遠縣額儲穀一萬二千八百七十八石九斗二升內除未買清查出缺穀六千六百五十二石八斗零三合折價銀四千六百五十六兩九錢六分二厘全數歸入着賠

尚寔存穀六千二百二十六石一斗一升七合

鎮平縣額儲穀七千八百二十八石五斗九升七合六勺內除未買清查出缺穀四千七百九十七石八斗九升八合三勺折價銀三千三百五十八兩五錢二分九厘內

已解存州庫銀一千三百零九兩九錢二分八厘

應扣廉籌補銀二千零四十八兩六錢零一厘

尚寔存穀三千零三十石零六斗九升九合三勺

以上通省常平倉額穀二百九十六萬四千五百三十八石二斗六升二合七勺內

各屬清查出缺穀七十三萬四千七百六十九石九斗七升六合八勺四抄五撮共折價銀五十萬零九千零五十二兩三錢三分八厘除各屬已買補穀二萬二千三百三十三石五斗八升六合六勺三抄共用價銀一萬六千三百七十八兩九錢二分二厘外

尚缺穀七十一萬二千四百三十六石三斗九升零二勺一抄五撮該價
銀四十九萬二千六百七十三兩四錢一分六厘
又各屬出糶叅虧動碾共缺穀一十一萬六千九百三十六石四斗六升
七合八勺三抄五撮
二共缺穀八十二萬九千三百七十二石八斗五升八合零五抄該價
銀五十六萬九千九百七十兩零一錢九分七厘六毫
尚實存倉穀二百一十三萬五千一百六十五石四斗零四合六勺五抄內
解存司庫清查缺穀價銀六萬六千二百一十四兩九錢六分三厘
存司領款抵作清查缺穀價銀四萬五千九百八十一兩三錢八分七厘
存司庫應着賠已完清查缺穀價銀一千三百一十六兩八錢四分二厘
存司庫應扣廉籌補已完清查缺穀價銀五百零四兩六錢五分二厘
解存司庫出糶穀價銀二萬六千九百四十二兩七錢三分六厘
解存司庫動碾穀價銀三千七百八十八兩三錢六分三厘
解存司庫叅虧穀價銀八千四百零四兩七錢七分六厘

合共存司庫各項鈌穀價銀一十五萬四千一百五十三兩七錢二分另

存府州庫清查鈌穀價銀一萬一千九百八十九兩零一分八厘

存縣庫清查鈌穀銀一十萬零九千八百六十三兩一錢三分二厘

存縣庫出糶穀價銀一萬八千三百六十五兩二錢七分五厘

存縣庫上届清查鈌穀價銀一千九百六十八兩七錢一分一厘

存縣庫動碾穀價銀四千一百六十兩

合共存府州縣庫各項鈌穀價銀一十四萬六千三百四十六兩一錢三分

六厘又

應着賠未完清查鈌穀價銀六萬九千八百六十一兩二錢六分二厘

應扣廉未籌補清查鈌穀價銀一十八萬五千九百四十二兩一錢五

分九厘 有咸豐二年各官扣廉歸補銀

三萬八千兩現未歸補合註明

又應追參虧穀價銀三千零一十六兩九錢三分五厘六毫

追存山西福建廣西湖北等省藩庫變糶穀價銀二千三百四十五兩

零〻五分六厘
扣存　部庫變糶霉穀價銀八百三十八兩一錢四分五厘五毫
奉　部豁免應作正開銷變糶霉穀價銀七百三十六兩一錢六分五厘
尚應追各省未完變糶霉穀價銀四千九百兩零〻八錢九分三厘
陵水縣未買淋濕霉穀一千四百六十三石七斗八升價銀一千八百二十
九兩七錢二分五厘　詳明歸入清查〻籌補合註明
龍門縣未買章芳雋叅虧穀三百一十一石二斗二升二合一勺　應追穀價已奉豁免尚未籌補合註明
英德縣未買吳台叅虧穀二千零〻七十九石九斗七升三合八勺
遂溪縣未買黃榜叅虧穀七千七百九十一石六斗九升零〻七合　以上該二縣價銀均彙同虧缺庫項咨查原籍著追現在未准原籍查明咨覆合註明
樂會縣未買淋濕霉穀三百一十二石一斗　應俟買補時按照時價在司庫沙坦花息項下核給買補合註明

[redacted]

令將沙船運米章程開摺呈請
查核
計開
查沙船運米每石給水脚曹平銀四錢
白粮給耗米一斗津通剥船經紀食耗等米核計每白粮
一石共隨交食耗等白米一斗二升九合五勺
沙船神福及正副耆舵水手犒賞墊艙蘆蓆至津挖泥
縴夫等七欵無論船數人數每石合給銀二分八厘一毫

漕粮每石給耗米八升
沙船運米抵津如無故短少即令賠補倘有斫桅鬆
艙情事勘驗得寔奏明豁免
沙船運米准以八成載米二成帶貨所帶貨物准予免
稅如在洋遭風並未拋棄貨物獨棄官粮者雖驗有斫
桅鬆艙屬寔其短少米石仍勒令賠補
沙船抵津交兑之後所餘耗米曾經
奏明官為收買咸豐元二年分准令該船在津自行变賣
船商運米一萬石以下由外給奨一萬至五萬以上分別給
予職銜若捐至五品無可再加另行酌奨統俟事竣
奏請辦理

應着賠銀七萬九千八百八十二兩七錢九分六厘內

已完銀一萬零二百九十四兩七錢三分六厘已買補穀價銀七千九百七十七兩八錢九分三厘外尚銀二千三百一十六兩八錢四分三厘

未完銀六萬九千五百八十八兩零六分

應扣廉籌補銀一十八萬八千八百一十一兩三錢三分二厘內

已籌補銀一千四百二十四兩四錢三分二厘內已買補穀價銀九百一十九兩七錢八分外尚銀五百零四兩六錢五分二厘

未籌補銀一十八萬七千三百八十六兩九錢內有咸豐二年各官扣廉歸補銀三萬八千兩現未歸

補合

註明

伏查廣東省河鹽務最為完善商捐鹽本存庫有一百餘萬之多埠地廣濶額引不重成本亦不過昂承領部帑不過賞借一項為本二十三萬餘兩每月一分五厘起息已完息銀四百餘萬兩今尚該息銀四十餘萬領帑最輕惟鹽務以運鹽為通綱根中粵中各商資本微薄不能自造運船雇用民船代商赴場配運仍領取埠商旗程運館皆案中無名自備貲本墊發脚價水程赴場運到東關庫中給領埠商又向其買鹽另有補價每包自一錢數分至一兩數錢不等因時長落然數十年來商人籍其資本轉輸亦覺寬裕自道光二十七年商人另設海運公局歸商自運每包捐程價四分五厘至五分五厘裁撤運館遂至向來運船裁撤過半如果商人有本原屬好事無如各商實無此力量奉准之後仍懇其代運不過每包抽費二分伊等運鹽千包所餘不過百金今應繳程價商抽幾及百兩成本日重到關之後應領脚駁祈溢又以價款不完無從撥抵運館無本伊等串同船戶挾制有利則來無利則止上年該運館以船戶出名具呈

請裁撤海運公局以後可以源源濟運待奉准裁撤仍然挾制抗不運鹽粵東正額一百餘萬包東西兩場所產二三百萬當年電茂博茂每年須運六七十萬包大洲墩白每年須運三四十萬包是以商配源源赴埠行銷海運源源赴場行運場鹽皆歸官配今為私鹽所充終年領程不到一二十萬電茂等大場所產之鹽皆為場官盡數鬻私并與武營將弁地方佐雜通同一氣賣給開山等船運至内河肆行浸灌上年程鹽遂至高擱不行西場向來運館請程赴配每包配給二百零二斤今勒至一千二百餘斤配鹽到船沿途盜賣一空仍到場中用費補配往回數次然後進關截角則領程配鹽一千包賣私已及萬包虎門緝私向來進口規銀不過四五兩今則須十餘兩東關廣糧進口規銀向來十餘兩今則須二十餘兩船愈少則規愈重規愈重則運日艱近聞西場亦招香港等處十三艙開山等船赴場私賣此等鹽斤皆賣與香港屯戶轉賣沙灣硬艇及狗奶艇通灌内河轉賣埠船運赴埠地廣糧巡卡省河總巡以及北江之蘆包白廟韶關西江之祿步緝私司巡均受例規全不查緝任其肆行一無稽核商人折鹽應完鹽價及緝白等款自二兩至一兩不等今在埠收私不過每包六七錢私鹽既充則埠銷不旺埠銷不旺正引不行價課無出將何以支從此而去省河正鹽竟可不拆中柜各商收私賣私是其習技而西商十已九懸北商雄韶仁化連陽樂桂每年總須拆七十餘萬包今拆不到二十萬臨全應拆十餘萬包現稟退供雄韶供商捉襟露肘價款不完尚不足敷成本明年三月亦已報

FO 931/0257

滿樂桂原商逃亡供商上年期滿令其接辦一年本年十一月又已
届期本商不能收埠供商均已躲避招商無人肯來如此懸一大埠
即缺餉十萬兩以外不知作何辦法連陽供商本年四月已滿現派
原商十二人分肩承辦三年以顧本年奏銷其中尚有推諉狡賴者
蓋運本既缺鹽又滯銷不免賠累何人肯至無怪有力者視為畏途
無賴已式之徒乘機捏名供辦負欠價款即行逃亡餉并無着是以
每年奏銷六十六萬餘兩有商者僅四十餘萬其餘皆勸有商各埠
融銷加捐商力大困是病在運務也場中因運船不能源源而至藉
口賣私向來場官以配作收本有分數考成劾参今大場應配十餘
萬者西場僅配數萬東場不過數千各小場更甚丁晒皆屬窮民每
日賴以裹腹若運船不到如不走私何以為生悲數鬻私將來必至
盡屬私鹽而無官引此弊在場官也各大埠俱屬供商無力不能運
行埠中又因淮鹽頂充銷售不旺各商俱皆觀望不運實亦因貲本
不充不能轉輸不如收買夾帶紅鹽為獲利此弊在埠地也緝私為
鹽務最為緊要之事自前年春間另改章程經委員及緝私商人先
將六口巡船撤去任其暢行迨至八月新章改定章程又不周妥反
致沙灣硬艇香港狗奶趯大帮已運直通內河賣與私販船户放膽
横行嗣又將緝務改歸緝捕之廣糧通判南番兩縣公事極忙無暇
顧及鹽務偶獲私梟運司必須會同臬司辦理運司呼應不靈今既
不能拆鹽緝私經費亦無所出只可任其暢行以致私鹽横行官引
不動此弊在緝私也向來總以運數之多寡為緝私之効驗三十年
尚拆七十萬包元年即拆四十餘萬包二年正月至今拆不及十萬
包本年奏銷挖肉補瘡未知能否勉辦明年則毫無把握鹽務之壞
至於此極可惜百餘年来年清年款餉價無虧甲於天下之粵鹽今
不到十年章程盡變一敗塗地溯查其由實因嘉慶年間　前督憲
阮將庫款發商生息之端一開各商設法籌借如嬰堂息軍裝息旗
人養贍息書院息等項無一不有是尚為數無多可以設法報完支
給迨至道光年間各商取巧另改名目謂之本息借銀十萬一本一
利分二十年繳完本利二十萬每年繳銀一萬且聲明到限商人不
完即由庫中籌墊如鹽本本息捕費本息快艇本息籌補潮欠本息
米艇本息嬰堂本息緝私本息之類各商領銀到手隨意花銷迨至
到限本利俱無然尚有本商可追迨後各商招人代供此風一行全
屬捏名幾不知果為何人此項息銀有改為供商代完者有仍歸本
商自完者迨至於今庫中百萬鹽本俱歸烏有而各商所欠本息幾
二百萬即如現在之總商臨全李念德懸虧至一百餘萬之多供商
潘繼興懸虧二十餘萬之多連陽鄒怡德懸虧三十餘萬兩仁化鄒
徵祥懸虧二十餘萬兩雄贛盛怡安仁化盛如松懸虧三十餘萬兩
如鄒怡德貲本寄存外省而其子了然一身已屬難追而盛怡安盛
如松鄒祥發均皆赤貧此等將来俱歸無着又各埠價款原係庫中
支墊東關拆鹽時所應報完有臬淮一二月者三四月者五六月者
有至十個月者總須按卯清完少有壓積前者未完後者又至陳陳
相因必至無着自二十七年以後到卯不能報完當時本有扣留小

照停其拆盐之案然悉經扣照則正引拆運不前如不扣照則價款
懸而無薄今大埠原商俱皆乏本悉屬供商無非揑名幾無完日其
數又及一百餘萬兩如盐倉公費白盐加價修造米艇緝私經費運
柩經費等項俱出之正價隨帶之餉款價款不完此項無款可支不
得不挪墊應付又短五六十萬兩如前次所捐軍儲每年三萬兩盐
羨項下每年應解盐務盈餘三萬兩運司各官養廉等項均出之正
耗盐價近年拆盐不旺不及六成懸虧藩庫三四十萬兩歷来各商
報効均先於庫中借墊分年繳完如圍基工費豫東賑需回疆軍需
等類各商未完又二三十萬兩自十七年至今每届奏銷年清年款
籌融不敷六商禀請暫挪餉款以每年二萬計又墊三十餘萬兩夷
人滋事庫中先借商本三十萬兩軍需局作正開銷後洋商又借五
十萬兩祇還十二萬五千兩尚未還三十七萬五千又議歸洋商尾
卯收還庫中又懸虧六十七萬五千兩如再籌捕費本息東商借銀
五萬兩應完本息十萬從未完銀庫中代墊八萬五千兩借銀之商

大半人亡産絶幸各商負欠各項息銀内中有報部者有不報部者
俱係外款亦俱實欠在商絶無虧鈌計籍則有項可收實支則毫無
着落拖欠各商人亡産絶者固不暇論即偶尚有人半皆無力即使
查抄追繳亦屬無濟于事已然者祇可緩圖未然者作何挽救此當
今第一然粤中盐務非不可挽回者其弊始於不能緝私不能旺銷
埠地不銷商人不能拆配不能拆配則運館不能轉運不能轉運則
場官任意鬻私鬻私則埠地不能旺銷其中轉輸相因而至然粤中
盐務非不可挽回者全望
大憲竭力維持或嚴飭地方文武官設法堵緝嚴客私盐肅清或籌還運
本俾商人可以轉輸或删裁程價使運館成本輕減利于轉運或嚴
飭場官以配作收叅劾考成杜絶場私或輕減官規埠用以抒商力
或清理庫款奏請豁免舊欠或清理各息停支數年或删裁餉款節
減工伙濫用支應俾庫款清釐商力漸裕招商行運漸復舊觀用敢
謹
呈伏惟
垂鑒

謹將咸豐二年分　奏銷後續完地丁正耗銀兩數目開列

原報未完地丁正耗銀二十六萬四千八百四十六兩九錢二分一厘

截至八月二十九日共收續完地丁正耗銀一十二萬零四百二十二兩五錢零八厘

今自八月三十日起至九月初九日止共收續完地丁正耗銀六千五百八十八兩六錢五分六厘

連前共收續完地丁正耗銀一十二萬七千零一十一兩一錢六分四厘

尚未完地丁正耗銀一十三萬七千八百三十五兩七錢五分七厘

1 P.1

督署坐子向午兼癸丁
建復壬子癸位後樓為署之後屏擇吉日以坐
宮為重
宮保大人尊造丁卯庚申日主立生命戌宮纏奎木
狼七度係戌宮二十九度隔一度過酉宮為宮
氣淺度氣深專以木度為主一生木氣二星為
元辰星水孛二星為恩星火羅為用星為子孫
星凡有選擇作用均以此六星曜為趣吉之要
也茲選吉日時謹 遵此理
老大人巳亥尊造 太太丁丑尊造 餘眷屬無犯
則吉
建後樓搭蓋篷廠擇癸丑年四月十七辛卯日巳時

2 P.2

三刻從西方辛位天德方興工大吉
四堂折卸仍同四月十七辛卯日巳時四刻從西方
庚位月德方興工連及各方大吉本時刻有乙
酉二十九歲己酉五歲六十五歲生人勿近吉
搭廠課取貴人登天門吉時並太陽星臨值神
藏煞殁二十四方吉利凡有 署內香火均
無禁忌大吉又折卸課取北斗中武曲星鎮
中星名聖人登殿制煞趣福大為吉利查
老大人住所視現建後樓之方與
宮保大人簽押房均係乾亥方本年乃天爵貴人並
地支福星貴人臨值最吉有此修動主大應
歡喜且至四月三十交芒種節天德在乾動

作其方大加吉慶矣

後樓行墻擇癸丑年四月二十七辛丑日卯時初三刻自西方興工砌磚及各處大吉有乙未十九歲丁未七歲生人勿近吉

課取宮保卯命福星天錢星又庚日主貴人值日

老大人亥命福星文昌天嗣生氣天富太太丑命太陰月財均值日趣福仍取北斗武曲星鎮中宮二十四方制煞降福後樓如屏永殿署後從此為慶盛之機矣

後樓上樑擇癸丑年五月初六庚戌日己卯時第四刻先上正樑次及兩邊大吉有甲辰十歲戊辰四十六歲生人勿近吉

課取中宮大利之月仍取武曲星鎮中宮以伏煞趣福之應

排桁填樓板擇癸丑年五月十八壬戌日卯時四刻從西北乾方天德位起手大吉有丙辰五十八歲甲辰十歲生人勿近吉

課取合貴人登天門吉格主二十四方吉利而太陽天帝同會向工本日壬干與宮保命丁干六合日支戌又與命支六合日時戌卯又六合合而不散長享福蔭安居久遠矣

寔樑並排上蓋桁桷蓋瓦同擇癸丑年六月初二乙亥日甲申時本日未時交小暑六月節從東

方甲天月德方興工大吉有己巳四十五歲
辛巳三十三歲生人勿近吉
課取月日支半會木局以生
宮保丁命宮星且乙日干正生旺丁火為印星則官
印相生顯榮無艾矣再適輔星鎮中宮百無
禁忌 再按寔樑吉日重於上樑日時因搭
架上樑尚又移動寔樑一坐則永遠安穩矣
大僊神位擇癸丑年十一月初五丙午日心月狐值
日辰時初二刻安奉大吉有壬子二歲六十二歲
戊子二十六歲八十六歲生人勿近吉
課適合貴人登天門吉格且大僊本日值日
之吉用之神和人康矣

電

高明戢員劉文瀾謹選呈

7

憲署外東方修箭亭陞入北方二丈陞高五尺原高
二丈一尺共高二丈六尺　及箭道照墻陞
出南方七尺二寸加高五尺共高二丈一尺
五寸加寬四尺共寬五丈四尺厚五尺
按箭亭在署之寅卯方現在興修奉讀
欽定協紀書云坐向方道修整亦有分别今箭亭
署之外雖隔空地然係　署之方道只應作修
方論但箭亭係觀射之處坐向尊崇亦當以
坐向並論不能偏缺此趨吉之道也玆箭亭
坐子兼癸向午兼丁本年太歲癸丑坐向大
利惟在寅甲卯之方本年三煞占方何法為
吉乎古賢云三煞者四局煞四類也如本年

8

癸丑歲是巳酉丑金局尅木類寅卯辰三方
金木交戰乃太歲所煞之三方也是三方受
了煞非三位為煞也古云欲要發修三煞又
云三合犯三合制制煞修方反獲吉祥但不
可合歲以助煞耳按本年金局煞木類用亥
卯未月日時修木類方補還元氣則单丑年
焉能合金局以煞木類哉此乃古賢之法也
做此以擇吉於後
箭亭坐子向午兼癸丁在署之寅甲卯乙方
大人丁卯誕庚申日主
一箭亭拆卸擇癸丑年六月初二乙亥日甲申時初刻
從亭之東邊天月德方興工拆舊拆至酉時

P9

初停手明日繼工為大吉有辛巳己巳乙巳三命生人
勿近吉
課取未月亥日半會木局補還方位被歲尅元
氣此古賢選用之法也且天月德陽德會聚
時干日貴時支又斗府左輔星鎮中宮烏兎
太陽東照主廿四方吉利百無禁忌
一

箭亭建造併上樑同擇癸丑年六月十一甲申日已
時第一刻從亭之東邊甲位興工砌磚行墻
畫一時之力方可停手如繼工勿停更吉至
本日申時第三刻　上樑合天輔星鎮中宮
名聖人登殿百惡潛藏大吉本日凡興工時
有壬寅戊寅甲寅生人勿近

P10

課格

奇門本日接小暑中陰二局

天月德合	天月德	天月德合	
己 元辰	甲 元辰	己 元辰	癸 貪宮
己木 天輔星	申水	未火	丑木

查本日天德月德陽德司命帥星
臨值而月干時干又三德合雙值
奇遁天盤丙月奇加地盤乙日奇
並九地休門臨於三宮甲卯乙方
合重詐格其方進賢招將拜官受
爵收服士卒之用現此修造箭亭
係考較官兵正合此用也且
大人卯命與甲同宮均同此吉兼為紫微星拱照
而化煞有三德聚方休門與日月奇重到則
百惡化解再按箭亭坐子兼癸課格四柱三
元辰帯天乙德德合更為上上課書云三元

共一家富貴享榮華是此課之謂也
拆午丁上照墻此墻署內視之為巽兼巳方位擇癸丑年七月十五
戊午日辰時初初刻從墻之西邊興工大吉
有甲子　壬子　戊子　生人勿近吉
課取陽貴人登天門神藏煞歿二十四方吉利
且天德合麒麟星並天馬值日用之鴻吉

照墻行墻地基擇癸丑年七月十九壬戌日亥時第
一刻從西方興工至子時停手越日繼工大
吉有丙辰　甲辰　壬辰　生人勿近大吉
課取母倉月德月恩陽德福德司命值日而日
干又與
大人命丁干六合卯支六合且丁命用壬日貴人

均在亥時並値合貴人登天門吉格方方吉
利矣
敬呈
奪用
高明縣職員劉文瀾謹選

海珠炮臺內　得月臺坐庚向甲微挨申寅
督署大堂正中視此臺在於丁未坤申四字位
古人取挨星法以貪狼為首左輔為後之理
且用以迴西來大海之水乃闔省城之吉星
茲行建復豈不大美乎擇吉要取臺坐向利
而　督署所視四字方均查合同吉為佳也

督憲造丁卯歲
撫憲造庚戌歲
舊臺墩堅固無恙不用拆修上加石柱與臺後
磚墻可也

一 興工修鑿石料擇癸丑年七月二十五戊辰日乙卯
時大吉有壬戌五十二歲丙戌二十八歲生人勿近吉

課取貴人登天門吉格並太陽值時神藏煞沒
二十四方吉利

一 搭臺上篷廠隨治靜臺上舊淤一切擇癸丑年九月
初九辛亥日辰時大吉有乙巳九歲六十九歲己
巳四十五歲生人勿近
課取天月二德合五富月恩吉期烏兎太陽值
時大吉

一 監石柱擇癸丑年九月十六戊午日乙卯時先從南
邊丙位興工合天月二德在方大吉有壬子
六十二歲甲子五十歲生人勿近大吉
課取三合天喜天倉值月歲德三合值日天官
貴人玉堂值時

P.15　15

葉宮保大人丁夘命為天財天福並後且丁干坐
祿於本日地支
柏中丞大人庚戌命為天壽天喜富日三合又本
日戊干為庚命之印星午支與戌會午戌局
均合吉慶用之榮顯久遠矣
上樑擇同九月十六日用巳時合斗府輔星鎮中宮

實樑蓋瓦擇癸丑年十月初四乙亥日壬午時初一
名聖人登殿二十四方吉利
刻實樑連即從東邊甲乙位排桁蓋瓦合天
月二德方大吉有己巳四十五歲辛巳三十三歲生人
勿近吉
課取貴人登天門二十四方吉利並青龍吉宿

P.16　16

宮保丁夘命以本日干為印星地支三合且為太
陰月財升天太陽天喜富日金匱三合
中丞庚戌命以本日干六合且為太陽天喜催官
均吉
安奉文武二帝擇癸丑年十一月十九庚申日壬午時
進火大吉有甲寅六十歲戊寅三十六歲生人勿近吉

課取貪狼吉星永鎮中宮天官天福貴人值時
大吉
宮保命為紫微吉星時干六合日主值日之吉
中丞命為福星天財時支三合之吉用之神和人
康官顯物泰矣
高明戢員劉文瀾謹選呈

P.17 end

17 END

電用

陝西巡撫臣王慶雲跪　奏為查明陝省紳民捐輸寔
數仰懇　恩施將銀數較多各屬遵照原議酌加
文武永遠學額恭摺奏祈　聖鑒事竊照陝省各
屬紳民咸豐二年分捐備軍餉前經户部按照奏咨議
叙銀數遵
旨會議酌加中額移咨到陝當即飭司刻刊謄黃遍行曉諭凡
屬士民無不同聲稱慶惟所捐銀兩尚有續經奏咨並
不及議叙由外獎勵者自應通盤併計逐細勾稽以歸核寔
經臣札司查議去後茲據藩司徒照查明原捐銀九十九
萬六千三百二十四兩零內除各官先後捐銀一十萬二千三
百兩籍隸外省民人捐銀六萬四千五百五十八兩補隨寔貢
監生銀二千八百一十六兩以上銀數遵照部議款歸加額
辦理外計本省紳民捐輸銀兩內五次
奏獎銀三十七萬三百六兩零照籌餉例咨部議叙銀六萬
七千五百二十五兩又二百兩至五百兩咨部議叙銀二十
萬四千六十三兩零又不及議叙銀八萬五千六十五兩零
又渭南韓城寶鷄咸陽宜君等縣　未造冊議叙銀
一萬七千六百九十兩統計共本省紳士商民寔在捐輸銀
八十四萬四千六百五十兩零應歸加額辦理核議具詳前
來臣查此項捐輸軍餉銀兩前接部咨經大學士等會

議奏准一省捐銀十萬兩加文武鄉試中額各一名一廳
一州捐銀二萬兩加文武學額各一名如所捐銀數厚于
應加之額即歸下次按數加廣或捐銀較多逐次加廣尚
需多時准其奏請酌加作為永遠定額所加之額按一省
捐銀三十萬兩加文武鄉試定額一名一廳一州一縣捐銀
一萬兩加文武學定額一名等因臣思紳民樂效輸將原
屬分所應為之事　蒙　皇上于鼓勵民力之中兼寓
樂育人材意既已　恩准按數廣額並荷　逾格隆施准
增定額不特廣士林多登進抑且被　聖澤于靡涯查
陝省咸豐二年分紳士商民捐八十四萬四千餘兩文武
鄉試已由部議各加中額取中至文武京額間有名數
參差業已核寔咨部更正惟查有捐銀十萬以上及
數萬兩者若逐次遞加不但有需時日抑覺名數過
多謹遵前奉
諭旨按捐銀一萬兩酌加文武永遠學額一名分晰繕具清單
恭呈　御覽仰懇　勅部核覆以示優異而昭激勸陝
省人士咸沐　皇仁寔靡玩極其捐輸不敷加額各州
縣容俟三年分勸辦團練防堵經費銀兩清完再為
合併核計辦理所有查明紳民捐輸軍餉銀兩寔
數分別酌加文武永遠學額緣由理合恭摺具陳伏乞
皇上聖鑒謹奏奉　硃批該部議奏單併發欽此

電

教職年逾柒拾以上人員開送呈

計開

番禺縣教諭梁英華 年七十七歲三年八月二十一日任在任未滿一年

從化縣教諭梁光緒 年七十九歲二年十二月初六日任在任未滿一年

河源縣教諭劉　熙 年七十一歲三年三月二十二日任在任未滿一年

潮州府教授馮奉初 年七十六歲二十三年十月十五日任在任十年以上

海陽縣教諭朱炳章 年七十二歲二十五年六月初二日任在任八年以上

饒平縣訓導符文衡 年八十三歲三年七月十八日任在任未滿一年

肇慶府教授傅鵬翀 年七十二歲二十八年十二月初二日任在任五年

開平縣訓導彭飛鴻 年八十七歲二年七月初九日任在任一年以上

高州府訓導胡震齋 年七十一歲二十五年四月二十五日任在任八年以上

徐聞縣教諭韓煥奭 年七十八歲二年十二月二十二日任在任未滿一年

廉州府教授趙澍棠 年七十二歲三年正月二十六日任在任未滿一年

會同縣教諭吳　儒 年七十四歲二十九年十二月二十六日任在任三年以上

陽山縣訓導何秉瑩 年七十一歲十七年二月初三日任在任十六年以上

廣東廣州府補用道今將造具通省直隸廳州縣墊完民欠錢糧銀米數目冊再開節畧呈送

查核

案照咸豐元年欽奉

恩旨豁免道光貳拾玖年以前民欠錢糧奉

撫憲前在藩司任内飭將各州縣廳墊完民欠銀米開報由卑府彙總造冊繳送遵經卑府先

將查辦情形開具節畧呈

核聲明俟冊籍造齊再繳茲已造竣統計通省墊完銀米及豁無征米石羨餘應行攤補者總共

銀壹百貳拾陸萬伍千伍百捌拾陸兩陸錢内正雜錢糧并耗羨共銀伍拾叁萬零伍百陸拾両

零叁錢叁分捌厘民屯本折各項米穀共壹拾陸萬貳千伍百叁拾玖石肆斗柒升肆合貳勺共該價

羨銀陸拾陸萬柒千柒百玖拾玖两零肆厘豁免無征民屯本折米貳萬柒千肆百零叁石零玖升

伍合捌勺共該美銀陸萬柒千貳百貳拾柒兩貳錢伍分捌厘具須聽候
核示及有原開米石止有米數而無銀數又無交代摺同送難以懸揣并攤扺年分未協應行覆查
者俱未許入至卑府前擬將墊完之項各歸本缺於現無應賠民欠年分期內攤補柒成尚餘叁
成歸於通省籌補雖有所依據究不免畧有出入在較常年少攤者未見寬舒而多攤者彌形
竭蹶益體訪近日州縣情形比之叁數年前拮据尤甚可否照卑府原擬量予酌減壹貳成攤補
出自
恩施此由卑府知無不言非敢出爾反爾統候
鈞裁其冊內有聲請
核示之處均聽候司道會核飭知遵照除將冊籍呈繳藩司糧道並
撫憲各壹分外謹再開具節畧連冊壹分呈送
憲臺察核伏候
訓示謹畧

[redacted]

咸豐元年分

茶稅銀八十六萬四千六百二十六兩二錢二分五厘

比較茶稅應得茶用銀六萬九千一百七十兩九分八厘

據該棧票繳茶用銀五萬六千兩

比較茶稅計少繳銀一萬三千一百七十兩九分八厘

咸豐二年分

茶稅銀八十二萬二千九百九十兩一錢七分五厘

比較茶稅應得茶用銀六萬五千八百三十九兩二錢一分四厘

據該棧票繳茶用銀四萬一千兩

比較茶稅計少繳銀二萬四千八百三十九兩二錢一分四厘

F.O. 682/279A/6(19)

電

四會縣謹將經征元貳兩年錢糧銀米情形列摺呈

查咸豐元年分民欠錢糧現在奉文查辦緩征但卑職經征元年錢
糧銀米截至貳年伍月貳拾日止除征收外尚有民欠地丁銀壹千陸百
叁拾両零民屯米貳百餘石維時未奉緩征明文而期屆奏銷卑職
恐干嚴譴當將征存貳年分新糧先行湊解業於上年伍月貳拾柒日
造具元年分奏銷文冊申繳在案是元年銀米已經全完似毋庸再辦緩
征惟貳年分應征銀米卑職原擬征收日有起色仍可陸續報解詎於
陸月內林謝二匪滋事由廣寧竄入卑縣鄧村一帶地方所有縣屬鄉村
或被擾累或辦團練均係貳年之事以致錢糧征收不前而卑職因上
年辦理兵差累至陸千餘金實無力可以墊解現查貳年上忙銀米除
留支及解過外刻下征存實屬無多轉瞬又值奏銷定形拮据因思卑
縣連年辦理軍務並未領過經費可否仰乞
憲恩酌給經費銀數千両俾得湊辦奏銷之處伏乞
示遵

[redacted]

謹將各屬未完各年稅羨銀兩列摺呈

閱

計開

南海縣未完道光二十七年稅羨銀七百五十一兩六錢七分

又未完二十八年稅羨銀三千九百九十七兩四錢三分三厘

又未完咸豐二年稅羨銀三千五百四十四兩四錢六分六厘

番禺縣未完二十六年稅羨銀五千零四十七兩四錢九分

又未完二十六年短少稅羨銀一百四十五兩六錢五分七厘

又未完二十七年稅羨銀三千六百四十兩零四錢二分

又未完二十七年短少稅羨銀七百五十三兩一錢六分六厘

又未完二十九年稅羨銀五千二百零一兩九錢零八厘

又未完三十年稅羨銀五千二百零一兩九錢零八厘

又未完咸豐元年稅羨銀五千二百零一兩九錢零八厘

又未完二年稅羨銀五千二百零一兩九錢零八厘

東莞縣未完二十四年稅羨銀二千四百七十五兩三錢八分三厘

又未完短少稅羨銀五百四十九兩五錢五分四厘

又未完二十五年稅羨銀四千三百八十六兩四錢六分六厘

又未完二十八年稅羨銀一千三百二十二兩

又未完短少稅羨銀二千零六十四兩四錢六分六厘

又未完二十九年稅羨銀三百五十二兩一錢四分三厘

又未完短少稅羨銀三千四百六十八兩五錢四分五厘

又未完三十年稅羨銀四千三百八十六兩四錢六分六厘

又未完咸豐元年稅羨銀四千三百八十六兩四錢六分六厘

又未完二年稅羨銀四千三百八十六兩四錢六分六厘

順德縣未完咸豐元年稅羨銀四千七百六十四兩九錢八分三厘

又未完二年稅羨銀四千七百八十五兩

新會縣未完二十九年稅羨銀二千五百一十三兩三錢一分六厘

又未完三十年稅羨銀三千一百三十七兩零三分九厘

又未完咸豐元年稅羨銀五千八百九十六兩七錢六分一厘

又未完短少稅羨銀二百四十兩零二錢七分八厘

又征存二年稅羨銀兩若干未據造冊結報

香山縣未完二十九年稅羨銀五千一百一十六兩二錢六分三厘
又未完三十年稅羨銀三千一百三十七兩八錢八分四厘
又未完咸豐元年稅羨銀九千零八十兩零九錢六分五厘
又未完二年稅羨銀九千三百六十七兩三錢九分四厘
增城縣未完三十年稅羨銀三千一百九十四兩三錢八分三厘
又未完咸豐元年稅羨銀二千九百九十六兩八錢二分三厘
又未完二年稅羨銀三千一百九十四兩三錢八分一厘
新寧縣未完咸豐元年稅羨銀七百二十七兩二錢二分八厘
又未完二年稅羨銀二千二百一十四兩四錢三分七厘
又未完短少稅羨銀二百二十八兩八錢零三厘
龍門縣未完咸豐元年稅羨銀一千一百八十五兩九錢五分一厘
又未完短少稅羨銀三百一十四兩九錢一分四厘
又未完二年稅羨銀七百五十七兩二錢三分六厘
又未完短少稅羨銀七百四十三兩六錢二分九厘
從化縣未完咸豐元年稅羨銀二百兩零七錢八分四厘
又未完二年稅羨銀九百九十五兩零五分
新安縣未完二十九年稅羨銀一千三百五十兩零三錢八分三厘
又未完三十年稅羨銀一千三百五十兩零三錢八分三厘
又未完咸豐元年稅羨銀一千三百五十兩零三錢八分三厘
又未完二年稅羨銀一千三百五十兩零三錢八分三厘
三水縣未完三十年稅羨銀九百一十二兩九錢二分八厘
又未完咸豐元年稅羨銀九百一十二兩八錢八分四厘
又未完二年稅羨銀九百一十二兩八錢八分九厘
清遠縣未完二十九年稅羨銀四百零七兩七錢四分七厘
又未完三十年稅羨銀一千零二十八兩五錢二分二厘
又未完咸豐元年稅羨銀一千零二十八兩五錢三分四厘
又未完二年稅羨銀一千零二十八兩五錢二分
花縣未完二年稅羨銀一千一百零五兩五錢八分三厘
佛岡同知未完咸豐元年稅羨銀六十一兩二錢一分一厘
又未完二年稅羨銀二百七十八兩三錢五分八厘
曲江縣未完二十九年稅羨銀一千二百八十九兩九錢五分三厘
又未完短少稅羨銀五百四十二兩零二厘
又未完三十年稅羨銀一千七百六十九兩二錢七分七厘
又未完短少稅羨銀六十二兩六錢七分八厘
又征存咸豐元二年稅羨銀兩若干未據造冊結報

樂昌縣未完二十九年稅羨銀九百九十九兩二錢八分
又未完三十年稅羨銀九百九十九兩二錢八分
又未完咸豐元年稅羨銀九百九十九兩二錢八分二厘
又未完二年稅羨銀九百九十九兩二錢八分一厘
英德縣未完二十九年稅羨銀四十三兩七錢零三厘
又未完短少稅羨銀九十一兩二錢九分
又未完三十年稅羨銀一千八百八十八兩一錢一分五厘
又未完短少稅羨銀二十三兩九錢六分六厘
又未完咸豐元年稅羨銀一千四百六十三兩六錢五分三厘
又未完短少稅羨銀四百四十八兩四錢二分八厘
又征存二年稅羨銀兩若干未據造冊結報
仁化縣未完咸豐元年稅羨銀三百五十兩零五錢一分七厘
又未完短少稅羨銀二百一十兩零六錢五分五厘
又未完二年稅羨銀四百三十六兩零一分
又未完短少稅羨銀一百三十兩零二分九厘
翁源縣未完二十九年稅羨銀五百二十二兩二錢三分六厘
又未完短少稅羨銀一百五十一兩二錢七分
又未完三十年稅羨銀六百七十五兩三錢一分

又未完咸豐元年稅羨銀三百零三兩五錢六分
又未完短少稅羨銀三百六十九兩九錢四分六厘
又征存二年稅羨銀兩若干未據造冊結報
歸善縣未完二十六年短少稅羨銀六百九十二兩五錢四分七厘
又未完二十七年稅羨銀一百六十二兩四錢九分四厘
又未完短少稅羨銀八百七十三兩七錢零六厘
又未完二十八年短少稅羨銀三百一十二兩七錢七分三厘
又未完二十九年稅羨銀二千四百一十八兩四錢四分一厘
又未完短少稅羨銀一千六百六十二兩四錢八分五厘
又未完三十年稅羨銀二千三百六十四兩四錢三分五厘
又未完短少稅羨銀一千七百一十六兩四錢九分一厘
又征存咸豐元年稅羨銀兩若干未據造冊結報
又未完二年稅羨銀二千一百六十四兩五錢一分七厘
又未完短少稅羨銀一千九百一十六兩四錢零九厘
博羅縣未完二十四年稅羨銀一千七百七十八兩六錢九分
又未完二十五年稅羨銀二千二百一十兩零四錢八分六厘
又未完短少稅羨銀三百零五兩九錢四分一厘
又未完二十六年稅羨銀一千二百四十六兩零五分二厘

又未完短少稅羨銀五百三十九兩五錢六分七厘
又征存三十年及咸豐元二年稅羨銀兩若干未據造冊結報
河源縣未完二十九年稅羨銀五百三十五兩四錢八分五厘
又未完短少稅羨銀一百五十六兩二錢五分二厘
又未完三十年稅羨銀三百四十兩零三錢六分一厘
又未完短少稅羨銀三百五十一兩三錢七分六厘
又未完咸豐元年稅羨銀三百六十六兩八錢五分五厘
又未完短少稅羨銀一十三兩零六厘
又未完二年稅羨銀三百六十三兩八錢一分八厘
又未完短少稅羨銀三百二十七兩九錢一分九厘
海豐縣未完二十七年稅羨銀五百三十六兩八錢三分三厘
又未完二十八年稅羨銀二千九百五十兩零五錢八分一厘
又未完二十九年稅羨銀一千五百四十三兩八錢五分
又未完短少稅羨銀一千零八十一兩七錢九分七厘
又未完咸豐元年稅羨銀一千九百七十五兩九錢六分六厘
又未完短少稅羨銀九百七十四兩六錢一分五厘
又征存三十年及咸豐二年稅羨銀兩若干未據造冊結報

陸豐縣未完二十五年短少稅羨銀二百九十八兩二錢四分六厘
又未完二十六年短少稅羨銀二百七十六兩零四分一厘
又未完二十九年短少稅羨銀九百五十六兩一錢二分三厘
又未完三十年稅羨銀一千七百零五兩一錢一分
又未完短少稅羨銀八十九兩一錢五分六厘
又征存咸豐元二年稅羨銀兩若干未據造冊結報
連平州未完三十年稅羨銀四百七十兩零七分九厘
又未完短少稅羨銀一百九十兩零一錢七分五厘
又未完咸豐元年稅羨銀三百八十八兩一錢六分一厘
又未完短少稅羨銀三百五十九兩五錢五分八厘
又未完二年稅羨銀七百三十七兩三錢六分七厘
又未完短少稅羨銀一十兩零三錢五分二厘
龍川縣未完二十六年短少稅羨銀二百一十兩零六錢九分三厘
又未完二十九年稅羨銀三百六十一兩五錢三分八厘
又未完短少稅羨銀四百四十九兩二錢一分六厘
又未完三十年稅羨銀九百三十八兩九錢四分三厘
又未完短少稅羨銀二百七十一兩五錢九分九厘

又未完咸豐元年稅羨銀六百四十五兩五錢七分八厘
又未完短少稅羨銀五百七十三兩四錢一分四厘
又未完二年稅羨銀九百零八兩七錢二分七厘
又未完短少稅羨銀三百一十兩零二錢六分五厘
和平縣未完二十九年稅羨銀三百七十三兩三錢四分三厘
又征存三十年及咸豐元二年稅羨銀兩若干未據造冊結報
永安縣未完咸豐元年短少稅羨銀一百七十七兩一錢三分二厘
又未完二年稅羨銀一千六百一十六兩七錢三分八厘
又未完短少稅羨銀三錢六分五厘
長寧縣未完二十九年稅羨銀五百三十一兩九錢一分
又未完三十年稅羨銀五百三十一兩九錢一分
又未完咸豐元年稅羨銀五百三十二兩一錢零五厘
又未完二年稅羨銀五百三十一兩九錢一分
澄海縣未完咸豐元年稅羨銀一千八百七十六兩二錢四分七厘
又未完短少稅羨銀八百二十六兩一錢九分八厘
又未完二年稅羨銀二千八百零九兩八錢三分二厘
又未完短少稅羨銀一千四百九十二兩六錢一分三厘

饒平縣未完二十九年稅羨銀二百二十八兩四錢零三厘
又未完短少稅羨銀二百八十三兩一錢八分四厘
又未完三十年稅羨銀一千三百二十三兩一錢五分
又未完短少稅羨銀四百七十二兩六錢一分七厘
又未完咸豐元年稅羨銀一千六百二十兩零九錢六分三厘
又未完短少稅羨銀一百七十四兩八錢零四厘
又征存二年稅羨銀兩若干未據造冊結報
大埔縣未完二十九年稅羨銀二百九十一兩九錢四分六厘
又未完三十年稅羨銀二百九十一兩九錢四分六厘
又未完咸豐元年稅羨銀二百九十一兩九錢四分六厘
又未完二年稅羨銀二百九十一兩九錢四分六厘
潮陽縣未完二十九年稅羨銀一百一十四兩七錢五分七厘
又未完短少稅羨銀八百六十三兩五錢三分一厘
又未完三十年稅羨銀二千零六兩三錢零一厘
又未完短少稅羨銀七百四十七兩二錢一分六厘
又未完咸豐元年稅羨銀一千五百九十一兩二錢二分四厘
又未完短少稅羨銀一千一百六十二兩二錢九分三厘

又未完二年稅羨銀一千八百三十六兩八錢八分七厘
又未完短少稅羨銀九百一十六兩六錢三分
揭陽縣未完二十六年短少稅羨銀二百四十六兩零七分六厘
又未完二十七年稅羨銀二百一十六兩三錢六分一厘
又未完短少稅羨銀一千二百一十六兩壹錢六分七厘
又未完二十八年稅羨銀九百八十五兩四錢七分二厘
又未完短少稅羨銀二百五十兩零五錢一分七厘
又未完二十九年稅羨銀一千六百八十五兩八錢零四厘
又未完三十年稅羨銀四百一十四兩九錢二分七厘
又未完短少稅羨銀一千二百六十三兩六錢七分七厘
又征存咸豐元二年稅羨銀兩若干未據造冊結報
惠來縣未完二十九年稅羨銀四百六十一兩六錢零九厘
又未完短少稅羨銀三百八十一兩一錢零九厘
又未完三十年稅羨銀四百八十四兩五錢五分
又未完短少稅羨銀三百五十八兩一錢六分八厘
又未完咸豐元年短少稅羨銀三百三十三兩七錢一分一厘
又未完二年稅羨銀二百五十三兩一錢五分三厘
又未完短少稅羨銀五百八十九兩五錢六分五厘

海陽縣未完二十九年稅羨銀六百零一兩五錢四分三厘
又未完短少稅羨銀三百四十三兩四錢七分五厘
又未完咸豐元年稅羨銀二千八百四十八兩零五分六厘
又未完短少稅羨銀一百一十七兩八錢二分四厘
又征存二年稅羨銀兩若干未據造冊結報
普寧縣未完二十九年稅羨銀一百七十二兩三錢三分九厘
又未完三十年稅羨銀六百六十一兩九錢五分八厘
又征存咸豐元二年稅羨銀兩若干未據造冊結報
豐順縣未完三十年短少稅羨銀二百二十二兩六錢三分
又未完咸豐元年稅羨銀五百八十九兩八錢三分一厘
又未完短少稅羨銀五十二兩七錢六分四厘
又未完二年稅羨銀一百七十兩零六錢二分八厘
又未完短少稅羨銀四百七十一兩九錢六分七厘
南澳同知未完三十年稅羨銀二百三十七兩八錢七分四厘
又征存咸豐元二年稅羨銀兩若干未據造冊結報
高要縣未完二十八年稅羨銀一百零二兩四錢七分六厘
又未完短少稅羨銀三十六兩六錢三分七厘
又未完二十九年稅羨銀一千零七十七兩九錢零九厘

又未完短少税羨銀二百三十一兩二錢六分四厘
又未完三十年税羨銀一千五百三十六兩零四分六厘
又未完咸豐元年税羨銀一千三百六十五兩八錢六分六厘
又未完短少税羨銀一百七十兩零一錢七分一厘
又未完二年税羨銀一千五百三十五兩三錢七分一厘
又未完短少税羨銀六錢六分六厘
高明縣未完二十八年税羨銀六分六厘
又未完二十九年税羨銀一千一百三十六兩四錢七分六厘
又未完短少税羨銀九分八厘
又未完二年税羨銀七百五十一兩零七分四厘
又未完短少税羨銀三百八十五兩五錢
又征存三十年及咸豐元年税羨銀兩若干未據造冊結報
新興縣未完二十九年税羨銀九百二十九兩五錢一分二厘
又未完短少税羨銀八百八十兩零二分
又未完三十年税羨銀五百三十九兩三錢六分四厘
又未完短少税羨銀一千二百七十兩零一錢六分八厘
又未完咸豐元年税羨銀一千零九十五兩二錢六分一厘

又未完短少税羨銀七百一十四兩二錢七分一厘
又未完二年税羨銀九百七十九兩四錢二分二厘
又未完短少税羨銀八百三十兩零一錢一分
四會縣未完二十九年税羨銀八百四十三兩八錢零三厘
又未完短少税羨銀二百八十九兩八錢七分
又未完三十年税羨銀一千一百二十三兩一錢九分三厘
又未完短少税羨銀一十兩零四錢九分
又未完咸豐元年税羨銀四百九十五兩七錢零二厘
又未完短少税羨銀六百三十七兩九錢八分一厘
又征存二年税羨銀兩若干未據造冊結報
陽春縣未完二十九年税羨銀四百零七兩一錢九分三厘
又未完短少税羨銀九百四十八兩一錢一分
又未完三十年税羨銀一千二百零九兩二錢八分三厘
又未完咸豐元年税羨銀一千九百五十二兩四錢六分
又未完二年税羨銀一千九百五十二兩四錢六分
廣寧縣未完二十九年税羨銀一千四百二十三兩二錢八分九厘
又未完三十年税羨銀三千零六十兩零四錢六分四厘

又未完咸豐元年稅羨銀三千零六十兩零四錢六分四厘
又未完二年稅羨銀三千零六十兩零四錢六分四厘
恩平縣未完二十八年稅羨銀一千九百七十八兩九錢一分九厘
又未完二十九三十及咸豐元二年稅羨銀兩若干未據造冊結報
封川縣未完咸豐元年稅羨銀四百六十三兩三錢零五厘
又未完二年稅羨銀四百六十三兩四錢零八厘
又未完三十年稅羨銀兩若干未據造冊結報
陽江縣未完二十九年短少稅羨銀一千四百六十一兩八錢一分九厘
又未完三十年短少稅羨銀八百六十九兩二錢六分四厘
又未完咸豐元年短少稅羨銀一千一百一十六兩一錢
又未完二年短少稅羨銀九百二十八兩零六分四厘
德慶州未完二十九年稅羨銀二百五十二兩六錢四分五厘
又未完三十年稅羨銀七百七十四兩五錢八分五厘
又未完咸豐元年稅羨銀七百七十四兩五錢八分五厘
又未完二年稅羨銀七百七十三兩零八分五厘
開建縣未完三十年稅羨銀二百一十一兩五錢五分四厘
又未完短少稅羨銀一十四兩九錢六分九厘
又未完咸豐元年稅羨銀一百四十五兩五錢五分八厘

又未完短少稅羨銀八十兩零九錢六分五厘
又未完二年稅羨銀一百七十兩零六錢九分九厘
又未完短少稅羨銀五十五兩八錢二分四厘
開平縣未完二十九年短少稅羨銀二兩一錢一分五厘
又未完三十年稅羨銀一千四百二十六兩六錢一分四厘
又未完短少稅羨銀五十八兩四錢三分九厘
又未完咸豐元年稅羨銀二千四百八十四兩七錢二分五厘
又未完短少稅羨銀三錢二分八厘
又未完二年稅羨銀一千三百七十三兩七錢九分
又未完短少稅羨銀一千一百一十一兩二錢六分三厘
鶴山縣未完咸豐二年稅羨銀兩若干未據造冊結報
茂名縣未完三十年稅羨銀一百三十九兩三錢一分
又未完咸豐元年稅羨銀一千二百五十七兩四錢一分九厘
又征存二年稅羨銀兩若干未據造冊結報
電白縣未完咸豐元年稅羨銀一千九百八十二兩四錢八分一厘
又未完二年稅羨銀一千四百一十一兩四錢二分一厘
信宜縣未完三十年稅羨銀一千四百六十四兩六錢九分一厘
又未完咸豐元年稅羨銀一千九百五十一兩九錢零二厘

又未完二年稅羨銀一千九百五十一兩九錢零二厘
化州未完三十年稅羨銀二百零六兩五錢九分七厘
又未完咸豐元年稅羨銀一千零八十一兩五錢四分六厘
又未完短少稅羨銀八百零八兩二錢四分六厘
又未完二年稅羨銀一千二百七十兩零七錢六分二厘
又未完短少稅羨銀六百一十九兩零三分
吳川縣未完咸豐元年短少稅羨銀八十五兩八錢四分九厘
又未完二年短少稅羨銀二百六十一兩九錢一分七厘
石城縣未完三十年稅羨銀一千五百八十九兩九錢九分六厘
又未完短少稅羨銀一百三十九兩九錢九分五厘
又未完咸豐元年稅羨銀一千七百二十九兩九錢九分一厘
又未完二年稅羨銀九百九十二兩二錢九分二厘
又未完短少稅羨銀七百三十七兩六錢九分九厘
海康縣未完三十年稅羨銀四十二兩二錢五分一厘
又未完咸豐元年稅羨銀一千零四十七兩九錢二分
又未完短少稅羨銀二百七十四兩二錢三分四厘
又未完二年稅羨銀一千二百五十八兩九錢八分四厘
又未完短少稅羨銀六十三兩一錢七分

遂溪縣未完二十九年稅羨銀二百一十八兩二錢八分九厘
又未完短少稅羨銀二百六十一兩九錢八分九厘
又未完三十年稅羨銀一千一百九十五兩零七分八厘
又未完咸豐元年稅羨銀一千二百二十二兩七錢九分八厘
又未完短少羨耗銀四百零四兩二錢九分
又未完二年稅羨銀一千六百二十七兩二錢五分九厘
徐聞縣未完二十九年稅羨銀九百八十四兩五錢九分二厘
又未完短少羨耗銀一十兩零二錢六分七厘
又未完三十年稅羨銀九百八十三兩五錢
又未完短少羨耗銀一十一兩三錢五分九厘
又未完咸豐元年稅羨銀七十五兩一錢一分
又未完短少稅羨銀六兩七錢一分九厘
又未完二年稅羨銀九百八十兩零一錢一分七厘
又未完短少稅羨銀一十三兩八錢四分二厘
合浦縣未完二十九年稅羨銀三百九十三兩六錢六分八厘
又未完三十年稅羨銀二千三百九十五兩三錢四分六厘
又未完咸豐元年稅羨銀二千三百九十三兩八錢四分六厘
又未完二年稅羨銀兩若干未據造冊報數

欽　州未完三十年稅羨銀五兩八錢四分四厘
又征存咸豐元二年稅羨銀兩若干未據造冊報數
靈山縣未完二十九年稅羨銀四百三十五兩七錢七分五厘
又未完短少稅羨銀五百七十七兩三錢六分二厘
又未完三十年稅羨銀三百二十六兩八錢三分四厘
又未完短少稅羨銀二千七百三十六兩五錢六分四厘
又未完咸豐元年稅羨銀一千一百兩零八錢三分八厘
又未完短少羨耗銀一千九百六十二兩五錢六分
又征存二年稅羨銀兩若干未據造冊結報
羅定州未完三十年短少稅羨銀五百兩零三錢三分一厘
又征存咸豐元二年稅羨銀兩若干未據造冊結報
東安縣未完二十九年稅羨銀四百零九兩零五分二厘
又未完三十年稅羨銀九百零九兩零七分三厘
又未完咸豐二年稅羨銀九百零九兩一錢三分四厘
又征存咸豐元年稅羨銀兩若干未據造冊結報
西寧縣未完二十九年稅羨銀一千八百六十三兩四錢七分五厘
又未完短少稅羨銀二百七十八兩八錢七分四厘
又未完三十年稅羨銀一千四百六十七兩八錢五分二厘

又未完短少稅羨銀六百七十四兩四錢九分七厘
又未完咸豐元年稅羨銀一千一百零三兩一錢四分九厘
又未完短少稅羨銀一千零三十九兩二錢
又未完二年稅羨銀兩若干未據造冊報數
連　州未完三十年稅羨銀九百八十三兩三錢三分三厘
又未完咸豐元年稅羨銀二千零三兩六錢零八厘
又未完二年稅羨銀二千零三兩六錢零八厘
陽山縣未完咸豐二年稅羨銀兩若干未據造冊結報
綏猺同知未完咸豐二年稅羨銀四百八十四兩一錢二分二厘
南雄州未完三十年稅羨銀九百九十三兩六錢四分一厘
又未完咸豐元年稅羨銀九百九十三兩七錢五分二厘
又未完二年稅羨銀九百九十三兩六錢零八厘
又未完短少稅羨銀二分九厘
始興縣未完二十九年稅羨銀六百二十五兩八錢一分七厘
又未完三十年稅羨銀三百九十八兩九錢七分六厘
又未完咸豐元年稅羨銀一百零四兩一錢一分八厘
又未完二年稅羨銀六百二十五兩九錢二分一厘
嘉應州未完二十九年稅羨銀九百七十八兩六錢一分七厘

又未完短少稅羨銀八百三十九兩零二分一厘
又未完三十年稅羨銀一千零六十兩零四錢四分
又未完短少稅羨銀七百五十七兩一錢九分八厘
又未完咸豐元年稅羨銀九百八十六兩三錢四分六厘
又未完短少稅羨銀八百三十一兩二錢九分二厘
又征存二年稅羨銀兩若干未據造冊結報
興寧縣未完二十九年短少羨耗銀一千零九十六兩九錢五分四厘
又未完三十年稅羨銀七百一十五兩二錢二分六厘
又未完短少稅羨銀八百二十二兩六錢二分五厘
又未完咸豐元年稅羨銀一千零八兩零一分一厘
又未完短少稅羨銀四百六十七兩二錢二分二厘
又未完二年稅羨銀九百三十八兩七錢一分
又未完短少稅羨銀五百九十九兩一錢四分一厘
長樂縣未完二十九年短少稅羨銀一百二十七兩一錢八分六厘
又未完三十年稅羨銀二百二十七兩八錢二分五厘
又未完短少稅羨銀四百七十九兩八錢一分九厘
又未完咸豐元年稅羨銀四百三十兩零九錢三分一厘

又未完短少稅羨銀二百七十四兩七錢一分三厘
又未完二年稅羨銀一百八十五兩九錢五分二厘
又未完短少稅羨銀五百二十一兩六錢九分二厘
平遠縣未完二十九三十及咸豐元二年稅羨銀兩若干未據造冊報數
鎮平縣未完二十九年稅羨銀五百八十六兩八錢五分三厘
又未完三十年稅羨銀二百六十八兩六錢二分二厘
又未完短少稅羨銀四百一十一兩八錢二分九厘
又未完咸豐元年稅羨銀二百一十八兩九錢一分八厘
又未完短少稅羨銀四百六十一兩五錢三分三厘
又未完二年稅羨銀兩若干未據造冊報數
以上通省各州縣廳征收田房稅羨銀兩除有未據造冊報數者共約
欠解銀三十七萬零六百兩零三錢六分七厘

[redacted]

謹將運廠奉行修造各營米艇分別開列清摺恭呈

憲鑒

計開

大鵬協左營第一號大米艇一隻詳估工料銀四千二百三十二兩零

該船道光三十年九月內駕廠大修嗣因日久壞爛奉行改為拆

造現已領銀六百兩購料興修

水師提標右營第一號大米艇一隻估需工料銀一萬一千一百零五兩零

該船道光二十八年九月內駕廠大修嗣因灣泊日久壞爛過甚
不能大修經卑前通判沈倅稟請改造現奉行知准　提憲移
回銀二千兩飭令造冊請領拆造
香山協左營第二號中米艇一隻詳估工料銀二千四百二十三兩零
該船咸豐二年三月內駕廠小修
香山協右營第二號大米艇一隻詳估工料銀四千三百七十八兩零
該船道光二十八年八月內遭風奉行補造
平海營第四號中米艇一隻詳估工料銀二千四百二十五兩零
該船咸豐二年正月內駕廠小修
水師提標中營第三號大米艇一隻詳估工料銀四千二百四十兩零
該船咸豐元年正月內駕廠拆造

香山協右營第三號中米艇一隻詳估工料銀二千六百七十二兩零

該船道光二十九年閏四月內腐壞大修

香山協右營第四號中米艇一隻詳估工料銀三千六百二十兩零

該船道光二十八年八月內遭風奉行補造

水師提標中營第二號大米艇一隻詳估工料銀四千三百七十八兩零

該船道光二十九年被匪焚燒奉行補造

大鵬協左營第三號中米艇一隻詳估工料銀三千六百二十兩零

該船道光二十八年八月內遭風奉行補造

香山協右營第五號小米艇一隻詳估工料銀三千六百二十兩零

該船道光二十八年八月內遭風奉行補造

大鵬協左營第四號中米艇一隻詳估工料銀三千六百二十兩零

該船道光二十八年八月內遭風奉行補造

平海營第三號中米艇一隻詳估工料銀二千四百六十五兩零
該船道光三十年十二月內駕廠小修
碣石鎮左營第四號小米艇一隻詳估工料銀一千七百五十八兩零
該船咸豐元年二月內駕廠小修
水師提標右營第三號大米艇一隻詳估工料銀五千九百七十七兩零
該船經年前通判瞿倅修造白身業已稟報委驗在案
以上駕廠應修大中小米艇共一十五隻除水師提標右營第三號大米艇一隻已由年前通判瞿倅造成白身稟奉委員驗明現在將次完竣外尚應修船一十四隻均已駕廠日久有逾五六年者各營需船甚殷迭經稟奉札催修理應請
迅飭運司挨次籌給銀兩俾得接續趕緊修造交營配駕以應
洋巡

謹將省河咸豐三年奏銷應完元年分餉穙西稅等銀六十四萬二千一百一十五兩九錢六分六厘又分攤四年初限應完西省各埠緩征一半餉穙西稅等銀二萬四千三百五十四兩八錢六分三厘零共應完銀六十六萬六千四百七十兩零八錢二分九厘零内

有商各埠應完秋冬餉穙銀三十六萬零五百九十三兩四錢九分九厘

又分限四年初限應完銀一萬一千三百一十五兩二錢六分三厘

西稅銀二萬七千九百九十兩零五錢七分二厘

又分攤四年初限應完銀三千四百四十九兩零一分六厘

懸宕減額各埠應籌融餉確西稅等銀二十六萬三千一百二十二兩四錢七分九厘

一在四欵頭撥完銀七萬一千四百二十八兩六錢零八厘

一在初限分攤四年四欵頭撥完銀二千三百零一兩二錢七分

一在臨全應找完岑容十五懸埠餉尾撥完銀一萬五千三百六十一兩三錢九分四厘

一在臨全初限分攤四年餉撥完銀一千三百四十兩零六錢五分七厘

一在各埠受正續融引成本照上年核計撥完銀五萬三千九百零二兩四錢五分九厘

一在各埠撥補省河懸餉程價撥完銀五千三百八十兩

以上約計撥完銀一十四萬九千七百一十四兩三錢八分八厘

尚不敷籌墊銀一十一萬三千四百零八兩零九分一厘

謹將潮州府未完各年襍税報
部各欵銀兩數目開列呈
電
計開
報部各欵
未完道光二十八年商税羡餘銀三百一十八兩五錢八分二厘
未完道光三十年商税羡餘銀八千六百九十兩零九錢一分四厘
部費銀二千七百八十四兩五錢八分九厘
未完咸豐元年商税羡餘銀四千五百七十八兩八錢零一厘
部費銀一千一百零三兩九錢六分九厘

未完咸豐二年商税正額銀二百五十兩
未完咸豐三年商税正額銀七千八百三十六兩八錢八分
未完冊報咸豐三年春夏二季商税羡餘銀四千五百七十八兩八錢七分
三厘
部費銀一千一百零三兩九錢七分五厘
火耗銀二百零八兩二錢七分二厘
一欠解自道光三十年起至咸豐三年止商税盈餘銀六萬六千七百七
十八兩五錢二分
以上通共報　部未完銀九萬八千二百三十三兩三錢七分五厘内除自咸豐元年十二月起至現在止
約計墊支師船弁兵口粮銀
四萬四千兩外
尚應解司銀五萬四千二百三十三兩三錢七分五厘

兩廣總督葉 開拆

二月十五日奉到

咸豐三年二月初二日

交兵部加封限日行六百里遞

至廣東韶州一帶探投

辦理軍機處 封寄

(1) F.O.682/325/5(5)

十二月

一

謹查本年奉
部咨行貴州省兵餉應撥廣東壬子年塩課銀八萬兩又廣東省兵餉再撥
壬子年塩課銀五十二萬兩共撥塩課銀六十萬兩查運庫本年春撥塩課存
銀二十二萬六千五百三十二兩零三分四厘七毫除應支武職養廉銀四萬六
千零四十兩寔應充餉銀八萬零四百九十二兩零三分四厘七毫又本年秋撥
塩課寔應充餉銀一十四萬一千一百七十七兩五錢四分六厘統計塩課共應
充餉銀二十二萬一千六百六十九兩五錢八分零七毫留支觧貴州省兵餉銀
八萬兩尚應存銀一十四萬一千六百六十九兩五錢八分零七毫全數撥支兵餉

(2)

外[illegible]不敷充支銀三十七萬八千三百餘兩緣本年奏銷道光三十年分引餉
奏請展限至七月底出冊西省各埠被賊滋擾完餉較遲收銀短少潮橋
課餉又奉另撥廣西軍需不能彙湊以致不敷支撥而秋撥冊籍例應於
六月中旬出冊是以將現收及商報銀數據實造報詳請
督憲咨
部并稟明不敷銀兩咨會藩司援案改撥如藩庫現無存款會詳咨
部改撥奉批查照辦理今准藩司咨覆無款可籌但兵餉急需難以久待自應
會詳
憲臺咨明
大部另行改撥以充兵餉其餘續收課羨候造入咸豐三年春撥冊報合先
備具節畧呈
核

咸豐三年三月初五日

交兵部限日行五百里遞至廣東

韶州府一體探報

辦理軍機處　封寄

兩廣總督葉　開拆

軍機大臣 字寄
四川雲貴兩廣湖南江西各督撫 咸豐三年
三月二十八日奉
上諭朕聞四川等省向產有金銀礦自雍正以後百
餘年來未嘗開採地脈休養日久所產自必暢旺
上年大學士等會議籌備軍餉章程內請開採
以裕軍需已依議行矣道光二十八年王大臣會
議開礦一條曾通行各省督撫履勘查辦間有一
二省分奏請開採旋復藉口於硐老苗稀輒請停
止或以聚眾生事為詞畏難苟安因循不辦朕思
開採礦廠以天地自然之利還之天下較之一切

2 END

權宜弊政尚屬無傷體制有裨民生惟在地方官
經理得宜自不致別滋流弊即如現在各省舊有
礦廠按年開採抽課官民日久相安豈非明驗當
此軍餉浩繁左藏支絀各省督撫務宜權衡緩急
於礦苗豐旺之區督派幹員悉心履勘各就地方
情形奏明試辦毋得狃於積習任聽不肖官吏名
為封禁暗取陋規但以有碍風水聚眾滋事等語
一奏塞責將此各諭令知之欽此遵
旨寄信前來

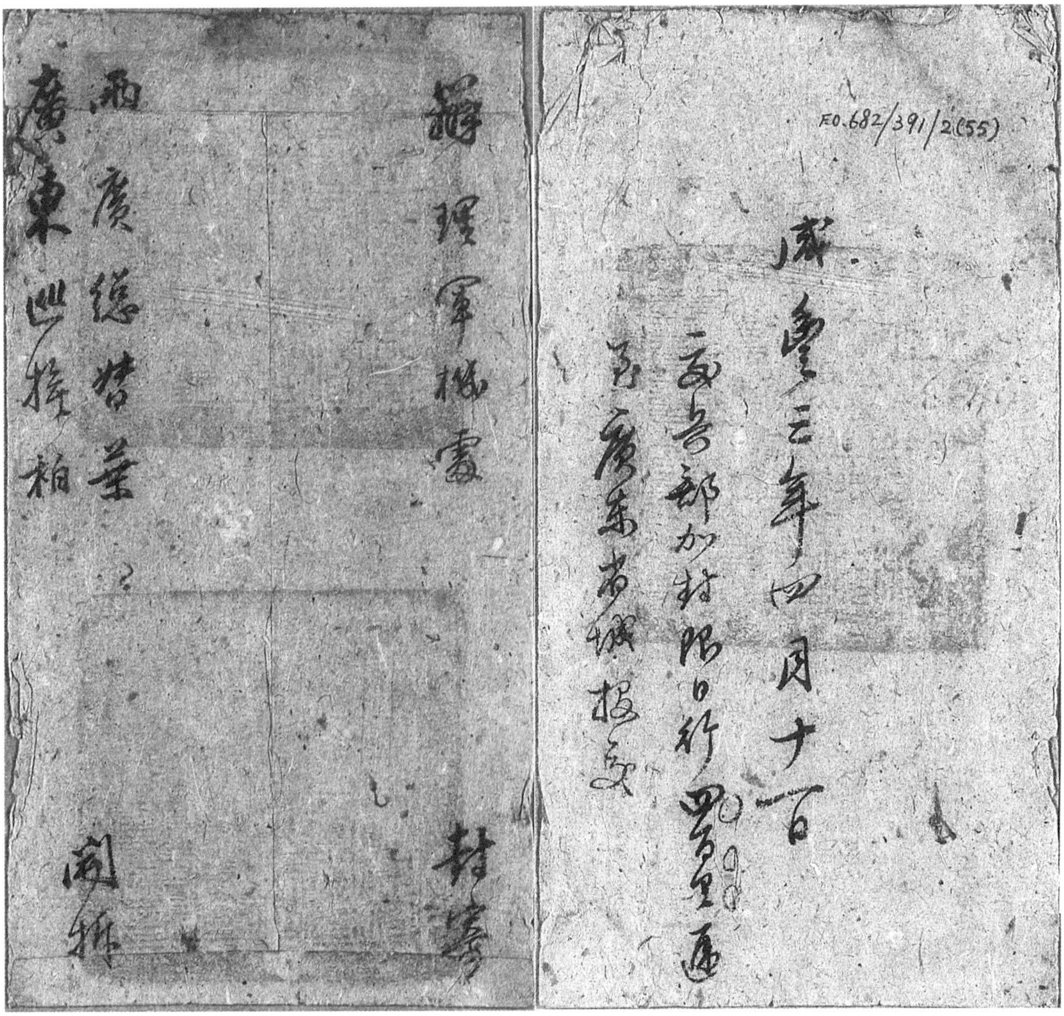
辦理軍機處 封寄
兩廣總督葉
廣東巡撫柏 開拆

FO.682/391/2(55)
咸豐三年四月十一日
兵部加封限日行四百里遞
至廣東省城投交

[redacted]

敬啓者探悉福建詔安與海澄漳州情事其實係詔安縣趙令印川
與紳民作惡釁起城内雜姓與城外東城村沈姓械鬥趙令偏袒城
内要綑送沈姓解元某其東城村亦願送匪了事無奈趙令堅執不
允自持其父子兄弟有勇徑往彼處搜拿以致被彼抗拒受傷而返
遂求府撥兵示威府内鎮道派海澄縣合辦帶兵來詔誰知海盜因
獄内監有海盜多名趁縣令出城即於本月初六夜入城開監放犯
聞汪令往詔安辦案城内演戲有洋盜看戲并將縣署眷屬擄去聞
典史與游府拿獲二三十名夜間劫獄
亦被害聞又將游擊典史戕害其眷屬亦被害復有土匪會同雙刀
會引他往石碼廳擄掠其通判不知下落又往漳浦縣縣令出城避
難遂進城刼掠一空又因漳州城内紛紛遷徙竟於初十夜内應外

合入城將文道台戕害鎮軍不知下落三日後因民心不服雇勇殺
斃數百名始生懼怯出城往各處搶刼以致文報不通平和縣飭差
裝乞丐到饒平饒平曾令將其通稟專差往汀州府投遞詔安縣趙
令有稟來潮張鎮軍與吳署守處請兵救援　吳雲帆
以府考不能去張鎮軍聞轉稟
兩院施行弟因此事皆係趙令不
洽輿情所致漳州一府從無完善之區潮地人心惶惶若非鎮之以
靜防之甚固將有不堪回首者現在人心頗定搬出城者漸漸入城
殊覺可笑攔阻不住內外防範井井有條希將此意回明
兩院均無
廑念
數日內探報廈門於十三日失守同安十四失守洋匪進泉州城搶
刼因土匪不從即上洋船去聞即是拖船漁船均泊在洋面以刼搶
為事將來必須兩省合辦乃可收拾

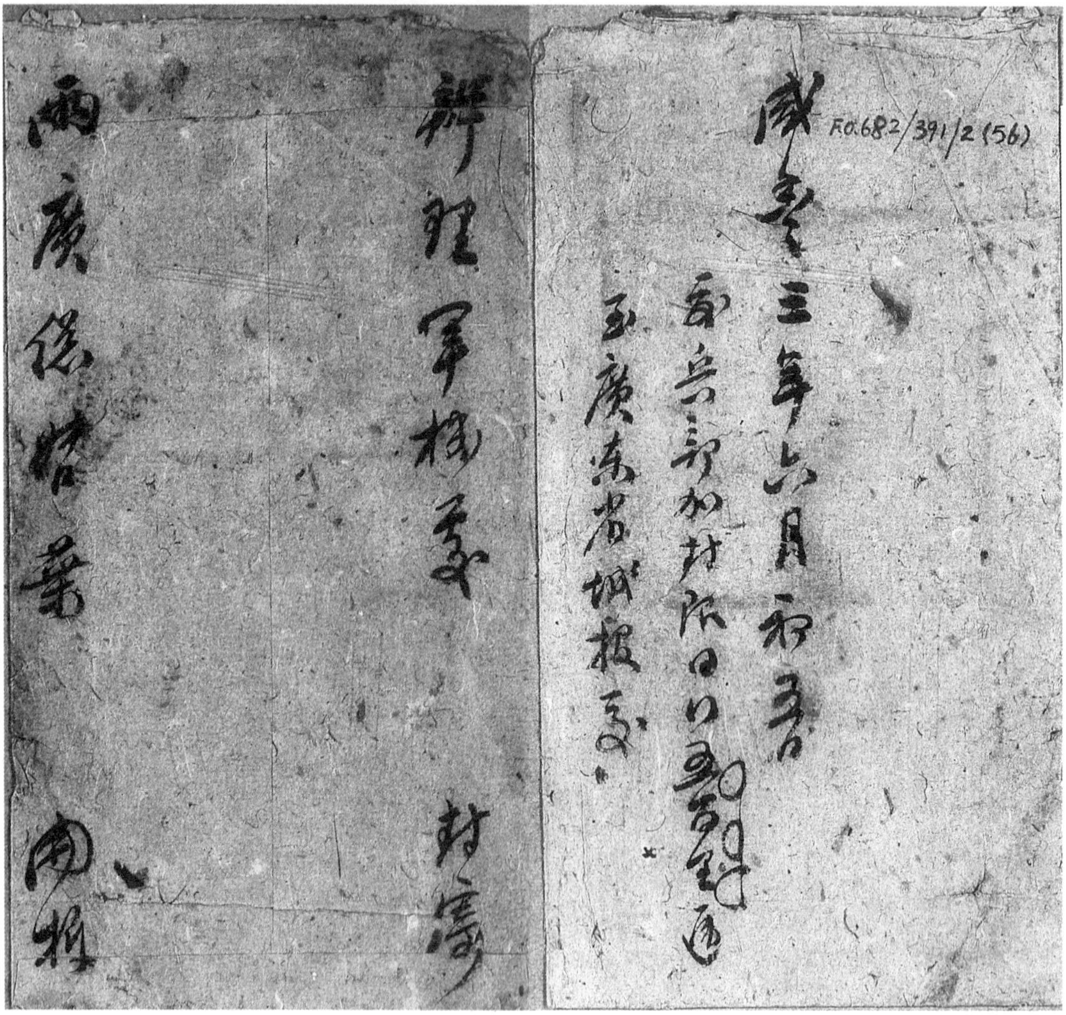
咸豐三年六月初五日
由兵部加封限日行四百里遞
至廣東省城投交
F.O.682/391/2(56)
辦理軍機處
封寄
兩廣總督葉
開拆

FO.682/279A/6(6)

謹將司庫正雜錢糧咸豐三年六月三十日起至七月初九日實存紋銀番銀數目開列呈

閱

前存司庫銀二十一萬六千九百三十三兩零七厘四毫四絲零五微八僉

內 紋銀一十一萬三千五百七十五兩零四分六厘二毫六絲三忽零八僉
番銀一十萬零三千三百五十七兩九錢六分一厘一毫七絲七忽五微

共收銀一十四萬九千九百一十四兩六錢八分一厘

共支銀三萬五千四百三十一兩三錢七分七厘零四絲

現存銀三十三萬一千四百一十六兩三錢一分一厘四毫零五微八僉

內 紋銀二十三萬一千一百三十五兩五錢一分七厘二毫二絲三忽零八僉
番銀一十萬零二百八十兩零七錢九分四厘一毫七絲七忽五微

另各官捐輸軍餉原存銀一十四萬八千九百八十兩內除先後借撥備支銀一十三萬二千四百九十五兩二錢零七厘 劃入由庫武職養廉項內銀一萬兩

尚存銀六千四百八十四兩七錢九分三厘

謹將咸豐二年分　奏銷後續完地丁正耗銀兩數目開列

原報未完地丁正耗銀二十六萬四千八百四十六兩九錢二分一厘

截至八月初九日共收續完地丁正耗銀一十萬零五千四百四十八兩八錢九分六厘

今自八月初十日起至十九日止共收續完地丁正耗銀一萬一千一百六十三兩四錢九分八厘

連前共收續完地丁正耗銀一十一萬六千六百一十二兩三錢九分四厘

尚未完地丁正耗銀一十四萬八千二百三十四兩五錢二分七厘

謹將司庫正雜錢糧咸豐三年八月初十日起至十九日實存紋銀番銀數目開列呈

閱

前存司庫銀三十一萬九千七百六十五兩三錢四分一厘一毫零五微八纖

內紋銀二十七萬零三百九十一兩四錢六分三厘九毫二絲三忽零八纖
番銀四萬九千三百七十三兩八錢七分七厘一毫七絲七忽五微

共收銀九萬四千六百七十一兩六錢二分八厘六毫

共支銀八萬三千七百八十四兩八錢八分九厘

又支歸還前借撥各官捐輸軍餉湊給委員領解福建軍需銀三萬八千七百兩

現存銀二十九萬一千九百五十二兩零八分零七毫零五微八僉

内

紋銀二十三萬八千九百四十七兩六錢二分七厘五毫二絲三忽零八僉

番銀五萬三千零四兩四錢五分三厘一毫七絲七忽五微

另各官捐輸軍餉原存銀一十五萬三千二百三十兩内除

先後借撥備支銀九萬三千七百九十五兩二錢零七厘

劄支委員領解福建軍需銀三萬八千七百兩

劄支收入西庫硝礦價項内為和存福建硝礦價銀四千四百兩

尚存銀一萬六千二百三十四兩七錢九分三厘

F.O.682/1971/57
FO 682/1971
57x
1
稟帖
咸豐三年九月

2

探得

兼署閩浙總督福建撫憲王　接到護延建邵道胡應泰稟報延平府城賊匪解後該
道同督參將李煌等帶兵六百名鄉勇三百名於五月十九日行至沙縣鎮頭地方
即有永安逆匪一千餘人設伏攔截該道等查知縣兵沖散二三百名且戰且走
已抵城下城中先已得信有典史江循海同闔邑紳士糾人殺賊開城迎接兵民歡呼
重見天日正在撫綏間已潰之賊復聚攻城我兵休養一日於二十日黎明分
路出勦三面合攻該道親身督戰守參將首先執旗賊目二名各兵奮勇繼進共
殲斃江記賊首一名賊目九名餘賊三百餘名生擒賊目五名就地正法奪回印信
二顆偽旗鳥鎗炮械不計其數整旗入城並無傷損餘匪乘夜復來攻撲即於
三更時分擊斃賊匪七八十名始各四散奔竄隨查知此路賊匪係由永安傾巢
而至現在該縣紳民練勇協應即日內移師前往查辦等語　又
下游賊來廈門由小路繞出劉五店之後直犯同安縣城鄧鎮憲連日出城均有斬
獲至二十一日匪勢猖獗放火攻城鄧鎮憲於撲滅後分隊出城會同攻勦共斃賊
目二名餘匪三百餘名賊匪退散其廈門之賊先於十七日竄擾二十日復為同安之

END 3

援剿來道督擊退突於十九日擁駕大船意圖竄復來道隨知會 水提督施

金門鎮孫 各領師船馳至湖尾將船圍攏鎗炮齊施共擊沉大號匪船二隻小

艇一隻牽獲三桅大船一隻擊斃溺斃共五百餘名生擒偽軍師陳金餘匪十名獲

獲偽印一顆大炮十二尊銅炮三尊偽旗一面即將該逆等訊明正法在於二十七

日會全鄭鎮憲水陸台兵勦洗芽因 又

永春州屬大田德化二縣先後失守先經收復大田縣城及照患病賊人乘虛復擾

兩次偽城陷悉被戕隨經教諭鄭鴻鏞等糾眾殺賊收回德城永春州崔洲同陞提

左營遊擊恩霈領兵勇驅除德化逆賊將城收復稟請添兵將賊等因

漳州鎮鄭仁布領兵勦賊遷延逗留不能得力現經 督憲

奏明撤任勒令留營效力遺缺委調本督標中營懷他布署理並檄令酌帶督標得力弁

兵星馳往同安督帶各兵會同在事文武相機剿捕

汀漳龍道隆慶奉調趕緊來省另有委遣各等因

[redacted]

謹將捐貲助餉自咸豐元年十一月開捐起至本年九月初九卯止
收支存剩數目列摺呈

電

計開

自咸豐元年十一月開捐起至本年八月二十九卯止共收捐生捐輸
銀一百二十六萬六千二百零九兩六錢

又自九月初一日起至初九卯止共收捐生捐輸銀一萬一千五
百五十六兩內

大佛寺局捐生三十四名銀四千零七十四兩

新會局捐生三名銀二百四十兩

另麥舊揚捐銀七千二百四十二兩

二共收捐生捐輸銀一百一十七萬七千七百六十五兩六錢內有工年

另捐開各官捐輸俸養紋銀一十一萬九千六百三十兩

官捐銀七萬三十二百兩在內

本省支銀九十九萬七千四百零八兩二錢五分八厘零七絲四忽

解赴廣西軍需銀七萬八千四百二十兩

解赴江西軍需銀七千兩

另各官捐輸摺內解赴江西福建軍需銀五萬三千一百兩

通共支解軍需銀一十三萬八千五百二十兩

尚寔存司庫銀九萬四千九百三十七兩三錢四分一厘九毫二絲六忽內

紋銀三萬五千七百五十四兩七錢三分五厘七毫四絲八忽五微

番銀五萬九千一百八十二兩六錢零六厘一毫七絲七忽五微

另各官捐輸軍餉原存銀一十一萬一千六百三十兩內除先後

借發備支銀九萬三千七百九十五兩五錢零七厘

尚存銀一萬七千八百三十四兩七錢九分三厘

謹將司庫正雜錢糧咸豐三年八月三十起至九月初九日實存紋銀番銀數目開列呈

閱

前存司庫銀三十二萬八千九百二十六兩二錢一分四厘七毫零五微八纖

內紋銀二十七萬三千七百五十一兩三錢八分四厘五毫二絲三忽零八纖
番銀五萬五千一百七十四兩八錢三分零一毫七絲七忽五微

共收銀三萬二千五百七十二兩二錢二分五厘

共支銀二萬八千二百四十六兩一錢四分五厘四毫

現存銀三十三萬三千二百五十二兩二錢九分四厘三毫零五微八纖

內紋銀二十七萬七千零五十七兩六錢八分四厘一毫二絲三忽零八纖
番銀五萬六千一百九十四兩六錢一分零一毫七絲七忽五微

7

光祿寺少卿臣程恭壽跪

奏部議行鈔章程辦理窒碍商賈聞風潛遁恐致罷市請

旨速籌轉計事竊查官票寶鈔之興非徒裕

國兼以便民本年西商捲資回籍京師廛市蕭條二月

十五等日錢舖關閉者數百家人情洶洶勢將罷市幸蒙

皇上特發帑金始得人心安定半年以來百貨阻滯官民商賈借

貸無門其所以勉力支撐者特以鈔票之頒翹首可待耳九

月十八日通行鈔票與現銀對成出納之

諭旨一下市價銀票增值五百餘文商賈轉相訊問紛紛購求

減鈔票流通之大轉機也不數日而戶部改為銀八票二

之示商民疑碍市價銀票復減值五百餘文相約不敢收

用幸而克勤郡王之摺傳抄遂歡躍爭望以為便民裕

國莫善於此乃部議章程一出而羣情靡然較之夏秋間

愈形減色且有竊自私議謂將勉過殘年不復開市者細

加採訪皆謂新章與民未便與其負累於將來不如暫

避於今日倘再不圖轉計一出新歲十室九空大賈潛逃

2

3

44

小民肆搶其情狀有甚於今年二月間者臣竊思之因查部

議章程其效收之數製造之法兌換之值推行之方似已無

微不至不應更顧商民之疑慮惟硃借商人一條窒碍不可

勝言如所稱每商至多不過五千串由五城呈借將來仍由原

領衙門繳還商人之畏官吏甚於畏豹虎以借本求利之

事而今屢經官吏之手誰肯為之又稱一商願借則五商連環

保結無論各謀其生者力難兼顧即使五家互相出保而

所得者僅五千串之資所負者已二萬五千串之累代人受

過雖至愚者不為又稱轉飭五城御史轉集各商遍行曉

諭在五城不過詢問願與否而愚氓無知一見此議即疑為

勒令呈借轉而不來迹近抗違來而不借有似阻撓戶部又

無不准勒借之示張貼通諭司坊官吏轉得借口以逞其

私弊將何所底止又稱領借之後每月先繳一成五個月

三釐行息十個月後全數交清此又不便之甚者如一月之內

未能行用則固無可還繳數月之間業已行用而未能收回則

又無可繳還即應治罪是以無罪之民忽成負欠官項之犯以此罔民民何可欺即使每月如數繳還以寶鈔五千串而論第一個月之在民者五千串至第十個月僅止五百串矣倘並此數百串行使出京在行鈔者以為流通之驗在借鈔者即增賠繳之累名為恤商以病商即謂繳還之款銀票現錢大錢皆可抵用不專恃收回之寶鈔委之於市無形之賠累在商賈尤屬難堪或者戶部之意不願出借而勉徇克勤郡王之請故為是苛刻之條使商人聞而生畏此又兒戲之事也官之於民交涉頗少全賴商以通之此時戶部所發寶鈔僅有官項及兵丁賞項零星領出或數串或十餘串整用之則可竟給寶鈔散用之仍須找兑現錢使無此大宗散在各商何處取錢何從利用暫似流通不久即將廢棄以現在情形而論商人不借不能欲借不敢官民之氣仍復中格閭閻之困尚可言乎若不逆之更將何待是以數月來西商之留京者又多潛移住址或竟歇業出京則明年不復開市之謡必非無因且其患不獨京師也各省發商生息之案從未有按月抽本者現聞

盛京已有提回商本用票抵發之舉若不照議則與章程不符若竟照此議則事多窒礙各省商賈皆將譁然能遍天下而論之曰此與發商並非一事乎迨至各省之商一時解體始悔定議之左已將何及惟有仰懇

皇上特飭戶部照發商生息之例簡易辦理不必定取連環保結不必按月收回成本自領借之日起即以三釐起息如官房租項逐月往收並請

飭下該部務於年前迅速出示通行以期先定人心至戶部官票寶鈔兩處並不封印日夜製造每月不過萬串何至如此煩難揣度其故或因人數不多而人之所以不多由於薪水之只有此額竊謂戶部應行之事即人人應辦之事豈容另設薪水名目應令該部於各司中廉明勤敏之員儘數多須趕緊製造其薪水一項即行裁汰使無可繫戀自無所用其積壓此亦裨益鈔法之一端也奉

旨已錄

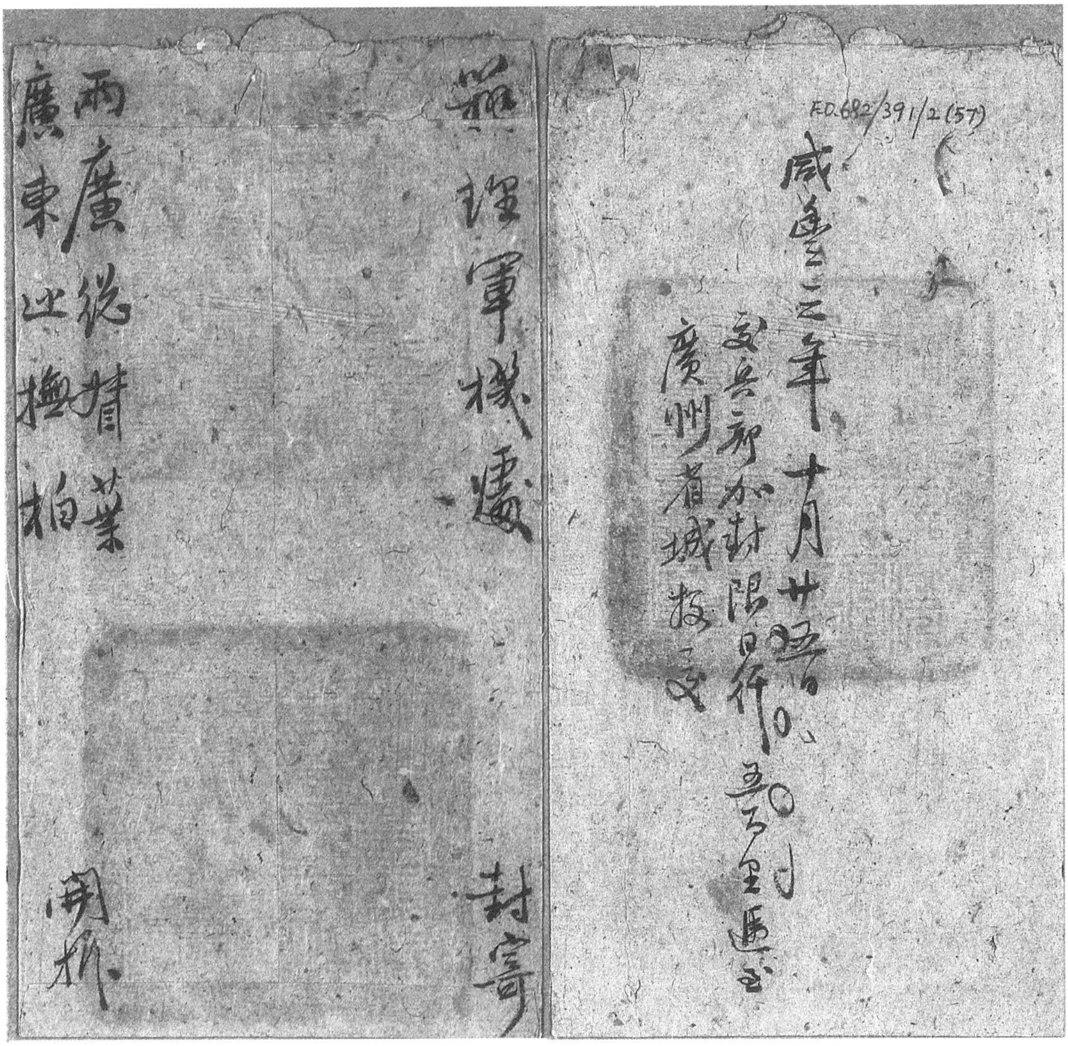
FO.682/391/2(57)

咸豐二年十月廿五日

交兵部加封限日行五百里遞至

廣州省城投交

辦理軍機處 封寄

兩廣總督葉

廣東巡撫柏

開拆

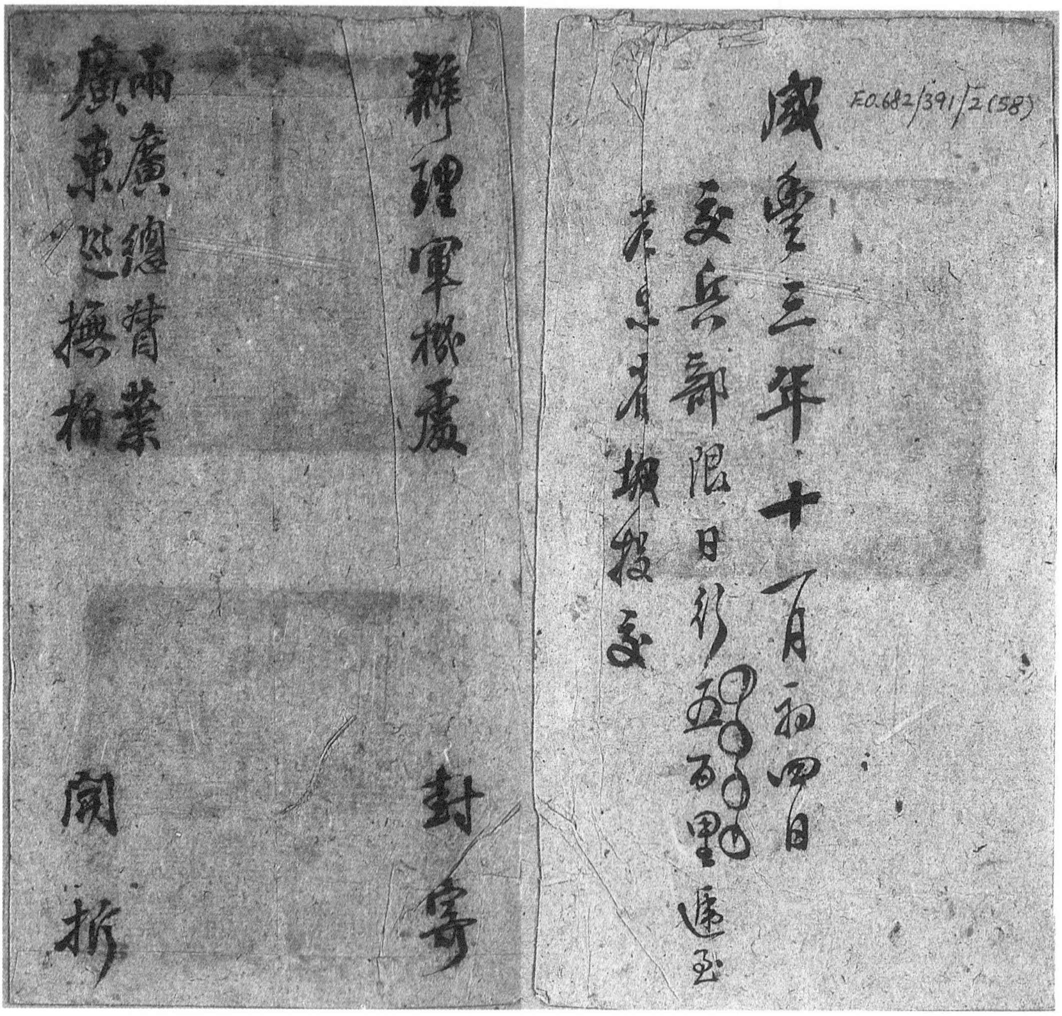
F.O.682/391/2(58)

咸豐三年十一月初四日

交兵部限日行五百里遞

廣東省城投交

辦理軍機處　封寄

兩廣總督葉

廣東巡撫柏　開拆

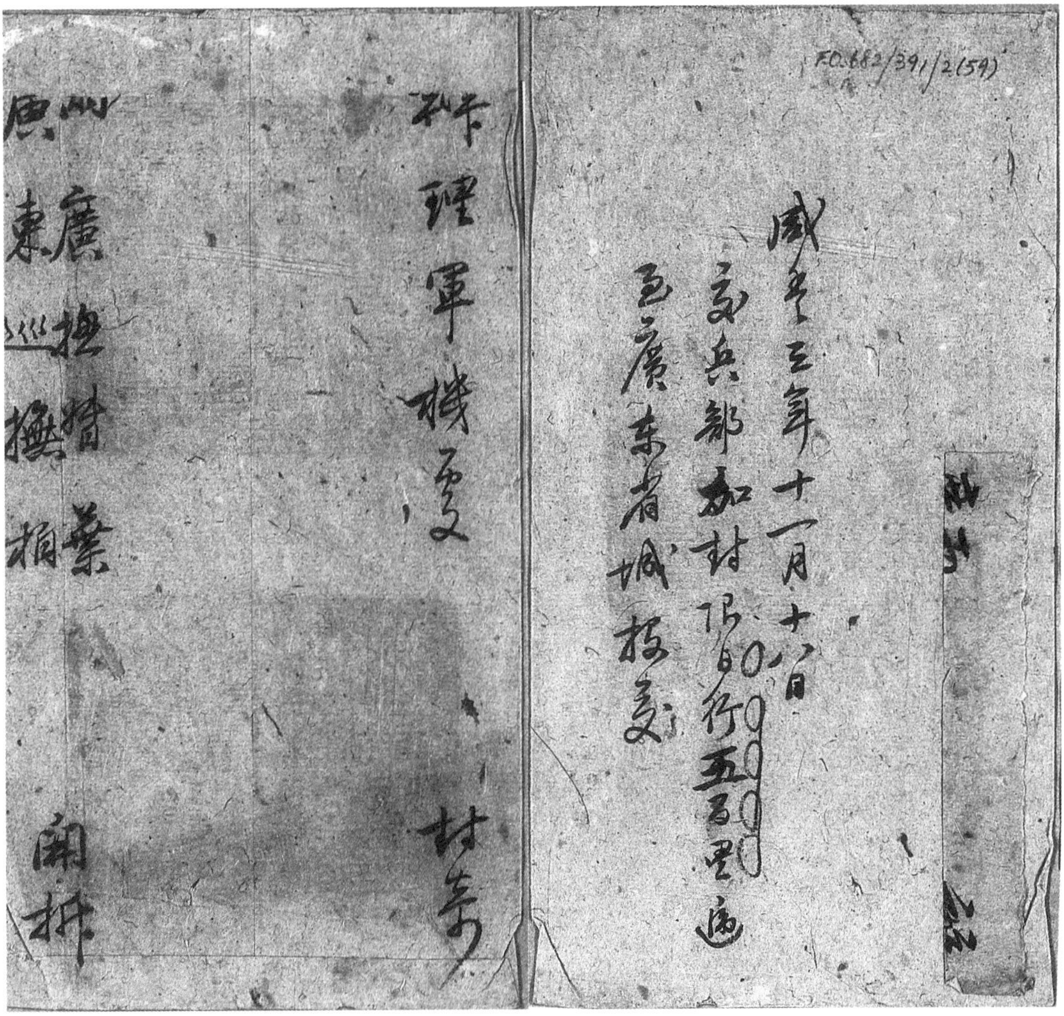

F.O.682/391/2(54)

咸豐三年十一月十八日

由兵部加封限日行五百里遞

至廣東省城投遞

辦理軍機處　封寄

兩廣總督葉

廣東巡撫柏　開拆

辦理軍機處封

E0.682/391/2(60)

兩廣總督葉
廣東巡撫柏 開拆

咸豐三年十一月二十六日
交兵部加封限日行四百里馳遞
至廣東省城投交

謹將司庫正襍錢糧咸豐三年十一月初十日起至十九日實存紋銀番銀數目開列呈

閱

前存司庫銀一萬六千二百九十三兩一錢九分四厘四毫七絲四忽七微八纖

內

紋銀五千八百四十七兩八錢零八厘九毫八絲六忽五微八纖

番銀一萬零三百四十五兩三錢八分五厘四毫八絲八忽二微

共收銀五萬七千二百二十二兩二錢九分六厘六毫

共支銀二萬六千二百八十兩零四錢九分九厘五毫五絲七忽四微

現存銀四萬七千二百三十四兩九錢九分一厘五毫一絲七忽三微八纖

內

紋銀三萬六千四百九十八兩零二分九厘零二絲九忽一微八纖

番銀一萬零六百三十六兩九錢六分二厘四毫八絲八忽二微

FO.682/253A/5(25)

電

謹將連陽舊公堂續辦三年已未捓引及新堂各商捓引數目列摺呈

連陽舊公堂梁泗庭等

道光二十九年共捓引三萬七千三百三十七包

三十年共捓引一十八萬七千四百四十八包

咸豐元年共捓引八萬五千二百八十五包一百四十一斤八兩

合共捓引三十一萬零七十包一百四十一斤八兩

尚存未捓積引四十萬零九千九百二十九包零八斤八兩

連陽埠新堂各商捓鹽數目

沈晴午共捓鹽一萬五千六百五十一包

沈泰來共捓鹽一萬五千八百四十八包

金英記共捓鹽六千七百一十包

陳德輝共捓鹽一千三百四十包零三十五斤十兩

陳啟昌共捓鹽一萬八千一百八十二包一百一十四斤

張同和共捓鹽一萬四千零五十五包零零六兩

合共捓鹽七萬一千七百八十七包

F.O.682/279A/6(7)

謹將各屬未結交代各案開列呈

電

計開

一從化縣李福培接收前署縣周琦交代一案查周令有報銷墊支壯勇口糧等項銀二千二百六十一兩已駁令刪減尚未造冊交代亦未結報

一署曲江縣毛仁麟接收前署縣符鼎庸交代一案查符令有報銷墊支壯勇口糧等銀二千七百二十八兩零已奉駁飭不准開銷交代亦未結報

一署翁源縣海廷琛接收前署縣車任重交代一案查車令有報銷墊支壯勇口糧等銀四千六百四十七兩零已駁令刪減尚未造冊交代亦未結報

一署樂昌縣經文接收前署縣萬時詰交代一案查萬令有報銷墊支壯勇口糧等銀二千八百餘兩已批飭不准開銷交代亦未結報

一英德縣葉儁昌接收前署縣孫成彥交代一案查孫令有報銷墊支壯勇口糧等銀除已領一萬七千一百餘兩外尚墊銀一萬一千七百餘兩因駁飭刪減尚未造冊交代亦未結報

一長寧縣張步蟾接收前署縣李廷鑾交代一案查李令有報銷墊支壯勇口糧等銀一萬五千餘兩已奉院憲駁飭不准開銷交代亦未結報

一廣寧縣江肇恩接收前署縣程兆桂交代一案查程令有報銷墊支兵勇口糧夫價等銀除已領銀一萬六千三百餘兩外尚墊銀三萬二千五百餘兩現由局核辦交代亦未結報

一德慶州李銘接收前署州胡元泰交代一案查胡令有報銷墊支壯勇口糧及夫價等銀除已領五千兩尚墊銀二萬四千三百餘兩現由局核辦交代亦未結報

一連平州張應庚接收前署州吳昌壽交代一案查吳牧有報銷墊支壯勇口糧等項銀除已領銀七千兩外尚墊銀五千六百餘兩現由局核辦交代亦未結報

一前代理信宜縣林兆熙接収前代理縣夏雲和交代一案查夏令有報銷墊支兵勇口糧夫價等銀除已領銀一千八百兩外尚墊銀一千二百六十餘兩現由局核銷交代亦未結報

一署化州薩保接収前署州王定珏交代一案查王牧有報銷墊支兵差等銀除已領六千兩外尚墊銀七千六百四十餘兩現由局核銷交代亦未結報

一代理靈山縣甘槐接収前署縣楊汝霖交代一案查楊令有報銷墊支防堵壯勇口糧等銀五千五百三十餘兩業經駁飭尚未准銷交代亦未結報

一署始興縣程志籛接収前縣莫春暉交代一案查莫令有報銷墊支兵勇口糧等銀六千六百餘兩已駁令刪減尚未造冊交代亦未結報

一署羅定州郭汝誠接収前署州彭邦晦交代一案查彭牧有報銷墊支兵勇口糧夫價等銀除已領銀六千兩外尚墊銀一萬八千三百九十餘兩已駁飭刪減尚未造冊交代亦未結報

一署西寧縣徐良梅接収前署縣王景瀛交代一案查王令有報銷墊支壯勇夫價站書等銀除已領銀六千八百兩外尚墊銀一萬六千五百四十餘兩已駁飭刪減尚未造冊交代亦未結報

F.O. 682/279A/6(8)

電

謹將各屬交代可以詳結各案列摺呈

計開

一南海縣馮沅接收前縣張縺鄒交代一案

查張令虧短正項銀兩業経詳叅勒追其所短欵將無主贓罰稟明提銷餘歸清查案內籌補即可結報詳咨

一前署三水縣殷作梅接收前縣程乃乂交代一案

查程令尚有短交穀價銀數百兩一俟交清即可結報詳咨

一前署三水縣文燦接收前署縣殷作梅交代一案

查殷令業已交收清楚一俟上任程令交清即可分任結報詳咨

一署新寧縣陳其昌接收前署縣程乃乂交代一案

查程令尚短交銀一千餘兩一俟交清即可結報詳咨

一前署高要縣三多接收前縣王晋交代一案

查王令有短交襍欵銀五千餘兩該令已経病故並無家屬在粤應稟明歸入清查案內籌補即可結報詳咨

一署新興縣張步蟾接收前署縣許錫勳交代一案

查許令已故交代短交銀一萬餘兩家屬赤貧且有應追揭陽縣任內短項尚未完繳無力清交應請稟歸清查案內籌補即可結報詳咨

FO.682/318/4(1)

[redacted]

謹將歷年拆盐數目開列上呈

道光十九年各埠拆盐九十六萬八千二百四十包

道光二十年各埠拆鹽九十二萬八千九百零七包

道光二十一年各埠拆鹽九十六萬三千一百四十三包

道光二十二年各埠拆鹽八十萬零五千五三十九包

道光二十三年各埠拆鹽一百零二萬七千六百三十二包

一百四十一斤

道光二十四年各埠拆鹽九十萬零八百九十九包

道光二十五年各埠拆鹽七十一萬四千四百一十三包

按查以後各年或七八十萬或五六十萬不等相去均不甚遠惟至咸豐二年僅拆鹽二十餘萬包此歷年所無者其道光十九年以前亦與二十幾年相等惟數至百萬者總少因舊底蟲蝕太甚祇就十九年分以後銷數最多者鈔呈合

註明

[redacted]

謹將樂桂埠三年分銷盐包數進出銀两開列呈

電

計開

三年分共銷盐二十一萬六千五百六十八包

第一運盐三萬零零三十三包

收回盐本盈餘銀六萬零零六十六两

第二運盐二萬零四百十八包

收回盐本盈餘銀五萬二千七百一十六两二錢九分

共銷水客盐十六萬六千一百一十七包

收餉價銀十六萬六千一百一十七两

三共收銀二十七萬八千八百九十九两二錢九分

付完課餉銀一十萬零五千五百四十六两四錢三分八厘

付完四欵頭銀二萬零六百八十四两五錢七分九厘

付完補紋水銀一萬四千九百零四两九錢四分八厘

付完價欵銀九萬零一百四十二两八錢八分三厘計實付銀

五萬四千零八十六两一錢

付三萬零包舊水客成本銀五千零四十五两一錢（稟案每包給還銀一錢）

共付銀二十萬零零二百六十七两一錢六分五厘

除付淨存銀七萬八千六百三十二两一錢二分五厘

付南雄州滙軍餉銀二萬两

付配盐銀三萬两

實存現銀二萬八千六百三十二两一錢二分五厘

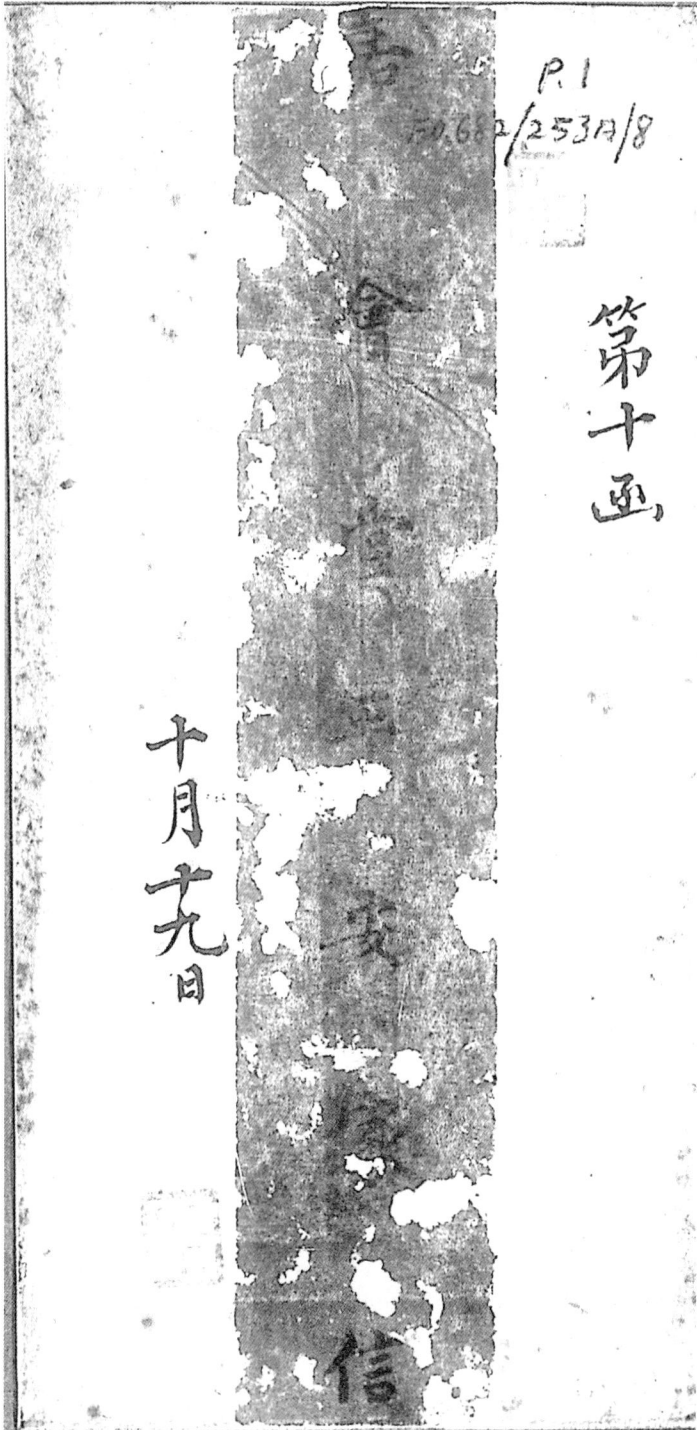

P.1
FO.682/253A/8

第十函

書[illegible]會[illegible]要[illegible]信

十月十九日

弟名灃弟婦陳氏恭祝

大嫂兄大人榮慶

男名澧媳陳氏百拜恭請
父親大人金安

大兄大人閣下十月十日接到第十一號安信敬悉
閣署安吉
父親大人慈躬康泰
福祉增綏倍深忻頌承
示議叙道員一層俟弟趕將付請後再行核辦極
舍兄昔現在鋪實已議七八月借有更新利之部卯件

出缺，以特派駕駛推選賢能，如此辦法，庶得傳諸當之不每日習字寫字
遠也。弟近年以來，頗覺精神充滿，身體健壯，每日早
起白飯兩三碗，不吃點心，入暮則三碗，早午兩碗，到半夜饑吃麥片四飯晨間用素菜，魚肉一概屏除，此是廿一年前
餘，純出自然，不由強勉也。暑中班期甚勤，暇居踱步，掌
燈以後，一卷相對，令壽兒侍坐，隨意指示，渠亦頗能領
會，為之喜耳。京中天氣近暖，節交立冬，仍著小毛袍

FO 682/2531/8

祢惟期兩旬後送煙物不丢潑葡萄玉蜀黍京窩六下

大小平安即頌

崇祺弟名從叩

大嫂夫人閫安

程周姑娘閫吉

愚弟光蘭史頓首

十月十九日

F.O.682/233A/8

前差官來京稟

寄紋銀百兩如數領到訖

存項已支各數另單呈

閱

A7

許濱先生所送紙意一摘于九月二十四日子揀落部

司揀勝雲上

此次揀落廣東紅粉鄭曉如（原本遺[illegible]）倩鄭丑先生脫煩為

F.O. 682/253A/8

孔繡山所送司馬繡谷畫幅摺疊難以携帶，今已交新撫來粵知府聶（原名泰）名爾康之便寄上。聶係崇峰先生胞姪，乙丑有年誼，癸丑庶常散館改授知府也。

查捐輸廣加中額學額章程

一省捐銀十萬兩加文武中額各一名一廳一州一縣捐銀二千兩加文武學額各一名查
歷屆
恩詔廣額鄉試大省加三十名次省加二十名小省加十名學額大學加七名中學加五名小
學加三名如所捐銀数核計浮於前議應加之額即歸下次按数加廣或因捐銀較多逐次
加廣尚需多時准其奏請酌加作為永遠定額所加之額按一省捐銀三十萬兩加文武鄉
試定額各一名一廳一州一縣捐銀一萬兩加文武學定額各一名均以十名為限如其前次捐銀
較多部議給予一次廣額尚有餘銀及前次捐銀較少不敷廣額之数者均准將前捐銀兩
併入續捐核算此是咸豐三年三月奏准已將原奏暨欽奉 上諭通行各直省遵照在案
又咸豐三年四月議覆侍郎羅 等奏請將各省前次奏報捐数如查係勸捐之款按照常例
及籌餉例請獎者應

俯如該侍郎等所奏一律給予加額俾免向隅惟祇准加額一次不准永為定額庶與例外勸
捐之省分州縣稍有區別此是在咸豐三年四月以前報捐者方准奏請加額如在四月以後按照常
例暨籌餉例銀数報捐者不得援以為例必須照例酌加四分之一方准加額嗣後各省勸捐請給各項
職銜人員所捐銀数較常例酌加四分之一及請歸籌餉事例之員亦照籌餉例酌加四分之一
如例定八十兩今捐一百兩之類除給予本身應得奬叙外仍准統計該省暨各廳州縣捐数按加中額
學額或給予一次或永為定額由該督撫奏明辦理如僅數常例及籌餉例銀数祇准給予應得
職銜官階不得託名勸捐歸併捐輸核算援請加額漫無限制
該省奏報之時應將各廳州縣紳民捐輸銀数分晰造冊咨部聲明某縣共捐銀若干兩部議
即照数計算如某縣共捐銀六千五百兩應加學額三名開具清单奏明辦理餘銀五百兩仍應歸
併續捐核計再加一千五百兩便可加一學額
各省奏報捐数須除去寄籍駐防並外省商民捐銀不計外照本省定捐銀若干核算並將所
收外省商民捐輸銀兩除請給本身議叙外仍令該撫移咨各商民本籍彙入該本省捐輸数
內報部奏請加額

謹將桑園圍歲修生息銀兩每年於春秋二季收入正項入季報撥及收
存籌備堤岸項內備用查明開列呈
電
計開
查桑園圍歲修生息一欵於嘉慶二十三年三月內在司庫提銀
四萬兩糧道庫提銀四萬兩共銀八萬兩發交南順二縣當商每
月一分生息週年得息銀九千六百兩以五千兩歸還原本以四
千六百兩給桑園圍歲修之用此項歲修銀兩於嘉慶二十三年
底支過一次銀四千六百兩迨嘉慶二十四年經盧伍二商捐築
石堤後毋庸歲修奉

部行令將此項桑園圍歲修息銀四千六百兩收入籌備堤岸項
內備給各縣被水借修圍基之用嗣奉
部行令將按年應歸還本銀五千兩入季報部撥用毋庸歸本等
因自嘉慶二十三年起至道光五年止已歸還本銀四萬兩以後遵
照按年入季報部撥用至籌備堤岸一欵自嘉慶二十三年起至咸豐
三年秋季止除動支外應存銀八萬七千五百零三兩四錢九分一厘
五毫內歷年各欵借支未還銀八萬一千二百六十九兩九錢五分八厘
八毫現寔存司庫銀六千二百三十三兩五錢三分二厘七毫查借支
各欵銀兩已於報
部季冊內隨案聲明應俟各欵有銀分別劃還歸欵又桑園圍生
息一欵現新收存南海縣解繳咸豐元年分息銀一千五百三十四兩連
前存堤岸二共現存銀七千七百六十七兩五錢三分二厘七毫如須
動用不敷支給應籌借別欵支給俟桑園圍收有息銀除入季報
撥銀五千兩之外餘銀歸還借欵

廣西廵撫劳　　　為

傳付事咸豐四年三月二十四日准

户部咨廣西司案呈准江南司傳付内稱内閣抄出太僕

寺卿王　奏請旌表殉難士民一摺咸豐三年十月二十三日奉

上諭太僕寺卿王茂蔭奏請旌表殉難士民一摺軍興以来被賊滋

擾地方文武官紳及兵勇人等或臨陣捐軀或遇賊被害經各督撫奏

保無不立沛恩施給予卹典並諭令各省督撫查明被害較烈之員再行

分別酌議加增予謚或令入祀昭忠祠以勵臣節而慰忠魂復念被难各

地方士庶人等或因駡賊被戕或因禦侮遭害甚至家罹难闔室自焚雖

貴賤之不同宴節義之無愧特恐僻處鄉隅不獲上邀旌卹以致湮没

弗彰朕心惻焉著各該督撫通飭所屬迅速查明遇賊死節士民婦女

等除照例題請旌表外其殉难尤烈者並准其奏明請旨分別賜卹該

督撫等其秉公詳核毋濫毋遺以副朕勵節褒忠之至意將此通諭知之

欽此相應傳付貴州等司即赴本司抄錄自行行文辦理等因前来

相應抄錄原奏行文廣西廵撫遵照可也計单一紙等因到本部院准

此除札布按二司通行欽遵查照辦理外相應咨會為此合咨

貴爵部堂請煩查照施行須至咨者

計粘单一紙

太常寺卿臣王茂蔭跪

奏為請

旨旌表殉難士民以彰忠烈而勵人心事臣維成仁取義正氣有居常

存致命捐軀庸人尤称匪易比來匪徒肆擾荼毒並黎凡夫死事或

官陣亡兵弁莫不仰邀

賜卹澤荷

恩施近於九月二十日復奉

諭旨地方文武紳及士人等被害較烈各員已經給予卹典者再行分別酌

議加增予諡或入祀昭忠祠未經奏報各員著各該督撫迅即飭查被

害情節奏請獎卹等因欽此

皇仁所被至優極渥洵足作士氣而慰忠魂矣惟思賊匪自離西粵

猖竄南方稽天討于三年煽毒氛于數省凡被難地方士庶人等

或負義不屈而致戕或被擄不從而遭害甚或全家罹難闔室自

焚雖智愚貴賤之不同寔節義忠貞之無愧此固

國家厚澤深仁之所致要亦小民敷天率士之真忱我

國家劝善褒良凡平日節婦義民無不仰叨

欽奬則此時忠魂毅魄尤宜上荷

旌揚臣聞向來各省死難士民

恩許建祠合祀其被害最烈者或從優另予封表今殉難士民忠貞自

矢外省均未查辦日久恐致湮埋合無仰懇

皇上飭下各督撫悉心詳查于遇賊死節之士民婦女等有姓氏可查

者悉查明題請

旌表准予祠祀寔係無姓氏可查者則統書難民總牌附祀其中或

有蹈節最著被害尤烈者另行優請

旌卹之處出自逾格

天恩俾守義不渝者皆沐

褒嘉之典斯聞風之感者咸深激勵之心則衆志可以成城而群醜

無難殄滅矣臣愚昧之見是否有當伏乞

聖鑒訓示謹

奏

[redacted]

吏部謹
奏為遵
旨議奏事內閣抄出安徽巡撫福濟奏仍以已革知縣黃
元吉署理定遠以重職守而免貽悞等因一摺咸豐四年
九月二十二日奉
硃批吏部議奏欽此欽遵抄出到部臣 等查該撫摺內稱奏
頃閱邸抄奉

上諭御史湯修奏効力革員不准遽請署缺一摺安蘇
知縣黃元吉前在署鳳陽縣知縣任內失守城池當經
降 旨將該員革職責令効力贖罪復因防堵巢縣
打仗失利交部議處該撫遽委該革員署理知縣寔
屬違例現署定遠縣知縣黃元吉著即撤任福濟著交
部議處欽此當即轉行去後茲據藩司畢承昭臬司
恩錫詳稱定遠縣界連合肥壽州九省通衢盜匪出沒
素稱難治之區自上年逆賊竄擾土匪肆起籌防尤關
緊要該縣為大營後路餉銀羽書 望于道馳馬于上
年全行被搶居民驚徙錢粮無從開征似此凋敝萬分
非精明強幹之員斷難勝任惟有已革知縣黃元吉緝
捕勤能年強才裕該員到任後先將久踞俞家灣土匪
隨同大兵勦滅並將著名逆匪拿獲多名民心安定勸
諭境內按畝捐錢為募勇緝捕之資並批解廬州軍
餉添設馹站文書不致稽遲編查保甲宵小因而斂迹

不兩月間而百廢漸舉頗著成效伏查御史湯修所奏
自係持正之論惟各省情形不同即辦理因之互異皖
省疲敝已極盡被逆氛其未來者則以此地方爲畏途
其已到者又以署事爲險境以致檄書不以下焦愁畏葸
寔有以罷職爲幸之心若有一二可用之材不格于部議
即阻于人言掣肘多端坐視廢弛不特無顔以對
君父抑將何術以衛民生 臣蒙
皇上特簡值多事之秋撫凋殘之地靡不殫竭血誠認真辦
事祇知爲缺擇人斷不敢爲人擇缺該員獲咎因在從
前而奏効已于今日若顧惜處分緘默不言其如一邑
百姓係事關全局不得不縷晰瀝陳以順輿情而裨吏治
伏乞
皇上俯念員缺緊要准以已革知縣黃元吉署理定遠縣缺
俟辦理日有起色再行奏請開復以示鼓勵而資觀感等
語臣等查黃元吉上年署理鳳陽因失守縣城奉
旨革職復因賊竄巢縣攔剿不力部議革職註册在案定例
已革人員不准委署地方惟該撫所奏安徽情形凋敝萬
分非尋常無事之時可比自應權宜 濟俾將指臂之
助相應奏明請
旨已革知縣黃元吉准其委署定遠縣知縣嗣後如再有貽悞
除將本員嚴加懲處外並將該撫交 臣 部議處至摺內
所稱現署安慶府知府牛鎮太平府知府李三捷懷寧
縣知縣馮元霆巢縣知縣邵啟元當塗縣知縣王乃晉蒙
城縣知縣劉瀛階各員應照黃元吉一体辦理又該撫片
奏內所稱署州縣赴任按照部選人員予以定例于委札
內填限期如阻風患病准其分別不總得過一月之限如
有逾限另行委署所有逾限之員係候補者于輪補
到班罰停兩輪新補寔缺及調署各員留省察看停
其升轉兩年無故再行註銷等因係挽回錮習起見
應如所奏辦理並令該撫將逾限之員隨時專咨
報部以便查核謹將 臣 等遵
旨議奏緣由恭摺具奏

粤東向有協濟雲南廣富等府民食滇鹽十萬斤零交百色埠商游
順程代運後游順程招到供商石友村本年咸豐四年應運道光二十四
年滇鹽所有水脚鹽價等費六千餘兩由藩司移運司給發該商領運
另准其加配息賞鹽十萬斤零以資該商貼補如遲悞運鹽即行罰
扣各在案其雲南即籌辦粤銅運至百色本省委丞倅前往接運回省
以供鼓鑄歷辦無異至道光二十七八九三年該商貽誤未經解清是以
於咸豐元年查辦令供商石友村赶辦二十九年應解道光十九年滇鹽
其十六七三年誤解之鹽限於三年内帶完在案本年應運道光二十四
年滇鹽十萬斤有零並准領運恩賞鹽十萬斤有零

謹將司庫每年額定收支及四年分現收現支並欠解銀兩各數目開列呈

閲

計開

每年額征地丁錢糧解司連閏共銀九十二萬六千零五十五兩八錢七分八厘

每年約征收各項雜款銀一百一十一萬三千五百四十二兩七錢九分零五毫

咸豐四年應支兵餉奉撥地丁鹽課銀一百三十二萬二千四百八十七兩三錢二分九厘内除已完解咸豐三四年地丁支給兵餉銀二十六萬一千六百四十二兩六錢六分八厘

尚不敷銀一百零六萬零八百四十四兩六錢六分一厘内（鹽運司未解鹽課銀五十三萬兩各屬未解地丁錢糧銀五十三萬零八百四十四兩六錢六分一厘此項未完銀兩在于收存雜項各款銀内墊支）

咸豐四年收雜項各款銀一十九萬五千八百九十九兩六錢五分九厘支銀三十二萬三千九百零五兩零六分三厘四毫計不敷銀一十二萬八千零五兩四錢零四厘四毫係在各款墊支

[redacted]

樂桂抽厘所關粵東引餉十餘萬両之多四年之餉作何辦理似可

奏聞第為數甚微當

國用短絀之時似有不便況事關奏案迫至出

奏文

部復查

部復回時總在明春咸豐四年之餉九月即當

奏報即寬限三月亦不過至十二月限滿已在

奏銷項限之後餉税如何辦理實屬緩不濟急因思向來銷盐總在水長船高祇要銷旺暢行實亦不在成本之稍重稍輕譬如現在東關補償每包六錢有零即使每包抽厘計銀四分不過一両上下省河盐貴之時竟有至補價一両一二錢者亦不見商人停配第一在設法招商或少減埠用或嚴禁蘆包白廟勒收楚厘雖重尚有

利息水客亦能源源而至昨日已將一切情形須彼此相和總使鹽
運利通不特粵鹽旺銷即楚厘亦多收公費如果抽厘太重粵鹽
不通即楚厘亦不能多徒使楚民坐食貴鹽第一以照常通運為
宜與原商司事委曲相商伊等亦以為然惟現在水客商人觀望
不免稍滯亦不至於全行不銷也萬一拆鹽十分停滯水客不來
現在樂埠公鹽尚有八千包水客鹽八萬包責成原委之員妥辦可
得餉十萬兩除完價欵十分之五約計四萬兩所收銀兩可存五六萬飭令
買鹽四萬運埠行銷每包賣銀二兩即可得銀八萬即水客少折亦可不
至貽悞屆計四年樂桂之餉尚可支持惟原商孔法徠及司事等實不可
靠須責成妥員辦理所謂急則治其表昨接埠信云楚省因鹽短少亦有
通融減規之意該處司事擬照省河抽厘每包六分定議伊尚不行如每包二
錢亦擬與之定局似須飭委在埠督收之平翼徃辦此係樂桂實在情形
通盤籌畫現年
奏銷之計伏敢密
聞并乞
憲鑒

屯田節畧

謹將前後查辦官築屯田淤坦收支租銀緣由開具畧節呈

電

查原辦虎門官築屯田係於道光二十三年間撫夷底定之後奉

前督憲祁　以虎門修復砲台必須重兵防守而兵額未便請添查出虎門附近及

大角沙角一帶地方淤出沙坦可以圍築成田共計一百三十九頃零分別上中下三則相

地畝之肥磽定區分之多寡召充屯丁分守砲台以本地之田養本地之民即以種田之

民為禦侮之兵等因奏奉

諭旨允准飭行遵辦嗣因屯丁多係鄉民戰守紀律全未諳悉且既以耕代守勢不能

令其常川駐台即使如式演習而每月更換忽作忽輟況復真偽雜糅游惰奸滑皆

得溷跡其間設有緩急欲其克敵禦侮殊覺毫無把握當於道光二十五年內奉

前督憲耆　會同

前撫憲黃　奏明屯丁難期得力應行裁撤由水師提標中右二營添設弁兵分台
駐守所有官築屯田改征租銀飭令東莞縣原辦屯田紳士領佃轉給農民永耕通
年額征租銀一萬五千三百九十三兩二錢五分責令屯防同知催征赴道完納以為守台
弁兵每歲需支俸餉廉薪糧料紅白等項約銀一萬一千數百餘兩屯防同知津貼
銀一千五百兩尚約存銀二千餘兩不等因溢坦項下現年租銀不敷過半歸入溢坦項下
一律支銷
道光二十四年間奏
前督憲耆　會同
前撫憲程　因善後案內砲台戰船各項經費不敷奏明籌辦沿海沙田溢坦歸屯
輸租以資津貼隨據南海番禺東莞新會香山新寧六縣陸續查出沙田溢坦並有
兩造控爭不明者一律充公共田一千九百一十一頃二十六畝零分為上中下三等初五年每畝
自一二錢起或五年一加或十年一加遞加至六錢八錢為止不等飭令各佃戶分季自行赴道上
納以為通年應支台船操演火藥犒賞銀六七千兩不等及台兵口糧銀二千兩并應儲
偹戰船修費銀三萬六千兩等項之用初五年僅征租銀二萬四千餘兩不敷過半行之

未久即有香山縣之佃户何隆平等屯坦三十頃零新寧縣之佃户余創緒等屯坦四十八頃零紛紛報豁均經各該縣諭令覔荒抵補以冀屯餉無虧而余創緒一案竟至無荒可覔租尚虚懸至東莞縣屬之官築屯圍亦有呈請報坍借項修築之案迨職道於道光二十九年十二月間到任後訪查各屬屯田情形非濵臨大海即枕近外洋多係地處低窪及鹹潮來往水退僅露微影水長全行淹沒固與膏腴之田逈不相同即較尋常草白之區尚須費力且有屢施工本迄今築不成田者不知凡幾以致各佃户均稱歷年租銀俱屬賠墊工兇更有無力賠墊至今尚未完納者又復不少又經職道再四籌畫并以此項屯租查辦甫經五載獘竇叢生將來加租期屆更恐輸將不前辦理諸多掣肘當經飭據廣州府督同各縣勘明請辦前來伏查官築屯田自道光二十五年議定租額以後並未加增自應仍循其舊惟溢坦屯租累加靡已必至民不堪命隨於道光三十年十一月內會同藩臬二司詳奉奏請暫停增租自

咸豐元年起仍照本年歲額之數按限征輸以紓佃力業蒙
恩旨允准飭行遵照在案各佃户於停止增租之後自應踴躍完納乃該地方官寔力嚴
催拖欠仍復不少每届奏銷新會新寧二縣拖欠過多處分綦重不得不先行墊解
自顧考成現查溢坦遞年雖有征銀二萬九千餘兩官祭項下約存銀二千餘兩合
共銀三萬一千餘兩除支原撥台兵口糧銀二千兩捻演火葯銀六七千兩裁撤戰船
改解拖風船弁兵燂洗口糧等項銀二萬八千兩統計需銀三萬六七千兩尚不敷
銀數千兩且查各佃户於應納該年租銀截至十二月底止向係僅完十之三四迨次年奏銷仍
有拖欠一萬餘兩之多而應需各項經費均係預期支領即如咸豐三年分應征租銀原
定六月及十二月分作两季赴道上納現在歲序已週僅據完繳銀一萬四千七百二十
五两三錢五分尚未完銀三萬零四百六十三两五錢九分六厘所有本年支過台兵戰
船經費等項共銀四萬零六百餘兩除將征收租銀一萬四千餘兩支給外其餘均
藉從前之積存以為墊支之用理合開具簡明節畧呈候
察核謹呈

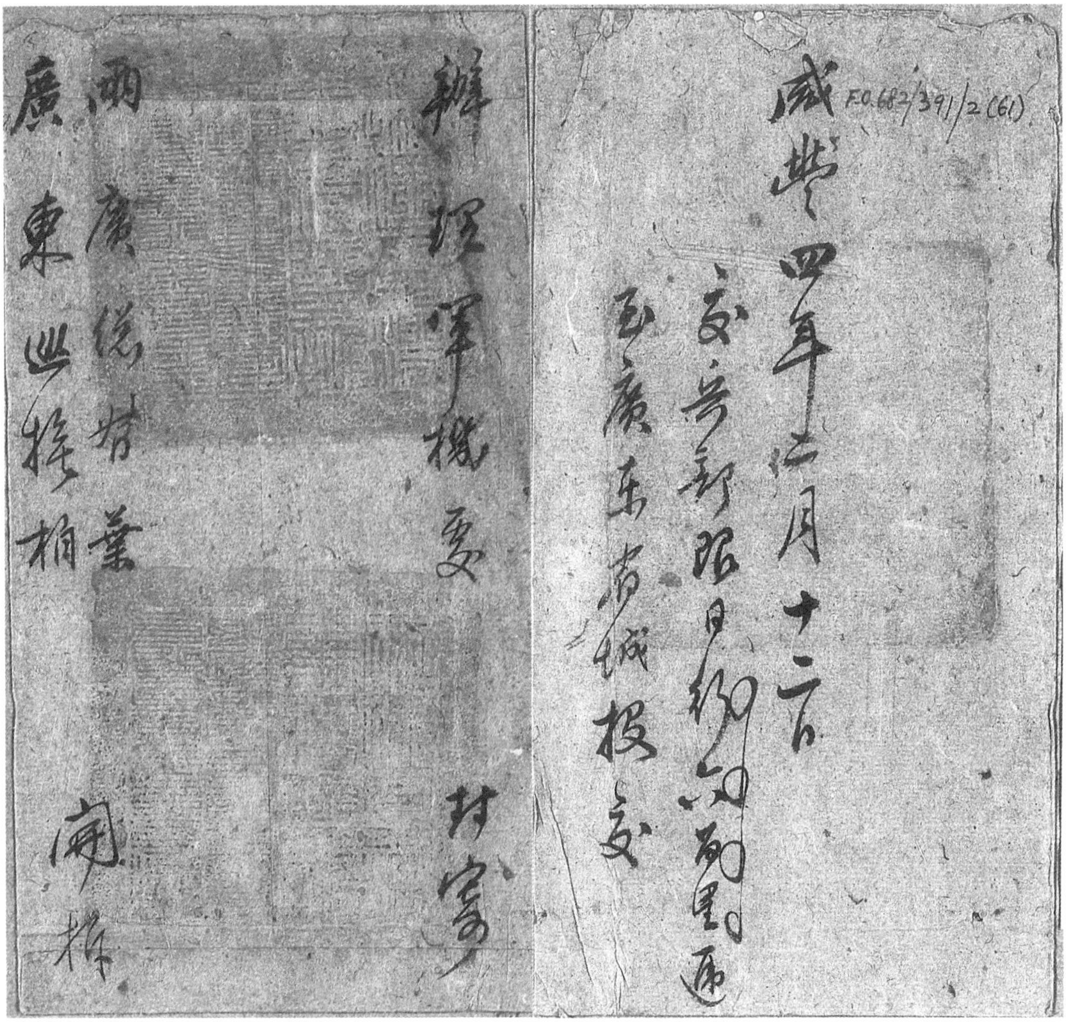

咸豐四年六月十二日 F.O.682/391/2(61)

交兵部限日行六百里遞

至廣東省城投交

辦理軍機處封寄

兩廣總督葉

廣東巡撫柏 開拆

遵将造報咸豐四年春撥冊各款寔在銀兩數目列摺呈

電

一司庫正雜錢粮寔在銀七萬四千八百七十一兩一錢七分四厘二毫一絲二忽

此係正項實存在庫聽候部撥

一浙江省撥補酌留寔在銀三萬兩

此係正項已奏明給委員沈世駿領解廣西軍餉訖

一武職京庫養廉寔在銀一百四十六兩四錢七分六厘六毫一絲六忽

此係正項銀兩實存在庫聽候部撥

一番禺縣深涌田租寔在銀八百八十二兩五錢八分一厘

此係雜項留為司中支給禮生膏火等項之用連新收除支外現存銀八百六十四兩零

一南番二縣溢額賑貧口粮寔在銀一百五十兩零二錢二分六厘

此係雜項留為司中支給南番二縣溢額賑貧口粮之用連新收除支外現存銀三兩九錢八分六厘

一八旂馬價寔在銀一千九百七十兩零七錢九分二厘

此係正項聽候撥用如八旂買馬等項之用亦需動支現存銀一千九百七十兩零七錢九分二厘

一太平関稅羨寔在銀六萬三千三百五十四兩九錢八分七厘正

此係雜項連新收除支外現存銀八千餘兩

一米耗寔在銀七千二百六十一兩八錢零八厘八毫九絲五忽

此係雜項連新收除支外現存銀二千九兩零

一米耗糶價盈餘寔在銀六萬四千二百八十八兩四錢六分零九毫二絲一忽七微

此係雜項連新收除支外現存銀二萬九千七百兩零

一各屬解協貼囙粮米價寔在銀一百零一兩一錢五分七厘一毫五絲

此係雜項除支外現存銀六毫九絲

此條欵項留為科場經費之用除支外現存銀四百兩零

一科場經費寔在銀五百三十四兩三錢九分七厘六毫二絲五忽

此條欵項留為備支撫憲衙門一切公用現存銀一百八十兩零

一羣房地租寔在銀一百八十七兩零二分五厘三毫

此條欵項除支外現存銀一千四百九十兩零

一通省充公寔在銀二千二百六十三兩九錢七分九厘三毫二絲

此條欵項除支外現存銀四百六十兩零

一奏留充公寔在銀三千五百零八兩四錢九分七厘八毫三絲四忽

此條欵項留為司中支給粵秀書院膏火之用連新收除支外現存銀一千零一十兩零

一籌備粵秀書院經費寔在銀九十八兩五錢零四厘五毫

此條欵項留為司中之用連新收除支外現存銀八百四十兩零

一太平関併平餘剩寔在銀三百一十九兩二錢六分一厘

此條欵項留為司中支送禮戶二部飯食照費之用連新收除支外現存銀八千零一十八兩零

一文監生部飯照費平餘寔在銀七千四百五十兩零六錢零一厘六毫

此條欵項留為司中支送戶兵二部飯食照費支用連新收除支外現存銀三百五十九兩零

一武監生部飯照費平餘寔在銀三百四十三兩零三分三厘六毫

此條欵項留為司中支送戶禮二部飯食照費之用連新收除支外現存銀二百零八兩零

一貢生部飯照費平餘寔在銀一百七十七兩零九分一厘二毫

此係襍項除支外現存銀無

一地丁支銷扣存平餘寔在銀二萬八千六百三十四兩六錢
一分七厘六毫

此係襍項留為備支師船弁兵口粮之用除支外現存銀一百五十兩零

一関鹽盈餘寔在銀八千七百八十二兩三錢九分七厘七毫零
六忽

此係襍項留為修造師船之用除支外現存銀三千七兩零

一肇慶府橋羡寔在銀四千一百五十九兩五錢二分九厘四毫
四絲

此係襍項留為備支各營師船弁兵口粮之用連新收除支外現存銀三十六兩零

一洋鹽二商捐輸捕費寔在銀三十四兩九錢六分九厘六
毫三絲九忽

此係襍項留為修葺各處水硐砲台土墩圍基等項之用除支外現存銀五十七兩零

一土墩水硐寔在銀五十七兩八錢零六厘

此係襍項除支外現存銀八十八兩零

一南雄協差兵口粮餘息寔在銀八十八兩二錢四分八
厘正

此係正項連新收除支外現存銀一萬二千四百五十九兩九錢七分三厘七毫

一前山營經費生息寔在銀一萬二千八百二十五兩八錢六
分零七毫

此係襍項留為備支各縣捕盜經費之用除支外現存銀一千零四十七兩零

一捕盜經費寔在銀五千二百九十七兩五錢九分八厘九毫三絲
六忽

此係襍項留為儋崖二州遞年防黎經費之用除支外現存銀九十兩

一防黎經費息寔在銀九十六兩

一快蟹船經費息寔在銀二千八百八十八兩八錢六分一厘
四毫

此係襍項除支外寔存銀無

此係欵項留為備支未肯修建砲台兵房之用除支外現存銀六百兩零

一洋商捐輸砲台工料寔在銀六百零一兩二錢三分六厘正

此係欵項現存銀四百四十八兩零

一官紳籌捐賑恤存剩寔在銀四百四十八兩二錢二分一厘五毫

此係欵項奏明撥補常平倉米買穀之用連新收除支外現存銀四百六十四兩零

一變糶屯美谷價寔在銀三百三十七兩六錢五分二厘五毫正

此係欵項留為備支各屬致祭先農品物之用除支外現存銀一千四百兩零

一糶谷價寔在銀一千四百一十二兩二錢五分二厘六毫

此係欵項實存在庫

一監生劉廷揚等捐輸戰船盈餘寔在銀三百三十兩零七錢九分八厘

此係欵項留為備支內河虎門各炮台添配官兵薪水口粮之用除支外現存銀五千五百零五兩七錢二分三厘九毫二絲五忽

一水操防夷經費寔在銀六千一百六十二兩二錢零八厘八毫五絲

此係欵項留為備支內河虎門各炮台添配官兵薪水口粮之用連新收除支外現存銀九百五十三兩

一排鍊經費寔在銀八十三兩一錢六分三厘

此係欵項留為各官養廉之用除支外現存銀九千四百兩零

一九分各官養廉寔在銀五萬二千零五兩八錢一分二厘七毫

此係欵項留為備支各役工食之用除支外現存銀二千三百兩零

一四分公用火耗寔在銀二萬六千九百八十四兩四錢零二厘二毫八絲九忽五微

此係欵項留為院司養廉之用除支外現存銀三千二百兩零

一三分院司養廉寔在銀七千五百四十七兩二錢一分零二毫

此係襍項留為支給各部飯食之用除支外現存銀三百九十兩零

一九厘 部費實在銀一萬五千七百三十六兩零六厘

此係襍項除支外現存銀一千八百一十兩零

一營中支存公費實在銀二萬五千一百四十四兩六錢一分四厘五毫

此係襍項連新收除支外現存銀一萬零三百九十兩零

一武職空缺養廉實在銀九千九百五十九兩零五分二厘正

此係正項連新收除支外現存銀四萬二千三百九十三兩一錢二分

一文監生正項平餘實在銀二萬零八百二十七兩六錢八分正

此係正項連新收除支外現存銀一千九百三十二兩二錢八分

一武監生正項平餘實在銀一千二百五十八兩三錢六分

一田房稅羨實在銀八毫一絲五忽二微二塵

此係襍項連新收除支外現存銀五千二百九十六兩零

一捐輸屯堤息實在銀四千二百九十六兩八錢九分四厘正

以上各款連季報後新收銀兩除支外存銀二十二萬九千三百二十五兩八錢零五厘四毫五絲三忽內正項銀一十三萬三千七百七十三兩八錢一分六厘五毫二絲八忽聽候部撥襍項銀九萬五千五百五十一兩九錢八分八厘九毫二絲五忽留為支用

吏部等部謹
奏為核議具奏仰祈
聖鑒事准户部咨稱户部具奏內閣抄出咸豐四年三月十一日奉
上諭富興阿奏請鼓勵觧京餉委員等語著該部速議具奏欽
此據户部奏稱查各省觧部銀兩多因道路梗阻未能如
期觧到所請觧餉委員有能紆道行走迅速到京者酌
量鼓勵之處係為籌餉濟京餉起見擬請自本年正月起
無論何省有迅速行走在于例限以前到京者查明道
途之遠近銀數之多寡咨明吏部兵部將該觧官酌
量議叙其如何分别給予議叙之處應請
飭下吏部兵部明定章程迅速覈奏以憑遵照辦理如有管觧
各官推故逗遛有逾例限並地方官催儹不力者照例嚴
叅至各路軍營粮台觧款亦関緊要各省觧員如限觧
到由各路領兵大臣隨時咨部一律照章議叙如道途並
無梗阻任意逗遛遲悞者即行查明嚴叅以重軍餉等

因于三月十五日具奏奉
旨依議欽此欽遵知照前來當經臣部將道途遠近銀數多
寡片查戶部去後茲于三月二十八日片覆到部臣部
等查直省解員領解各項銀兩例有遲延處分並無按
限到部作何議叙明文現在京中需餉孔殷尤須設法濟
用倘各解官迅速行走能于按限到京亟應分別道途
遠近銀數多寡酌加鼓勵以期踴躍急公如有推諉逗
留遲延逾限等情亦應將該委員及催儹不力之地
方官嚴定處分如此明示勸懲庶於京餉有裨至各路
軍營粮台解欵亦關緊要如委員按限解到准照解運
京餉章程一律辦理臣等公同酌議謹將所擬各條分別
另繕清單恭呈
御覽
兵部查定例運解餉鞘應撥官兵護送如數至十萬
兩以上者咨明沿途總督巡撫酌派附近大路之遊擊
都司守備等官督率弁兵分起護送逐路交替不得
概委微弁護送等語臣部查押解京餉向係委派文
員武職但有護送之責逐程交替皆屬該營汛員
弁分內之事與文員長途押運跋涉勞苦者不同應毋庸概
給議叙以示區別至各處軍營設立粮台差遣將備運

送軍餉果能行走迅速無貽悮軍需均由統兵大臣及各
督撫歸入軍功案内分别辦理所請給予議叙之處應毋
庸議再此摺係吏部主稿會同兵部辦理合併聲
明謹
奏咸豐四年四月初六日奏奉
旨依議欽此
一道途遠近一條　查臣部則例四川陝西等省並無解餉到
京作何扣限明文當即咨查户部茲據户部覆稱應以
咨報起程之日為始比較各該省解員回任限期酌量核定
直隸限二十日山東限三十日奉天山西河南限三十五日江蘇
陝西湖北安徽限六十日浙江限七十日甘肅江西限七十五
日湖南限八十日福建四川限一百日廣東廣西限一百
十日貴州限一百十五日雲南限一百二十五日相應咨
覆查核具奏等語臣等公同酌擬請將限二十日至三十
五日到京之直隸山東奉天河南山西等省定為近省限
六十日到至一百二十五日到京之江蘇陝西湖北安徽
浙江甘肅江西湖南福建四川廣東廣西貴州雲南等
省定為遠省

一解餉起程一條　查例載直省委員領解各項銀兩即於領批之日起由該督撫將該員起程日期咨報吏部戶部俟該解員到京之日交庫清楚由戶部知照吏部核其按限解到照章議敘如有遲逾分別議處

一銀數多寡一條　查戶部例載直省批解錢粮數在十萬兩以上者委同知通判管解數在五萬兩以上者委州同州判管解數在五萬兩以下者委縣佐貳雜職等官管解如同知通判州同州判不敷差遣准委知州知縣等官管解臣等查解運京餉其銀數之多寡以委員官階之大小為衡少則五萬兩以下多至十萬兩以上應由解員到部交庫清楚由戶部知照吏部核定以憑議敘

一分別議敘一條　查各該省委員管解餉銀按限到京戶部于該員將銀兩交庫清楚後即行知照吏部吏部按其管解銀數多寡程途遠近分別給予議敘

一遠省解餉委員按限到京係同知通判州縣等官管解銀數在五萬兩以上者給予加一級紀錄二次八萬兩以上者未補寔缺人員以本班儘先補用已補寔缺人員給予升銜同知知州擬請給予運同銜知縣通判給予知州銜由吏部具題請

旨係州同州判縣佐貳雜職等官管解銀數在二萬兩以上者給予加一級四萬兩以上者未補寔缺人員以本班儘先補用已補寔缺人員以應升之缺升用由吏部具

題請

旨俱毋庸帶領引
見
一近省解餉委員按限到京係同知通判州縣等官管解銀數在五萬兩以上者給
予加一級十萬兩以上者未補寔缺人員以本班儘先補用已補寔缺人員給予升銜
同知知州擬請給予運同銜通判知縣給予知州銜由吏部具題請
旨係州同州判縣佐貳襍職等官管解銀數在三萬兩以上者給予加一級五萬兩以上
者未補寔缺人員以本班儘先補用已補寔缺人員以應升之缺升用由吏部具
題請
旨俱毋庸帶領引
見至遠省銀數在十五萬兩以上近省銀數在二十萬兩以上同知通判知州知縣委係
一員管解由該督撫于批解文內出具考語如果按限到京由吏部就近帶領引
見給予升階
一嚴定處分一條　查委員解餉按限到京既已給予優敘自應爭先恐後踴躍急
公如有怠緩遲逾仍照常例議處不足以示懲儆應請嗣後解餉委員即于領批之
日起程如該員不即起程及在途逗遛除去正展程限如係紆道行走由經過地方
官切寔查明結報亦准其扣除外倘有遲逾核計月日遠省在二十日以內近省在十
日以內毋庸議敘免其議處如遠省遲逾在二十日以外近省遲逾在十日以外罰俸

一年遠省遲逾在四十日以外近省遲逾在二十日以外降一級留任遠省遲逾在六十日
以外近省遲逾在三十日以外降一級調用遠省遲逾四月近省遲逾二月者革職公罪

一臨差托故一条　查例載官員奉上司委解各項差使藉病推諉規避者革職私罪
應請嗣後委解京餉及軍營粮台餉銀如委員藉端托故推諉不前者均照規避例
革職私罪

一催儹不力一條　查解餉委員沿途經過地方如寔有阻風患病情事或紆道行走
即行報明地方官加結將何日到境何日起程詳報吏戶兩部以凴查核如有無故延
挨該地方官催儹不力其在境逗遛五日以外者將該地方官罰俸六個月十日以外
者罰俸一年半月以外者降一級留任一月以外者降一級調用公罪隨時申報者免議
倘係徇情瞻顧照徇隱例降二級調用私罪

一解赴軍營一條　查照委解京餉人員按其解到日期分別限內限外並紆道行走
亦准其于經過地方出結聲明扣除由該大臣咨報吏部戶部一律辦理以重軍餉

以上各條即照戶部奏明自本年正月為始一律通行如蒙
俞允臣部行知各直省查照辦理纂入則例永遠遵行謹
奏

戶部為傳付事廣西司案呈准山西司傳付內稱內閣抄出福建道監察御史孟洋
奏山西洪洞等縣徵收錢粮不協輿情一摺咸豐四年六月初六日奉
上諭前因御史孟洋奏山西洪洞襄垣襄陵垣曲等縣徵收錢粮不協輿情當經降旨交恒
春確查嚴參茲據該撫奏稱委員查明洪洞等縣徵收錢粮並無抑勒浮收辦理不
善之處該御史所奏着毋庸議言官例准風聞奏事然不當以毫無影響之詞率行
入奏況孟洋籍隸山西陳奏本省事件更應見聞較確何以經該撫飭查所奏各款
無一確據嗣後御史言事務當訪查確實不得以傳聞無據之詞妄行弾劾亦不可有意
模稜自甘緘默至各省大吏遇有特旨交查之案尤當細心訪察務得真情不准袒護屬員
輙以查無實蹟一奏塞責如御史有受人慫恿挾嫌誣陷督撫有瞻徇情面開脫消弭者
日後別經發覺必治以欺飾之罪將此通諭知之欽此欽遵抄出到部相應傳付江南等司
自行行文等因前來相應恭錄
諭旨行文廣西巡撫欽遵可也

[redacted]

謹將閏七月廿一日起至廿九日止收到人犯審定供情列摺呈

電

計開

閏七月廿一日

廣協守備羅逢濤解

譚亞富 已請 令

靖海門委員俞思益解

梁亞傑已釋

撫轅文巡捕張長庚解

楊亞幾已請 令

南海縣丞許文琛解

李華舉已請 令

永清門委員文布解

廖堯芳　白子燕 以上二名已釋

廣協千總馬兆奎解

張亞九已請 令

陳光容　潘亞滄

已上二犯前已列摺奉 批應嚴訊等因容俟復提嚴鞫合註明

廣協把總羅亮解

曾亞寬已請 令

簡成就　區亞二 以上二名已釋

陳亞堅　梁亞英　簡亞成

以上三犯屢訊不承查原单稱該三犯均已認案陳亞堅梁亞英二犯又經本處耆老指攻簡亞成一犯絶無具保之人應請一面復提嚴訊一面押候軍務平靖後酌量辦理候 示

二十二日

廣協把總羅亮解

何亞細　關亞扣　張亞元

陳亞二 以上四犯均已請 令

陳亞之 提線未到

提標叅將梁顯揚解

梁亞竹 已請 令

梁亞倉 梁世良 以上二犯未請 令先故

水師遊擊盧良弼解

陳亞成 已請 令

周天賜 周光滿 周賛成

陳榮廣 周亞奴 以上五名已釋

茭塘司巡檢徐世琛解

羅亞天 盧亞閏 以上二犯均已請 令

二十三日

廣協把總羅亮解

譚亞朱 潘亞林 以上二犯均已請 令

廣協千總黃賢彪解

區高澄 何賤九 黎亞有 以上三犯均已請 令

西門委員劉鶴清解

黃 章 已釋

廣協千總馬兆奎解

簡亞興 葉亞明 以上二犯均已請 令

鄭亞計 認從賊候勘辦 現已請 令

梁亞章 患病應候病痊復訊

查河委員卜兆鰲解

劉亞燕 已請 令

任 光 王 四 賴 湖 湯 養

鍾 祐 庚 沾 李亞寬 以上七名已釋

靖海門委員俞思益解

魏 福 已釋

二十四日

撫標記委許規光解

曾亞四 即亞坤 已請 令

潘亞七 患病應候病痊復審

香山紳士林福威解

朱應秀 已釋

廣協把総羅亮解
吴亞九 認拜會奉 批准彙辦
南海紳士梁景韶解
李亞會 已請 令
二十五日
廣協守備尹達章解
蘇亞聰 已請 令
梁玉朝 認代賊搭篷已回准彙辦
廣協把総羅亮解
凌亞日 提線未到 現據解到線人陳連光客供質明列摺呈鑒
廣協千総孫東暘解
何亞池　陸亞晚 以上二犯均已請 令
吴亞祥 提線未到
廣協千総黃賢彪解
麥亞滐　鄺亞汪　顏亞法 以上三犯均已請 令
李亞才 患病應俟病痊復訊

靖海門委員俞思益解
易亞偉 認拜會奉 批准彙辦
二十六日
查街委員彭卿雲解
李亞國　李亞朝 以上二犯均已請 令
李亞集 已釋
李亞匡 應釋先故
大南門委員黃叔儀解
何亞卮 已請 令
廣協千総馬兆奎解
陳緑圍　何孖指　勞亞金 以上三犯均已請 令
徐 九 已釋
廣協把総羅亮解
傅亞瑞　胡亞蘇　徐昭賢 以上三犯均已請 令
海口營外委黃威解
周亞勝 已請 令
番禺縣丞汪以增解
黎亞壽 已釋

范亞祥　郭亞二　李亞珍
係草場汛兵丁奉総局司道諭已交該汛領回
大瀝紳士歐陽泉解
孔亞坤　黎亞妹　黎亞印
關靈佳　劉亞五　以上五犯均已請　令
盧亞恒　認被脅送書已回明彙辦
杜亞容奉　批押候軍務平靖酌定
提標游擊盧良弼解
林炳桂　林大法
以上二名原文稱係紳士送案該犯供係潘宅佃戶因附近耕田之梁亞慶挾嫌誣揑等語現據梁亞慶投遞攻稟潘宅又遣抱何義珍投遞保呈各前來候傳齊人証訊明虛實分別核辦合註明
水師參將梁顯揚解
梁亞昆　陳亞娣　鍾亞義　盧亞萍
盧亞庚　盧亞勝　盧亞直　黃亞漬
以上八名均已請　令
譚亞興　陳夢凌　鄧蘇由　黎亞觀
范亞圍　李亞泮　謝亞六
以上七名供認拜會前已列摺奉　批再嚴訊等因容再復提嚴鞫
梁亞六　鍾維賓　劉應其　劉悅源
陳亞添　鍾亞平　鍾亞添　譚亞懷
梁亞娣　梁登儒　鄧亞五　鄧亞就
鄧佳太
以上十三名均不認為匪前已列摺奉　批復訊有無知情接濟
昨又將梁亞六等四名列摺奉　批應傳質訊各等因容俟一面復訊一面傳質核奪合註明
二十七日
廣協把總羅亮解
陳賤九已請　令
廣協守備尹達章解
徐亞彬　梁大潮　陳亞祥　以上三犯均已請　令
廣協千総馬兆奎解
張南金　胡亞四　黃亞有　以上三犯均已請　令
蘇孔華已釋
二十八日

廣協千総馬兆奎解

鄔紹章　廖亞松　鄔朝考　廖亞海

以上四名均已請　令

廖亞汝 認拜會奉　批准彙辦

南海縣李鰲解

卲從光　徐亞棠　張亞八　黃亞閏

以上四犯均已請　令

廣協把総劉士桂解

陳亞榮 已請　令

撫憲發下

李亞揚 已釋

撫標千総熊應榮解

揚世榮 已請　令

陳時保　鄭亞發　張揚賜　張年慶

張學全　張文榜 以上六名已釋

茭塘司巡檢徐世琛解

黃亞容 已請　令

二十九日

查街委員趙兆椿解

黃亞相 已請　令

帶勇軍功章昇耀解

張志昌　陳祖仰 以上二名已釋

廣協守備尹達章解

陳　廣　陳大見　古亞三 故

以上三犯前已列摺奉　批嚴訊等因當復提唐鞫供仍如前現查

三已報病故陳廣等二犯容再復提嚴訊合註明

陳亞沅 奉沈道諭已釋

標下叅將黃者華解

朱亞寬　蔡亞其　凌亞津　以上三犯均已請　令

梁亞光　未請　令先故

黎亞夭　鄭亞旺　以上二名已釋

永清門委員文布解

馮亞冬　已請　令

候補鹽知事黃叔儀解

薛亞桂　應釋先故

另指拏溫亞茂之線人

易亞演　應照拜會辦　供認拜會又挾嫌栽賍誣拏溫亞茂應否照拜會情節歸局彙辦抑或照例坐誣發府審辦候　示

閏月下旬共收到人犯壹百陸拾肆名

開除請　令人犯柒拾陸名

開除釋放人犯叁拾玖名

開除病故人犯陸名

開除　批准彙辦人犯陸名已收禁

開除認拜會已呈摺奉　批覆訊人犯柒名已收禁

通共開除各項人犯壹百叁拾肆名

實在羈押人犯叁拾名

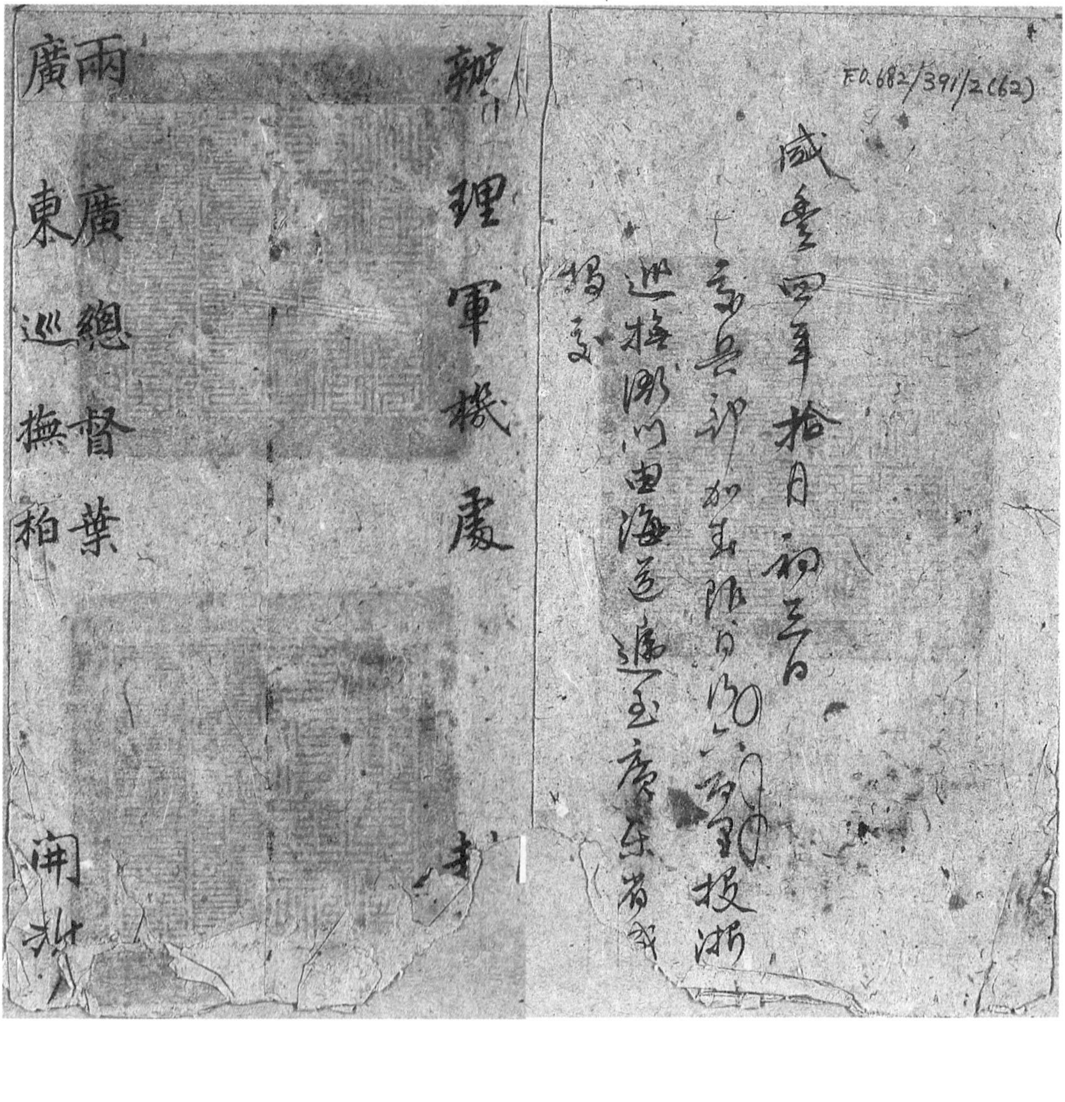

辦理軍機處 封

兩廣總督葉
廣東巡撫柏
開拆

FO.682/391/2(62)

咸豐四年拾月初三日
交兵部加緊限日行六百里投浙
巡撫轉浙閩由海道遞至廣東省城
投遞

[redacted]

陳肇興供年三十七歲番禺縣捕屬人道光二十年由世襲雲騎尉
在　督標効力咸豐三年九月大閱時因箭射無準致奉勒休
本年二月十七日有南海縣屬七品軍功徐端秀自備資斧招
有仁化鄉壯勇稟請　沈大人給札隨同勦辦邀我帮同管帶二月
二十日在文岡地方與賊匪打仗一次二十一日進勦官窑賊匪因深入賊
巢被賊殺死壯勇五十餘人即回省稟明銷差後来三水縣樂平
局貢生謝大德們又自招壯勇赴北江跟緝逆匪稟請　督憲飭行
局憲給有札諭稟內聲明邀同我帶水勇帮辦原給札諭在謝
大德收存另有樂平局抄白一紙蓋用局戳交我携帶六月二十
三日謝大德帶陸勇二百名起程先行到七月初三日我帶水勇
一百名在省開行各壯勇都係給發口粮並無工銀的是以各壯勇
把領了口粮銀両在省河下黄埔地方與不識姓名人划艇買有私
塩二萬餘觔希圖載到清邑賣得銀両沾補口粮各水手船户
都知道的我也知情並沒出本販買到本月十五日船到三水西南
地方適有緝私巡船到來過船查獲私塩即要起去各壯勇不
允致被連船拏獲連我一併獲解飭發案下審訊的當日我
實止知情販賣並沒出本的事從前一向安分也沒把持包攬販
賣私塩情事是實至在船上管理勇壯口粮數目係軍功項戴駱斌
鏞合併供明

[redacted]

據莫蘇九供係番禺縣園崗鄉人年二十歲父名亞容年四十七
歲母楊氏祖父亞貴向賣青菜營生聞陳總爺巡船往
北江緝捕七月初九日到巡船傭工每月議工銀四圓其巡
船駛至西南地方被六門巡船拏獲當時水手等均已
見水逃脫小的聞此鹽係沙茭巡船頭人王端章駱彬
庸在新洲狗世撐買的同陳總爺往北江去賣餘不
知情求開 恩了

據盧岳南供係三水縣胥江司坑口鄉人年二十三歲向來讀書父名煥章母王氏已故並無兄弟正月由鄉到省在樂平局書寫與在樂平局陳總爺同事小的因有病搭陳總爺巡船回家其巡船駛至三水西南地方被六門巡船拏獲其鹽買自何處小的實不知情聞說運往北江賣樂平局在省城西湖街其水手人等當時鳧水逃脫求開 恩了

F.O.682/325/3(18)

[redacted]

據王亞五供係廣西桂林人年四十三歲父故母黃氏存胞兄名亞萬向係撑苗船度日小的堂兄及妻少均同駛標仔船本年六月内在平南地方載方副爺銷差潮勇回東省本月十五日另有潮勇陳二等四人僱船擬跟帮仍往廣西梧州開行之時逼載私鹽五十餘包小的因事屬犯法不肯裝載陳二等欲焚船殺害廹於威逼實情船值在靖海門外步頭開行就被巡船拏獲陳二等當時鳧水逃脫今蒙訊問只得據實供明求開　恩了

謹將運司欠解各年兵餉奉撥鹽課已未完數目開列送

閱

計開

一咸豐元年兵餉奉撥辛亥年應報鹽課銀五十六萬兩除上年奏銷截數冊造已完外尚未完銀一十三萬四千二百五十八兩四錢九分三厘內續准于咸豐二年九月十三日移解銀五百九十四兩四錢二分三厘外尚未完銀一十三萬三千六百六十四兩零七分續于咸豐三年四月初六二十九並五月初九等日共解銀四萬兩內除運司移請前在解存藩庫二十六七等年潮橋課餉銀內通融支放銀二萬零六十八兩九錢五分二厘七毫應在此項銀內照數撥出歸入咸豐二年分列收其餘銀一萬九千九百三十一兩零四分七厘二毫歸入元年兵餉銀內列收尚未完咸豐元年奉撥鹽課銀一十一萬三千七百三十三兩零二分二厘七毫

3

一咸豐二年兵餉奉撥壬子年應報鹽課銀五十二萬兩除先後移解及抵兑外尚未完銀三十九萬二千五百九十四兩四錢二分三厘又除前在解存二十六七年潮橋課餉銀內撥出銀二萬零六十八兩九錢五分二厘七毫歸入奉撥咸豐二年兵餉

4

外尚未完銀三十七萬二千五百二十五兩四錢七分零三毫

閲

謹將各屬未完各年耗羨銀兩開列呈

計開

道光三十年分

東莞縣未完耗羨銀二千二百五十五兩九錢八分一厘

儋州未完耗羨銀一千五百九十六兩一錢五分一厘

歸善縣未完耗羨銀一千六百零八兩三錢九分八厘

龍川縣未完耗羨銀五百六十五兩一錢二分三厘

和平縣未完耗羨銀四百一十七兩八錢八分八厘

饒平縣未完耗羨銀二百四十九兩八錢九分二厘

普寧縣未完耗羨銀五百四十六兩九錢零七厘

豐順縣未完耗羨銀一百四十四兩四錢一分五厘六毫二絲九忽

新興縣未完耗羨銀七百四十三兩四錢四分四厘

長樂縣未完耗羨銀九百六十七兩一錢一分五厘

以上道光三十年未完銀九千零九十五兩三錢一分四厘六毫二絲九忽

咸豐元年分

三水縣未完耗羨銀九百四十四兩七錢三分六厘

新安縣未完耗羨銀六百九十八兩一錢五分八厘

清遠縣未完耗羨銀四百兩零九錢二分

石城縣未完耗羨銀八百二十二兩七錢四分八厘六毫

瓊山縣未完耗羨銀二千零四十兩零二錢三分五厘

歸善縣未完耗羨銀一千九百三十八兩三錢一分九厘

博羅縣未完耗羨銀一十五兩四錢二分七厘

龍川縣未完耗羨銀八百六十八兩六錢一分一厘

和平縣未完耗羨銀四百五十六兩六錢三分八厘

揭陽縣未完耗羨銀四百四十六兩六錢六分六厘

饒平縣未完耗羨銀三十五兩三錢四分二厘

新興縣未完耗羨銀六百七十二兩七錢五分六厘

長樂縣未完耗羨銀五百二十四兩一錢四分一厘

興寧縣未完耗羨銀一百八十三兩一錢五分五厘

以上咸豐元年未完銀一萬零四十七兩八錢五分二厘六毫

咸豐二年分

東莞縣未完耗羨銀二百七十二兩零四分三厘

新安縣未完耗羨銀五百四十兩零一厘

清遠縣未完耗羨銀九百九十兩零九錢四分八厘

信宜縣未完耗羨銀八十二兩四錢零七厘

瓊山縣未完耗羨銀七百四十七兩二錢一分六厘

崖州未完耗羨銀二百三十五兩零二分五厘

儋州未完耗羨銀八百六十兩

澄邁縣未完耗羨銀八十八兩六錢六分五厘

文昌縣未完耗羨銀五百二十四兩二錢七分一厘

羅定州未完耗羨銀三百二十四兩二錢三分二厘

南雄州未完耗羨銀一千一百二十三兩五錢九分七厘

曲江縣未完耗羨銀七百零六兩六錢一分七厘

樂昌縣未完耗羨銀一十三兩七錢六分八厘

翁源縣未完耗羨銀七百六十一兩八錢三分五厘

英德縣未完耗羨銀六百七十二兩一錢二分六厘

歸善縣未完耗羨銀八百六十兩零九錢一分四厘

博羅縣未完耗羨銀一千二百六十五兩九錢二分八厘

河源縣未完耗羨銀六兩八錢九分六厘

龍川縣未完耗羨銀八百八十八兩八錢九分八厘

永安縣未完耗羨銀一百零八兩四錢七分七厘

和平縣未完耗羨銀四百三十二兩九錢四分八厘

潮陽縣未完耗羨銀七百八十五兩三錢九分七厘

揭陽縣未完耗羨銀五百七十九兩零四分三厘

惠來縣未完耗羨銀三十七兩一錢九分九厘

饒平縣未完耗羨銀二千三百一十五兩二錢四分

普寧縣未完耗羨銀一千四百四十四兩七錢五分一厘

大埔縣未完耗羨銀三十八兩七錢三分八厘

豐順縣未完耗羨銀四百五十四兩五錢零五厘

四會縣未完耗羨銀八百九十七兩四錢六分一厘
開平縣未完耗羨銀八百三十六兩五錢二分三厘
德慶州未完耗羨銀一千六百一十九兩四錢八分五厘
封川縣未完耗羨銀八百五十九兩一錢三分七厘
合浦縣未完耗羨銀四十九兩七錢六分六厘
平遠縣未完耗羨銀四百四十七兩六錢二分九厘
鎮平縣未完耗羨銀二百四十一兩七錢一分八厘
長樂縣未完耗羨銀九百七十二兩二錢一分一厘
興寧縣未完耗羨銀二百五十七兩零五分二厘
以上咸豐二年未完銀二萬三千三百四十二兩六錢六分七厘

咸豐三年分

南海縣未完耗羨銀四千四百三十六兩一錢七分五厘
番禺縣未完耗羨銀五千七百一十六兩九錢五分四厘
東莞縣未完耗羨銀五千四百一十六兩四錢三分九厘
順德縣未完耗羨銀四千七百八十二兩九錢二分八厘
新會縣未完耗羨銀三千八百二十四兩四錢二分
花縣未完耗羨銀七百四十九兩七錢六分二厘
香山縣未完耗羨銀四千二百六十七兩九錢零七厘
三水縣未完耗羨銀三千一百八十四兩五錢六分五厘
增城縣未完耗羨銀四千五百三十兩零五錢八分六厘
從化縣未完耗羨銀七百九十二兩五錢九分
龍門縣未完耗羨銀一千四百四十二兩二錢二分四厘
新安縣未完耗羨銀一千五百八十四兩八錢八分五厘
新寧縣未完耗羨銀一千四百五十九兩一錢八分七厘
清遠縣未完耗羨銀二千五百七十兩
茂名縣未完耗羨銀三千零四十二兩七錢四分九厘
電白縣未完耗羨銀一千六百一十一兩六錢七分三厘
信宜縣未完耗羨銀一千四百九十二兩一錢八分四厘
化州未完耗羨銀二千一百四十六兩一錢四分
吳川縣未完耗羨銀一千二百六十兩零九錢零五厘

石城縣未完耗羡銀一千四百八十二兩四錢二分一厘
海康縣未完耗羡銀一千七百七十二兩五錢一分七厘
遂溪縣未完耗羡銀一千九百六十二兩三錢六分九厘
徐聞縣未完耗羡銀一千零五兩六錢四分六厘
瓊山縣未完耗羡銀三千四百四十三兩四錢五分九厘
崖州未完耗羡銀七百一十九兩七錢四分
儋州未完耗羡銀一千七百零四兩零一分八厘
萬州未完耗羡銀七百一十兩零二錢八分
樂會縣未完耗羡銀五百八十四兩八錢二分
陵水縣未完耗羡銀二百八十四兩三錢九分八厘
臨高縣未完耗羡銀六百七十五兩三錢四分二厘
澄邁縣未完耗羡銀一千二百二十八兩一錢八分七厘
會同縣未完耗羡銀六百四十兩零五錢六分一厘
定安縣未完耗羡銀七百三十一兩五錢一分三厘
文昌縣未完耗羡銀二千一百三十五兩零一分二厘

感恩縣未完耗羡銀二百零二兩七錢七分六厘
昌化縣未完耗羡銀二百七十七兩三錢四分七厘
羅定州未完耗羡銀一千三百六十兩零八錢七分
東安縣未完耗羡銀一千七百四十五兩二錢九分七厘
西寧縣未完耗羡銀一千三百七十五兩二錢七分七厘
連州未完耗羡銀一千三百八十六兩九錢二分七厘
陽山縣未完耗羡銀四百六十九兩五錢九分六厘
南雄州未完耗羡銀四千六百八十八兩七錢七分七厘
始興縣未完耗羡銀一千六百一十七兩七錢零一厘
佛岡同知未完耗羡銀四百九十九兩四錢八分八厘
綏猺同知未完耗羡銀三百六十五兩九錢四分六厘
曲江縣未完耗羡銀二千八百四十二兩七錢三分一厘
樂昌縣未完耗羡銀一千七百七十八兩三錢七分
仁化縣未完耗羡銀一千零三十三兩一錢七分四厘
乳源縣未完耗羡銀八百零四兩一錢七分三厘

翁源縣未完耗羨銀一千八百五十兩零七錢八分七厘
英德縣未完耗羨銀三千七百一十九兩四錢六分九厘
歸善縣未完耗羨銀三千七百三十六兩零五分二厘
博羅縣未完耗羨銀二千八百九十三兩四錢九分三厘
海豐縣未完耗羨銀六百四十二兩零三分二厘
陸豐縣未完耗羨銀一千零一十四兩六錢一分九厘
河源縣未完耗羨銀一千五百七十兩零三錢三分五厘
龍川縣未完耗羨銀一千五百零七兩一錢五分五厘
長寧縣未完耗羨銀七百二十三兩五錢七分七厘
永安縣未完耗羨銀一千二百七十兩零八錢一分
和平縣未完耗羨銀八百六十七兩九錢零三厘
連平州未完耗羨銀七百三十三兩九錢四分
海陽縣未完耗羨銀三千二百三十八兩三錢七分
潮陽縣未完耗羨銀三千七百四十五兩六錢九分七厘
揭陽縣未完耗羨銀二千七百六十八兩六錢五分八厘

惠來縣未完耗羨銀一千七百二十三兩五錢八分五厘
饒平縣未完耗羨銀二千四百二十三兩五錢六分五厘
普寧縣未完耗羨銀一千九百三十二兩一錢零一厘
澄海縣未完耗羨銀二千一百四十五兩六錢九分
大埔縣未完耗羨銀七百三十六兩一錢四分三厘
豐順縣未完耗羨銀七百三十三兩五錢六分七厘
高要縣未完耗羨銀四千九百八十八兩三錢一分五厘
高明縣未完耗羨銀一千一百九十八兩四錢五分一厘
四會縣未完耗羨銀一千八百八十二兩二錢九分三厘
廣寧縣未完耗羨銀六百六十二兩五錢零九厘
新興縣未完耗羨銀一千八百七十五兩一錢八分五厘
陽春縣未完耗羨銀六百零六兩三錢五分一厘
陽江縣未完耗羨銀二千零五十一兩六錢八分二厘
恩平縣未完耗羨銀一千四百九十二兩七錢六分二厘
開平縣未完耗羨銀二千零六十四兩六錢七分九厘

德慶州未完耗羨銀二千一百五十兩零二錢九分九厘
封川縣未完耗羨銀九百六十二兩一錢三分五厘
開建縣未完耗羨銀五百零二兩六錢七分三厘
鶴山縣未完耗羨銀一千三百一十六兩零八分九厘
合浦縣未完耗羨銀一千七百九十七兩九錢六分三厘
欽州未完耗羨銀五百九十六兩八錢六分四厘
靈山縣未完耗羨銀一千五百六十五兩六錢九分九厘
嘉應州未完耗羨銀一千四百五十一兩九錢一分五厘
平遠縣未完耗羨銀五百三十七兩七錢三分八厘
鎮平縣未完耗羨銀五百零一兩五錢三分四厘
長樂縣未完耗羨銀一千三百三十二兩五錢九分
興寧縣未完耗羨銀一千四百九十三兩四錢一分八厘
以上咸豐三年未完銀一十六萬四千七百四十九兩六錢九分八厘
通共未完銀二十萬零七千二百三十五兩五錢三分二厘二毫二絲九忽

[redacted]

本届應征咸豐二年餉稅截至三月二十九卯止
有商各埠應征銀三十七萬二千八百二十九兩六錢一分
七厘
已完秋冬餉二十五萬一千七百二十七兩五錢六分四厘
尚未完銀十二萬三千一百零二兩零五分三厘
應征西稅鹽規坐平並帶征三十年分緩征二限銀三萬一
千五百二十二兩零
應帶征二限秤羨一萬二千八百八十四兩零
共銀四萬四千四百零六兩五錢七分九厘
又臨全岑容懸埠餉銀一萬六千兩又應補完三十年緩征四
分之一銀一千三百四十兩六錢六分六厘
今籌融得正續融成本六萬三千三百九十三兩九錢四分三厘
查籌融一款因無商懸埠太多懸餉太重不敷奏銷將無着
之引融與旺銷之埠以咸豐元年二年三年溢銷鹽額比較
三成受融七成完餉是謂正融如尚不敷勸令旺銷之埠承
引完餉是謂續融六成完餉先繳硯銀彌補奏銷其引聽其
完餉後陸續指折
又將公所積引減輕額餉融與各商名曰積引成本可得銀七
千餘兩
又將懸引之餉籌融與各商帶銷名曰籌融懸餉可得成本銀
二萬兩
又將公所各商公伙預提先完名曰預提公伙可得銀五萬五
千餘兩
查公伙一項每折引一包公所向提一錢六七分不等以為公
所應酬各署公用後因奏銷不敷預提一半幫辦奏銷故曰
預提節省工伙
又經六商稟請有商各埠折盐一包捐銀一分謂之加捐懸餉
每年可得銀八千兩零
以上融引並四款共得幫補奏銷銀一十五萬兩零
大共尚未收庫銀三十一萬六千五百零八兩零
內除臨全代解西稅銀八萬五千兩零實應征銀二十三萬
一千五百兩零定限追完赶辦奏銷

[redacted]

該承所稟謹遵部行未嘗不是惟事有變通不能執一槩歸覈實始無罅隙查處分則例載州縣征收正項錢糧按照上忙下忙隨征隨解除實欠在民並應留支各款外其征存應行解司之項如有延緩不解違限不及一月者罰俸三個月一月以上罰俸六個月二月以上罰俸九個月三月以上罰俸一年四月以上罰俸二年五月以上降一級留任半年以上降二級留任一年以上降三級調用倘係設法延挨顯有虧挪情弊者參革治罪等語此例之設所以補催開參諸例之所未備蓋錢糧未征諸民者應照民欠分數開參已征在官而不解司者應照此例開參各有專條不容偏廢若不問其已征未征而但以未經解司概照民欠分數開參則此征存不解之例早應刪去何猶載在令典況民欠開參經征官如經離任接征官仍應按限催追不完則又須開參倘已征不解而照民欠開參在經征官征而不解得照離任官議結脫身無事而接征官已無民欠可征轉須開參代受處分豈不冤枉即如現在潮陽縣汪政一員已征之銀不解如將其照短征民欠開參該員業經離任例止罰俸完結銀無完日如照征存未解開報但逾一年之限即應降三級調用可使不能不解又假如一官經征地丁銀一萬兩業已全數征起而止解司九千一百兩如將未完之項照民欠開參則所欠不及一分例須俟兩年餘至三參限滿始行降一級調用若照征存未解開報則但須一年限滿即當降三級調用處分之孰重孰輕當有能辨之者是

部中但知未征民欠之處分較嚴征而不解者欲照民欠分數開參將以杜以欠作完之弊抑亦知征而不解以完作欠其弊更甚乎故惟一歸實在弊乃可杜今順德等十八府州縣征存不解確係實在經征之員非故即參有官者惟劉福蔭汪政文晟三員於處分無所用其規避特因征存而未及上忙起解之時或被賊劫或辦軍需皆非無事之區可比刻

下或剿捕未竣或善後未完或軍需未銷此數端俱非尅期
可了亦非各員安常無故設法挨延而奏銷届限故先報存
此數以待清釐追完於冊內切實聲敘
部中似不至有所詰責其征存未解職名照例開送更不能
謂有所規避必使以完作欠若竟改作民欠開叅既自蹈以
完作欠之虛步設別經發覺各屬均已稟出將司中獨任其
咎乎況既報民欠接征之州縣無可再征枉罹處分未必心
服且將笑司中不知例案該承徒見前有道光三十年分奏
銷
部駁之案以謂恐難准行抑亦知前案既不將征存未解職
名開送迨登覆時又不知有前例引以為證而轉援遠年成
案原辦本末盡洽又何怪
部中嚴斥乎茲將擬報征存未解之府州縣列摺謹呈
院示聽候照行

F.O. 682/378 B/1 (69)

勳安伏惟

崇鑒職道敬脩謹禀

四月十四日書英禀

[redacted]

為剴切曉諭事照得匪徒肆虐罪本難寬而仇衅相尋禍伊胡底查
肇屬土客民人相率械鬥其初起自恩平煽及開平鶴山新興高明等
縣糾黨焚刦事閱三年至今家室播遷廬墓殘毀田疇荒廢士女流離
言之猶為傷心見者無不隕涙爾等有何深仇夙怨一至於斯屢經當
由府委員前往查辦諭令兩造紳耆解散徒黨綑送首惡以期釋怨修
好乃爾等頑抗不遵任聽不法子弟糾結愈多焚掠愈慘近更延及
新甯等處似此藐法横行形同叛逆原不難發兵剿辦概予殲除特以
爾等毘連數邑客土居民數百萬家頑抗藐法者固多其中稍知利害
愛惜身家者自應不少且前此分途剿匪之時兵勇驟難調撥以故寬以
時日飭地方官先行剴切勸諭冀其悔悟自新現在北江連陽一帶業已
削平東江之海豐和平先後克復餘匪亦經殲除净盡指日次第凱旋
正擬查辦各屬而該土客等猶尋仇不已寔屬怙惡斷不能再予姑容現
在稟請
兩院憲揀撥東北兩江精兵添調廣潮各路勁勇派員選將尅期南行擒
治首禍究徒捜除助惡羽黨以遏兇焰而安良民本司道於爾土民客民本無
歧視且其中各有良歹豈忍玉石不分但其肆出焚刦不服禁止者即係匪
類不得不以處叛逆者處之大兵所至允當一鼓殲擒俾為惡者各知儆懼合
先出示曉諭為此示諭各屬土客紳民人等知悉爾等務須約束子弟
及早回頭各安生業如其中實有仇隙應聽官為查辦曲直不難分晰倘
再仍前逞忿刦掠擒殺大兵一到惟知剿辦匪徒不能為爾黨同伐異也
各宜猛省毋待噬臍切切特示

一示諭　恩平　開平　新興　新甯等縣

咸豐三年分
大關共征銀一百十七萬三千餘兩
各口共征銀十萬餘兩
除撥解銀一百十萬一千餘兩
撥歸二年分銀三萬一千八百餘兩湊撥廣西軍需
撥歸四年分銀三萬一千兩湊撥兩湖炮船經費
通關支銷銀六萬七千餘兩
各口欠解銀四萬三千餘兩

咸豐四年分
共征銀一百九萬七千餘兩
又收三年撥過銀三萬一千兩湊撥兩湖炮船經費
除撥解銀一百二萬餘兩
現存庫銀四萬六千餘兩
未請牌銀六萬二千餘兩

咸豐五年分四年十月初十日止
共征銀六千一百餘兩
現存庫銀二百餘兩
未請牌銀五千九百餘兩

咸豐四年正月初六日起至十月初五日止
到洋米四百八十九萬三千六百九十六斤
洋穀六十九萬五千四百四十三斤
自十月初六日起至初十日止
到洋米一十四萬九千四百十二斤
洋穀七萬四千七百九十一斤
以上共到洋米五百四萬二千七百三十八斤
洋穀七十七萬二百三十四斤

五年分

自四年九月二十六日起至十月初五日止

共收銀四千一百三十六兩九錢四分

初六日

吉

初七日

收銀二百七十四兩二錢

初八日

收銀八百二十四兩五錢二分三厘

初九日

收銀三百四十九兩九錢二分

初十日

收銀五百八十兩四錢二分

以上五日共收銀二千二十九兩六分三厘

連前共收銀六千一百六十六兩三厘

比較上年少收銀二萬六千九百九十五兩四錢一分二厘

[redacted]

五年分

自七月二十六日起至二十九日止計四日

共收銀四千三十二兩八錢二分七厘

連前共銀二十四萬九千七百三十五兩一錢二分一厘

比較上年少收銀七十八萬三千八百八兩三錢一分四厘

21

FO.682/138/5(20)

咸豐五年正月初六日起至九月二十五日止

到　洋米三千九百九十五萬六十斤

洋穀一百九萬六千六百一十二斤

自九月二十六日起至三十日止

到洋米一十四萬六千八百八十四斤

以上共到　洋米四千九萬六千九百四十四斤

洋穀一百九萬六千六百一十二斤

20

[redacted]

38

謹將候選道淮安府中河通判朱善張先由通判捐陞道員在任候選仍照原銜陞轉今題陞裏河同知照錄京報恭呈

憲鑒

計開

奏為河廳要缺遴員請陞恭摺仰懇

聖恩俯准以重修防事竊照候陞道淮安府裏河同知于昌進於剿辦海洋股

匯案內奏奉
諭旨著開缺以道員留於南河酌量補用欽此經吏部知照前來應歸上年十
二月截缺查裏河同知一缺為洪湖入運門戶閘壩層迭經管山清運河
兩岸隄段綿長修防啟閉兼有催趲之責均關緊要且係通工首廳時有
委令查勘會辦事件必須熟悉情形辦事結實之員方資治理經臣與督
臣往返札商在於現任候補應陞人員內逐加遴選查有候選道淮安府
中河通判朱善張現年四十六歲浙江附生在籍捐輸軍餉河工經費道
光二十五年三月奉
旨著以通判分發南河歸捐班前先用二十六年因承辦善後工竣十二月奉
上諭著俟補缺後以南河同知陞用先換頂戴欽此二十八年正月給咨赴部引
見五月到工二十九年補授南河通判咸豐元年調補中河通判因催趲出力奉
上諭著賞加知府銜咸豐三年六月捐陞道員在任候選四年五月查明江北

各屬剿辦捻匪出力案內奉
旨賞戴藍翎四年八月遵查清淮團練剿辦出力案內奉
旨賞換花翎十一月遵保剿辦洋匪案內奉
旨交部從優議叙欽此現供今職該員居心醇正辦事安詳於河工錢粮尚知
節省本係奉
旨陞用之員並無違礙處分亦無未完賠項銀兩以之陞署裏河同知實堪勝
任合無仰懇
天恩准以朱善張陞署裏河同知實於要缺有裨如蒙
俞允臣仍隨時查看俟試署一年期滿歷經三汛果能勝任再行保題實授謹
繕摺具奏奉
硃批吏部議奏欽此咸豐五年江南河督奏案

咸豐柒年正月　初貳　日署潮州運同顧炳章謹呈

F.O.682/279A/6(27)

五年分

自九月初六日起至初十日止計五日

共收銀八千四百九十二兩一錢六分七釐

連前共收銀三十一萬八千三百三十九兩六錢四分

比較上年少收銀七十六萬四千八百七十六兩四錢七分六釐

F.O.682/279A/6(27)

咸豐五年分九月初十日止

共征銀三十一萬八千餘兩

除撥解銀三萬二千兩

銀號和存應還前借合成等號銀二十一萬九千四百七十六兩三錢五分一釐

支銷銀二萬八千餘兩

現存庫銀一千餘兩

未請牌銀三萬七千餘兩

F.O.682/279A/6(27)

咸豐五年正月初六日起至九月初五日止

到 洋米三千九百九十萬七百八十六斤

洋穀一百九萬六千六百一十二斤

自九月初六日起至初十日止

並無洋米進口

奉飭購辦及撥出現存白背心甕衣及竹紫鎗各數目摺

奉飭購買東碗及餘牌竹炭帽等件用過銀兩數目摺

謹將正印已補已調已陞未奉部覆各缺開送呈

電

計開

南雄州郭趙九以知府用缺
以候補直隸州蔡振武補　三年正月二十六日題

饒平縣章學源病故缺
以候補知縣李鼇補　三年三月二十七日題

潮陽縣李福泰調補番禺縣缺
以即用知縣賀桂齡補　三年四月二十二日題

潮州府南澳同知朱慶棠病故缺
以候補同知王淳修補　三年六月初六日題

石城縣陳開沅丁憂缺
以候補知縣汪政補　三年七月初九日題

花縣知縣王景瀛病故缺
以大挑知縣廖文燿補　三年七月初九日題

四會縣崔彥曜病故缺
以候補知縣陳峻補　三年九月初三日題

澄邁縣孫宗禮病故缺
以委用大挑知縣陳其昌補　三年九月初三日題

興甯縣樊世熙病故缺
以候補知縣黃家仁補　三年九月二十八日題

陽江縣童光晉病故缺
以即用知縣張書璽補　三年九月二十八日題

順德縣彭邦晦以直隸州補用缺
以封川縣知縣德佑調　三年十月二十九日題

平遠縣扎倫布被戕身故缺
以大挑知縣謝玉漢補　三年十月二十九日題

准陞海陽縣王治溥陣亡缺
以候補知縣劉鎮補　三年十二月二十日題

新安縣王銘鼎准陞儋州缺

以即用知縣黃光周補　三年十二月二十日題
德慶州李銘病故缺
以候補知州馬斌補　三年十二月二十日題
感恩縣楊有成丁憂缺
以廣州府經歷殷輔陞　四年二月初六日題
嘉應州知州文晟陞惠州府缺
以候補直隸州顧駿補　四年三月初九日題
廣州府海防同知英濬病故缺
以番禺縣李福泰陞　四年七月十四日奏
連州德濬病故缺
以候補直隸州呂銓補　四年十二月初九日題
准陞普寧縣倪森被傷身死缺

以候補知縣陳嘉禮補　四年十二月初九日題
准陞昌化縣徐守和病故缺
以三水縣丞周廷摯陞　四年十二月初九日題

正印應候　部覆請補各缺
博羅縣艾暢告病　三年四月二十二日題
大埔縣潘家曾運銅規避奏參革職　三年六月十八日奏
歸善縣王啓棻　大計糾參缺　三年十二月初四日題
佛岡同知吳均奏陞潮州府缺　四年正月二十七日奏
高要縣黃慶蘐失城革職缺　兵部咨行四年十月二十四日奉旨革職未奉吏部咨文
准陞欽州劉丙慶告病缺　四年十二月初九日題
准陞揭陽縣李榮署電白縣因案奏參缺　四年十二月十四日奏
電白縣臧濟川　大計糾參　三年十二月初四日題

[redacted]

四年四月二十六日起至六月十四日止　海陽縣劉鎮經手

計開

一收道署發来銀叁萬弍千弍百陸拾弍兩弍錢壹分弍厘

一收府署發来銀弍萬四千玖百捌拾叁兩零玖分弍厘

一收府署發来保安局借欵銀壹千零肆拾玖兩弍錢

一收分司捐欵銀壹千兩

一收鎮台捐欵銀肆百兩　連後交共壹千兩

共收銀五萬玖千陸百玖拾肆兩五錢零肆厘

四月二十六日起至六月十四日止

計開

一支解各處經費銀肆萬壹千五百叁拾叁兩零叁分捌厘

一支勇壯口粮銀壹萬零零肆拾弍兩玖錢柒分

一支軍裝銀肆千柒百拾弍兩零弍分五厘

一支薪水脩金銀五百零陸兩肆錢肆分

一支船夫價銀玖百壹拾兩零壹錢捌分弍厘

一支雜用銀柒百拾壹兩弍錢柒分陸厘

一支千里馬銀五拾兩零捌錢壹分

一支花紅賞犒銀壹百零壹兩玖錢肆分

一支燈油火足銀壹百弍拾陸兩柒錢五分玖厘

一支補水銀壹千零叁拾壹兩柒錢捌分玖厘

一支書役飯食銀弍百肆拾柒兩柒錢五分

共支銀伍萬玖千玖百柒拾肆兩玖錢柒分玖厘

四年六月十五日起至五年八月止　卸惠来縣許延穀經手

計開

一收道署發来銀五千柒百零肆兩陸錢叁分

一收吳府署發来銀叁千捌百玖拾弍兩叁錢陸分

一收鎮台署發来銀陸百兩

一收分司捐鑄砲子銀弍百兩

一收蔣府署發来銀肆千叁百兩
一收海陽縣来銀肆千肆百肆拾玖兩零叁分
一收保安局来銀柒千捌百弍拾柒兩五錢玖分
一收穀價銀壹千肆百叁拾玖兩肆錢壹分
一收大埔隘隍何娘恩捐款銀肆千柒百陸拾弍兩零玖分
一收梁海泉捐銀柒百柒拾兩
一收米紙蔴皮變價銀弍百五拾玖兩柒錢捌分

共收銀叁萬肆千弍百零肆兩捌錢玖分

四年六月十五日起至五年八月止

計開

一支解各處經費銀壹萬弍千壹百壹拾捌兩零弍分五厘
一支勇壯口粮銀捌千柒百壹拾兩零陸錢玖分
一支軍裝銀弍千陸百弍拾柒兩玖錢叁分五厘
一支薪水脩金銀弍千壹百捌拾肆兩壹錢壹分

一支船夫價銀肆千陸百五拾陸兩陸錢捌分肆厘
一支罷具雜用銀五百肆拾兩零弍錢捌分玖厘
一支花紅賞犒銀壹千零拾兩零玖錢壹分五厘
一支千里馬銀捌拾捌兩柒錢壹分
一支油燭大足銀柒百兩零零壹錢零陸厘
一支補水貼利銀柒百六拾捌兩陸錢玖分
一支書役等飯食銀玖百肆拾玖兩柒錢壹分捌厘

共支銀叁萬肆千叁百五拾五兩捌錢柒分貳厘

1855

乙卯科內簾房考官摺

謹將內簾房考官職名開列呈

閱

計開

內簾房考官十員

署新安縣知縣沈賡揚

揀發委用知縣王錫諧

署化州知州薩 保

長樂縣知縣羅瀚隆

試用同知陸崇瀧

揀發委用知縣吳 璇

卸長樂縣即用知縣鄭惠常

署[illegible]城縣新安縣知縣黃光周

饒平縣知縣李 鼇

揀發委用知縣劉蔭棠

內簾收掌試卷官一員

候補直隸州州判彭昌祚

1

初七日事宜

至公堂吏

禀初七日五更發頭報鼓黎明發二報鼓

監臨大人出堂堂吏禀陞堂守門官禀領鎖鑰開門放炮

監試堂出儀門坐看放蔬菜鮮魚等物進院

一傳乇丁房繳乇丁冊進

一飭押乇丁官帶領乇丁赴貢院搜檢點進巡綽官押令各照牌歸號毋許喧嘩

一傳守門官役上堂禀請封條封門堂吏禀堂事畢

監臨大人暨

提調監試大人各回公署

一科場官役在戒慎堂安置卷桌印色竹筐木盤木桶各項聽候開桶戳用頭場墨卷

坐號

提調監試大人回明

監臨大人于本日上午在戒慎堂傳齊五所各官即開坐號桶督同所官檢理信手編

印墨卷不得假手書役戳印

一奉例嗣後應令五所官于印打號戳時将號戳用繩聯珠穿起每四十號戳為一串

仍立號簿按各生名次編列将卷分四十本為一束先将號簿名次同試卷核明隨手

拈取號戳一串于號簿及卷面印用其未投卷者即于簿內本生名下用未投卷戳印

三場俱照辦理並于簿面上填註該所官銜名等因

一奉例場中預計通場人數每號截至若干號為止将尾末餘號抽存不用其號戳如有

字跡模糊者另行刊刻至戳印時如有錯誤重複倒用另行戳印者即令提調會銜

一處回明知貢舉監臨登記號簿並于卷面加鈐提調部頒關防倘文卷時止有重戳
無提調印記者即行貼出等因歷科均照例辦理
一科場官預備香燭牲禮祝文禮節併傳禮生于初七日夜進院伺候
監臨大人初八五鼓祀　魁星
一東吏承係辦理順卷事務各赴堂聽候派定五所各官編用坐號用畢挨順以便照名
分給
一西吏承係料理頭二三場題目紙張及蓋用硃卷皮面關防事務預將頭場題目
紙張揀選堅厚齊足先送
大人驗過隨戳關防繳　閱候送內簾印刷題目併管理搜獲士子夾帶須用白紙封條
枷由等項
一官生一項上科係同民籍一起戳用坐號其試卷另束解送今科有無官生應請照
舊辦理合併聲明謹禀

part2　F.O.682/279B/10(2) 2

初八日事宜

初八日係點各生進頭場之期五更初發頭報鼓院外放號炮一聲

提調監試二位大人先出至公堂于五更初着傳事官持手本赴請

監臨大人出至明遠樓上祀

魁星行二跪六叩首禮畢回署黎明發二報鼓院外放號炮二聲

一監試堂出儀門小閘門放蔬菜鮮魚等項進畢仍封回稱場官役預行安置公案卷

桌等項

一卯時初刻各吏書持點名赴儀門堂上于各公案安排伺候併着民壯扛擡試卷出

儀門

提調監試二位大人出至公堂坐俟

司道各位大人到齊開東角門請入將門復行閉上傳事官持

司道各位大人手本赴

監臨大人公署

監臨大人出陞轎到儀門裡下轎出堂上

司道各位大人暨府廳及將官與兩首縣各官朝上三揖畢東西頭二廠點名官各赴

監臨大人公案面領點名冊出

監臨大人陞公座堂吏稟陞堂門子擊點開大門放炮三聲皂隸賛堂畢東西頭

廠官將各生逐名點進大門外二廠官令搜檢官督率人役逐名搜檢給照入簽點進二

門外再搜完畢進至

監臨大人暨
司道各位大人案前當堂聽點領卷
一至日午科場官稟請
監臨大人暨
各位大人進官廳叙飯各吏書隨即食飯訖候
監臨大人出點進各生散卷畢　司道大人揖别回署隨放初九日蔬菜等物進
監事畢封門放炮回公署
一封東西文場號口向用
監臨院封條由南番二縣門子經理稟請
監試堂代判令科應請照辦
一點進各生領卷後着巡綽官及督理生員粥飯各官分值東西文場指名令士子照
卷面坐號各歸號舍毋得逗遛探望

一監試堂着西吏承發諭御巡綽官將東西文場逐號查明某號人数若干開单
繳覆以便照单散給題目紙
一奉行定例水夫傳運諸槳夜間較難稽察嗣後每場運水俱在日間不得于黑夜往
來以杜弊竇等因應照例遵行
一闈中向有空白試卷以備士子污損換給至戊申科奉行停止但風雨不常若該生
領卷時遇雨污損比之歸號後請換情形不同業經詳奉批允酌備民籍試卷四十
副旂籍繙譯試卷十副呈送封存臨期寔有猝遇風雨污損准其換給
一初八夜内簾發出頭場題目紙即傳供事各官在至公堂按照巡綽官查過单開
號舍人數分柬簽明發巡綽官挨順分給各生不得假手吏書

part3　F.O.682/279B/10(2)　3

初九日事宜

至公堂吏

禀初九日係值

文宗文皇帝忌辰穿素服又係各生作文之期不開門不陞堂不鼓吹

龍牌由各衙門安置貢院内歷科向不安設

一內供給官預備生員粥飯管粥飯官先禀

監臨大人嘗驗方行散給至散給時着廚内水火夫將粥飯抬出至公堂堦下即令

歸廚復將封閉民壯放出扛抬着巡綽官督令挨次按號散給每生黎明給淡薑湯一次　卯時給精潔粥一大碗醬瓜薑三錢　午時給精潔白米飯一大碗熬鮮豬肉三兩茶一大碗　亥時再給精潔粥一碗醬瓜薑三錢醃蛋一個　以上各物俱要温熱潔淨供給官依時備辦齊足如有不堪即行查究

一號軍每人一日二飧每飧鹹魚一兩飯三碗委員依時給發各扛抬人役俱要肅淨毋得喧嘩

一科場官役預備收卷簽牌箱桌及照出竹簽各物安置堂側初十晨早收受試卷

一本日戳用二場墨卷坐號科場官役預于戒慎堂安置卷桌各項

提調堂回明

監臨大人于上午傳五所各官戳用二場墨卷坐號并傳東吏承赴堂料理試卷事務合禀明謹禀

初十日事宜

初十日黎明發頭報鼓辰時以後俟巡綽官查詢各號士子完卷者已足百名之數即發二報鼓

提調
監試堂二位大人先出堂禀請

監臨大人出至公堂堂吏禀陞堂發鑰匙開門放炮

一恩給諸生粥水薑供給官照初九早辦理先送

大人嘗驗方行散給

監試堂出儀門放蔬菜等物進院

一傳受卷官早赴堂上收受試卷

一定例嗣後受卷官七員令其親手按照士子每場試卷末通共填寫添註塗改若干字照数登記號簿並于簿面註明受卷官銜名俟榜後同中式試卷解送磨勘官詳加核對如有不符即將登記簿冊之受卷官叅究

一諭巡綽官查場屋有作完文字繳卷者將號柵欄開放以便陸續交卷免至擁擠

一各生已交卷者給照出簽放出收簽官收至一百簽即點明送堂

提調堂將頭場題目紙發外科場官呈送各衙門

一受卷官查看各生文字合式者解送彌封所不合式者將卷內違式緣由簽明呈送

監臨大人覆核應貼者戳一貼字于墨卷面彙寫示僉貼出院外曉諭

一應試士子奉例定以出題第二日未刻為限盡令繳卷放出如違限照例議處

等因
一欽奉
上諭嗣後鄉會兩試于士子出場日期知貢舉及監臨等務須先行出示曉諭屆期嚴催
早行交卷斷不准其給燭以杜弊竇等因
一發諭守大門官遵照十一日係點各生進二場之期又值忌辰例不鼓吹但號炮仍照
常陞放以便諸生依時齊集聽點
一受卷彌封謄錄對讀四所遇有解送試卷向俱持批赴至公堂掛號然後轉解
其掌卷所遵照定例將硃卷解赴
監臨大人分定束數即令轉解內簾分閱歷科均遵照辦理
一令謄錄所官嚴飭各書手用成錠硯硃端楷謄寫清楚不得潑硃草率毀少
篇頁致干查究其墨卷添註塗改字數不許謄入硃卷
一飭對讀所官督令對讀各生詳細磨對照式點勾倘任意草率遺漏察出查

恭其墨卷後用赭黃筆註明對讀生籍貫姓名

一初十日恭值

宣宗成皇帝聖誕虔誠齋戒禁止屠宰原應供給官辦繳素菜查歷科

提調大人面諭科場官辦送暈菜今科應如何辦理伏候

大人面諭科場官遵照

5

十一日事宜

稟十一日係各生進二場之期是日恭值

至公堂吏

太祖高皇帝忌辰穿素服不陞堂不鼓吹號炮仍照頭場施放使諸生齊集聽點

一監試堂請發鑰匙出儀門小開門放蔬菜等物進畢仍封回

一卯時初各吏書持點名冊卷赴堂伺候

監臨大人穿素服出陞轎至儀門不陞堂開大門放號炮三聲

司道各位大人到齊，堂吏送點名冊發出頭二廠官遵照點名，次廠點名官令搜
檢官役照頭場事例逐名搜檢，給照入簽，點進儀門外再搜，畢唱名給卷。
一至日午科場官稟請
監臨大人暨
各位大人敘飯，各吏書食飯畢，候
監臨大人出點進各生畢，
司道揖別回署。隨於十二日蔬菜等物進畢，封門放炮，回至公堂，封鎖號口，
監試堂着西吏承寫諭仰巡綽官照頭場事例查明某號人數若干，開單繳
覆，以便散給二場題目紙。
一內簾發出二場題目紙，仍傳供事各官在至公堂按照單開號舍人數分束，簽
明，發巡綽官挨次分散，不得假手吏書。
一本日係遇忌辰，貢院內歷科並無
龍鼓安置，合具稟明謹稟。

Part 6 end

F.O.682/279B/10(2)

6 END

十二日事宜

稟公堂吏

稟十二日係各生作文之期不鼓吹不陞堂不開門

一諸生合用粥飯供給官照頭場例辦理每生　黎明給淡薑湯一次　卯時給精潔白粥一大碗醬瓜薑三錢　午時給精潔白米飯一大碗煮鮮猪肉三兩茶一大碗　亥時再給精潔白粥一大碗醬瓜薑三錢醃蛋一個各物俱要溫熱依時備足仍先

稟送

監臨大人嘗驗方行散給

一是日蓋用三場墨卷坐號料場官役于戒慎堂安置卷桌各項除彌封謄録對

讀掌卷四所官各有職掌外

提調堂回明

監臨大人傳齊受卷官七員并委佐襍各官十一員在戒慎堂戳用并傳東吏

速赴堂料理試卷事務合具禀明謹禀

F.O.682/327/3(31)

咸豐五年正月初六日起至九月初十日止
到洋米三千九百九十萬七百八十六斤
洋穀一百九萬六千六百一十二斤
自九月十一日起至十五日止
並無洋米進口

五年分

自九月十一日起至十五日止計五日

共收銀八千五兩四錢九分

連前共收銀三十二萬六千三百四十五兩一錢三分

比較上年少收銀七十六萬五千一百兩五錢四分六厘

1

謹將司庫正雜錢糧截至咸豐五年九月十五日起至二十九日寔存銀兩數目開列呈

閲

前存司庫銀八千三百八十六兩一錢三分零七毫零五忽

共收銀九萬五千零九十八兩九錢八分七厘

共支銀八萬七千零三十四兩三錢一分四厘二毫

現存銀一萬六千四百五十兩零八錢零三厘五毫零五忽

咸豐四年十二月二十六日 F.O.682/391/2(63)

由兵部加緊限日行六百里馳遞 由浙江

廣東省城投交

辦理軍機要事寄

兩廣總督葉 開拆

廣東巡撫柏

FO.682/253A/3(23)

奏為恭報微臣接印日期叩謝
天恩仰祈
聖鑒事竊臣於上年八月初十日由四川夔郡撤防後馳
赴粵西藩司新任於咸豐五年正月初九日行抵桂
林省城准陞任藩司臣吳鼎昌委員賫送印信文卷
前來臣當即恭設香案望
闕叩頭祗領任事伏念臣楚南下士由拔貢知縣洊陞
府道上年蒙
擢四川臬司到任四月有餘涓埃未報正切悚惶旋復蒙
逾格
恩施
簡畀廣西藩司重任查藩司為錢糧總滙用人理財責有
攸歸廣西土匪未淨庫款不充惟除暴乃能安良非
用威無從用勸臣惟有隨時隨事稟商撫臣設法除
莠俾良民漸次復業以期仰副
高厚鴻慈於萬一再臣由川省取道湖南沿途察看團練
整齊民知自衛而年豐穀賤為數十年所未有入粵
西境見全州一帶民多復業堪慰
聖懷所有微臣馳抵粵西接任日期理合繕摺恭謝
天恩伏乞
皇上聖鑒謹
奏
咸豐五年正月十二日奏四月初四日奉
硃批知道了

廷寄夾板八件

F.O. 682/327/3(16)

[redacted]

謹將四月初三日辰時末刻據歸善縣碧甲司巡檢差勇目張順等賫到夾板

部文等件開列清摺呈

電

計開

軍機上年七月二十日咨

宫保大人撫憲夾板公文一副粘单火票一張限行六百里又上年閏七月十二日咨

宫保大人撫憲夾板公文一副粘单火票一張限行六百里又上年閏七月二十五日咨

宫保大人撫憲夾板公文一副粘单火票一張限行五百里又上年八月初六日咨

宫保大人夾板公文一副粘单火票一張限行五百里又上年九月初八日咨

宫保大人撫憲夾板公文一副粘单火票一張限行六百里又上年九月十六日咨

宫保大人撫憲夾板公文一副粘单火票一張限行六百里又上年九月二十二日咨

宫保大人夾板公文一副粘单火票一張限行六百里又咨

宫保大人撫憲夾板公文一副查火票係前途遺失理合註明

户部上年九月十九日咨

宫保大人夾板釘封公文一副粘单火票一張又同日咨

撫憲夾板釘封公文一副查火票前途遺失理合註明

刑部上年閏七月初三日咨
宫保大人夾板一副釘封公文二角粘单火票一張又上年九月十一日咨
撫憲夾板一副釘封公文二角粘单火票二張又上年九月十四日咨
撫憲夾板釘封公文一副粘单火票一張又上年九月二十一日咨
撫憲夾板釘封公文一副粘单火票一張限行四百里又上年十月十九日咨
撫憲夾板一副釘封公文二角粘单火票一張又上年十一月初四日咨
撫憲夾板一副釘封公文二角查火票前途遺失理合註明
兵部上年閏七月十一日准
宫保大人公文一角一件粘单火票一張又同日咨
撫憲公文一角一件粘单火票一張又上年閏七月十四日咨
撫憲公文一角一件粘单火票一張又同日咨
宫保大人公文一角一件粘单火票一張又上年閏七月二十七日咨
撫憲公文一角一件粘单火票一張
刑部上年閏七月初六日咨
撫憲公文一角一件粘单火票一張又上年閏七月十九日咨
宫保大人公文一角一件粘单火票一張又上年閏七月二十五日咨
撫憲公文一角二件粘单火票一張又上年九月初九日咨
宫保大人公文一角一件粘单火票一張又上年九月二十日咨
撫憲公文一角一件粘单火票一張
户部上年閏七月初四日咨
宫保大人公文一角一件粘单火票一張又同日咨
撫憲公文一角一件粘单火票一張又上年閏七月二十九日咨

宮保大人公文一角二件粘単火票一張又上年八月十二日咨
撫憲公文一角一件粘単火票一張又同日咨
宮保大人公文一角一件粘単火票一張又上年八月十八日咨
宮保大人公文一角一件粘単火票一張又同日咨
撫憲公文一角一件粘単火票一張又上年九月初九日咨
撫憲公文一角一件粘単火票一張又上年九月十五日咨
7
宮保大人公文一角一件粘単火票一張又上年九月十九日咨
宮保大人公文一角一件粘単火票一張
吏部上年閏七月初八日咨
宮保大人公文一角一件粘単火票一張又上年八月初十日咨
撫憲公文一角一件粘単火票一張又上年八月初六日咨
宮保大人公文一角一件粘単火票一張又上年八月二十二日咨
8
宮保大人公文一角一件粘単火票一張又上年八月二十五日咨
撫憲公文一角一件粘単火票一張又同日咨
撫憲公文一角一件又同日咨
宮保大人公文一角一件粘単火票一張又上年八月二十八日咨
撫憲公文一角一件粘単火票一張又上年九月十二日咨
宮保大人公文一角一件粘単火票一張又同日咨
撫憲公文一角一件粘単火票一張又上年十月二十二日咨
宮保大人公文一角一件粘単火票一張又上年十一月初三日咨
9
宮保大人公文一角一件查粘単火票係前途遺失理合註明

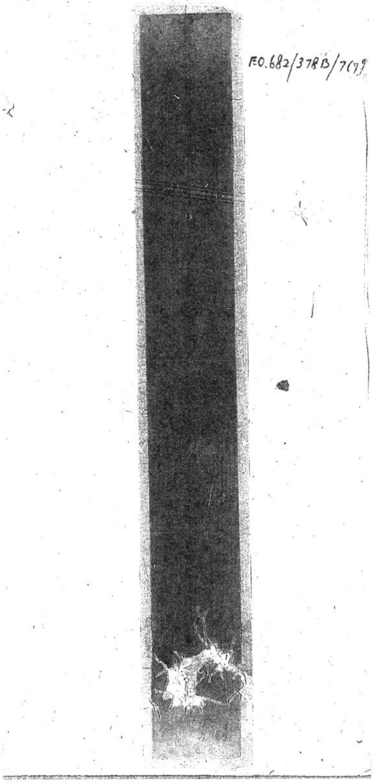

訃

不孝樸等罪孽深重不自殞滅禍延

顯考

皇清誥授光祿大夫

晉贈太子太保

欽派親王賜奠

賞給陀羅經被

予謚文端

諭賜祭葬 經筵講官 武英殿大學士稽察欽奉 上

諭事件處 國史館正總裁管理工部事務加四級

隨帶加二級紀錄四次

紫禁城騎馬六旬

賜壽

玉牒館總裁

賞戴花翎歷任 經筵講官 體仁閣大學士協辦大學

士管理戶部兵部事務兼管順天府府尹事務吏部
戶部兵部尚書管理戶部三庫事務都察院左都御
史吏部左右侍郎禮部左右侍郎內閣學士兼禮部
侍郎銜 文淵閣直閣事宗人府府丞太常寺卿太
僕寺卿大理寺少卿太僕寺少卿稽查右翼宗學奉
天府府丞兼提督學政順天府府丞稽查左翼覺羅
學鴻臚寺少卿工科掌印給事中巡視中城吏科掌
印給事中巡視東漕山東道監察御史翰林院檢討
歷署兵部尚書都察院左都御史吏部右侍郎兼管
順天府府尹事務充 武英殿纂修
欽派陝西查辦事件大臣歷
欽派留京辦事大臣武會試監臨 道光庚戌科會試正總裁
乙未科江南鄉試正考官丁卯科陝甘鄉試副考官
丙申科武會試正總裁提督浙江學政乙未丙申戊

戌辛丑科 殿試讀卷大臣乙未丙申戊戌科庶吉
士散館閱卷大臣己亥科 大考 翰詹閱卷大臣乙
未丁酉己亥庚子考試試差閱卷大臣丙申戊戌丁
未庚戌壬子科會試覆試閱卷大臣丙申戊戌甲辰
乙巳庚戌科 朝考閱卷大臣庚子癸卯己酉科順
天鄉試覆試閱卷大臣丁酉科拔貢覆試閱卷大臣
戊戌科考試漢教習閱卷大臣辛丑科考試內閣中
書閱卷大臣 嘉慶辛酉壬戌聯捷進士海帆府君痛
於咸豐五年乙卯九月初三日巳時壽終京寓正寢
距生於乾隆四十七年壬寅四月二十四日卯時享
壽七十有四歲 不孝樸 等卽日遵
制成服治喪哀此訃

聞

孤哀子卓櫄 椿 泣血稽顙

齊衰期服孫景禱 瑞祺 景沅 景濂 景澄 景洵 景涵 兆蕃 景淳 泣稽首

齊衰功服曾孫煦 然 泣稽首

期服姪霖 泣稽首

功服弟秉慎 忠 惺 愃 拭淚稽首

功服姪梓 桓 渠 榆 拭淚稽首

緦麻服姪孫景江 淥 鴻 洄 淵 拭淚稽首

哀啟者 先嚴身體素强服官京師五十餘年昕

夕趨公夙少疢疾雖年逾七十精神矍鑠如平時

不孝少即隨侍在都通籍以來由詞垣承乏銓曹

仍未稍離左右私幸追隨出入 庭訓親承庶享

期頤永依膝下迺年來見軍務迭興日深焦灼肌

膚銳減心力頓虧今歲春夏間兩腰漸增浮腫延

醫診治稍覺見功猶冀疊進參苓可期速愈詎料

積衰之後元氣難回遽於九月初三日巳時棄置

不孝等而長逝矣嗚呼痛哉不孝侍奉無狀罹此

鞠凶泣血椎心百身莫贖惟痛念 先嚴窀穸未

安不得不苟延餘生勉理大事現在遵

制成服並恪奉 遺命

奏明與 先嫡繼妣合葬昌平州之聚福莊擇期營兆

苫塊昏迷語無倫次伏祈

矜鑒

棘人卓櫄泣血稽顙

如蒙

賜唁即寄京都前門內華石橋路北本宅

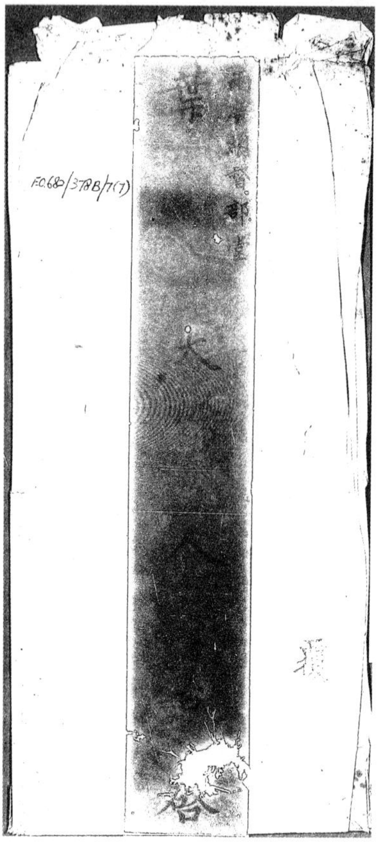

恩隆翹首下風殷心上頌　晚慘遭變故痛不欲生殘喘苟
延勉襄大事　先文端公久因蜀道崎嶇旋鄉不易
故於昌平州界覓地一區遺摺　奏明與　先妣合葬一處已
於去歲十月廿五日安葬窀穸新營諸稱順吉足報慰
關懷尚祈
手教頻頒勖資裨益是所至禱肅復鳴謝敬請
鈞安統維
慈鑒不備　　　　年世晚生制卓橒頓首

F.O. 682/112/4 (22)

咸豐五年十二月內據卑縣甍涌鄉職員陳禮昭呈稱伊男陳應聰守分營生並無非為衿耆可保被霞石鄉劣生蘇善慶帶同十餘人將伊男應聰捉拏勒索向其理論蘇善慶持出　府札一道伊長男陳步雲見札尾內開匪徒陳亞聰一名伊男村愚難分真偽恐因一字同名致被拖累致被索去銀四十六元始行釋放伊因老病事後方知乃差傳蘇善慶集訊核驗真否等情到縣據此迭經差傳蘇善慶恃符抗匿並不到案且訪聞該生員有私設巡艇在鄉嚇詐情事又經卑職移學查取該生員入學年分以便詳革在案除俟移覆到日另文詳革勒傳到案吊起偽札訊明按辦外合將該生員蘇善慶被控堅匿緣由備列節畧呈

閱

稟遵查粵海關道光二十八年自道光二十七年十二月二十六日起至二十八年十二月二十五日止征收關稅銀一百三十一萬八千九百一兩四錢二厘各口稅銀一十萬五千一百四十四兩五錢一分四厘二共征銀一百四十二萬四千零四十五兩九錢一分六厘

二十九年分關稅自二十八年十二月二十六日起連閏扣至二十九年十一月二十五日止征收關稅銀一百三十七萬二千七百一兩三錢五分三厘各口稅銀九萬八千六百一十七兩一錢二分三厘二共征銀一百四十七萬一千三百一十八兩四錢七分六厘

比較二十八年分計多征銀四萬七千二百七十二兩五錢六分

三十年分關稅自二十九年十一月二十六日起至三十年十一月二十五日止大關各口共征稅銀一百四十七萬六千八百六十七兩九錢七分一厘

比較二十九年分計多征銀五千五百四十九兩四錢九分五厘

比較二十八年計多征銀五萬二千八百二十二兩零五分五厘

咸豐元年分關稅自道光三十年十一月二十六日起連閏至元年十月
二十五日止征收關稅銀一百五十二萬六千六[illegible]兩二錢一分七厘各口稅
銀一十一萬五百六十七兩八錢八分二共征銀一百六十三萬六千五
百七十四兩九分七厘
比較三十年分計多征銀一十五萬九千七百零六兩一錢二分六厘
比較二十九年多征銀一十六萬五千二百五十五兩六錢二分厘
比較二十八年多征銀二十萬二千五百二十八兩一錢八分一厘
二年分關稅自元年十月二十六日起至二年十月二十五日止征收
關稅銀一百五十五萬三千七百七十一兩六分四厘各口稅銀一十
一萬三千四十兩八錢八分五厘二共征銀一百六十六萬六千八百一
十一兩九錢四分九厘
比較元年分計多征銀三萬零二百三十七兩八錢五分二厘
比較三十年多征十八萬九千九百四十三兩九錢七分八厘
比較二十九年多征銀十九萬五千四百九十五兩四錢七分三厘
比較二十八年多征銀二十四萬二千七百六十六兩零三分三厘

三年分關稅自二年十月二十六日起至三年十月二十五日止征收關稅銀一百一十七萬三千六百三十六兩八錢四分厘各口稅銀一十萬四百九十二兩六錢四分三厘二共征銀一百二十七萬四千一百二十九兩四錢八分四厘

比較二年分計少征銀三十九萬二千六百八十二兩四錢六分五厘

比較元年少征銀三十六萬二千四百四十四兩六錢一分三厘

比較三十年少征銀二十萬二千七百三十八兩四錢八分七厘

比較二十九年少征銀十九萬七千一百八十八兩九錢九分二厘

四年分關稅自三年十月二十六日起連閏至四年九月二十五日止征收關稅銀一百九萬七千四百一十九兩一分三厘

比較三年分計少征銀一十七萬六千七百一十兩零四錢七分一厘

比較二年少征銀五十六萬九千三百九十二兩九錢三分六厘

比較元年少征銀五十三萬九千一百五十五兩零八分四厘

比較三十年少征銀三十七萬九千四百四十八兩九錢五分八厘

查四年分尚有各口征收稅鈔因土匪滋擾冊報未齊未將稅銀列入年總冊報計算合併稟明謹稟

同鄉

袁笏臣

朱彥軒

朱晴舟

F.O.682/137/5(12)

彭子和

胡小泉

吳禹臣

張義臣

花之村

高色山

劉一山

137/5/12

楊春泉

黃翰卿

唐輔臣

蔡炳山

易順京

王雄青

鄧古慶

陳輝國　以上三名嘉應送

又補三名　記自南京

王棠菴 道墉　黃陂人　編修加鹽運銜

周福陞 恆穰　黃陂人　廩生六品銜

鄧春農 和生　江陵人　助教

共廿家每位十六兩 計三百

三十六兩

小軍机

新加 汪桂植 四十

蔡鈞竹 二十

李浣川 二十

李茂卿 二十

梁義初 二十

白蘭君 二十

苗笙案 二十

王少在 四十

新加 錢海亭 四十

吳筱軒 二十

程萃洲 二十

賀仲蕭 二十

鄧双坡 二十

程秀山 二十

郭玉麓 二十

新加 楊樹菴 二十

沙加 張若麓 二十

房笑岑 二十

曹瑞卿 二十

以上系高明埠

十八分 卅兩三分 廿四十六分 計四万四千兩

文中堂乙万

郭中堂五千

杜從容廿千

伍師乙万 叔自面交 經手高明送

孫師乙万

張師母乙万

杜錫棠廿千

李玉寬卅 交伍子英

又卅 此字李澤國林現已出京，此即伍子英相

藺如常附周洛笙寬之用

蔣雍莊堂卅 癸亥之年 叔自交伍手

計共四万四千兩

易三太太

李太太 幼閣夫人

李老太太 即朱大姑 去年買閣由孫之周撥出

現住方壹齋路西

張二太太

此四家來年未領數目今將

送每壹十六兩以照應一計六十四

兩

以上四單總計乙千四百八十兩

遵將

中堂在廣東巡撫任內起至今止捐過各項銀兩數目開列呈

閱

計開

一道光二十七年內捐湖北(省)賑銀一萬兩

此項銀兩是否係在藩司任內報捐本
衙門並無具奏日期之文

一道光二十九年十一月內捐湖北省賑銀五千兩

于二十九年十一月二十一日具
奏

一咸豐二年三月內倡捐廣西軍餉銀一萬兩

此項銀兩于二年三月十七日具
奏撥解廣西軍需之用

一咸豐三年正月文武續捐軍餉案內捐銀六千兩

此項銀兩于三年正月十七日具
奏解存藩庫候撥

一咸豐三年十二月着律捐官輸案內復續捐軍餉銀一萬

此項銀兩于三年十二月二十日具

奏解存藩庫候撥

一咸豐四年四月內捐解湖北軍餉銀三千兩

此項銀兩于四年四月二十七日具

奏請彙併前捐軍餉加廣原籍學額

一咸豐四年六月內捐紅单船經費銀五千兩

此項銀兩現未具

奏

[redacted]

本月十四日榮機失守後尹達章副爺保回用他扣線現往佛山辦案去了遲日恐他回省入城作弊見字可通知亞本致榮各弟兄小心些為要至緊專此

曾發仁兄如面弟三鳳字達